U0959902

权威·前沿·原创

皮书系列为
“十二五”“十三五”国家重点图书出版规划项目

YELLOW BOOK

智库成果出版与传播平台

拉美黄皮书
YELLOW BOOK OF LATIN AMERICA AND THE CARIBBEAN

拉丁美洲和加勒比发展报告（2019~2020）

ANNUAL REPORT ON LATIN AMERICA AND THE CARIBBEAN (2019-2020)

主　编 / 袁东振
副主编 / 刘维广

社会科学文献出版社
SOCIAL SCIENCES ACADEMIC PRESS (CHINA)

图书在版编目(CIP)数据

拉丁美洲和加勒比发展报告. 2019－2020 / 袁东振主编. －－北京: 社会科学文献出版社, 2020.10
(拉美黄皮书)
ISBN 978－7－5201－7273－8

Ⅰ.①拉… Ⅱ.①袁… Ⅲ.①社会发展－研究报告－拉丁美洲－2019－2020②社会发展－研究报告－西印度群岛－2019－2020③经济体制改革－研究报告－拉丁美洲－2019－2020④经济体制改革－研究报告－西印度群岛－2019－2020 Ⅳ.①D773.069②D775.069

中国版本图书馆 CIP 数据核字 (2020) 第 179538 号

拉美黄皮书
拉丁美洲和加勒比发展报告 (2019～2020)

主　　编 / 袁东振
副 主 编 / 刘维广

出 版 人 / 谢寿光
组稿编辑 / 祝得彬
责任编辑 / 郭红婷

出　　版 / 社会科学文献出版社·当代世界出版分社 (010) 59367004
地址: 北京市北三环中路甲 29 号院华龙大厦　邮编: 100029
网址: www.ssap.com.cn
发　　行 / 市场营销中心 (010) 59367081　59367083
印　　装 / 天津千鹤文化传播有限公司

规　　格 / 开 本: 787mm×1092mm　1/16
印 张: 26.75　字 数: 400 千字
版　　次 / 2020 年 10 月第 1 版　2020 年 10 月第 1 次印刷
书　　号 / ISBN 978－7－5201－7273－8
定　　价 / 168.00 元

主编简介

袁东振　法学博士，中国社会科学院拉丁美洲研究所副所长、研究员、博士生导师，兼任中美洲和加勒比研究中心执行主任、中国拉丁美洲学会副会长、中国拉丁美洲史研究会副会长。

长期从事拉美问题研究，主要成果有《拉美国家政治制度研究》（合著）、《拉美国家的可治理性问题研究》（主编）、《拉美国家政党执政的经验与教训研究》（合著）等著作，发表了《拉丁美洲崛起的世界意义及对中国的影响》《拉美“21世纪社会主义”的理论与实践特性》《拉美国家社会治理的经验与教训》《对拉美国家社会冲突的初步分析》《对拉美国家经济与社会不协调发展的理论分析》《拉美国家民主巩固与转型的趋势及困境》等论文。

刘维广　法学博士，中国社会科学院拉丁美洲研究所《拉丁美洲研究》编辑部主任、编审。主要研究方向为拉美政治、拉美国际关系等。

主要成果：担任2011年以来的《拉丁美洲和加勒比发展报告》以及《国际变局中的拉美：形势与对策》、《拉美国家现代化进程及其启示》等著作的副主编，主编《展望中拉合作的新阶段》（合编）；发表了《新世纪以来的中古关系》（合著）、《古巴社会主义经济建设与发展》、《中国拉美现代化研究评述》、《墨西哥国家行动党的渐进式改革以及党政关系的非传统模式》、《切·格瓦拉及其思想在中国的影响》等学术论文。

摘 要

《拉丁美洲和加勒比发展报告（2019～2020）》旨在系统分析 2019～2020 年拉丁美洲和加勒比地区经济增长、政治生态、社会环境和国际关系形势的变化，总结和思考主要拉美国家发展中出现的新问题、新趋势，并在此基础上梳理中拉合作取得的进展及面临的新挑战。

2019 年，拉丁美洲和加勒比地区经济表现低迷。受世界经济增长放缓、全球贸易局势紧张以及地区内部政局不稳与社会抗议交织的叠加影响，拉美地区经济增长几乎停滞。尽管地区通胀保持在低位、“双赤字”趋势有所缓解，但公共债务高企、货币波动加剧以及社会风险的积累使经济发展的不确定性增加。地区国家的经济情况因受外部影响机制不同以及国内应对能力相异而存在差异。

地区政治格局整体呈现“左”“右”互有进退之势，但右翼掌握了地区政治的主导权。整体上，传统政党持续衰落，新兴政党不断崛起，暂时缺少能够凝聚共识、指引发展方向的主导性政治力量。由于经济低迷和民众对经济预期的担忧以及对政府和传统政治家的不信任，厄瓜多尔、智利、哥伦比亚、玻利维亚等国爆发了大规模抗议活动，严重危害政治稳定。

在社会发展领域，拉美的各项社会指标进一步恶化，社会发展面临倒退风险，社会不稳定因素增加。贫困人口数量不断增加、失业规模持续扩大、收入不平等的改善速度放缓、经济下行、国家治理能力的欠缺和对民生诉求的懈怠等因素均在一定程度上加剧了社会危机的蔓延。移民问题愈演愈烈，成为地区性议题。各国均出现了不同程度的排外倾向。

由于执政者政治立场的差异等因素，拉美地区国际关系格局整体呈现分化重组之势。拉美尤其是南美地区的地缘政治格局正在发生逆转，地区大国对外政策出现重大调整，地区意识形态呈现出多样性甚至两极化，地区合作议程出现新的分化组合。美国对拉美事务的介入持续加大，大国博弈在该地区呈现升级之势。中拉关系在变局中企稳，中拉贸易出现新的国别差异性特征，经贸合作多样性凸显。

展望 2020 年，拉美国家的政治、经济、社会与国际关系形势仍将带有显著的脆弱性和不确定性。拉美经济复苏动能不足，短期内外部因素无法取得实质性改善，新型冠状病毒肺炎疫情加剧拉美经济下滑态势，下行幅度取决于疫情在国际上的扩散程度与各国的防控情况。2020 年，秘鲁、玻利维亚等国家的选举、智利的全民公决以及美国制裁下的委内瑞拉和古巴政局值得关注。

关键词： 拉丁美洲和加勒比　经济低迷　政治动荡　社会冲突　外交分化

目 录

Ⅰ 主报告

Ⅱ 分报告

Ⅲ 专题报告

Ⅳ 国别和地区

Ⅴ 附录 统计资料

皮书数据库阅读使用指南

主 报 告

Main Report

Y.1

拉美形势与前景：再陷“失去的十年”？

岳云霞*

摘 要： 2019年，拉美地区经济增长持续放缓，贫困率有所反弹，多国爆发大规模社会运动。联合国拉美经委会预估2014～2020年将是拉美地区近40年来增长最慢的时期。针对拉美2019年的综合形势、面临的困难和潜在风险，本文在全球和历史比较的视角下进行解读，并尝试分析地区新近政策的有效性，从而对地区近期走势做出判断。本文认为，2019年拉美的政治、经济和社会形势与全球发生“共振”，经济“超调”，下滑态势加速，导致其边缘化风险加大，也使地

* 岳云霞，中国社会科学院拉丁美洲研究所经济研究室研究员、经济研究室主任，主要研究领域为拉美经济、国际贸易与投资。

区社会动荡风险呈现持续上升趋势。拉美的形势变化具有深层的结构性原因，经过21世纪初期的发展，拉美在经济上的对外依附性加强，政治脆弱性加大，而社会需求难以得到满足加大了其结构性挑战。针对当前困境，拉美各国除了适应民意进行“修宪”等改革外，着重调整了经济与社会政策，并在2019年推出多项改革措施。但是，拉美改革措施受到财政与货币政策空间的约束，短期效用有限。在2020年全球“黑天鹅”事件频发的背景下，拉美的改革面临多重内外部限制，其经济增长前景不乐观，而政治和社会形势仍面临不确定性。

关键词： 拉丁美洲和加勒比　对外依附性　结构性调整　政治脆弱性　社会动荡

20世纪80年代，因债务危机爆发，拉丁美洲和加勒比（以下简称“拉美”）地区经济持续低迷，GDP年均增长率由1950～1980年的5.5%下降为1.1%[①]，社会形势也明显恶化，成为“失去的10年”。此后，在20世纪90年代的结构性改革时期，拉美GDP年均增长率上升至3.9%，但收入分配差距并未缩小，随之产生严重的社会问题，被称为“又一个失去的10年”。21世纪初期，大宗商品超级周期拉动拉美经济回升，特别是2004～2011年，地区年均增长率超过了5%。[②] 同期，拉美开始倡导包容性增长，2000～

---

① José Antonio Ocampo, “Can Latin America Avoid Another Lost Decade?” Project Syndicate, January 3, 2020, https://www.project-syndicate.org/commentary/latin-america-lost-decade-low-growth-by-jose-antonio-ocampo-2020-01, accessed January 10, 2020.

② “Encuesta usuarios: ayudemos a mejorar CEPALSTAT,” CEPALSTAT, Bases de Datos y Publicaciones Estadísticas, https://cepalstat-prod.cepal.org/cepalstat/, accessed January 10, 2020.

2014 年，地区贫困率从约 44% 下降至 27.8%，赤贫率从 12% 左右降至 7.8%。然而，2014 年以来，拉美年均 GDP 增长率降至 0.4%，人均 GDP 增长率降为 -0.7%。受此影响，地区政治和社会冲突都明显增加。2019 年，拉美地区 GDP 增长 0.1%，人均 GDP 下滑 0.9%，贫困率和赤贫率分别回升至 30.8% 和11.5%。[①] 与之相伴，厄瓜多尔、智利和哥伦比亚等国爆发大规模社会运动，秘鲁和玻利维亚等国则出现较为严重的政治危机。2019 年底，联合国拉美经委会预估地区经济增长率在 2020 年也仅能恢复至 1.3%，2014 ~2020 年将是地区近 40 年来增长最慢的时期。[②] 在这一持续性低增长下，拉美会不会再度出现“失去的 10 年”已成为各界关注焦点，英国《金融时报》甚至预警，“对于许多国家来说，当前 10 年有重复历史的风险”。

针对拉美 2019 年的综合形势、面临的困难和潜在风险，本文将在全球和历史比较的视角下进行解读，并尝试分析地区新近政策的有效性，从而对地区近期走势做出判断。

一　全球比较视角下的2019年拉美综合形势

2019 年，世界经济仍处于国际金融危机后的深度调整期，国际货币基金组织最新发布的《世界经济展望》显示，全球经济增速仅为 2.9%，是 2008 年全球金融危机以来世界经济增速的最低水平。[③] 与此同时，大国间战略博弈加剧，逆全球化和民族主义、民粹主义持续增强，局部地区动荡、抗议活动频繁，全球政治和安全面临的挑战有所增加。由于外部不确定性增强，拉美的发展困境更加突出。经济合作与发展组织和联合国拉美经委会等

---

① ECLAC, *Social Panorama of Latin America 2019*, United Nations, Santiago, 2019, p. 93.

② ECLAC, *Preliminary Overview of the Economies of Latin America and the Caribbean 2019*, United Nations, Santiago, 2019, p. 11.

③ 《世界经济展望：初步企稳，复苏乏力》，国际货币基金组织网站，2020 年 1 月，https://www.imf.org/zh/Publications/WEO/Issues/2020/01/20/weo - update - january2020，最后访问日期：2020 年 1 月 30 日。

机构联合发布的《2019年拉丁美洲经济展望》指出，拉美进入了“新发展陷阱”,[①] 政治、经济和社会发展均面临一定挑战。

（一）经济表现

2014年之后，拉美一直是全球增速最缓慢的地区。2019年，拉美经济增长仍未摆脱颓势，在全球经济中的占比和增长贡献持续下降。从增长型、全球地位和国际评价指标来衡量，与全球其他主要经济体相比，拉美面临地区性的“边缘化”风险。

一是地区性经济颓势持续，经济绩效全球垫底。自1980年债务危机以来，多数情况下拉美经济增长率低于世界平均水平，2014年在经历前10年相对快速的增长后，拉美经济出现了持续性的停滞甚至下滑，与新兴市场和发展中国家之间的增长差距呈现出加速扩大趋势，甚至开始滞后于发达经济体。2019年，据国际货币基金组织估算，拉美经济增长率再度处于全球底部，并且这种情况在未来两年内才可能有所缓解（见图1）。在拉美33国中，仅有1/3国家的经济增长率高于全球平均水平[②]，其余国家的经济增长率均低于世界平均水平，且有8国为国际货币基金组织统计涉及的194个经济体中增长最慢的20%的国家（底部第一五分位）[③]，有7国增长率处于底部第二五分位区间[④]。地区前七大经济体中，除了哥伦比亚外，其他国家的经济增长率均低于世界平均水平，特别是巴西、阿根廷和墨西哥前三大经济体的增长率拖累地区整体表现。[⑤]

---

① OECD, CAF, UNECLAC, and European Commission, *Latin American Economic Outlook 2019: Development in Transition* (*LEO 2019*), OECD Publishing, Paris, 2019, https://www.oecd.org/dev/latin-american-economic-outlook-20725140.htm, accessed December 20, 2019.

② 即多米尼克、多米尼加、圭亚那、巴拿马、安提瓜和巴布达、玻利维亚、圣基茨和尼维斯、洪都拉斯、哥伦比亚、危地马拉与格林纳达11国，多米尼克是2019年全球增长最快的国家。

③ 即乌拉圭、墨西哥、特立尼达和多巴哥、巴巴多斯、厄瓜多尔、阿根廷、尼加拉瓜和委内瑞拉，委内瑞拉是2019年全球增长率最低的国家。

④ 即苏里南、哥斯达黎加、圣卢西亚、牙买加、巴拉圭、巴巴多斯和巴西。

⑤ 根据IMF World Economic Outlook Databases 2019年10月数据整理，https://www.imf.org/en/Publications/SPROLLS/world-economic-outlook-databases#sort=%40imfdate%20descending, accessed January 10, 2020。

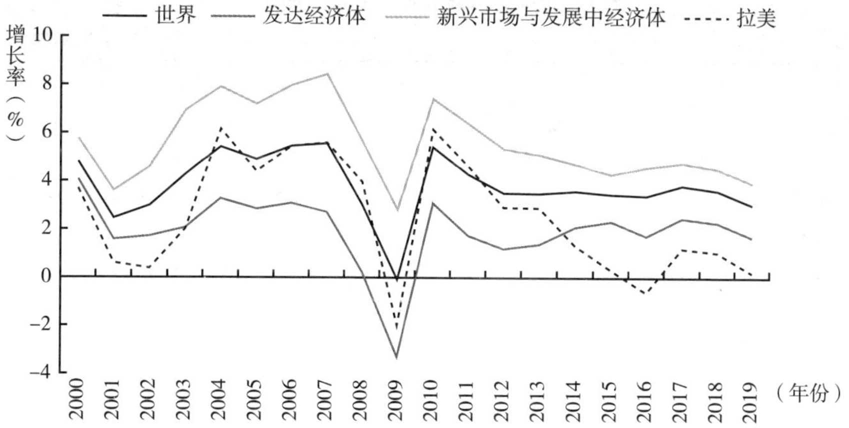

图1 拉美与世界经济差距

资料来源：IMF，World Economic Outlook Databases。

二是经济总量的全球占比下降，多数国家的国际经济地位下降。受经济持续低迷影响，拉美地区在全球经济中的地位相对下降。国际货币基金组织统计数据显示，在新兴市场和发展中经济体中，拉美是近40年来世界经济占比唯一持续下降的地区，其GDP占世界总量的比重由1980年的12.14%下降至2019年的7.25%（见表1）。同期，拉美各国中，仅有智利、哥斯达黎加、巴拿马和多米尼加4国在全球经济中的占比上升，其余国家在全球经济中的相对地位都有所下降。2014～2019年，只有玻利维亚、多米尼加、巴拿马和巴拉圭4国的全球经济占比略有上升，其余国家的国际经济地位相对都有所下降。①

三是国际评级偏低，风险敞口较大。在长期低迷的同时，拉美宏观经济的不稳定性增强，国际投资者对其风险评级转差。在全球三大评级公司的主权信用评级中，拉美整体评级偏低，仅有智利、秘鲁、乌拉圭、巴拿马、墨

① 根据IMF World Economic Outlook Databases 2019年10月数据整理，https：//www.imf.org/en/Publications/SPROLLS/world - economic - outlook - databases # sort =% 40imfdate% 20descending，accessed January 10，2020。

表 1　主要经济体在世界经济中的占比

单位：%

年份	1980	1990	2000	2010	2019
发达经济体	63. 14	63. 44	56. 80	46. 33	40. 35
新兴市场与发展中经济体	36. 86	36. 56	43. 20	53. 67	59. 65
亚洲	8. 92	12. 44	16. 66	25. 73	34. 20
欧洲	—	—	7. 13	7. 55	7. 10
拉美	12. 14	10. 10	9. 22	8. 67	7. 25
中东与中亚	9. 28	7. 48	7. 75	8. 77	8. 06
撒哈拉以南非洲	2. 41	2. 85	2. 45	2. 96	3. 05

资料来源：IMF，World Economic Outlook Databases。

西哥和哥伦比亚 6 国达到投资级，而其他经济体普遍被评为投机级，并且约有 1/3 的国家处于较高风险层级，阿根廷和委内瑞拉则被评为具有极高风险（见表 2）。同时，2019 年以来，三大风险评级中，仅有牙买加、巴拉圭、的

表 2　拉美经济体主权信用评级

类型		穆迪	标普	惠誉
投资级	中高	智利、墨西哥、秘鲁	智利	智利
	中低	巴拿马、哥伦比亚、乌拉圭、巴哈马	巴拿马、秘鲁、墨西哥、哥伦比亚、乌拉圭、特立尼达和多巴哥	秘鲁、乌拉圭、巴拿马、墨西哥、哥伦比亚
投机级	投机级或非投资级	危地马拉、巴拉圭、特立尼达和多巴哥、巴西、多米尼加	巴哈马、多米尼加、巴西、危地马拉、洪都拉斯、玻利维亚、巴拉圭	巴拉圭、多米尼加、巴西、危地马拉
	高度投机	玻利维亚、洪都拉斯、哥斯达黎加、牙买加、苏里南、伯利兹、萨尔瓦多、尼加拉瓜、圣文森特和格林纳丁斯	牙买加、哥斯达黎加、厄瓜多尔、巴巴多斯、委内瑞拉、萨瓦尔多、伯利兹、苏里南	玻利维亚、牙买加、哥斯达黎加、尼加拉瓜、厄瓜多尔、萨瓦尔多
	实质性风险	巴巴多斯、厄瓜多尔、阿根廷、古巴	阿根廷	苏里南
	极端投机			阿根廷
	违约	委内瑞拉		

资料来源：根据三大评级公司主权信用评级数据整理。

信用评级上调，阿根廷、厄瓜多尔、危地马拉、苏里南、乌拉圭和委内瑞拉的信用风险下调，玻利维亚、哥斯达黎加、乌拉圭、巴哈马、巴西和智利等国的信用展望持续为“负面”，其他国家的信用展望保持“稳定”，未出现上调迹象，地区整体面临着较高的系统性风险。①

整体而言，2019 年拉美经济困难加大，地区性经济衰退和边缘化趋势更加明显。在这种压力下，各国政府相机选择经济政策，试图促进经济增长。年内，尽管地区平均通胀率仍保持上升趋势（7.25%，低于中东和中亚以及撒哈拉以南非洲地区，高于其他地区），但除了委内瑞拉、阿根廷、海地、乌拉圭、尼加拉瓜和苏里南 6 国外，其他国家的通胀率都控制在 5% 以内，因此多数国家得以选择宽松货币政策，巴西等国选择追随美国降息。同时，地区多数国家采取了财政紧缩政策，压缩财政支出和公共投资，这在局部地区引发了民众不满，如厄瓜多尔因取消了对汽油等燃油的价格补贴引发了民众抗议。此类抗议活动在拉美具有延续性，在 20 世纪 80 年代以及 1998 ~2002 年地区采取类似极端紧缩政策时也曾出现。

（二）政治形势

近年来，民粹主义思潮复兴，与第三波民主化浪潮叠加，在全球引发了广泛影响，对传统国家治理机制形成了一定冲击，加大了国际政治形势的不确定性。2019 年，拉美出现了与全球趋势的“共振”，局部冲突有所加剧。

一是超级大选周期与国内政治经济博弈重叠，部分国家的政治与政策稳定性下降。2019 年是全球大选高峰年，也是拉美为期 3 年的超级大选周期的收尾年。据统计，当年全球共有 87 个经济体举行（或调整）了总统选举、议会选举、地方选举或公投，其中包括 10 个拉美国家，玻利维亚、萨瓦尔多、古巴、巴拿马、危地马拉、阿根廷、乌拉圭和多米尼克完成了选举，而圭亚那和海地则推迟了原定的总统选举或议会选举。拉美超级大选周期每 12 年出现一次，过去 3 年中地区主要国家均完成大选或政府更迭，选

---

① 根据三大评级公司数据整理，任一评级调整均视作变动。

举政治与原有的政治博弈叠加，政治风险敞口加大。此外，大选后拉美主要国家均推出了改革方案，如巴西、哥伦比亚、墨西哥、秘鲁、厄瓜多尔、智利和阿根廷等国新政府均提出了财税、货币与金融、能源、劳工、投资及其他领域的改革计划，并提出了私有化方案，这对各国国内原有的利益分配形成冲击，政策不确定性风险也在增加。

二是政治体系的民众信任度下降，体制脆弱性增强。在2008年金融危机之后，全球出现政府公信力下降挑战，不少民众认为政府服务的发力方向仅面向少数人，而不是社会大众，这导致全球民粹主义情绪上升以及对政府的信任度下降。经济合作与发展组织国家中，政府的民众支持率不足50%，近半数国家出现政府信任度下降现象。智利和墨西哥的政府信任度下降最明显，2007~2019年度，分别下降10%和13%；而巴西和哥伦比亚的政府信任流失问题更为严重，同期分别下降21%和24%。[①] 在拉美地区内部，美洲晴雨表调查数据显示，地区民众对政治体系信任度总体下降，仅在2018~2019年度，拉美有13国的立法信任度下降，12国的政党信任度下降，11国的行政信任度下降，13国的大选信任度下降（见表3）。政府公信力的缺失引发了民众质疑，对拉美现有政治体系的稳定性形成挑战。

表3 2016~2017年度至2018~2019年度拉美政治体系信任度变化

单位：%

国家	立法信任度	政党信任度	行政信任度	大选信任度
墨西哥	9.0*	10.4*	40.3*	15.2*
危地马拉	-1.4	0.2	-12.4*	-3.3*
萨尔瓦多	-2.5*	-2.3*	-2.5	-1.1
洪都拉斯	-9.1*	-5.8*	-9.7*	-11.6*
尼加拉瓜	-13.3*	-8.7*	-19.5*	-6.9*
哥斯达黎加	-9.1*	-5.4*	1.2	-5.6*
巴拿马	-5.2*	-1.7	-9.7*	-3.0*

① OECD, *Government at a Glance 2019*, November 14, 2019, https://doi.org/10.1787/8ccf5c38-en.

续表

国家	立法信任度	政党信任度	行政信任度	大选信任度
哥伦比亚	1.1	4.4*	17.0*	5.5*
厄瓜多尔	-5.3*	-1.3	-13.0*	-4.5*
玻利维亚	-2.9	-1.1	-3.4	-7.8*
秘鲁	-9.5*	-2.0*	5.8*	-4.3*
巴拉圭	2.3	4.3*	17.2*	1.5
智利	1.5	3.4*	-1.7	3.2*
乌拉圭	-2.9*	-2.2	-7.8*	-3.6*
巴西	9.7*	4.9*	32.9*	10.3*
阿根廷	-4.5*	-2.0	-12.0*	-2.4
多米尼加	-4.6*	-0.8	-15.8*	-3.5*
牙买加	-2.3	-0.7	0.1	-1.7

注：*表示95%的显著水平。

资料来源：Elizabeth J. Zechmeister, and Noam Lupu, eds.,“Pulse of Democracy”, Nashville, TN: LAPOP, 2019, https://www.vanderbilt.edu/lapop/ab2018/2018-19_AmericasBarometer_Regional_Report_10.13.19.pdf。

三是地区政府之间的政治分歧加深，区域合作不确定性加大。世界经济长期低迷推动了新保守主义的再度兴起，“美国优先”政策和英国“脱欧”成为其典型代表，全球右翼力量也随之上升。2015 年之后，拉美右翼政府迅速扩大，逐步逆转 21 世纪初期左翼执政党占据优势的政局，而 2018～2019 年的大选使地区左右翼力量对比发生变化。伴随墨西哥新总统洛佩斯与阿根廷新总统费尔南德斯就任，在右翼执政党总体占优势的局面下，拉美左翼力量有所回升，这使地区政治和意识形态的分歧加大，影响了地区政局。一方面，右翼执政党的增多使地区一体化形势发生变化，左翼国家推动的南美国家联盟停摆，美洲玻利瓦尔联盟陷入困顿，拉美和加勒比国家共同体也面临着发展困难，地区自治的“拉美（南美）区域主义”式微；而右翼主导的利马集团和南美进步联盟有上升趋势，美洲国家组织和《美洲国家间互助条约》也再度增强，美国主导的“泛美体系”则在上升。另一方面，以巴西极右翼总统博索纳罗拒绝参加阿根廷左翼总统费尔南德斯的就职典礼为标志，南美洲两大经济体自 20 世纪 70 年代末建立的战略联盟遭遇挑战，不仅影响到两国主导的南方共同市场的走向，而且给地区和平带来不确定性。

拉美政治生态的变化使地区 12 年一轮的超级大选周期与结构性矛盾相叠加，加大了潜在的政治风险，而且激化了民众情绪。这种情绪宣泄以两种形式表现，一种是“用脚投票”，美国盖洛普咨询公司（Gallup）2019 年的一项民意调查显示，27% 的拉美民众有移民意愿。在其调查的 150 个国家中，海地、萨尔瓦多、洪都拉斯、秘鲁、委内瑞拉、多米尼加、危地马拉和哥伦比亚名列潜在移民意愿最高的 20% 的国家，巴西、尼加拉瓜、玻利维亚和墨西哥的对外移民意愿同样高于受调查国的平均水平。① 另一种则是民众抗议，例如 2019 年委内瑞拉危机的延续、海地反对政府的游行、巴拿马民众的街头抗议、玻利维亚与秘鲁的政治危机等。

（三）社会动态

受到全球政治和经济形势的影响，2019 年世界主要地区的社会形势趋于恶化。2020 年 1 月，联合国经济和社会事务部发布《世界社会报告》，以“迅速变化的世界中的不平等”为主题，指出高失业与收入分配的差异使不平等现象在全球范围内呈增加趋势，而多数国家的社会治安也在恶化。在全球趋势下，拉美原有的社会矛盾愈加明显，主要社会指标表现弱于全球平均水平。

一是失业与非正规就业双高，就业质量持续困扰。过去 25 年中，全球就业率下降了 4.4 个百分点，2019 年降至 57%，但由于劳动参与率的同步下降，失业率相对保持在较为稳定的水平，全球平均为 5.4%。然而，在经济低增长和持续低收入的压力下，拉美的劳动参与率在 2014 年之后总体呈上升趋势，而就业率大致不变，这使拉美的失业率明显上升，2019 年达到 8.1%，高于世界平均水平（见图 2），仅低于北非（12.1%）及中亚和西亚（9.4%）两大区域。地区各国中，仅有墨西哥、玻利维亚、巴拿马和萨尔瓦多的失业率低于世界均值，而圭亚那、巴西、哥斯达黎加等国的失业率均

① “Potential Net Migration Index,” GALLUP, https://news.gallup.com/migration/interactive.aspx, accessed February 10, 2020.

达到两位数。拉美地区的劳动利用不足率为19.9%，远高于10.3%的世界平均水平，仅略好于撒哈拉以南非洲地区（21.5%），地区约6600万人无薪或薪金不足，也使失业矛盾更为突出。[①] 同时，拉美地区非正规就业率高达53.1%，持续高居全球第1位。其中，玻利维亚、危地马拉和尼加拉瓜的非正规就业率接近80%，而墨西哥（53.4%）、阿根廷（47.2%）和巴西（46%）的非正规就业率也很高。[②] 与地区以中等收入国家为主的发展阶段不相匹配的是，“体面就业”成为该地区面临的突出压力（见图2）。

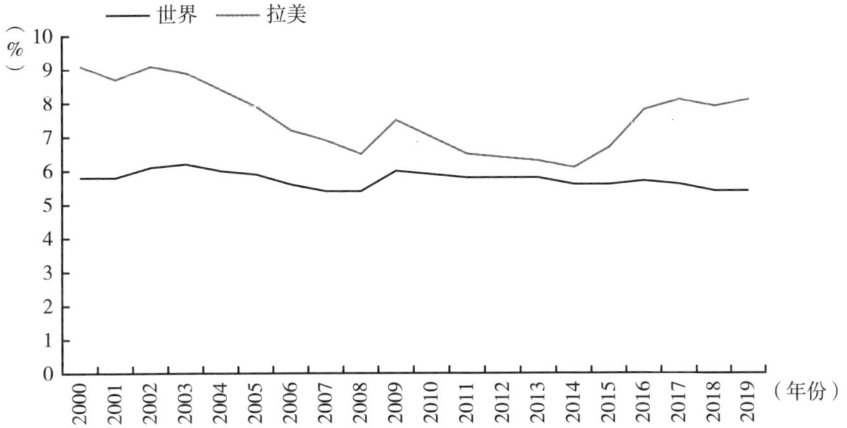

图2　2000～2019年拉美地区与世界失业率

资料来源：International Labour Office, *World Employment and Social Outlook: Trends 2020*, International Labour Organization, Geneva, January 2020。

二是减少贫困与不平等进展减缓，相对压力居高不下。进入21世纪以来，世界贫困率呈现总体收敛趋势，但收入及财富不平等仍在加剧，全球最富有的10%的人口与其余90%的人口所拥有的财富比例差距从2000年

① International Labour Office, *World Employment and Social Outlook: Trends 2020*, International Labour Organization, Geneva, January 2020, pp. 91 – 121.

② International Labour Office, *World Employment and Social Outlook: Trends 2019*, International Labour Organization, Geneva, January 2019, pp. 38 – 40.

的11.5%升至2019年的18.3%。[①] 拉美在减贫和降低不平等方面的成就相对突出，其赤贫率和贫困率的降幅仅弱于亚洲，基尼系数也不断下降。然而，近期经济降速使拉美贫困率和不平等现象有所反弹。据联合国拉美经委会估计，2014年后，拉美贫困率转降为升，2019年地区贫困人口增至1.91亿人（30.8%），预计7200万人（11.5%）生活在极端贫困中，贫困人口和极端贫困人口均高于2018年水平（分别为1.85亿人和6600万人），而贫困人口的增加主要来自巴西和委内瑞拉两国。同时，拉美地区基尼系数的降速减缓，2002～2014年年均下降1.0%，而2014～2018年的年均降幅仅为0.6%，2018年的基尼系数为0.465[②]。然而，需要指出的是，拉美在贫困率和不平等方面仍面临较大的压力。截至2019年底，拉美的贫困率低于世界平均水平，但仍远高于东亚和太平洋地区以及欧洲与中亚地区，[③] 尤其是海地、洪都拉斯和萨尔瓦多等国的贫困率仍处于相对高位；拉美地区仍是仅次于撒哈拉以南非洲地区的世界第二大不平等地区，包括巴西和墨西哥拉美两大经济体在内的地区多数国家仍存在明显不平等。

三是社会治安有所恶化，安全形势仍好于多数发展中国家。2008年之后，由于全球恐怖活动增加、地缘政治局势紧张、难民增多以及大国博弈加剧等因素，世界安全形势呈总体恶化趋势，全球和平指数（GPI）[④] 年均下降3.78个百分点，而2019年度指数出现了5年来的首次回升。报告所涵盖的163个经济体中，有86个经济体的安全状况改善。但是，拉美地区的安全状况有所恶化，地区受考察的23国中，有10国的安全形势改善[⑤]，

① Credit Suisse, *Global Wealth Report 2019*, Geneva, October 2019.

② ECLAC, *Social Panorama of Latin America 2019*, United Nations, Santiago, 2019.

③ World Bank, Poverty and Equity Database, https://datacatalog.worldbank.org/dataset/poverty-and-equity-database, accessed February 14, 2020.

④ 由澳大利亚国际独立智库经济与和平研究所发布，以社会安全、国内国际冲突和军事化程度为测量领域，依据恐怖主义影响、暴力死亡率、军事化程度、核武器能力等23项定量或定性指标，对世界163个经济体（覆盖全球99.7%人口）的和平状况进行分析与排序。

⑤ 即哥伦比亚、哥斯达黎加、乌拉圭、牙买加、墨西哥、多米尼加、巴拿马、智利、萨尔瓦多和海地。2019年度指数于当年6月发布。考虑到智利等国出现的社会动乱均在此后，可以判断，全年安全形势恶化趋势突出。

而其他国家的安全形势恶化。拉美地区当前面临的安全挑战主要来自三个方面：其一，地区难民流动造成的社会治安压力；其二，地区政治动荡造成的安全形势恶化；其三，局部暴力活动带来的社会治安问题。然而，拉美地区是全球为数不多没有战乱的地区，毒品斗争也相对集中于个别国家，因此地区和平状况在发展中地区内排名靠前，仅略弱于亚太地区。

拉美社会形势有所恶化，与政治和经济形势恶化叠加，激化民众的社会不满情绪，也使2019年拉美地区全境出现了“敲锅”运动，社会运动贯穿全年，智利等国出现了较为激烈的社会抗议。但是，应该看到，拉美社会动荡是各类矛盾逐年累积下的集中释放。与之相比，同期全球也出现了大范围的社会运动，部分国家与地区的冲突烈度和延续时间超过拉美。从世界银行发布的全球动荡指数来看，自2009年以来，拉美处于动荡上升期，2019年的动荡指数达到了近10年的高峰值。从全球范围来看，拉美动荡“等级”低于全球平均水平，也低于全球多数地区（见图3）。

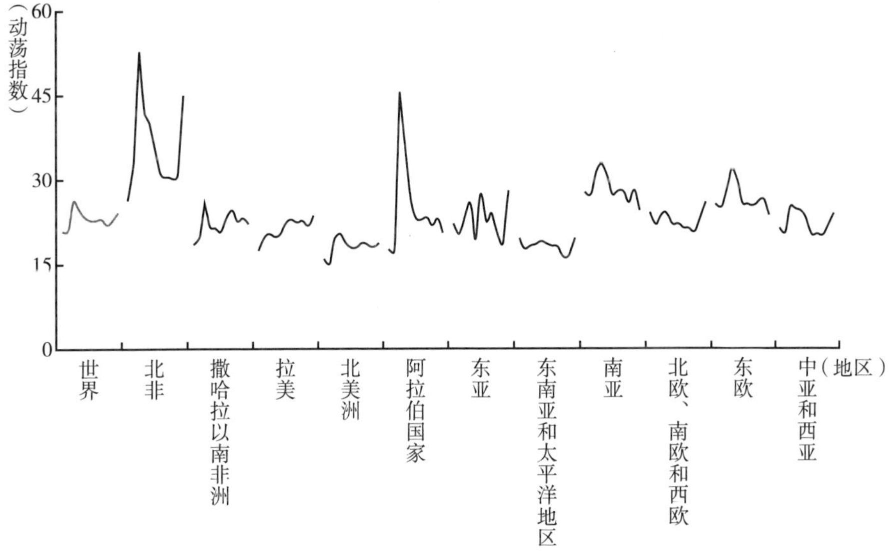

图3　2009～2019年全球及主要地区社会动荡指数变化

资料来源：International Labour Office, *World Employment and Social Outlook: Trends 2020*, International Labour Organization, Geneva, January 2020。

综合来看，2019 年的拉美政治、经济和社会形势均出现一定程度的恶化，这是地区政治经济周期、结构性困难与外部传染共同作用的结果。从三大领域来看，经济增长停滞已经成为拉美当前种种危机之源，也是拉美在国际比较视野中最“超调”的环节，而政治、社会领域的动荡大体还在全球共振范围之内，但已经扩大地区发展环境的不确定性，对经济增长进一步形成反向作用，导致地区陷入困顿与当前的“陷阱”中。

二　拉美当前形势下的结构性因素

周期性因素是触发当前拉美困境的诱因，而结构性因素则是其深陷困境的根本原因。21 世纪以来，拉美在深度参与全球化的进程中，政治、经济和社会领域已经出现了一定的结构性变化，这些变化作用于当前拉美，并将决定其长期发展趋势。

（一）经济的内生增长动力缺失

在 21 世纪初期全球大宗商品超级周期的背景下，有利的外部市场环境促进了拉美经济发展，经济繁荣一时。但是，地区多数经济体未能充分利用有利的商品机遇期提高其内生经济增长动力，经济的外部性却在不断增强。据统计，2000 ~2018 年，拉美是全球全要素增长率（TFP）上升最缓慢的地区，特别是 2016 年之后，其全要素增长率持续下降（见表 4）。全要素增长率的负增长进一步拉低生产要素的使用效率，使拉美地区的投资率低于全球平均水平。2014 年后，拉美地区的固定资本形成率均值始终低于 20%，地区半数经济体的固定资本形成率也低于 20%。[①] 资本积累不足与生产率上升缓慢已经成为拉美经济增长乏力的根源。

① World Bank Data, https://data.worldbank.org/indicator, accessed February 15, 2020.

表 4　世界主要地区全要素生产率增长率比较

单位：%

年份	2000～2007	2010～2017	2016	2017	2018
发达经济体	0.5	0.2	-0.1	0.6	-0.2
新兴市场与发展中经济体	1.6	0.0	-0.8	-0.1	-0.1
中国	1.9	-0.4	-1.9	-0.7	-0.6
印度	1.7	1.9	3.5	1.6	2.4
其他亚洲发展中经济体	1.3	0.3	-0.9	0.3	0.4
拉美	0.2	-0.7	-3.0	-0.8	-1.5
中东与北非	-0.3	-1.7	0.4	-1.8	-1.8
撒哈拉以南非洲	1.7	0.3	-3.6	-0.7	-0.2
俄罗斯、中亚与东南欧	5.0	1.0	-0.3	1.6	0.8
世界	1.0	0.1	-0.5	0.2	-0.1

资料来源：“The Conference Board Productivity Brief 2019,” The Conference Board, April 2019, https://www.conference-board.org/retrievefile.cfm?filename=TED_ProductivityBrief_20191.pdf&type=subsite, accessed February 15, 2020。

在内生经济动力不足的情况下，拉美对外依存度保持高位，经济的外部脆弱性较强。根据联合国拉美经委会统计数据核算，2018 年拉美贸易依存度为 45.5%，除了哥伦比亚、阿根廷、巴西和古巴外，其他拉美国家的贸易依存度均高于 40%；与 2000 年相比，地区一半以上国家的贸易依存度提高。同期，初级产品在拉美出口中所占比例相对较高，2018 年仍高达 48.2%，除了部分中美和加勒比国家外，拉美 20 国的初级产品出口占比高于 21 世纪初。因此，国际大宗商品市场价格成为拉美经济增长中的权重影响因素，而中国等主要初级产品进口国与拉美地区之间的经济联动性也相应增强。2019 年，国际货币基金组织国际大宗商品价格指数下降 8.3%①，全球多数经济体增长乏力，拉美在外部动力不足的情况下，陷入持续的低增长。

（二）政治的不确定性增强

第三波民主化浪潮兴起的 40 多年中，拉美地区的民主体制和政党政治

① 根据 IMF 大宗商品价格指数测算，“IMF Primary Commodity Prices,” International Monetary Fund, https://www.imf.org/en/Research/commodity-prices, accessed February 15, 2020。

体制不断完善，但近年来民主疲劳的迹象开始显现。拉美晴雨表调查数据显示，2018 年，拉美地区对民主的总体支持率从 2010 年的 60% 下降到 48%，是近年来的最低水平，而不在意民主政权或专制政权的人群比重则从 2010 年的 16% 上升到 28%；2009 ~ 2018 年，对民主的不满从 51% 上升到 71%。[①] 这种不满和沮丧对政府公信力产生负面影响，也导致拉美选举中出现“愤怒票”现象，民众意图寻找政治“局外人”来取代传统的政党和领袖，使地区政治不确定性明显增强。

拉美政治体系的支持率下降有着多重原因，当前存在的腐败与不稳定暴露的潜在风险是其直接原因。腐败已经被视为拉美“主要的不安全因素”，2019 年 1 月至 3 月，“全球腐败晴雨表”（GCB）对拉美地区 18 个国家的 17000 多名居民进行了调查。在问及过去 12 个月中本国腐败是否有所增加时，53% 的受访者认为有所增加，持相反观点的受访者仅为 16%；18 国中，持腐败增加观点的受访者均占据多数。其中，委内瑞拉 87% 的受访者认为腐败在增加，多米尼加（66%）和秘鲁（65%）的大多数受访者也认为腐败有所增加，仅圭亚那有 40% 的受访者认为腐败减少。在问及政府腐败在本国是不是一个问题时，85% 的受访者认为腐败是一个大问题，仅有 13% 的受访者认为腐败无足轻重或不是问题，而秘鲁（96%）和哥伦比亚（94%）绝大多数受访者认为腐败是大问题。腐败加深了公民对政府的不信任。调查结果显示，拉美地区民众对政府、法院和警察的信任度很低，仅巴巴多斯和圭亚那的多数受访者表示信任本国的公共机构，而委内瑞拉、萨尔瓦多、哥伦比亚、危地马拉、巴拿马和秘鲁 90% 以上的受访者表示几乎不信任本国的公共机构。[②]

政治体系的不稳定在很大程度上源自政党格局碎片化。在实行民主化的

---

① “Latinobarómetro Análisisde Datos,” Latinobarómetro, http://www.latinobarometro.org/latOnline.jsp, accessed February 16, 2020.

② Transparency International, *Global Corruption Barometer—Latin America & the Caribbean 2019: Citizens' Views and Experiences of Corruption*, September 2019, https://www.transparency.org/files/content/pages/2019_GCB_LatinAmerica_Caribbean_Full_Report.pdf, accessed December 29, 2019.

同时，拉美政党体系碎片化的现象日益突出。目前，拉美 33 国中，有 9 国实行两党制，4 国实行主导政党体制，其余国家均为多党制。近年来，多党制国家的政党数量明显增加，1/3 的国家有 20 个以上的政党，其他国家的政党数量也超过了 10 个（见图 4）。特别是在 21 世纪初的左翼执政高潮退潮后，有强凝聚力和动员能力的执政党在多数国家缺位，而新兴政党大量涌现，对传统主流政党形成冲击，直接带来政治格局碎片化。同时，在政党林立、党派纷争加剧的情况下，各政党在许多问题上难以达成一致，而多数国家的执政党在国会中不占优势，难以推进重大政治议程。在此背景下，任何政党要实现执政目标都必须联合众多中小党派形成执政联盟，而联盟的不稳定性导致政权缺乏稳定性。正是这种不稳定性和公信力流失，使拉美 2019 年的社会运动呈现出复杂而多样化的趋势，社会运动不仅发生在海地、委内瑞拉等面临严重经济困难的国家，也出现在智利、哥伦比亚等长期经济绩效良好的国家，以及玻利维亚等在近期地区经济低迷的形势下增长态势相对良好的国家。

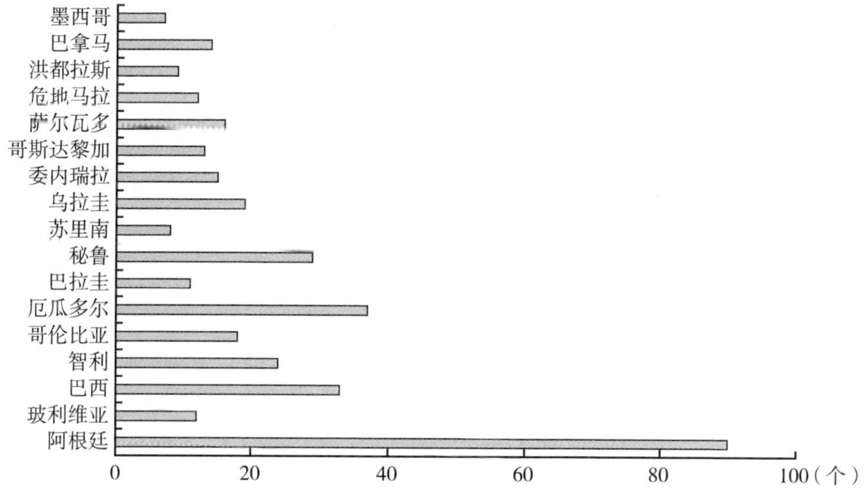

图 4　拉美多党制国家政党数量

注：均为各国全国性政党。阿根廷为获得 5 个以上省认可的全国性政党；苏里南为政党联盟和主要政党数量；墨西哥为联邦选举协会登记的政党。

资料来源：作者根据各国政府官方网站公布的信息整理。

（三）社会需求与结构的不对称

近10年来，拉美人口的年龄与社会结构发生了明显的变化。人口年龄结构方面，人口年龄中位数已经从2010年的27.4岁升至2019年的30.6岁，地区33国中，伯利兹、危地马拉、海地和洪都拉斯的人口年龄中位数不到25岁，古巴和巴巴多斯的人口年龄中位数超过40岁，其余国家的人口年龄中位数均为30岁左右。拉美地区的人口结构也出现变化，65岁及以上人口占比由6.9%升至8.7%（地区半数国家老龄人口占比超过该均值），15～64岁劳动年龄人口占比也由65.5%增至67.1%（见图5）。在地区人口"变老"的同时，拉美人口的社会结构也出现同步变化，欧睿国际（EURO International）数据显示，以相对收入衡量，拉美的中产家庭[①]的绝对数量与在家庭总数中所占的份额都在不断扩大。2008～2018年，拉美中产家庭从3300万户增加到4600万户，占家庭总数的比重从22.9%增至25.8%。在国家层面，世界银行与拉美经济社会统计数据库（SEDLAC）统计显示，以绝对收入衡量，截至2017年，阿根廷、智利、哥斯达黎加、巴拿马、乌拉圭等国中产阶层的占比已经过半（见图5）。

拉美人口的结构性变化，不仅对消费升级提出了要求，还对包括教育、医疗、养老等公共产品产生了更多的需求，但拉美的经济社会供给无法满足这种新的需求。在消费升级方面，哈佛大学增长实验室（Growth Lab）对全球主要国家的产品复杂度指数进行测算，结果显示，过去10年中，除了智利、多米尼加和厄瓜多尔外，其余14个拉美观察国的指数总体上呈下降趋势，表明其产品的品质没有明显提高。2019年产品复杂度指数的全球排名中（130个经济体），只有墨西哥相对领先，巴西、哥伦比亚、乌拉圭、哥斯达黎加、巴拿马、萨瓦尔多略好于全球平均水平，其余7国均低于全球均值。[②] 因此，拉

① "中产阶层"存在多种定义，欧睿国际采用相对衡量指标，将"中产家庭"定义为收入中位数介于75%～125%的家庭。

② The Growth Lab at Harvard University, 2019, "rankings. tab," *Growth Projections and Complexity Rankings*, https://doi. org/10. 7910/DVN/XTAQMC/CLNXXP, Harvard Dataverse, V2, UNF: 6: +dXp8TMQz26OFv7ZOfIxSg = = [fileUNF], accessed February 16, 2020.

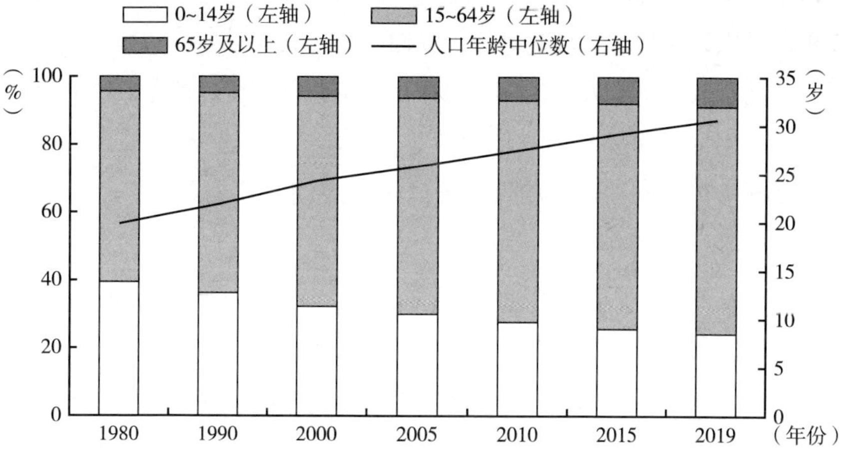

（1）年龄结构：各年龄段人口比例

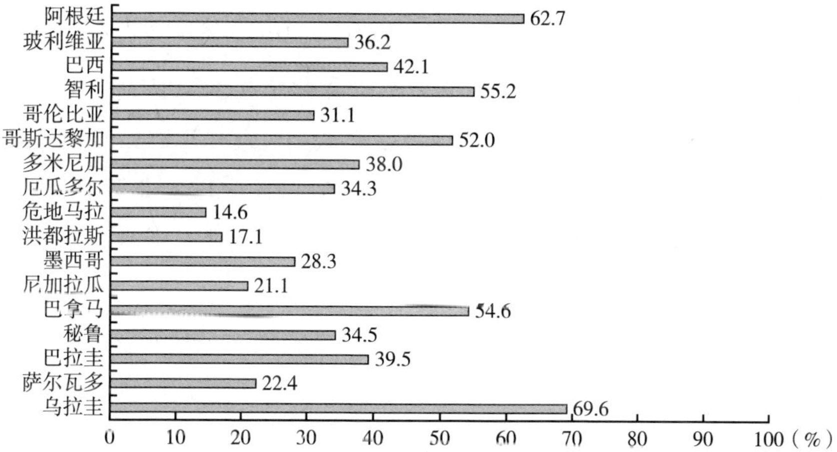

（2）社会结构：中产阶层比例（2017年）

图5　拉美人口年龄结构与社会结构变化

注：中产阶层的标准采用世界银行与拉美经济社会统计数据库标准，即人均日收入为13～70美元（以2011年购买力平价核算）。

资料来源：人口年龄结构数据来自 División de Población de la CEPAL，Revisión 2019 y Naciones Unidas，Departamento de Asuntos Económicos y Sociales，División de Población（2019），*World Population Prospects 2019*，edición Online；人口社会结构数据来自 Socio-Economic Database for Latin America and the Caribbean（CEDLAS and The World Bank），http：//www. cedlas. econo. unlp. edu. ar/wp/en/estadisticas/sedlac/estadisticas/。

美人口结构发生变化的同时，本土生产无法满足消费需求升级，这推动了进口需求的扩大，增加了经济的对外依赖性。

在公共产品的提供方面，拉美同样存在结构性矛盾。首先，拉美劳动人口与中产阶层的增多要求提供新增就业，提供“体面就业”机会，而拉美当前的就业形势与此种需求相悖，难以满足变动的社会需求。尤为特殊的是，2019 年，拉美青年（15~24 岁）大多（62.4%）为非正规就业，公开失业率为 17.9%，远高于社会整体失业率，并且 1/5 以上的青年工人（2330 万人）没有就业、接受教育或培训。其次，老龄人口的增多要求加强养老金等社会保障，而拉美现存的四类养老金计划均面临挑战。其中，阿根廷、巴西和委内瑞拉采用“现收现付型”计划，哥伦比亚、墨西哥、秘鲁、哥斯达黎加、巴拿马和乌拉圭采取混合型计划。21 世纪初期左翼政府在不扩大缴款的情况下承诺增加养老金，这两类计划因财政补贴难以为继而面临不可持续风险。玻利维亚、智利、多米尼加和萨尔瓦多采取的“缴费确定型”计划则覆盖面不广，且因强制性缴款率低以及退休年龄相对较低等综合原因，无法提供“足够的”养老金。至少有 14 国采取的非缴费型计划，虽然覆盖面较大，但财政成本的增加也使其在经济低迷时期难以延续。再次，新兴中产对教育在确保向上流动方面的推动作用有着较为明确的认识，这也是拉美近 10 年来入学等教育指标明显好转的推动力量，但是拉美的教育质量还有待提高。经济发展与合作组织最近一期（2018 年版）国际学生评估计划（PISA）显示，拉美学生的阅读、科学和数学能力都低于全球平均水平。

上述供求失衡，加上地区贫困率回升、社会治安恶化等因素，使中产阶层安全感不足，不满情绪扩大。与此同时，通信技术快速发展，社交媒体的快速普及[①]使社会动员更为平民化、便捷化和扩大化，为这种不满情绪的宣泄提供了出口，使社会运动在近年来不断增加。

---

① Statistica 对拉美社交媒体使用情况的调查显示，2018~2019 年，大约 84.5% 的拉美人口是活跃的社交媒体用户。

三 拉美现有政策措施与实施空间

面对地区政治、经济和社会形势相对恶化的情况，拉美国家推出了相应的长期改革措施和短期应对措施。由于地区经济增长长期停滞，特别是地区主要经济体面临较大的增长压力，无法用经济增量帮助减轻或消除政治与社会压力，现有措施仍集中于经济领域，社会政策也随经济改革同步推出，而政治领域改革也有一定进展。

（一）长期改革措施与方向

随着2017～2019年超级大选周期中各国大选陆续结束，拉美启动了新一轮改革，纠正政治经济运行机制中存在的问题，并为经济增长注入活力。巴西、墨西哥、智利等地区主要经济体在2019年推出了经济社会综合改革方案，新自由主义经济方案呈现一定抬升趋势（见表5）。

政治改革以新一轮修宪为特征。过去两年，厄瓜多尔、秘鲁和古巴先后举行宪法公投，通过了宪法修正案。此轮宪法改革集中于两项。一是明确国家元首和政府官员任期。例如，古巴强制性实行国家主席60岁的最高年龄限制，任期5年，仅可连任两届，市议会议员的任期为5年；厄瓜多尔确定总统仅可连任两届；秘鲁限制议员直接竞选连任。二是加强民主和问责制。例如，古巴设总理，建立由市政府选出的成员组成的新的省议会等；厄瓜多尔禁止任何有贪污、非法致富、贿赂或洗钱活动等犯罪记录的国民竞选政治职务或担任公职，提高公民社会控制联合会透明度以及促进公民参与政府事务；秘鲁改革法官委员会职责，禁止为政治竞选活动提供私人资金等。此外，宪法改革还涉及经济提振方案，如古巴承认私有财产和外国投资，厄瓜多尔废除《房地产资本利得法》等；增强公民权利保障，如古巴禁止基于性别、种族、民族血统、性取向、性别认同或残疾方面的歧视，宪法中纳入公民起诉政府赔偿损失或过失的权利、公民会见法官和通过人身保护令报告非法监禁的权利等。2020年，智利暂定于10月进行修宪公投；巴拿马的修

表 5　拉美主要国家经济社会综合改革方案

国家	财税	货币与金融	能源	劳工	投资	其他
巴西	支出上限修正案将支出增长与通货膨胀措施联系在一起;养老金改革减少了长期债务	逐步取消补贴信贷;发行票据以赋予中央银行正式的独立性	向私营部门投资开放深水油气项目的开发	2017 年 7 月的改革旨在为集体谈判设定更明确的条件,并引入更灵活的工作时间,允许更多兼职和临时就业	推出了“投资伙伴计划”,将出售高速公路港口和潜在的公用事业	—
哥伦比亚	降低公司税的财政改革已于 2019 年 10 月被法院驳回,但国会可能恢复执行	—	开始试点项目,评估在哥伦比亚压裂技术的适用性,这是增加石油和天然气储量的努力的一部分	将整体最低工资提高 6.0%,运输工人工资提高 10.0%	—	—
墨西哥	为与美国接壤的边境地区的企业减税,增强其竞争力	—	计划到 2025 年将原油产量恢复到每天 240 万桶左右	根据《美墨加协定》要求,修改有关工会和集体谈判的法律	削减首次公开募股所得的税收,以增加筹集资金和支持金融体系。公布五年期国家基础设施建设计划,涉及公路、铁路、港口和机场等交通设施建设,以及旅游、电信、供水与卫生等方面,将私人投资作为首要投资方式	《美墨加协定》对汽车原产地规则设置更多限制性措施

续表

国家	财税	货币与金融	能源	劳工	投资	其他
厄瓜多尔	取消房地产资本利得税，降低公司税，进一步减少对政府优先事项的投资；建立非石油基本平衡的约束性目标	推进改革以增强中央银行的自治权，并根据国际货币基金组织协议禁止中央银行向政府提供资金	恢复与国家石油公司合作的油田服务提供商的生产分成合同；提高国有石油公司的透明度	减少刚性劳动合同并降低雇用成本；设定公共部门工资约束	放宽资本市场法规；出台投资税收优惠；通过国际仲裁解决公开争议	—
智利	增加高收入人士的房地产税和所得税；拟议的养老金改革将使政府养老金缴款增加20%	—	—	拟议的改革将把智利的工作时间改为每周40小时，并确定最低月收入	建立了大型项目办公室，减少项目环节并简化环境评估；政府已完成多个项目招标	废除《铜储备法》，取消智利国家铜业公司10%的收入作为军事用途的强制规定；政府延长了移民登记计划的期限

资料来源：作者整理。

宪公投受到民众反对，将举行一场重大的全国对话以起草新宪法。

经济改革的重点是为经济增长提供条件和动力。一是改善营商环境。世界银行 2020 年《营商环境报告》指出，2018 年以来，拉美有 2/3 的经济体进行了营商环境改革。其中，巴哈马推出 4 项改革，阿根廷、巴巴多斯和哥伦比亚各推行了 3 项改革，巴西、哥斯达黎加、伯利兹和牙买加则各推出 2 项改革。改革内容主要涉及精简开办企业程序、提高合同执行和跨境贸易效率以及加强对投资者的保护。例如，巴哈马要求披露利益冲突、澄清所有权和控制结构以及提高公司透明度，加强对少数投资者的保护；阿根廷引入电子原产地证书和改善进口许可证，减少了遵守进出口文件所需的时间；巴巴多斯通过采用新软件和应用程序、增加材料库存以及为公用事业工程师提供培训计划，提高了供电效率；哥伦比亚则增加债权人对破产程序的参与，简化了破产程序。① 二是确立产业发展目标。由于传统增长来源动力不足，拉美地区开始发掘数字经济潜力，多个国家近年来确立了数字经济发展目标。例如，2018 年阿根廷政府批准通过《数字议程 2030》，巴西发布了“数字转型战略”，智利通过了《数字议程 2020》；2019 年，哥伦比亚政府批准通过了《国家数字化转型及人工智能政策》，墨西哥在《国家发展规划 2019 ~ 2024》的经济部分提出网络连接要覆盖全国，厄瓜多尔提出的《数字厄瓜多尔》战略关注创新和数字化转型，秘鲁正在制定第 3 版《数字议程》，乌拉圭第 5 版《数字议程》旨在增加数字化转型过程中的创新活动、扩大信息通信技术的普及使用。

社会改革则以降低劳动成本和提高劳动市场弹性为目标，试图兼顾劳动保障和劳工福利。当前拉美多数国家的综合改革方案包括社会改革措施。巴西和厄瓜多尔等国侧重于降低劳工成本；智利和哥伦比亚等国期望在为企业减负的同时，确保劳工工资和社会保障的稳定性与可持续性；墨西哥的改革

① “Doing Business 2020 Fact Sheet: Latin America and the Caribbean,” Doing Business, https://www.doingbusiness.org/content/dam/doingBusiness/pdf/db2020/DB20 – FS – LAC.pdf, accessed February 16, 2020.

则以《美墨加协定》为基础，根据三国劳动市场一体化的需求协调劳工工资与福利（见表5）。

（二）短期政策空间

改革的长期效应取决于目标与对策的匹配度、政策资源投放以及政策传导机制等综合因素，政策的短期效应则在很大程度上取决于政策工具箱的充裕度和政策的有效空间。相对于政治和社会改革的长期性与艰巨性，恢复经济是拉美摆脱当前困境的有效出口之一，然而其政策能力同样面对较大挑战。

在财政政策方面，财政措施是降低结构性不平等和扩大内需的有效手段，但拉美国家普遍面临较大的财政压力，无力推进长期目标，也很难实施短期逆周期政策。受贸易条件恶化影响，拉美国家财政收入减少，债务负担持续加重，平均利息支出的GDP占比从2010年的1.7%上升至2019年的2.7%。巴西和牙买加的利息支出占GDP的5%以上①，使其总预算赤字规模扩大。据联合国拉美经委会统计，2019年仅有格林纳达、巴巴多斯和圣卢西亚实现财政盈余，其余拉美国家均出现财政赤字，其中苏里南（10.9%）、巴西（6.4%）、哥斯达黎加（6.4%）、圭亚那（4.9%）、厄瓜多尔（4.7%）、安提瓜和巴布达（4.2%）与阿根廷（3.9%）的赤字率超过了3%②。在这种财政状况下，拉美多数国家过去5年的重点是财政整饬，降低公共投资成为首要选项，这使平均资本支出已降至占GDP 3.1%的历史低点，对生产能力和未来增长产生负面影响。因此，对于多数拉美国家而言，财政政策已经失去了逆周期能力，而地区广泛推行的财政紧缩政策对经济增长形成反向作用，也使地区各国无法以教育、基础设施等投资及财政转移支付等手段解决经济和社会结构中的结构性问题。

---

① UNCTAD, *World Economic Situation and Prospects 2020*, United Nations, New York, January 2020, https://www.un.org/development/desa/dpad/.

② ECLAC, *Preliminary Overview of the Economies of Latin America and the Caribbean 2019*, United Nations, Santiago, 2019. p. 142.

在货币政策方面，货币宽松是多数拉美国家有限的经济激励政策选项，但政策能力受到外部环境制约。2019 年，由于通胀压力和货币贬值压力在多数国家得到了阶段性缓解，拉美多国中央银行通过扩大货币供给或降低货币政策利率来刺激经济。但是，拉美国家的货币政策空间已所剩不多。一方面，由于持续调低货币政策利率，巴西、智利、秘鲁、玻利维亚、牙买加、巴拉圭和危地马拉等拉美国家的政策利率已接近或达到历史低点，进一步下调的余地不大；另一方面，在美日欧同步大幅降息（甚至实施负利率政策）的背景下，拉美国家货币宽松的效用往往会被稀释，还有可能造成资本流出，增加汇率波动，增大经济波动风险。

四　拉美地区2020年展望

21 世纪以来，拉美发展以 2014 年为分界线。此前，相对稳定而快速的经济增长为左翼政府的社会政策提供了基础，形成了一定程度的包容式增长；此后，增量不足，地区的结构性矛盾开始放大与积聚。2019 年，拉美在政治、经济和社会领域出现的明显动荡是这种矛盾积累的反应，也是全球经济低迷和政治思潮转换下形成的地区共振。尽管与 21 世纪早期的发展相比，拉美似乎进入了 20 年来最困难的时期，但在国际比较视野下，拉美仅有经济“超幅”下滑，而政治和社会形势与世界波动大体同步，其综合社会动荡指数尚未坠入全球最坏区间。2020 年，拉美还将面临较大的内外部风险。

经济风险主要来自外部冲击。拉美经济的外部依赖性高且政策能力不足，难以阻断来自外部的不利冲击。2020 年初，在原有的贸易条件持续走低和贸易环境受到保护主义威胁之外，新型冠状病毒肺炎疫情、美股急跌和原油价格暴跌加剧了经济环境的恶化，对拉美经济形成了极大的冲击。随着疫情蔓延至拉美本土，地区将依次经历中国经济放缓、美欧经济减速和本土停工停产三轮冲击，不利影响从贸易逐渐扩大至生产，而疫情下跨国人员流动的强行停滞会对地区旅游业和投资形成直接冲击。受此影响，拉美近期经济进一步探底几成定局，巴西、墨西哥等受疫情影响较重国家的经济下行风险也在加剧。

政治风险聚集于超级大选周期后的调整。2020 年，除了加勒比多个国家的总统选举外，地区中还有玻利维亚将举行总统选举、巴西将举行市政选举、委内瑞拉将举行议会选举等，存在局部政治波动的可能性。同时，拉美超级大选周期结束后的调整和地区改善政治结构脆弱性问题，使地区修宪和改革的范围扩大，而其中的利益博弈会加大政治波动。

社会风险则主要来自社会指标可能恶化以及供需结构性失衡加剧。在经济和政治风险加大的同时，社会不满情绪也在不断放大，在政局动荡或经济不确定加剧的情况下，社会紧张局势也可能进一步加剧。

整体而言，拉美当前仍处于综合性风险高发期，外部的负面冲击会放大原有的内部冲突，而现有改革尚无法消除地区发展中的结构痼疾，地区各国所拥有的政策工具也面临空间和效力的局限性。2020 年，拉美暂时还无法摆脱低增长和动荡高发的困境，新一轮“失去的 10 年”已经逐步显现。未来，唯有通过深层次的政治经济改革形成地区增长的新动力，增强民众对政府和政策的信心、寻找社会供求之间的新稳态，拉美才有望走出困境。

（工鹏　审读）

分 报 告

Sub-Report

Y.2

2019~2020年拉美政治形势：多元政治参与冲击政局

杨建民*

摘 要： 2019年，拉美地区的8个国家举行了大选或议会选举，7个国家完成了政权的正常更迭，玻利维亚总统莫拉莱斯因被指控“选举舞弊”而被迫辞职，流亡海外。由于经济低迷和民众对经济预期的担忧以及民众对政府和传统政治家的不信任，厄瓜多尔、智利、哥伦比亚、玻利维亚等多国爆发了大规模抗议示威活动，秘鲁则发生了总统解散国会和国会罢免总统的宪政危机。在2019年出现的上述乱局中，学生、工人、世居民族组织、军队、警察、法院等多种政治主体参与其中，冲击了拉美国家的政局。在地区政治格局方面，左翼和右翼

* 杨建民，中国社会科学院拉丁美洲研究所马克思主义理论与拉美政治研究室主任、研究员。

互有进退，“左右共治”的局面继续，但右翼仍然掌握着地区政治的主导权。

关键词： 拉丁美洲 选举 社会抗议 政治参与

2019年，拉美地区的8个国家举行了大选或议会选举，7个国家完成了政权的正常更迭，玻利维亚总统埃沃·莫拉莱斯（Evo Morales）因被指控“选举舞弊”，失去军队和警察的支持而被迫辞职，流亡海外。由于经济低迷和民众对经济预期的担忧以及对政府和传统政治家的不信任，厄瓜多尔、智利、哥伦比亚、玻利维亚等国爆发了大规模抗议示威活动，而且发生了不同程度的流血事件。秘鲁发生了总统解散国会和国会罢免总统的宪政危机。在2019年出现的上述乱局中，学生、工人、世居民族组织、军队、警察、法院等多种政治主体参与其中，尤其是学生和世居民族组织的体制外参与更具影响，严重冲击了拉美国家的政局。在地区政治格局方面，左翼和右翼互有进退，左右共治的局面继续，但右翼仍然掌握着地区政治的主导权。2020年，秘鲁、玻利维亚等国家的选举、智利的全民公决以及美国制裁下的委内瑞拉和古巴政局值得关注。

一 拉美地区国家选举情况

2019年，萨尔瓦多、巴拿马、危地马拉、古巴、玻利维亚、阿根廷、乌拉圭和多米尼克8个国家举行了大选或议会选举，7个国家完成了政权的正常更迭。玻利维亚总统莫拉莱斯被迫辞职、流亡海外，参议院第二副议长珍妮娜·阿涅斯（Jeanine Áñez）就任临时总统，政权出现非正常更迭。2019年拉美国家选举的具体情况如下。

萨尔瓦多新右翼打破传统政治格局。2019年2月3日，民族团结大联盟候选人纳伊布·布克尔（Nayib Bukele）在首轮总统选举中战胜民族主义共和联盟候选人卡洛斯·卡列哈和法拉本多·马蒂民族解放阵线候选人乌戈·马丁内斯（31.62%），获得超过50%的选票（53.78%），当选总统，并于6月1日就职，任期至2024年5月。由民族主义共和联盟分裂而来的民族大团结联盟虽然自称中左翼政党，但政治基调相对保守，实际上属于右翼。萨尔瓦多国民议会共有84个席位，而布克尔所在的民族团结大联盟仅有11席，大大少于国会第一大党民族主义共和联盟的37席以及法拉本多·马蒂民族解放阵线的23席。分析人士指出，这意味着布克尔政府未来向议会提出提案时需要和其他政党充分协商，以获得足够多的支持。萨尔瓦多自1992年内战结束后，政治局面就一直被左翼的法拉本多·马蒂民族解放阵线和右翼的民族主义共和联盟所掌控，而布克尔的当选打破了30多年来由上述两党垄断的政治格局。

2019年5月5日，巴拿马举行大选，中左翼民主革命党候选人劳伦蒂诺·科尔蒂索·科恩（Laurentino Cortizo Cohen）获得33.2%的选票，以微弱优势当选总统，并于7月1日就职。民主变革党候选人罗慕洛·鲁克斯（Rómulo Roux）获得31%的选票，独立候选人里卡多·隆巴纳（Ricardo Lombana）的得票率为19.2%，执政党巴拿马主义党候选人何塞·布兰东·菲格罗阿（José Blandón Figueroa）的得票率仅为10.6%。民主革命党在议会选举中获得了84席中的35席，这有利于科尔蒂索寻求其他党的合作形成通过法案所需要的多数。

2019年6月16日，危地马拉举行总统选举。当晚发布的不完全计票结果显示，19名候选人无人能够赢得半数以上选票，中左翼全国希望联盟候选人桑德拉·托雷斯（Sandra Torres）和改变危地马拉前进党候选人亚历杭德罗·贾马特（Alejandro Giammattei）排名前两位，进入第二轮投票。在8月11日举行的第二轮总统选举中，亚历杭德罗·贾马特最终胜选，将于2020年1月就职。

2019年2月24日，古巴就新宪法进行全民公决，得到78.3%的选民支持，获得通过。新宪法不仅对政治结构进行了改革，设立国家主席、副主席和总理职务，而且从法律上承认了私人所有制，肯定外资的作用。10月10

日，古巴全国人民政权代表大会举行特别会议，根据新宪法选举迪亚斯－卡内尔（Miguel Díaz-Canel）为国家主席，萨尔瓦多·巴尔德斯·梅萨（Salvador Valdez Mesa）为副主席，埃斯特万·拉索·埃尔南德斯（Esteban Lazo Hernández）当选全国人民政权代表大会主席和国务委员会主席。12月21日，经迪亚斯－卡内尔主席提名，曼努埃尔·马雷罗·克鲁斯（Manuel Marrero Cruz）被任命为总理。至此，参加过1959年革命的“历史一代”已经全部退出国务委员会。尽管如此，“历史一代”仍然保持着重要影响力，包括拉米洛·巴尔德斯在内的很多八旬老人仍然是古共中央政治局委员，劳尔·卡斯特罗仍然担任古共中央第一书记。

玻利维亚政权非正常更迭。2019年10月20日，玻利维亚举行大选。执政近14年的莫拉莱斯总统第4次参选，反对党派结成“公民社会”联盟支持前总统梅萨参选。在计票过程中，选举网站中断公布票数，中断时间长达24小时。中断前，莫拉莱斯的票数仅比梅萨多7.1个百分点，但次日重新公布结果时，莫拉莱斯与梅萨的票数差距扩大至10个百分点。这样莫拉莱斯在首轮便当选总统。11月10日，美洲国家组织公布关于大选的初步审查报告，认定选举过程存在“明显的操纵”。玻利维亚三军总司令威廉斯·卡里曼（Williams Kaliman）要求总统辞职，莫拉莱斯宣布辞职，先是流亡墨西哥，后又到左翼执政的阿根廷避难。接着，同属争取社会主义运动党的副总统、参众两院议长以及参议院第一副议长也相继辞职，以至于宪法规定的顺位继任总统的人选全部辞职，玻利维亚一度出现权力真空。11月12日，参议院第二副议长珍妮娜·阿涅斯在国会单方面宣称将担任临时总统。尽管当时参议院并没有达到法定出席人数，但玻利维亚宪法法庭仍然迅速裁定阿涅斯的就任符合宪法。11月24日，临时总统阿涅斯签署新选举法案，该法案宣告10月20日的大选无效，将重新举行新的大选，重申总统不能连任超过两届，禁止莫拉莱斯再次参选。

马克里未能实现连任，正义党重掌政权。2019年10月27日，阿根廷举行大选，在已经统计完的91.21%的选票中，正义党候选人阿尔韦托·费尔南德斯（Alberto Fernández）获得47.83%的选票，马克里的得票率为

40.66%，阿尔韦托的支持率越过45%，原计划于11月24日举行的第二轮选举已经没有必要。值得注意的是，前左翼总统克里斯蒂娜·费尔南德斯·基什内尔作为阿尔韦托的副总统获得选举的胜利，执政党内的权力结构也值得关注。

乌拉圭发生左右政权更替，左翼候选人被逆转，广泛阵线连续执政15年的历史结束。2019年10月27日，乌拉圭大选举行第一轮投票。10月28日，乌拉圭选举法院公布最新计票结果（计票进度为99.96%），没有任何一位总统候选人在此轮投票中获得超过50%的选票，需要举行第二轮投票。在第一轮投票中获得选票最多的前两位候选人——执政党广泛阵线的丹尼埃尔·马丁内斯（Daniel Martínez，得票率为39.2%）和民族党的拉卡列·波乌（Lacalle Pou，得票率为28.6%）进入第二轮角逐。在第一轮选举中得票率分别排在第3位和第4位的红党候选人塔尔维（得票率12.3%）和公开市政党候选人马尼尼（得票率10.9%）在第一轮计票结果公布后公开表示支持民族党候选人拉卡列·波乌，并呼吁支持本党的选民在第二轮选举中投票给拉卡列·波乌。乌拉圭还举行了参众两院议员的选举。从得票结果看，广泛阵线仍为第一大党，但没有任何党派在参议院或众议院取得绝对多数席位。未来5年政府若想出台重要法律和改革措施，执政党需要与其他政党进行协商和谈判。

2019年12月6日，多米尼克举行议会选举，执政党工党获得21个议席中的17个。现任总理罗斯福·斯凯里特（Roosevelt Skerrit）第5次获得连任。

二　拉美地区政治格局

（一）拉美政治格局“左”“右”互有进退

从2015年阿根廷右翼政党共和国方案在选举中获胜，到委内瑞拉反对派在议会选举中获得绝对多数席位，再到2016年巴西左翼总统迪尔玛·罗塞夫被弹劾下台后特梅尔组成以中右翼为主的政府，标志着拉美地区左翼执政高潮的结束。2017 年 12 月 17 日，智利中右翼候选人皮涅拉当选新总统；2018 年，哥伦比亚举行大选，右翼仍然掌握着执政地位；2018 年，在巴西大选中，右翼博索纳罗胜选，巩固了右翼在巴西的执政地位；2019 年，萨尔瓦多右翼布克尔的胜选、乌拉圭长期执政的左翼广泛阵线在大选中的落败以及莫拉莱斯总统辞职后玻利维亚右翼成立临时政府等，这些都可以看作“左退右进”在拉美的延续。左翼失去了地区政治的主导权，对拉美政治格局产生了深刻的影响。另一方面，在 2018 年 5 月的委内瑞拉总统选举中左翼执政党以较大优势胜选，在哥伦比亚选举中左翼政党异军突起，2018 年 7 月墨西哥左翼政党国家复兴运动党候选人奥夫拉多尔当选总统，2019 年 10 月阿根廷正义党候选人阿尔韦托·费尔南德斯和克里斯蒂娜组合的获胜充分反映了拉美政治“左”“右”互有进退、“左右共治”的特征。

（二）执政党的意识形态仍然对本国的对外政策有重大影响

2019 年，拉美国家像往常一样，执政党的意识形态直接影响了本国对某些事件的态度和采取的政策。最明显的就是对 2019 年出现的委内瑞拉和玻利维亚两个临时政府的态度。

2019 年 1 月 10 日，马杜罗宣誓就任总统，开始自己的第二个任期。美国等西方国家和利马集团（除墨西哥外）不承认马杜罗为合法总统，要求重新举行选举。2019 年 1 月 5 日，瓜伊多当选反对派控制的国会主席，并在马杜罗就职后的第二天即 11 日宣布接管国家的行政权力，23 日宣布就任“临时总统”，美国、巴西等国家立即承认。在国际上，瓜伊多得到美国和欧盟以及拉美地区的 50 多个国家的承认，古巴、尼加拉瓜以及区外的俄罗斯和中国等国家仍然坚定地支持马杜罗政府。可以说，委内瑞拉问题不仅导致了国家的分裂对峙，而且在国际上还因为对委内瑞拉的不同意见形成“两大阵营”。值得注意的是利马集团中唯一不承认瓜伊多“临时政府”的就是左翼执政的墨西哥。

2019 年 11 月，连续执政 14 年的左翼总统莫拉莱斯因为被指控在 10 月举行的大选中“舞弊”，失去军队和警察的支持而被迫辞职，阿涅斯组建右翼临时政府。这样拉美左翼又失去了一个重要阵地。各国执政党不同的意识形态影响着其对玻利维亚事件的看法。墨西哥、古巴、委内瑞拉和尼加拉瓜等左翼政权认为莫拉莱斯被迫辞职在玻利维亚是一场“政变”，而右翼执政的美国和巴西则表示，莫拉莱斯的离职则意味着自由民主的“胜利”。各国执政党的意识形态还影响着本国政府是否承认阿涅斯临时政府。阿涅斯在议会不够法定人数出席的情况下单方面宣布就任临时总统，但美国、巴西和哥伦比亚在阿涅斯宣誓就职第二天就承认了临时政府。相反，左翼执政的墨西哥、委内瑞拉、尼加拉瓜和古巴则没有承认阿涅斯临时政府。阿根廷左翼总统费尔南德斯于2019年12月10日就职，并且就职后仅3天就批准了莫拉莱斯到阿根廷避难。

（三）左翼政权面临严重考验，右翼同样面临执政难题

2019年，委内瑞拉“临时总统”胡安·瓜伊多希望通过国内的大规模游行示威和国外的反马杜罗联盟一起将马杜罗赶下台。在持续的抗议过程中，政府也确实出现过裂痕。2月，一位空军将军就撤回了对马杜罗总统的支持。[①] 4月，瓜伊多发起反对马杜罗政府的“自由行动”计划，举行大规模示威游行，以加大对马杜罗政府的国内社会政治压力。但示威的规模没有达到预期，马杜罗政府很可能会将其解读为反对派阵营软弱的表现或者瓜伊多正在失去民众的支持。2019年8月，委内瑞拉民意调查机构达内利西斯（Datanélisis）的一项调查显示，公众对委内瑞拉当前经济和政治危机的看法发生了一些变化。在政治方面，调查显示，85%的受访者对尼古拉斯·马杜罗持负面看法，创其上任以来反对率的新高；约84%的受访者还对马杜罗于2017年召开的全国制宪会议持负面看法。尽管马杜罗的支持率很低，但胡安·瓜伊多的支持率也出现下滑，从2019年2月的61%下降到8月的

① “Pressure on Maduro Persists,” The Economist Intelligence Unit, http://www.eiu.com/index.asp?layout=displayIssueArticle&issue_id=1907619374&article_id=387619222, accessed December 29, 2019.

50%。国内民众对反对派占多数的国民议会的支持率从50%下降到37%。[①] 2019年，马杜罗政府和反对派在挪威和巴巴多斯进行了多轮谈判，但并未达成协议。虽然马杜罗政府担心引发国内或国际反弹，一直避免对反对派的抗议活动进行大规模镇压，但如果政府确认反对派失去民众支持，马杜罗可能会对反对派领导人采取强制措施。

左翼执政举步维艰的同时，右翼政府同样面临执政难题。巴西总统雅伊尔·梅西亚斯·博索纳罗执政后，国家的经济形势仍然没有好转。执政一年多来，博索纳罗政府推动了养老金、税制、私有化和基础设施特许经营、贸易自由化和缩减公共部门等改革措施。2019年11月，养老金改革法案生效，巴西人的退休年龄延长了9年，男性从56岁延长至65岁，女性从53岁延长至62岁。虽然该法案生效，但它仅是原有方案的“缩水版”，从当初预计在未来10年节约财政资金1.2万亿雷亚尔缩水至0.8万亿雷亚尔。博索纳罗政府担心强大的公共部门工会可能会抗议以及考虑到近期南美多国爆发的社会抗议，不得不推迟行政改革，税制改革建议也被置于次要地位。2018年5月，巴西发生了持续10天的司机罢工，抗议政府提高燃油税。2019年8月，学生和教师走上街头，抗议政府削减教育预算。这两起抗议相对来说比较有秩序，但政府对2013年的社会动荡记忆犹新，迫使博索纳罗不敢按照原计划推进改革。2020年10月，巴西将迎来重要的市政选举，改革时间窗口十分紧迫。然而，2019年11月，博索纳罗退出了陷入分裂的社会自由党，另立巴西联盟。巴西联盟如果参加市政选举，必须在2020年3月之前征集到近50万个签名，才能提出自己的候选人。[②] 右翼执政的智利和厄瓜多尔出现了政治危机和社会动荡，秘鲁则发生了宪政危机。

此外，在地区左右力量的组合与发展方面，右翼联合南美洲8国共同推

① “Survey Shows Changes in Public Perception of Crisis,” The Economist Intelligence Unit, August 22, 2019, http://www.eiu.com/index.asp?layout=displayIssueArticle&issue_id=1618361545&article_id=368353220, accessed January 10, 2020.

② “Bolsonaro to Resign from Divided PSL Party,” The Economist Intelligence Unit, http://www.eiu.com/index.asp?layout=displayIssueArticle&issue_id=1068692490&article_id=1058692489, accessed December 31, 2019.

动成立南美进步论坛，谋求以灵活、便捷的方式推动地区经济合作。[①] 这可以看作拉美右翼在集体行动方面的新举措。左翼方面，2019 年成立的普埃布拉集团（Puebla Group）由拉美著名左派政治人物组成，其中包括阿根廷总统费尔南德斯。虽然它不是一个国家集团，但仍然有可能为拉美左派的地区合作带来新的动能。2019 年 7 月，拉美左翼还在加拉加斯召开了第 25 届圣保罗论坛，委内瑞拉总统马杜罗和古巴国家主席迪亚斯－卡内尔出席会议并发言。声援美国制裁下的委内瑞拉和古巴是本次论坛的宗旨之一，最后论坛发表了《加拉加斯宣言》。

三　拉美多国出现政治危机和社会动荡

2019 年，多个拉美国家出现抗议示威和政局动荡，委内瑞拉、秘鲁、厄瓜多尔、智利、哥伦比亚等国爆发了声势浩大的抗议示威活动。因为担心本国发生类似的连锁反应，巴西总统博索纳罗还撤回了一些改革法案。

委内瑞拉出现两个“总统”、两个“议会”，两大阵营对立激烈，同时发生了大罢工、大游行和民众的大逃亡。国会主席、反对派领袖胡安·瓜伊多自任“临时总统”，委内瑞拉形成“两府对峙”的分裂局面。2019 年 1 月 21 日，加拉加斯的国民警卫队发生叛乱，27 名叛军被捕。1 年来，虽然马杜罗政府面临内忧外患，受到反对派的活动和美国制裁的冲击，但左翼政党仍然掌握着国家主要权力机构和绝大多数地方政府。

秘鲁府院之争白热化，1 年内出现了 3 位总理，政局扑朔迷离。2019 年，秘鲁政府陷入自 20 世纪 90 年代以来最深刻的政治危机。在 7 月 28 日国家独立日的讲话中，比斯卡拉总统提出将原定于 2021 年 4 月举行的大选提前到 2020 年 4 月举行，以应对反对派控制的国会。9 月 30 日，在国会拒绝给予总统信任投票之后，比斯卡拉总统宣布解散国会，呼吁重新举行国会选举。而反对派控制的国会不认可总统的做法，认为总统的决定违反宪法，

---

① 8 国为智利、阿根廷、巴西、巴拉圭、厄瓜多尔、哥伦比亚、秘鲁和圭亚那。

是一次“政变”。不仅如此，国会还中止了比斯卡拉的总统职务一年，任命副总统梅塞德斯·阿劳兹（Mercedes Rosalba Aráoz）为临时总统。虽然比斯卡拉得到国内和国际方面舆论的支持，但秘鲁政坛的走向还有赖于宪法法院对总统决定的判决，这不仅影响着秘鲁下次大选的举行，而且直接影响着秘鲁政局的稳定。

在宪法危机得到圆满解决之前，秘鲁政治的不确定性增加。2018 年 3 月，前总统库琴斯基因腐败而面临弹劾，被迫辞职，副总统比斯卡拉就任总统。然而 1 年多来，总统与国会冲突不断。比斯卡拉总统为了清除政治腐败，推行机构改革。2019 年 9 月末，国会提前任命宪法法院法官，因为宪法法院最终会决定总统改革计划的成败。此前，比斯卡拉为了提高法官任命的透明度，对法官任命程序进行了改革。国会提前任命法官的行为导致比斯夫拉认为国会对总统不信任，比斯卡拉要求国会对政府进行信任投票。根据秘鲁宪法，在国会拒绝给予政府信任投票后，总统可以解散国会，重新选举，而议员不得连任。

在秘鲁政治陷入宪法僵局之后，比斯卡拉总统获得了广泛的支持。秘鲁的州长、市长、军队和警察均宣布支持总统。民调也显示，89% 的受访者承认比斯卡拉为合法总统。10 月 1 日，阿劳兹宣布辞去副总统和临时总统职务。10 月 3 日，比斯卡拉重新组阁，更换了 9 名部长，任命比森特·安东尼奥·塞瓦略斯（Vicente Antonio Zeballos）为总理，塞瓦略斯也成为 2019 年任职的第三位总理。虽然宪法法院很有可能会做出有利于总统的判决，但彻底解决宪法危机至少还需要 4 个月时间。2020 年 1 月 26 日，国会举行选举。本次当选的议员的任期也只到 2021 年 7 月。因此，近期的秘鲁政局仍然充满不确定性。

在厄瓜多尔，世居民族组织“厄瓜多尔土著联合会”领导印第安人向首都进军，莫雷诺政府被迫将政府机关从基多迁往瓜亚基尔；在智利，地铁涨价引发的骚乱迫使政府取消举办 APEC 峰会，皮涅拉总统还陷入被要求辞职的泥潭；在玻利维亚，大选被指控存在“舞弊”，莫拉莱斯总统被迫辞职、流亡海外，原执政党的支持者和反对者都发动了声势浩大的游行示威活动，选举引发的乱局在重新举行大选后才可能平息；在哥伦比亚，养老金及工资改革等问题引发大罢工和抗议活动；墨西哥也发生了反对性别暴力、政府无所作为的抗议示威。

四　多元政治参与冲击拉美政局

经济低迷导致政府的政策调整是2019年拉美各国发生抗议示威的导火索，民众走上街头的主要原因是对未来悲观的经济预期和对现政府的不满。根据联合国拉美经委会公布的数据，拉美地区GDP增长率仅为0.1%，在世界主要地区中垫底。2020年，拉美的经济增长率也仅为1.3%。[①] 这不仅导致各国政府调整政策，而且导致拉美民众对未来的经济更加悲观。2019年，拉美地区的贫困率为30.8%，比2014年增加2700万人；极端贫困率为11.5%，比2014年增加2600万人。[②] 由于政治周期和经济下行的双重变化，拉美国家政府不得不调整既有政策，而这些幅度不一定很大的政策调整引发了民众对政府和公共政策的强烈不满，成为街头抗议和政局不稳的导火索。例如，厄瓜多尔的抗议源于政府宣布废除燃料价格补贴等改革计划，智利政局动荡的直接原因是政府宣布首都地铁早晚高峰两个小时的票价小幅上调30比索（约合0.3元人民币）。拉美晴雨表的调查显示，2018年拉美地区民众关于经济的预期是最近23年来最低的；拉美地区民众对政府的满意度也从2010年45%左右的高点回落到左翼执政周期开始时（2003年）的20%左右。[③]

---

① ECLAC, *Preliminary Overview of the Economies of Latin America and the Caribbean*, United Nations, Santiago, 2019, https://repositorio.cepal.org/bitstream/handle/11362/45001/43/S1901096_en.pdf, accessed January 4, 2020.

② ECLAC, *Social Panorama of Latin America*, United Nations, Santiago, 2019, https://repositorio.cepal.org/bitstream/handle/11362/44989/1/S1901132_en.pdf, accessed January 10, 2020.

③ "Where Next and What Next for Latin America?" The Economist Intelligence Unit, December 2019, http://www.eiu.com/Handlers/WhitepaperHandler.ashx?fi=Where-next-for-latin-america.pdf&mode=wp&campaignid=latinamerica2019, accessed December 24, 2019.

政治参与主体的多元化是2019年拉美各国乱局的重要特征。在厄瓜多尔，起初的抗议示威者以交通运输部门的工人为主，后来学生、世居民族等对废除燃料价格补贴政策不满的人也参与进来，“厄瓜多尔土著联合会”直接领导印第安人向首都进军，莫雷诺政府不得不将政府机关从基多迁往瓜亚基尔。在智利，参加抗议的主体是以地铁为主要交通工具的学生、工薪阶层和世居民族，交通运输部的工人和铜矿工人参与进来，举行大罢工，劳动者统一工会则组织了48小时的全国大罢工。值得注意的是，两国的反对党和执政党在乱局中互相倾轧、相互指责。例如，莫雷诺指控前总统科雷亚策划抗议行动并试图发动政变，而抗议在否认该指控的同时要求莫雷诺辞职，举行新的选举；在智利的抗议行动中，反对党批评政府的经济社会政策和止暴治乱的手段。

在政府的止暴治乱过程中，公共机构、警察和军队也发挥了重要作用。莫雷诺总统宣布全国进入60天的“紧急状态”，暂停公民结社和集会的权利，实行交通管制；智利则宣布首度圣地亚哥、瓦尔帕莱索、康塞普西翁、科金博、瓦尔迪维亚等地区实施“紧急状态”，将首都联邦区的管理权交给军方，皮涅拉称出动军队是为了制止暴乱，国防部长则称实行宵禁是为了保证安宁与秩序。

抗议示威不仅造成了社会动荡，发生了不同程度的流血事件，而且还产生了一系列政治后果。厄瓜多尔莫雷诺政府不仅迁移了政府机关，而且被迫接受联合国协调组和厄瓜多尔主教团的斡旋；智利皮涅拉政府宣布取消承办APEC会议，内阁总辞职，重新组建政府。

学生、工人、非政府组织、军队和警察、天主教会、宪法法院与媒体尤其是社交媒体都参与了社会抗议活动，而且不少参与者在不同程度上存在超越合法参与的界限，采取了非法参与的斗争形式，如抗议示威中的打砸抢烧等破坏行动。在智利和厄瓜多尔的民众抗议与萨尔瓦多的选举中，社交媒体都发挥了重要作用。萨尔瓦多的布克尔擅用社交媒体等竞选方式，赢得了许多选民，尤其是年轻人的青睐。布克尔还拒绝参加总统候选人电视辩论，选择在社交媒体上直播，阐述执政理念。这种非传统的竞选方式帮助他快速吸引了大量支持者。因此，面对新媒体宣传等新竞选形式，新一代年轻人不再简单考虑政治立场，而是希望通过选择新的政治力量寻求改变，人们更愿意选择在媒体面前保持良好形象的布克尔。

法院作为政治主体的参与在2019年显而易见，说明各种政治力量虽然激烈冲突和对抗，但仍然尊重规则的刚性。厄瓜多尔宪法法院判决部分支持莫雷诺的总统令，将紧急状态从总统令规定的60天削减为30天，确认政府限制公民行使某些宪法中规定的权利和政府使用征用等权力的合法性。2019年9月底，秘鲁总统比斯卡拉根据宪法第134条解散国会，而反对派控制的国会则认为比斯卡拉解散国会的决定违宪，诉至宪法法院。2019年11月，玻利维亚宪法法院在议会不够出席法定人数的情况下率先承认阿涅斯临时总统的合法性。巴西最高法院则允许左翼领袖卢拉保释出狱，为巴西政局增添变数，博索纳罗总统也因为担心引发社会抗议和卢拉可能拉走支持改革的中间派，不得不撤回改革方案。

五 2020年的拉美政治：问题与趋势

2020年，拉美国家仍然难以摆脱政治危机和社会动荡的困扰。至少有如下问题值得高度关注。

首先，厄瓜多尔、智利需要采取调整政策和修宪等措施来平复社会动乱，玻利维亚和秘鲁则需要举行新的大选，智利也将于2020年4月就修改宪法举行全民公决，大选和投票的过程与结果关乎两国的政治稳定，值得高度关注。除委内瑞拉外，英国经济学人根据对收入不平等、社会保险的充足率、政府效能、腐败、青年失业率、经济困境和民主指数的变化7项指标的衡量，认为尼加拉瓜最可能爆发严重的抗议示威，其次是危地马拉、巴西、洪都拉斯、智利、墨西哥和巴拉圭。①

① "Where Next and What Next for Latin America?" The Economist Intelligence Unit, http://www.eiu.com/Handlers/WhitepaperHandler.ashx? fi = Where - next - for - latin - america.pdf&mode = wp&campaignid = latinamerica2019, accessed December 24, 2019.

选举和公民投票是解决政治和社会冲突的有效的和平手段。然而，受2020年全球新型冠状病毒肺炎流行的影响，多数拉美国家采取了隔离等社交限制措施，发生社会抗议和示威游行的风险暂时降低了，原定的选举和公投也被推迟。在玻利维亚，原定于4月举行的总统选举被推迟。智利关于修改宪法的公民投票被推迟到10月举行。玻利维亚和智利的选举和公投都是因为2019年的公众抗议才确定举行的。多米尼加共和国政府也被迫将原定于5月17日举行的总统和立法选举推迟到7月。但分析人士认为，暂时受到限制的社会抗议可能在隔离措施结束后以更加剧烈的形式出现，因为在漫长的疫情期间很多人失去了工作，生活窘迫。① 甚至有人认为，疫情会冲击美国特朗普政府在拉美的联盟，可能会导致拉美民众主义的再度崛起，巴西的博索纳罗可能因此受到弹劾。②

其次，政治和社会严重对立的委内瑞拉局势值得继续关注与研究。2019年，马杜罗政府经受住了以瓜伊多为首的反对派发动的抗议示威甚至“未遂政变”，国际上军事干预委内瑞拉的意图也遭到拉美国家的普遍反对，实际上马杜罗政府可能已经度过了执政最艰难的时期，瓜伊多的支持率也在下降。随着经济美元化的推行，委内瑞拉的通货膨胀率也在下降，加上石油产量的好转，有利于马杜罗政府的因素可能会增多。委内瑞拉左翼能否在稳定政局的情况下走上经济发展之路，值得关注。

最后，拉美国家的政治腐败问题及对政局的影响仍然值得高度关注。在巴西，博索纳罗总统的长子、联邦参议员弗拉维奥（Flávio Bolsonaro）涉嫌违规开展金融交易和参与犯罪集团活动，司法部门已经开始对博索纳罗的一位长期合作者展开调查。秘鲁对涉嫌腐败的前总统库琴斯基（Pedro Pablo Kuczynski）实行预防性监禁，向美国提出引渡涉嫌腐败的前总统托莱多

---

① Christopher Sabatini, “Democracy Delayed: COVID－19's Effect on Latin America's Politics,” Chatham House, May 19, 2020, https://www.chathamhouse.org/expert/comment/democracy－delayed－covid－19－s－effect－latin－america－s－politics, accessed May 26, 2020.

② Mitch Kokai, “COVID－19 and Latin America: Protests could Threaten American Allies,” The Locker Room, May 22, 2020, https://lockerroom.johnlocke.org/2020/05/22/covid－19－and－latin－america－protests－could－threaten－american－allies/, accessed May 26, 2020.

(Alejandro Toledo)，另一位涉嫌贪腐的前总统阿兰·加西亚（Alan García）在即将被捕时自杀身亡。在中美洲，萨尔瓦多民众对在选举中不断曝出的腐败丑闻表现出厌烦与愤怒，他们需要言而有信并且能解决腐败和贫困问题的政治力量，而不再是在传统的两大政治势力间进行选择。萨尔瓦多左右两党轮流执政期间都出现过严重腐败问题，比如来自民族团结大联盟的前总统埃利亚斯·萨卡（Antonio Saca）正在监狱服刑，属于法拉本多·马蒂民族解放阵线的前总统毛里西奥·富内斯（Mauricio Funes）则因受到贪污腐败的指控流亡尼加拉瓜。危地马拉的吉米·莫拉莱斯总统腐败丑闻缠身，联合国支持的国际反有罪不罚委员会（CICIG）正在调查其在总统竞选活动中违规使用资金问题。

此外，古巴已经根据新宪法选出了国家主席和总理。除了各方比较熟悉的迪亚斯－卡内尔外，新任总理曼努埃尔·马雷罗曾担任旅游部长16年，由他出任总理是否意味着古巴在经济发展中开始注重发挥自己的比较优势了？如果是这样，马雷罗的任职就传递出“更新”进程的积极信号，不过这需要进一步观察。

（刘维广　审读）

Y.3

2019～2020年拉美经济形势*：经济停滞，改革不足

张　勇**

摘　要： 2019年，受世界经济增长放缓、全球贸易紧张局势反复以及地区内部政局不稳与社会抗议交织的叠加影响，拉美地区经济增长几乎停滞。尽管地区通胀保持在低位、“双赤字”趋势有所缓解，但是公共债务高企、货币波动加剧以及社会风险的积累增加了经济的不确定性。从次区域来看，中美洲的增长情况好于加勒比地区和南美洲。各国经济因受外部影响机制不同以及国内应对能力相异而存在差异。受主要发达国家重启宽松货币政策影响，拉美仍有刺激总需求的政策激励。2020年全球新型冠状病毒肺炎疫情对拉美地区造成严重冲击，预计拉美经济将大幅衰退。展望后疫情时代，拉美地区将面临国内生产、对外贸易及区域一体化的新变局，而深入推进结构性改革是应对诸多挑战的根本保证。

关键词： 拉丁美洲和加勒比　贸易保护主义　经济增长　结构性改革

* 除特别说明，本文中所使用的数据均来自联合国拉美经委会报告。ECALC, *Preliminary Overview of the Economies of Latin America and the Caribbean 2019*, United Nations, Santiago, 2019。

** 张勇，中国社会科学院拉丁美洲研究所经济研究室副主任、副研究员，主要研究领域为拉美经济、发展模式转型、中拉经贸关系。

2019 年全球经济增长放缓至 3%，创下 2008 年全球金融危机以来的最低增速。这主要是因为贸易保护主义强化、贸易和地缘政治的不确定性增加、新兴市场经济体内生动力不足以及受到劳动生产率增长率低和人口老龄化等结构性因素制约。在这种情况下，拉美地区经济很难独善其身。联合国拉美经委会自 2018 年底至 2019 年底已经多次下调地区经济增长率，最新预测显示，2019 年拉美和加勒比地区经济仅增长 0.1%，几近停滞。贸易需求减弱、初级产品价格下跌、金融市场波动都对地区增长形成压制。与此同时，2019 年拉美仍处于大选周期，政治博弈也导致结构性改革的步伐放慢，进而削弱了地区增长的内生动力。2020 年，全球新型冠状病毒肺炎疫情（以下简称“疫情”）对拉美地区造成严重冲击，预计拉美经济将大幅衰退。

一 拉美地区经济增长的历史视角和2019年特征

近 5 年来，拉美经济呈现如下特征：经济活动放缓，人均 GDP、投资、人均消费和出口下降，就业质量持续恶化。联合国拉美经委会数据显示，2014～2019 年拉美经济年均增长率仅为 0.4%，是拉美地区自 1950 年以来增长最慢的时期。

（一）地区增长的历史视角

从历史进程看，拉美国家前后经历了“外向—内向—外向”三种“钟摆式”的发展模式。根据发展模式和每 10 年的经济波动程度，可将拉美地区近 70 年的增长趋势大致划分为 4 个阶段（见图 1）。

第一阶段为进口替代工业化的高速增长期（1950～1980 年）。该时期拉美国家恰好处于进口替代工业化阶段，拉美经历了 30 年持续、较高的增长，20 世纪 50 年代、60 年代和 70 年代年均增长率分别达到 5.1%、5.5% 和 5.9%。第二阶段为债务危机导致的“失去的 10 年”（1981～1990 年）。20 世纪 80 年代拉美经济增长率仅为 1.2%。人均收入大幅下降，导致拉美贫困和收入分配形势逐渐恶化。第三阶段为外向导向型经济复苏与波动时期

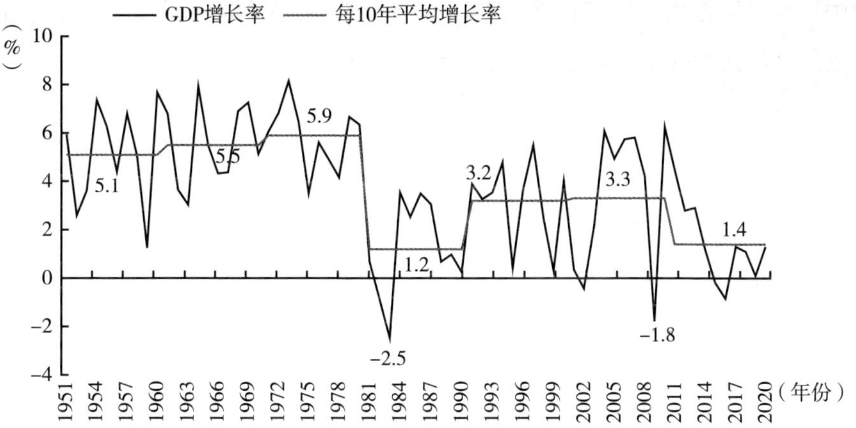

图1　1951～2020年拉美地区经济增长趋势

注：该图基于新型冠状病毒肺炎疫情暴发前联合国拉美经委会的预测数据绘制。随着疫情在全球蔓延，拉美经济深度衰退，拉美经委会已经大幅下调2020年预测值。

资料来源：联合国拉美经委会数据库及ECLAC，*Preliminary Overview of the Economies of Latin America and the Caribbean 2019*，United Nations，Santiago，2019。

（1991～2010年）。债务危机后，拉美国家进行了一场大规模的结构改革，实现了由内向发展模式向外向发展模式的转变、由国家主导型经济向市场经济的转变。这两个10年的经济平均增长率分别为3.2%和3.3%。第四阶段为“后危机时代”拉美经济下行探底时期（2011～2020年）。国际金融危机之后，经过2010年短暂的反弹，拉美经济自2011年起进入下跌周期。特别是国际贸易紧张局势在2018年集中爆发，标志着世界经济已经进入新一轮深度调整与变革的时代。拉美地区再次陷入经济低迷，表明旨在促进内生增长动力的结构性改革势在必行。

（二）2019年经济基本面特征

在世界经济低迷、贸易紧张局势反复、国际金融市场波动以及大宗商品价格疲弱的环境下，继2018年经济复苏势头受到压制后，2019年拉美地区再次面临经济增速下滑的局面。尽管通胀处于低位、“双赤字”程度有所缓解，但是局部经济风险依然突出，而且与社会不平等相关的社会抗议在多国集中爆发也反作用于经济改革。2019 年拉美地区主要经济指标如表 1 所示，拉美地区经济的基本特征体现在如下五个方面。

表 1　拉美地区主要经济指标概览

年份	2013	2014	2015	2016	2017	2018	2019
经济基本面							
GDP 增长率(%)	2.9	1.2	-0.2	-1.0	1.2	1.0	0.1
通胀率(%)	4.1	4.4	5.7	4.2	3.6	3.2	2.4
投资率(%)	20.9	20.3	19.2	18.0	17.6	17.7	17.3
公开失业率(%)	6.3	6.1	6.6	7.9	8.2	8.0	8.2
劳动参与率(%)	62.1	61.9	61.9	62.0	62.3	62.4	—
财政状况							
中央政府总体余额/GDP(%)	-2.6	-2.9	-3.1	-3.2	-3.1	-2.9	-2.8
中央政府初级余额/GDP(%)	-0.8	-1.0	-1.0	-1.0	-0.8	-0.4	-0.2
中央政府公共债务/GDP(%)	31.9	33.5	36.1	38.1	39.1	41.9	43.2
对外部门							
经常账户赤字(亿美元)	1702.4	1833.4	1704.8	1002.7	873.8	1058.0	—
实际有效汇率(2005 年指数 = 100)	82.6	83.5	84.4	85.4	84.2	86.0	86.5
贸易条件(2010 年指数 = 100)	102.1	97.8	88.4	87.7	91.3	92.4	91.1
外债总额(亿美元,年末存量)	16441.0	18230.0	18483.1	19186.9	20215.1	20970.8	—

注：2019 年为初步数据。

资料来源：ECLAC, *Preliminary Overview of the Economies of Latin America and the Caribbean 2019*, United Nations, Santiago, 2019。

第一，经济增长停滞，通胀压力减小。根据联合国拉美经委会报告，2019 年拉美和加勒比地区经济预计增长 0.1%，几乎停滞，地区 33 个国家中有 23 个国家的经济增长放缓。这表明拉美经济仍处于自 2011 年以来的下跌周期中。从次区域看，以客户工业为主的中美洲经济增长预计为 2.5%，明显好于以离岸金融业和旅游业为主的加勒比国家（1.4%）和以初级产品专业化为特征的南美国家（-0.2%）。

从供需两端可具体分析拉动经济增长的各因素的变化情况。从需求端来看，2019 年拉美地区经济停滞主要缘于拉动增长的所有国内需求组成要素的作用都显著减弱。投资中的存货投资下降最为严重，这可能是生产者和进口商对贸易紧张加剧和增长预期连续下调所造成的全球不确定性增强所做出的反应。除存货投资下降外，固定资本形成总额2019年上半年下降1.5%，累计连续3个季度下降，主要是因为建筑和机械设备投资下降。作为增长主要来源的消费，无论是政府消费还是私人消费也都受到严重的冲击。前者下降归因于旨在减少赤字的财政巩固措施，而后者下降归因于人均收入显著下降、国内信贷萎缩以及货币贬值引发的进口品成本上升。在外部需求方面，与2017年和2018年不同，2019年上半年净出口对经济增长的贡献为正，但这并不意味着出口获得更高的增长率，而是进口因国内需求显著下降而“被动地”下降得更快。从供给端看，始自2015年的采矿业下降趋势整体上延续下来，甚至在2018～2019年有所加剧，这主要是因为委内瑞拉和墨西哥矿业持续低迷，分别衰退了22个和21个季度。除此之外，制造业、建筑业和商业的下降也是2019年上半年经济活动下滑的主要原因。而对经济增长贡献为正的产业主要是服务业中的“金融和商业服务”，其次是“交通和通信”、“电力、天然气和水”以及“社区、社会和个人服务”。尽管农业在2019年第二季度增长强劲，但这是基于2018年同期阿根廷农业因干旱而萎缩31%所导致的低水平获得的增长。

国内价格方面，无论是在地区层面，还是在可实施扩张性货币政策的国家中，通胀率都有所缓解。2019年10月，拉美地区平均年化通胀率从2018年10月的3.6%降至2.4%，下降1.2个百分点。[①] 从次区域看，同期南美国家平均年化通胀率下降1个百分点，从3.3%降至2.3%；中美洲和墨西哥一组平均年化通胀率下降1.5个百分点，从4.2%降至2.7%；加勒比国家平均年化通胀率下降0.5个百分点，从3%降至2.5%。从月度通胀率变化趋势看，地区通胀率下降趋势始自2019年4月。经济放缓加剧、汇率和能源价格变化差异有助于解释年度内通胀率为何出现相反的走势。从通胀组成要素看，食品类的通胀率是上升最高和变化最快的，而服务业的通胀率下

① 这里的通胀率不包含阿根廷、委内瑞拉和海地，因为这3国的通胀率持续高于该地区其他国家。如果包括它们，地区通胀动因的典型特征可能被扭曲。

降最多。

第二，“双赤字”状况延续，但程度有所缓解。随着国内外需求放缓，2019 年拉美地区货物和服务进出口同时收缩，使贸易盈余和服务贸易赤字相对稳定，分别占 GDP 的 0.4% 和 1%。与此同时，鉴于对外直接投资收益降低以及偿债利息支付增加，收益账户赤字占 GDP 比重由 2018 年的 3.1% 上升至 2019 年的 3.3%。然而，稳步增加的侨汇收入扩大了转移支付盈余比例，抵消了收益账户赤字增加的影响。总体而言，2019 年经常账户赤字占 GDP 比重保持稳定，与 2018 年水平一致（2%）。

从财政状况看，2019 年中央政府初级财政赤字占 GDP 的比重为 0.2%，比 2018 年下降 0.2 个百分点。赤字缩小主要是因为初级财政支出（总支出减去利息支付）占 GDP 比重从 2018 年的 18.5% 降至 18.3%。而财政收入占 GDP 比重同 2018 年一样，为 18.1%，保持稳定。鉴于利息支付更高，总体财政赤字占 GDP 比重为 2.8%，仅比 2018 年下降 0.1 个百分点。持续存在的约占 GDP 3% 的巨额赤字，通过增加公共借贷刺激了对融资的巨大需求。从次区域看，中美洲、墨西哥和多米尼加一组，尽管初级盈余占 GDP 比重比 2018 年上升 0.2 个百分点，但其总体平衡仍为赤字，且与 2018 年相比没有变化（2.5%）。2019 年南美国家总财政赤字占 GDP 比重由 2018 年的 3.3% 降至 3.1%，主要得益于总财政支出连续 3 年下降（初级财政支出削减以及利息支出保持稳定）。而加勒比国家 2019 年总体财政赤字占 GDP 比重为 1.1%，比 2018 年下降 0.1 个百分点。

第三，货币波动程度减弱，国际债券融资复苏。尽管 2019 年拉美和加勒比地区货币贬值趋势仍在持续，但是波动程度比 2018 年低，特别是在上半年货币保持相对稳定。南美国家货币平均贬值 15.5%，其中阿根廷、智利和乌拉圭贬值幅度达到两位数。中美洲国家货币平均贬值 5.2%，加勒比国家货币平均贬值 2.1%。哥斯达黎加、危地马拉、圭亚那、墨西哥与特立尼达和多巴哥的货币出现名义升值，其中墨西哥比索是拉美地区唯一连续两年升值的货币。就实际有效汇率而言，2018 年 9 月至 2019 年 9 月该地区有 13 个国家的货币升值，有 9 个国家货币贬值。

与此同时，国际市场利率再次走低，拉美国际债券发行开始复苏。2019年前10个月拉美国家在国际金融市场发行的债券同比增长20%，达到1030亿美元。特别是2018年未发行主权债券的萨尔瓦多、危地马拉和牙买加在2019年以发行主权债券方式回归国际金融市场。2019年墨西哥债券发行增长30%，主要为私人部门债券和主权债券。2019年9月墨西哥国家石油公司发行75亿美元国际债券，这是其历史上发行规模最大的一次。① 阿根廷2019年前10个月的债券发行同比下降88%，尤其是8月总统初选结果引发的金融市场剧烈波动实际上导致从国际金融市场融资的渠道关闭。从部门看，2019年前10个月非银行私人公司是债券发行主要部门，占总规模的42%，增长率为83%。债券发行下降幅度由低至高的部门分别为主权债券（-0.3%）、准主权债券（-13%）、超国家债券（-30%）。② 从发行货币看，2019年前10个月，以美元计价的债券占总规模的85%，达到871.8亿美元；以欧元计价的债券占6%，约合66.5亿美元。

第四，债务比例依然较高，局部主权风险凸显。总体而言，拉美国家（不含加勒比国家）的公共债务略有增加，而加勒比国家的公共债务继续呈现下降趋势。截至2019年6月，拉美国家（不含加勒比国家）中央政府公共债务总额占GDP比重平均为43.2%，比2018年上升1.3个百分点。南美国家和中美洲国家的公共债务比重分别为45%和41%。阿根廷和巴西是拉美国家（不含加勒比国家）中公共债务比重最高的，分别达到80.7%和78.7%。同期，加勒比国家公共债务比重由2018年的71.7%降至2019年的69%。公共债务占比降幅最大的国家包括牙买加、格林纳达、圭亚那和苏里南，分别下降5.9个、5.2个、3.7个和3.6个百分点。在利息支付方面，巴西、阿根廷和哥斯达黎加是拉美国家（不含加勒比国家）中支付利息最高的3个国家，其利息支付占GDP比重分别为4.7%、4%和4.2%。

① 这项交易是墨西哥国家石油公司宣布的预付债务和再融资计划的一部分，旨在降低其高企的债务存量和改善债务偿还状况，转引自 ECLAC, *Preliminary Overview of the Economies of Latin America and the Caribbean 2019*, United Nations, Santiago, 2019, p. 52。

② 准主权部门包括国家开发银行或国有企业等实体，而超国家部门包括区域开发银行。

在主权风险方面，拉美地区的全球新兴市场债券指数（EMBIG）显示，2018 年 12 月地区主权风险指数为 568 个基点，创 2016 年初以来的最高水平。总体而言，该指数在 2019 年呈下降趋势，但是在全球不确定性和金融波动性增强对指数产生影响的 5 月和 8 月，拉美主权风险曾出现两次陡增，而后逐渐缓解。从国家层面来看，2019 年 10 月底委内瑞拉的主权风险最高，超过 15000 个基点；其次是阿根廷，8 ~ 10 月的指数约为 2200 个基点，反映出其大选局势的跌宕起伏和履行国际支付能力的不确定性；包括玻利维亚和智利在内的一些国家的政治和社会紧张局势加剧，其风险评级开始恶化；在厄瓜多尔，因国会未能通过税收改革法案，其风险指数在 11 月飙升。

第五，就业质量和不平等程度恶化，社会风险加剧。2019 年，经济停滞导致拉美地区各国劳动力市场普遍恶化，就业率虽有所上升，但失业率没有下降。地区平均失业率从 2018 年的 8% 上升到 2019 年的 8.2%，新增失业人口约 100 万人，全地区失业人口总数创新高，达到 2520 万人。劳动力市场恶化主要表现在就业构成中自雇型就业增长率高于工资型就业。2019 年自雇型就业增长 3%，家政服务型就业增长 1.7%，而工资型就业增长 1.5%，通常认为工资型就业的质量高于前两者。与 2018 年相比，2019 年拉美地区非正规就业增加。简言之，按职业类别划分的就业构成、登记式就业增长率、就业不足以及非正规就业等指标都显示，与往年相比，劳动力市场情况正在恶化。并且，就业率的上升更多地来自家庭收入需求而非具有活力的劳动力需求。

同时，自 2015 年以来拉美地区贫困率和赤贫率一直在上升，2018 年两者分别为 30.1% 和 10.7%，2019 年预计分别达到 30.8% 和 11.5%。[①] 在收入不平等方面，拉美地区基尼系数从 2002 年的 0.538 降至 2014 年的 0.477，2017 年和 2018 年又分别降至 0.469 和 0.465。[②] 虽然不平等程度在 2002 ~

① ECLAC, *Social Panorama of Latin America 2019*, United Nations, Santiago, 2019, p. 17.

② ECLAC, *Social Panorama of Latin America 2019*, United Nations, Santiago, 2019, p. 21.

2014年显著下降，但是这种趋势自2015年起开始放缓。因此，联合国拉美经委会建议，为消除贫困、减少不平等和降低中低收入阶层的脆弱性，拉美国家需要制定社会和劳动力包容政策，实现劳动力市场的高质量就业和体面的工资、消除妇女进入市场的障碍以及加强社会保护制度。这也是解决2019年10月以来拉美多国爆发社会抗议所引发的社会风险的根本途径。

二　近年拉美经济持续低迷的原因分析

拉美经济持续低迷，一方面受外部需求下降、贸易紧张局势加剧、国际金融市场波动等不利国际环境的影响，另一方面源自地区大选周期、结构改革迟缓等内部因素的制约。2019年，拉美多国爆发社会冲突更加凸显中低收入阶层的社会诉求增加以及减少不平等和加强社会融合的压力增大。

（一）国际环境的不利因素

第一，全球经济增长放缓削弱外部需求。2019年世界银行及国际货币基金组织等国际组织多次下调经济增长预期，表明世界经济已经从2017年的同步复苏步入下行周期。2020年1月8日世界银行发布的《全球经济展望》数据显示，2019年全球经济增长预计为2.4%，比2019年6月的预测值下调0.2个百分点，创下2008年国际金融危机以来最低的增长率。其中，作为拉美地区的两个主要贸易伙伴，美国和中国经济增长放缓显著，分别调低至2.3%和6.1%。两国经济放缓将通过贸易和大宗商品价格两个渠道对拉美国家形成冲击。美国和中国对拉美次区域的影响不同，前者吸收了墨西哥和中美洲国家大约80%的出口，而后者是巴西、智利、秘鲁和乌拉圭等南美国家的最大出口市场。

第二，贸易紧张局势加剧冲击全球价值链。2019年贸易保护主义愈演愈烈，尽管一些国家短期内可能从贸易转移中受益，但贸易摩擦对全球价值链、产业链和技术链的冲击是巨大的。更为关键的是关税措施的复杂性和随意性以及未来贸易规则的不确定性严重阻碍了企业投资和出口决策。2020

年1月15日中美签署第一阶段经贸协议有助于增强全球贸易秩序的稳定性，但是全球贸易保护主义对国际合作和多边贸易体制造成的影响很难在短期内消除。完善国际贸易规则、重塑多边贸易体制是后危机时代世界各国面临的主要挑战。

第三，初级产品价格仍处于下跌周期。自2019年初以来，供应紧张和减产对初级产品价格起到了支撑作用，然而，贸易紧张局势加剧打压了一些大宗商品的价格，特别是金属价格。由于全球经济增长低于预期，2019年初级产品价格预期被下调。联合国拉美经委会数据显示，2019年初级产品价格平均比2018年低5.4%。能源产品价格降幅最大（原油价格平均比2018年下跌11.5%），农产品价格下跌3.5%，金属和矿产品价格下跌1.3%。

初级产品价格下降直接影响拉美贸易条件。鉴于2019年能源产品、工业矿物（铜、锌、锡和铅）以及一些主要农产品（咖啡、玉米、大豆和大豆产品）出口价格下降，拉美地区的贸易条件一改前两年的复苏势头，下降1.4%，对资源出口国可支配收入和财政账户造成不利影响。从国家层面看，贸易条件下降受影响最严重的是油气出口国（-5%），因为石油和天然气价格分别下降11.5%和15%；其次是矿产品出口国（-3.2%），因为贸易紧张局势加剧对工业金属价格造成了打击。然而，鉴于占进口比重较大的能源产品价格下降，加勒比国家（不含特立尼达和多巴哥）的贸易条件在改善，这也证明了拉美国家之间因资源禀赋、经济结构不同而存在差异性。

第四，国际金融市场的脆弱性增强。受美国对输美中国商品加征关税引发的中美贸易和技术摩擦加剧、英国“脱欧”进程一波三折、地缘政治局势紧张等因素影响，自2019年4月以来国际金融市场波动性增强。特别是在2019年5月和8月，随着中美贸易紧张局势加剧，衡量美国金融波动性的指数（VIX指数）与衡量欧元区及新兴市场金融波动性的指数（分别为V2X指数和VXEEM指数）都出现飙升情况。国际金融市场对拉美地区的传导渠道主要体现在三个方面。其一，主要发达经济体重启或延长宽松货币政策不仅开启了拉美国家降息周期，而且给予其继续积累债务的激励。其二，美元的强势持续造成拉美国家货币贬值压力。其三，全球负收益债券飙升可能引发金融市场的系统性风险。2019 年 9 月国际清算银行（BIS）估计，全球负收益债券规模达到 17 万亿美元（近 90% 的债务以欧元和日元计价），占世界 GDP 的 20%。[①] 负收益债券规模飙升有可能迫使传统保守的机构投资者（如养老基金和保险公司）追逐高风险和长期性的债券，从而增加金融市场系统性风险。

（二）国内环境的不利因素

第一，大选周期增加政治扰动。2017～2019 年是拉美地区的超级大选周期，仅在 2019 年就有 6 国（萨尔瓦多、巴拿马、危地马拉、玻利维亚、阿根廷和乌拉圭）举行总统选举。大选年往往会加剧一国经济的波动，一方面可能因为关键性改革被拉长的选战耽误，另一方面倘若选情复杂则会增加政策的不确定性，从而削弱发展前景和投资者信心。例如，在阿根廷 2019 年 8 月 11 日举行的大选初选中，时任总统马克里以 15 个百分点的差距意外落败，引发阿根廷金融市场剧烈波动，比索贬值刷新历史纪录。这表明不合时宜的紧缩政策会在大选年带来政治成本，而左右翼总统候选人力量的此消彼长也将影响敏感的金融市场。又如，在玻利维亚 10 月 20 日的大选中，官方宣布时任总统莫拉莱斯在首轮投票胜出，但反对派指控执政党舞弊，随后引发大规模全国性抗议活动，这无疑对经济增长的必要条件——政局稳定造成冲击。

第二，结构性改革进展缓慢。自 2000 年以来，拉美地区的结构性改革进展缓慢，原因主要包括 2003～2008 年初级产品繁荣周期使改革步伐放慢；受限的财政和货币政策挤压了改革空间；2017～2019 年拉美地区超级大选周期加大了对改革形成政治共识的难度；等等。例如，2019 年虽然巴

① 转引自 ECLAC, *Preliminary Overview of the Economies of Latin America and the Caribbean 2019*, United Nations, Santiago, 2019, p. 27。

西政府启动了包括养老金改革在内的一揽子改革计划，但是进展和成果低于预期。巴西国会通过的养老金改革法案已经是“缩水版”，从当初预测在未来10年节约财政资金1.2万亿雷亚尔缩水至节约8000亿雷亚尔。而且，考虑到强大的公共部门工会可能会抗议，博索纳罗政府推迟了行政改革。在墨西哥，自2013年推行的能源改革成效未及预期，国内原油产量继续下降。特别是2019年6月两大评级机构下调墨西哥国家石油公司评级，引发对其债务可持续性的担忧，因为它是世界上负债率最高的石油公司。

第三，社会风险反作用于经济。2019年拉美地区掀起新一轮社会抗议浪潮。尽管引发南美多国社会抗议浪潮的导火索各不相同，但是根本问题都是政府没有处理好经济和社会的协调发展，加上政治斗争激化和治理能力薄弱，最终使潜在风险显性化。倘若这种社会动荡持续时间过久，必然会拖累经济增长，因此社会因素对经济的反作用不容忽视。

三　拉美国家宏观经济政策应对措施

由于通胀下降以及拉动经济增长的国内总需求（消费和投资）长期疲弱，2019年拉美国家采取了扩张性的货币政策。由于公共债务负担压缩了财政操作空间，财政政策旨在应对短期挑战，解决地区的结构性问题。

（一）财政政策

财政政策继续面临“两难处境”。一方面，2019年拉美国家财政政策继续以减少财政赤字为优先选项，因为地区财政赤字占GDP的比重仍然达到2.8%；另一方面，拉美国家政府还需要采取积极的财政政策以恢复经济增长，尤其是要加大旨在解决与减少社会不平等的公共支出。因此，政策操作空间有限。这种有限性还面临结构性的挑战，主要表现在资源动员能力不足、再分配机制薄弱、公共产品和服务供给存在缺陷以及反周期措施的制度框架有限。

从公共支出方面看，2019年该地区公共支出占GDP的比重为20.9%，比2018年下降0.1个百分点，主要是因为南美洲国家公共支出的占比下降（从23.1%降至22.8%），更进一步而言是因为南美洲国家初级经常性支出的占比下降（从17.7%降至17.4%）。从公共支出构成（利息、资本性支出和初级经常性支出）看，初级经常性支出占GDP比重最大，南美洲国家的初级经常性支出占比下降，而中美洲、多米尼加和墨西哥一组和加勒比国家的初级经常性支出占比上升。2019年南美洲国家初级经常性支出占比为17.4%，创2014年以来新低，主要缘于阿根廷和巴西削减了补贴和其他转移性支出，前者使初级经常性支出下降超过1个百分点，后者使初级经常性支出下降0.3个百分点。资本性支出占GDP的比重居中，2018～2019年南美洲国家的资本性支出占比不变，中美洲、多米尼加和墨西哥组别的资本性支出占比下降（下降0.2个百分点），加勒比国家的资本性支出占比上升（上升0.2个百分点）。2019年，整个地区的资本性支出占比为3.1%，创2007年以来的新低，仅仅略高于2000～2006年的平均水平（2.9%）。利息支出占GDP的比重最小，2019年拉美地区利息支出占GDP的比重为2.6%，比2018年上升0.1个百分点，主要是因为中美洲、多米尼加和墨西哥一组的利息支出占其GDP比重上升0.3个百分点。国家层面，2019年，智利和墨西哥等拉美国家宣布了包括促进投资和社会议程在内的经济刺激计划。为了增加社会支出和基础设施投资，牙买加政府将初级盈余目标从占GDP的7%降至6.5%。

从公共收入方面看，尽管2019年经济活动下降以及非可再生资源价格下跌导致拉美地区经济基本面疲弱，但是拉美地区财政收入总额占GDP比重保持相对稳定，约为18.1%，其中税收收入占GDP比重为15.5%，其他收入（非税收入、资本收入和赠款）占比为2.6%。尽管税负相对稳定，但是与经济活动、私人消费和进口密切相关的增值税和所得税收入实际同比增速都突然放缓了，前者从2018年的6.3%降至2019年的1%，后者从4.5%降至1.6%。从国家层面看，差异性较大。在哥伦比亚，截至2019年8月其税收负担占GDP比重增至7.5%，同比上升0.3个百分点，部分原因在于政府根据2018年《融资法》（第1943号法律）对扣缴所得税做了变更。在哥斯达黎加，实施2018年通过的税制改革后政府税收增加了。在墨西哥，政府对汽油和柴油销售征收的生产和服务税上升，2019年前8个月政府税收收入增加。在乌拉圭，税负有所减轻，因为经济低迷导致增值税和所得税收入下降。

（二）货币政策

一方面，2019年较低的通胀率为实施扩张性货币政策提供了额外空间；另一方面，货币贬值幅度和货币波动幅度较小也为采取较积极的需求刺激政策创造了基本条件。但是，2019年拉美地区货币当局仍然面临着刺激总需求和避免金融市场波动加剧的“两难困境”。

截至2019年10月，在将货币政策利率作为主要货币政策工具的10个国家中，有7国（巴西、巴拉圭、多米尼加、秘鲁、智利、墨西哥、哥斯达黎加）降低了货币政策利率，有2国（哥伦比亚和危地马拉）维持原状，洪都拉斯2019年1月上调政策利率后一直保持稳定。对于降息国家而言，降息趋势在2019年下半年更为显著。例如，巴西央行紧跟美国降息周期步伐，在2019年7月31日、9月18日、10月30日和12月11日各降息50个基点，将基准利率从6.5%降至4.5%。

在以控制货币总量增长为主要政策工具的国家[①]中，大多数国家也采取了刺激需求的措施，因此，与2018年底相比，2019年前3个季度其基础货币增速加快。不过，加勒比国家汇率制度不同，各国扩大货币总量的自由度呈现差异。圭亚那、牙买加、苏里南与特立尼达和多巴哥实行浮动汇率制，享有更多的自由度；东加勒比国家因为实行货币局制度，其自由度受到更多的限制。然而，阿根廷、委内瑞拉和尼加拉瓜的基础货币趋势与前述国家不同。阿根廷和委内瑞拉的基础货币增长较慢，尼加拉瓜的基础

① 包括海地、玻利维亚、乌拉圭、委内瑞拉、阿根廷、尼加拉瓜、3个美元化国家（厄瓜多尔、萨尔瓦多和巴拿马）、加勒比国家。

货币则完全收缩。鉴于经济疲弱以及政治和选举的不确定性，货币需求放缓刺激了对外汇的需求。因此，国际储备减少一直是这些国家2019年基础货币收缩的主要驱动力之一。

在以货币政策利率为主要政策工具的国家，其名义贷款利率下降了；而在以货币总量为主要政策工具的国家，其名义贷款利率呈现上升趋势。例如，包含海地、尼加拉瓜、玻利维亚和乌拉圭在内的国家组别的贷款利率上升0.31个百分点，而阿根廷和委内瑞拉的贷款利率则分别上升了11个和9.58个百分点。与此同时，在拉美地区，除把利率作为主要货币政策工具的国家外，对私人部门的国内信贷实际上呈现出收缩趋势。

四 2020年疫情对拉美地区的冲击及中期经济形势展望

2020年，全球新型冠状病毒肺炎疫情冲击加剧了本已处于经济下行周期的拉美国家所面临的风险。疫情暴发前，拉美经济已经面临来自国际和地区内部的风险。国际风险主要包括世界经济低迷、贸易保护主义反复、大宗商品价格波动、国际金融市场动荡等。地区内部风险主要包括以下三个方面：第一，超级大选周期结束后，拉美各国新政府经济政策的不确定性以及政局的不稳定性；第二，地区长期痼疾——社会不平等叠加经济多年低迷导致的社会抗议和社会冲突风险；第三，公共债务高企潜藏的偿债风险以及阿根廷金融市场波动引发的传染效应。

然而，疫情加重了拉美经济面临的风险。疫情将通过实体经济、金融市场和大宗商品三个渠道影响2020年拉美经济。第一，实体经济渠道。在各国国内，随着社会隔离和防疫措施升级，就业密集度较高的服务业首当其冲受到影响，进而波及其他产业。在外部，世界经济衰退直接削弱拉美国家的出口需求，工业生产也将因全球供应链“停摆”而受到冲击。第二，金融市场渠道。股市、汇市及美国货币政策的溢出效应是主要传导渠道。美股的大幅下跌会导致全球资金回流美国，从而增加拉美国家货币贬值压力。与此同时，主要发达国家重启超常规的量化宽松政策虽然增加了拉美国家货币政策的操作空间，但是也为新一轮债务增长提供了激励。第三，大宗商品渠道。全球需求萎缩、石油价格战等因素导致初级产品价格下跌，不仅恶化了拉美国家的贸易条件，而且削弱了资源出口型拉美国家的财政收入。为应对疫情冲击，拉美国家实施相应的财政和货币政策以防止经济体系的崩溃。但是，宏观经济政策空间受到限制。就财政政策而言，债务高企及利息支付增加限制了公共支出能力。就货币政策而言，本已处于历史低位的政策利率减少了降息空间，私人部门的高负债也限制了货币政策的有效性。

从更长期视角看，2008～2009年国际金融危机迄今已10余年，但在此期间新兴市场和发展中国家的经济表现未及预期，这表明世界政治经济格局已经进入深刻调整和变革的阶段。中长期内，拉美国家可能面临四种长期趋势。第一，贸易紧张局势虽然缓和，但其对多边贸易体制的冲击是巨大的，将重塑包括贸易、投资、技术等在内的国际经济规则。第二，初级产品价格虽然会因地缘政治紧张和安全风险因素偶发短期波动，但是从长期来看仍低于国际金融危机前的水平。那些严重依赖初级产品出口的国家将面临艰辛的结构转型压力。第三，社会分层和流动有固化迹象以及中产阶层的社会诉求无法得到满足，可能引发社会抗议和社会冲突。这种社会结构演变滞后于经济结构发展带来的社会风险会反作用于经济，其破坏力不容忽视。第四，本次疫情冲击可能重塑拉美国家生产、贸易、区域一体化的新格局，即促进生产结构多元化、减少对进口制成品的依赖、加强区域内经济一体化等。因此，尽管目前拉美国家的制度框架（如采取财政巩固和通货膨胀目标制以实施反周期政策）比以往更加合理，但是鉴于债务高企、“双赤字”状况、金融脆弱性增强以及上述长期趋势的影响，它们基于规则运用制度框架时要比以往面临更大的限制和更复杂的环境。

简言之，拉美国家要为应对全球经济衰退做好准备。根据联合国拉美经委会2020年4月的预测，受疫情影响，2020年拉美地区经济预计衰退5.3%，其中南美洲国家经济衰退5.2%，中美洲国家经济衰退2.3%，加勒比国家经济衰退2.5%。[①] 展望后疫情时代，拉美国家可能需要“三管齐下”以恢复经济增长。其一，实施宏观经济政策以建立经济的“韧性”；其二，防范金融风险以保证金融稳定和恢复增长动力；其三，实施结构性政策以支持社会平等和促进经济与社会协调发展。而切实推进结构性改革是应对各种挑战的根本保证。

（岳云霞　审读）

① ECLAC, “Measuring the Impact of COVID－19 with a View to Reactivation,” Special Report No. 2, April 2020, p. 16, https：//repositorio. cepal. org/bitstream/handle/11362/45477/6/S2000285_ en. pdf.

Y.4

2019 ~2020年拉美社会形势：发展受阻，抗议频仍

林　华*

摘　要： 2019年，在经济低迷的大背景下，拉美地区社会形势呈现出三个特征。一是各项社会指标进一步恶化，社会发展面临倒退风险。贫困人口增加是拉美国家面临的重大挑战之一。减贫能否持续在部分国家存在较强的不确定性。就业形势依旧难有起色。失业、就业不足和非正规就业等问题均有所加剧。在财政压力加大的情况下，大多数国家存在社会开支不足的情况。二是社会矛盾出现激化趋势，多国爆发社会抗议。造成近年来拉美社会不稳定和社会矛盾突出的原因是多方面的，包括经济发展停滞、社会阶层结构的变迁、政府治理能力的欠缺和对民生诉求的懈怠。三是移民问题愈演愈烈，成为地区性议题。无论是中美洲3国，还是委内瑞拉，国内因素都是造成大规模移民潮最重要的原因。中美洲移民面临的最大问题在于美国移民政策的收紧。而委内瑞拉的向外移民潮使周边国家原本存在的公共设施不足、医疗和教育资源短缺、就业困难、住房紧张、治安恶化等问题更加突出，各国均出现了不同程度的排外倾向。

关键词： 拉丁美洲　社会抗议　贫困　就业　移民

---

* 林华，中国社会科学院拉丁美洲研究所社会文化研究室副研究员，阿根廷研究中心秘书长，主要研究拉美社会问题和阿根廷。

一　社会抗议席卷拉美

2019年对于拉美地区而言是极不平静的一年。社会抗议运动空前高涨。拉美历来是街头政治十分活跃的地区。由于民主体制的缺陷，民众习惯于走上街头，表达意见，宣泄情绪，每年大大小小的示威游行抗议活动数不胜数。但2019年的社会抗议格外引人注目。从年初委内瑞拉示威抗议开始，到年底哥伦比亚全国性大罢工，大规模的抗议活动席卷多个拉美国家，并在2019年的最后几个月趋于白热化。

各国社会抗议运动的起因不尽相同，大体可归为三类。第一类是政治矛盾、政党纷争引发的社会冲突和对立，委内瑞拉、玻利维亚和秘鲁属于这种情况。第二类是经济或社会政策调整引发的社会不满，洪都拉斯、厄瓜多尔、智利、哥伦比亚属于此类情况。第三类是抗议政府的腐败、失职等不当行为，比如海地等国。各国的抗议活动在持续时间上也有所不同。在委内瑞拉、海地、洪都拉斯等国，带有暴力倾向的示威抗议活动几乎贯穿全年；在秘鲁、厄瓜多尔等国，事态在较短时间内得到平息。

各国的抗议运动也呈现出某种共性或一些相似性。首先，数个国家的抗议活动都达到近年来的最大规模。例如，2019年10月25日，在智利发生的示威游行是自1990年智利恢复民主体制以来参加人数最多的一次抗议活动，共有120万人参与；① 11月21日，在哥伦比亚举行的全国大罢工共有40多个工会组织和100多个社会团体参加，其规模也属历史罕见。其次，抗议活动的暴力程度普遍提高，极大地影响了社会安全和秩

① María José Villarroel y Jonathan Flores, "Plaza Italia reúne 1, 2 millones de personas y se convierte en la mayor marcha en 30 años," BioBioChile, 25 de octubre de 2019, https://www.biobiochile.cl/noticias/nacional/region-metropolitana/2019/10/25/comienzan-a-concentrarse-manifestantes-en-plaza-italia-para-la-marcha-mas-grande-de-chile.shtml, accessed January 10, 2020.

序。智利、厄瓜多尔、海地、玻利维亚、哥伦比亚等国的抗议活动中出现了不法行为，或者警民之间发生激烈对抗，最终演变为严重的社会骚乱，并造成多人伤亡。最后，多数抗议运动对国家政局和政府决策产生了重要的影响。智利的社会抗议迫使政府宣布放弃主办两场重要的国际活动——亚太经合组织领导人非正式会议和联合国气候大会，并承诺对宪法进行修改；玻利维亚的政治动荡和社会冲突导致总统埃沃·莫拉莱斯（Evo Morales）宣布辞职，并先后前往墨西哥和阿根廷寻求政治庇护，参议院第二副议长珍妮娜·阿涅斯（Jeanine Áñez）在反对派议员和军方的支持下接任临时总统。

表1　2019年拉美国家主要社会抗议活动

国家	发生时间	起因
委内瑞拉	1月23日	1月10日，尼古拉斯·马杜罗（Nicolás Maduro）就任总统。23日，反对派组织街头示威，谋求推翻现政府。反对党成员、国会主席胡安·瓜伊多（Juan Guaidó）自行宣布就任委内瑞拉"临时总统"，该国出现"两个总统"
海地	2月7日	民众抗议海地政府从海地与委内瑞拉合作的"加勒比石油"基金会窃取巨额资金，要求海地总统若弗内尔·莫伊兹（Jovenel Moise）辞职
洪都拉斯	5月30日	洪都拉斯政府宣布对教育和医疗部门进行私有化改革。民众举行抗议示威，要求总统胡安·埃尔南德斯（Juan Orlando Hernández）下台
秘鲁	10月3日	秘鲁总统马丁·比斯卡拉（Martín Vizcarra）宣布解散国会，于2020年举行大选，以推进反腐败改革，但遭国会抵制。首都利马和全国多个地区的民众举行街头集会，表达对总统的支持
厄瓜多尔	10月2～13日	厄瓜多尔政府宣布取消汽油和柴油补贴、采取税务和劳工法改革等紧缩措施。油价上涨引发民众抗议和交通运输业大罢工
智利	10月7日	智利首都圣地亚哥地铁早晚高峰各两个小时时段的票价由800比索涨至830比索，引发大规模抗议活动
玻利维亚	10月底	10月20日，玻利维亚举行大选，总统埃沃·莫拉莱斯获胜，但反对派指控执政党舞弊，组织大规模抗议要求重新选举
哥伦比亚	11月21日	政府计划进行劳工和养老金改革，或将导致青年工资水平低于最低工资标准、养老金大幅减少，引发社会广泛不满，数十个工会联合组织了全国性大罢工

资料来源：作者根据新闻报道整理。

2019 年拉美地区的社会抗议主要由内因引起，但也有外部因素发挥作用。从经济上看，本轮社会动荡是在拉美地区经济持续低迷的大背景下发生的。在大宗商品繁荣周期结束之后，拉美经济陷入低速增长，甚至停滞，少数国家出现衰退。在外部需求减少、世界经济整体不景气的大环境下，拉美经济自身的结构性问题凸显。受此影响，各国的社会发展普遍面临倒退风险，2019 年拉美地区各项社会指标的恶化验证了这一点。

从政治上看，2018～2019 年多个拉美国家举行了大选。本轮选举周期的一个重要特点是左右翼之间的政治博弈异常激烈，不少国家出现了左右易位的局面。朝野相争不仅引发了政治动荡，还加剧了民意对立和社会分裂。而且近年来拉美国家内部的左右之争已经延伸到外部，导致区域内不同政权在地区重大问题上出现严重分歧，政治对立日益明显。域外力量特别是美国的插手与干涉则进一步激化了原本存在的冲突和矛盾。

从社会变迁的角度看，2003 年以后持续数年的经济增长不仅推动了社会转型，也抬高了民众特别是中间阶层对个人和国家未来发展的心理预期。他们既是经济繁荣稳定的受益者，也是受经济不景气和政策调整影响最大的群体。他们迫切希望继续向上流动，提高自己的经济社会地位。他们的政治和决策参与意识以及对公共服务的要求较高，但对官员腐败和不作为、破坏民主的行为、政策调整、社会不公的容忍度和承受力较低。只要政府出台的措施不符合其预期，都可能引发大规模的社会抗议。

经济和社会发展受阻、阶层流动受限与政治“钟摆”相互交织，对拉美地区各国政府的治理能力提出了更高的要求。但是，面对复杂多变的形势，拉美国家一方面受困于“深度改革”和“维持现状”的矛盾，难以找到出路；另一方面又低估了社会不平等对民众的冲击和对发展的影响，不能及时有效地回应民生诉求，导致民怨厚积。2019 年拉美地区的社会抗议浪潮既反映了民众长期以来对财富分配机制、民主体制的不满，也反映了崛起中的中间阶层特别是中下阶层面对上升通道受阻、发展机遇缺乏的集体焦虑。由于社交媒体成为社会动员的重要工具和发泄不满情绪的新平台，社会抗议的传导效应有所增强，民众的愤怒很容易迅速扩散到异地，甚至异国。这是此轮社会抗议具有普遍性和冲击性的重要原因。

二　中间阶层脆弱性凸显

2019 年拉美地区的社会动荡与近年来社会阶层的变化不无关系。正在崛起的中间阶层未能起到稳定社会的作用，这可以从中间阶层的两个特点进行分析。首先，拉美地区的中间阶层尚处于形成和发展阶段，其社会经济地位并不稳固，在政治上更倾向于通过对抗表达诉求；其次，在社会分层结构中，低收入者和中间阶层中收入水平较低的群体占据了相当大的比重，一旦这一群体受到经济和社会政策调整的冲击，很容易成为一股强大的反政府力量。

不同国际机构采用不同测算方法进行的收入水平统计大都验证了最近十几年来拉美地区社会阶层的积极变化和中间阶层的扩大。联合国拉美经委会将人均收入达到贫困线 1.8 ~ 10 倍的群体划为中间阶层，按照这一标准，2002 ~ 2017 年，拉美地区的中间阶层占比由 26.9% 提高到 41.1%；经济合作与发展组织将收入相当于中位数 75% ~ 200% 的人群界定为中间阶层，按此标准，同期拉美地区中间阶层占比由 42.4% 上升到 46.6%；世界银行根据按购买力平价计算的日均收入达到 10 ~ 50 美元来划定中间阶层，按此标准，同期拉美地区中间阶层占比由 28% 扩大到 45%。①

拉美经委会将 18 个拉美国家的社会阶层结构分为三个等级：低收入阶层、中间阶层和高收入阶层。其中，低收入阶层细分为极端贫困者、一般贫困者和非贫困的低收入者，中间阶层细分为中低收入者、中等收入者和中高收入者。如图 1 所示，2002 ~ 2017 年，拉美地区向上的阶层流动趋势是十分明显的。最显著的特征是贫困人口比重的下降和中间阶层中的中低收入者和中等收入者群体的扩大。

与其他两个阶层相比，中间阶层收入水平的增长速度最快。据统计，

① CEPAL, *Panorama Social de América Latina 2019*, Naciones Unidas, Santiago, 2019, p. 56.

2002 年拉美地区中间阶层的总收入为 5500 亿美元（按 2018 年价格计算），占社会总收入的 49.4%；2008 年，这一比重上升到 55.3%，约合 8200 亿美元；2017 年，中间阶层的总收入已达到 1.1 万亿美元，占社会总收入的 57.7%。[①] 中间阶层收入水平的提高与经济形势的持续改善互为因果。一方面，宏观经济的稳定有力地推动了就业和收入水平的提高；另一方面，民众购买力水平和消费能力的提高通过拉动内需又促进了经济增长。

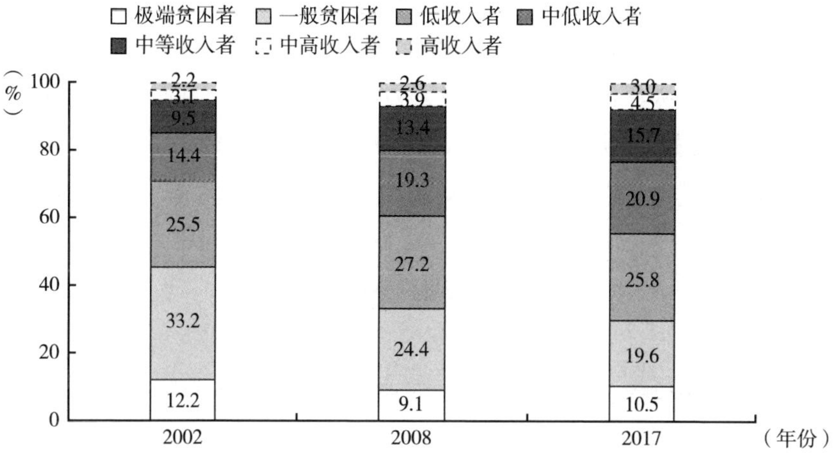

图 1　拉美国家 2002~2017 年社会阶层结构的变化

注：各阶层按收入水平与贫困线的对比关系划分。低收入为贫困线的 1~1.8 倍，中低收入为贫困线的 1.8~3 倍，中等收入为贫困线的 3~6 倍，中高收入为贫困线的 6~10 倍，高收入为贫困线的 10 倍以上。

资料来源：CEPAL, *Panorama Social de América Latina 2019*, Naciones Unidas, Santiago, 2019, p. 57。

但是，在中间阶层日益庞大的背后，还应该看到三个重要的事实。首先，与 2002~2008 年相比，2008~2017 年拉美地区向上的社会流动有所放缓，阶层结构改善的趋势受到某种程度的抑制。其次，较低收入者仍是拉美社会的主体。在社会分层中等级最低的 4 个层次，即中低收入及以下的群体约占总人口的 3/4（见图 1）。最后，国别差异十分明显。在乌拉圭、巴拿

① CEPAL, *Panorama Social de América Latina 2019*, Naciones Unidas, Santiago, 2019, p. 61.

马、智利、哥斯达黎加、巴西和秘鲁，中间阶层的比重均超过了50%，其中乌拉圭高达75.3%。[①] 但是，在墨西哥、萨尔瓦多、危地马拉、尼加拉瓜和洪都拉斯，70%以上的人口为低收入群体，中间阶层的比重不足30%，并且其中的中等收入者占比不到10%、中高收入者占比不足3%。

2015年以来，伴随着拉美地区经济的持续低迷，无论是低收入阶层，还是中间阶层，都显示出不同程度的脆弱性。低收入阶层面临经济与社会地位固化、缺少上升通道的问题。而中间阶层不仅难以实现升迁，还面临着向下流动的风险。从中间阶层的职业构成来看，非正规就业的比重并不低，22.9%的就业者从事非技术性的个体劳动，9.8%是无专业技术的微型企业雇员，3.9%从事家政服务。[②] 当经济不景气时，这些职业受到的冲击往往是最大的。一旦失业或收入下降，从业者很有可能陷入贫困。

三　减贫可持续性受到冲击

贫困人口增加是2019年拉美国家社会发展面临的重大挑战之一。减贫能否持续在部分国家存在较大的不确定性。2014～2019年，拉美的贫困率由27.8%上升到30.8%，贫困人口由1.64亿人增加到1.91亿人；极端贫困率由7.8%上升到11.5%，极端贫困人口由4600万人增加到7200万人。[③] 地区减贫形势的恶化主要是受到巴西和委内瑞拉贫困人口大幅增加的影响。与2014年相比，2019年，巴西的贫困人口和极端贫困人口分别增加了3000万人和2000万人；同期，委内瑞拉的极端贫困人口比重由8%上升到33%。[④]

2008年以来，随着经济周期的变化，拉美各国的贫困水平也呈现出不同的变化趋势。与2008～2014年相比，2014～2018年拉美国家的减贫速度明显放慢，部分国家的贫困水平出现了反弹。智利、哥伦比亚、玻利维亚、

① CEPAL, *Panorama Social de América Latina 2019*, Naciones Unidas, Santiago, 2019, p. 60.

② CEPAL, *Panorama Social de América Latina 2019*, Naciones Unidas, Santiago, 2019, p. 68.

③ CEPAL, *Panorama Social de América Latina 2019*, Naciones Unidas, Santiago, 2019, p. 97.

④ CEPAL, *Panorama Social de América Latina 2019*, Naciones Unidas, Santiago, 2019, pp. 97 – 98.

巴拉圭和秘鲁是2008～2014年贫困水平下降最快的国家，年均降幅都达到或超过了2个百分点。多米尼加和萨尔瓦多是2014～2018年贫困水平下降最快的国家，年均降幅达到或超过2.5个百分点。厄瓜多尔和巴西的贫困水平有所反弹，其中巴西的贫困率上升较为明显。洪都拉斯是唯一在上述两个周期贫困水平均有所提高的国家。

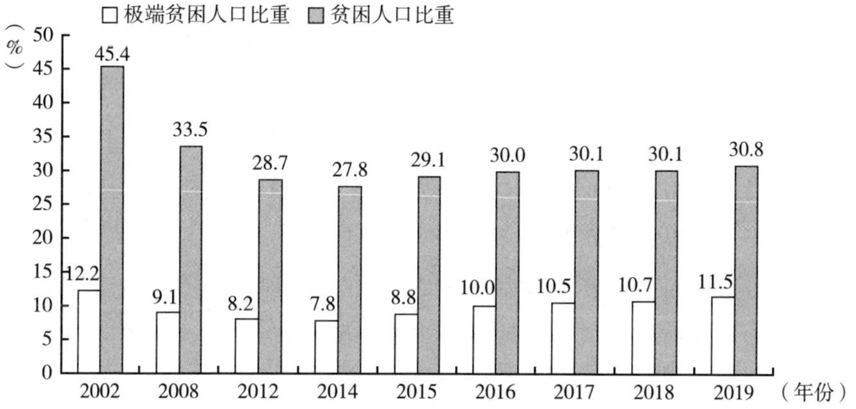

图2　拉美国家2002～2019年贫困水平

资料来源：CEPAL，*Panorama Social de América Latina 2019*，Naciones Unidas，Santiago，2019，p. 97。

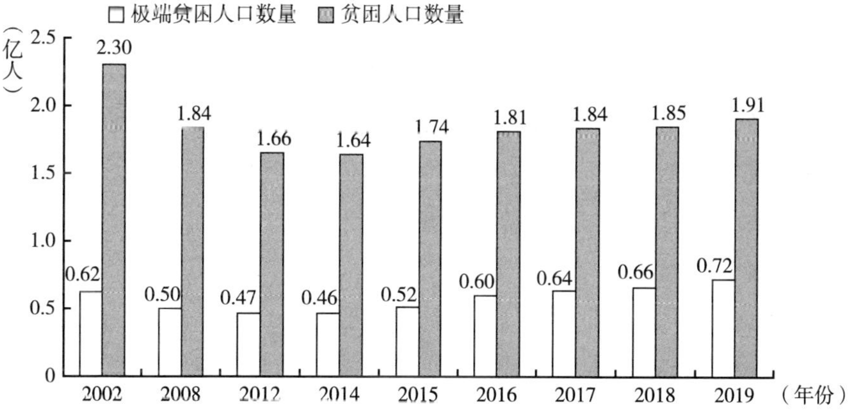

图3　拉美国家2002～2019年贫困人口数量

资料来源：CEPAL，*Panorama Social de América Latina 2019*，Naciones Unidas，Santiago，2019，p. 97。

贫困在地区、性别、年龄、种族层面的程度也是不同的。在拉美国家，农村的贫困水平明显高于城市。2018 年，农村的贫困率高达 45.2%，而城市的贫困率为 26.3%；农村的极端贫困率达到 20%，城市的极端贫困率为 8.4%。[①] 贫困在不同年龄段的分布规律是，儿童和青少年的贫困水平最高，随着年龄的增长，贫困率逐渐下降。2018 年，46.2% 的 0～14 岁儿童处于贫困状态，但 65 岁及以上老人的贫困率只有 14.9%。[②] 贫困对女性的影响仍然大于男性。2018 年 26.9% 的女性和 23.8% 的男性是穷人，两者相差 3.1 个百分点。[③] 印第安人的贫困问题一直是拉美国家最为棘手的挑战。尽管近年来印第安人的贫困水平有所下降，但仍是社会最底层的群体。2018 年 8 个拉美国家印第安人的贫困率高达 48.8%，极端贫困率为 17.9%，分别是印第安人和黑人以外群体的 2.2 倍和 3.4 倍。[④]

对拉美国家而言，要完成联合国 2030 年可持续发展议程的减贫目标，实现经济增长和改善收入分配都是必不可少的。联合国 2030 年可持续发展议程要求到 2030 年，各年龄段的贫困人口比重下降一半，同时消除极端贫困。如果以发布该议程的 2015 年为起点，那么到 2030 年，拉美国家的贫困人口比重应下降到 14.5%。按照拉美经委会的推算，要实现贫困人口减半和消除极端贫困的目标，在基尼系数年均下降 1.5% 的同时，拉美国家的人均 GDP 年增长率须分别达到 2% 和 5%。[⑤] 对于大多数拉美国家来说，这些都是异常严峻的挑战。2014～2019 年拉美和加勒比地区人均 GDP 的增长率有 3 年为负值，最高时仅为 0.2%。[⑥] 从基尼系数的变化来看，2014～2018 年，在有完整数据的 13 个拉美国家中，虽然 10 个国家的基尼系数有所降低，但只有 3 个国家的年均降幅达到或超过了 1.5%。然而，更令人担忧的

① CEPAL, *Panorama Social de América Latina 2019*, Naciones Unidas, Santiago, 2019, p. 105.

② CEPAL, *Panorama Social de América Latina 2019*, Naciones Unidas, Santiago, 2019, p. 106.

③ CEPAL, *Panorama Social de América Latina 2019*, Naciones Unidas, Santiago, 2019, p. 107.

④ CEPAL, *Panorama Social de América Latina 2019*, Naciones Unidas, Santiago, 2019, p. 110.

⑤ CEPAL, *Panorama Social de América Latina 2019*, Naciones Unidas, Santiago, 2019, p. 120.

⑥ CEPAL, *Balance Preliminar de las Economías de América Latina y el Caribe 2019*, Naciones Unidas, Santiago, 2019, p. 121.

是，2020 年的新型冠状病毒肺炎疫情（以下简称“新冠疫情”）将进一步加剧拉美国家实现联合国 2030 年可持续发展议程的难度。据拉美经委会的预测，在新冠疫情的冲击下，2020 年拉美地区的贫困人口有可能接近 2.15 亿人，在总人口中的比重也将达到 34.7%。[①]

四　就业市场仍旧低迷

2019 年，拉美地区的就业形势依旧难有起色。与 2018 年相比，整个地区的劳动参与率和就业率分别提高 0.2 个和 0.1 个百分点，达到 62.6% 和 57.5%；失业率由 8.0% 上升至 8.2%，失业人口增加约 100 万人，达到 2520 万人。[②] 在 18 个拉美和加勒比国家中，13 个国家的失业率有所上升，4 个国家的失业率有所下降，1 个国家的失业率没有变化。其中哥斯达黎加和阿根廷的失业率明显上升，分别为 10.4% 和 11.5%。[③]

就业率的上升并非得益于劳动力需求的扩大，而是因为家庭需要更多的劳动收入。由于雇佣劳动创造就业机会的能力减弱，更多的人不得不成为自雇者。雇佣就业岗位的增长已经连续 7 年低于个体劳动的增长。2012～2019 年，雇员累计增加了 5.6%，而个体劳动者累计增加了 18.4%。[④] 与 2018 年相比，2019 年就业不足和非正规就业问题也有所加剧。在 11 个拉美国家中，8 个国家就业不足的比重有所上升，7 个国家非正规就业的比重有所上升。

从三大产业创造就业的能力来看，服务业新增就业最多，农业就业出现了下降，制造业和建筑业就业均有所增加，但增速放缓。

---

① CEPAL, “El desafío social en tiempos del COVID－19,” Informe Especial N°3, 12 de mayo de 2020, p. 2, https://repositorio.cepal.org/bitstream/handle/11362/45527/5/S2000325_es.pdf.

② CEPAL, *Balance Preliminar de las Economías de América Latina y el Caribe 2019*, Naciones Unidas, Santiago, 2019, p. 71.

③ CEPAL, *Balance Preliminar de las Economías de América Latina y el Caribe 2019*, Naciones Unidas, Santiago, 2019, p. 136.

④ CEPAL, *Balance Preliminar de las Economías de América Latina y el Caribe 2019*, Naciones Unidas, Santiago, 2019, pp. 74－75.

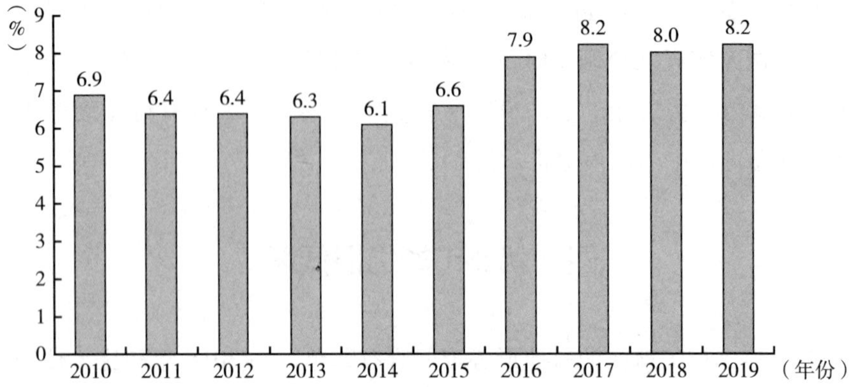

图 4　2010～2019 年拉美和加勒比国家的平均失业率

注：2019 年拉美经委会变更了统计方法，修正后的失业率比 2018 年之前公布的数据明显降低。

资料来源：CEPAL, *Balance Preliminar de las Economías de América Latina y el Caribe 2019*, Naciones Unidas, Santiago, 2019, p. 136。

大部分国家的实际平均工资水平小幅提高。但在阿根廷，由于通货膨胀居高不下，实际工资明显下降。墨西哥出现了自 2002 年以来实际工资水平的最高涨幅，主要原因是实际最低工资在 2019 年前 10 个月同比上升了 12%。① 值得注意的是，2005～2015 年，拉美地区实际最低工资的涨幅一般都高于实际平均工资的涨幅，这是收入分配得到改善的重要原因。但 2018～2019 年，这一趋势发生了反向变化。

2020 年，受新冠疫情的影响，预计拉美国家创造高质量就业机会的能力将进一步下降。就业不足和非正规就业有所增加的趋势在多数国家将得到延续。大部分国家的失业率将有所上升，预计地区平均失业率将达到 11.5%，这意味着将新增 1150 万名失业者。②

① CEPAL, *Balance Preliminar de las Economías de América Latina y el Caribe 2019*, Naciones Unidas, Santiago, 2019, p. 78.

② Alicia Barcena, Vinícius Pinheiro, "El Trabajo en Tiempos de Pandemia: Desafíos Frente a la Enfermedad por Coronavirus (COVID－19)," International Labour Organization, 21 de mayo de 2020, p. 5, https://www.ilo.org/wcmsp5/groups/public/---americas/---ro-lima/documents/presentation/wcms_745583.pdf.

五　社会开支略有下降

2014 年以来，尽管拉美地区的宏观经济持续低迷，但多数国家保持了对社会领域的投入。在经济增速放缓而难以促进社会发展的情况下，国家的社会投入对于减贫和保持社会福利水平就显得尤为重要了。2018 年，17 个拉美国家的社会开支占 GDP 的平均比重为 11.3%，比 2017 年下降 0.2 个百分点，但与 2015 年和 2016 年基本持平；社会开支在全部公共开支中所占比重由 2014 年的 49.8% 上升到 52.5%。① 加勒比国家在社会领域的投入高于拉美国家，2018 年 5 个加勒比国家社会开支占 GDP 的比重达到 12.2%。②

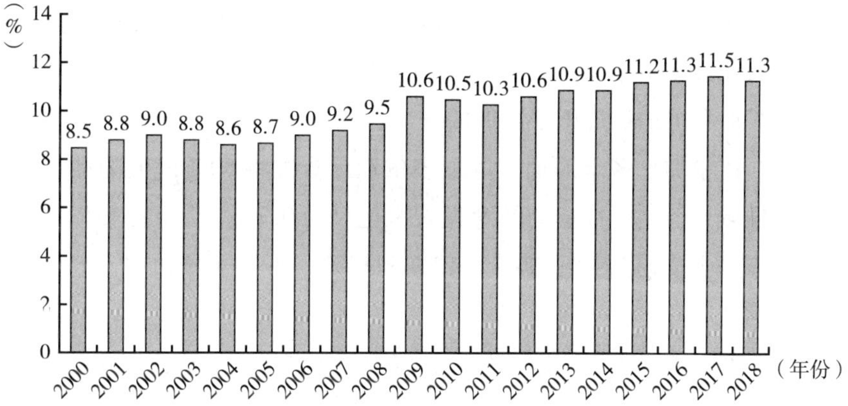

图 5　拉美 17 个国家 2000～2018 年社会开支占 GDP 的比重

资料来源：CEPAL，*Panorama Social de América Latina 2019*，Naciones Unidas，Santiago，2019，p. 130。

按照不同国家和次区域来看，南美国家对社会领域的重视程度最高，2018 年社会开支占 GDP 的比重为 13.2%，其中巴西、乌拉圭和智利分别达

① CEPAL，*Panorama Social de América Latina 2019*，Naciones Unidas，Santiago，2019，p. 130.

② CEPAL，*Panorama Social de América Latina 2019*，Naciones Unidas，Santiago，2019，p. 131.

到17.7%、17.2%和16.4%。[①] 相比之下，墨西哥、多米尼加和中美洲国家的社会投入明显逊色。2018 年，这些国家社会开支占 GDP 的平均比重为9.1%，只有哥斯达黎加（12.1%）超过了拉美地区平均水平，危地马拉只有7%。[②] 与2016 年相比，部分国家的社会开支占 GDP 的比重上升较明显，乌拉圭和秘鲁分别提高了1 个和0.7 个百分点；但也有国家出现了下降，比如特立尼达和多巴哥（下降2.8 个百分点）、墨西哥（下降1.2 个百分点）、洪都拉斯（下降0.9 个百分点）与萨尔瓦多（下降0.8 个百分点）。[③]

从人均社会开支来看，拉美国家之间差别很大。2018 年，整个地区人均社会开支为938 美元（按2010 年不变价格），但智利和乌拉圭超过了2500 美元，而7 个国家不足500 美元。

从社会开支的用途来看，大部分国家的社会投入集中于社会保障、教育和医疗三个领域，但国家之间的差别非常显著。阿根廷、巴西和古巴将60%以上的社会支出用于社会保障领域，其中阿根廷高达81.1%；而洪都拉斯、牙买加和尼加拉瓜用于社保的支出占社会支出的比重不足7%。洪都拉斯、哥斯达黎加、多米尼加、厄瓜多尔和牙买加将50%以上的社会支出用于教育领域，但是阿根廷的教育投入占比仅为9.7%。7 个拉美和加勒比国家的医疗卫生支出超过了30%，但在阿根廷、哥斯达黎加和古巴，只有6%~8%的社会开支用于医疗。[④]

总体来看，除了少数国家以外，大多数拉美和加勒比国家存在社会开支不足的情况。在社保领域，有些国家投入过低，对弱势群体的保护明显不足。在教育方面，按照联合国《2030 教育行动框架》，各国的教育开支应占GDP 的4%~6%。虽然拉美和加勒比国家的平均水平达到了这一要求，但仍有一些国家的教育投入比重较低。在医疗卫生领域，按照泛美卫生组织发布的《2018~2030 美洲可持续健康日程》，各国的医疗卫生开支至少应占

① CEPAL, *Panorama Social de América Latina 2019*, Naciones Unidas, Santiago, 2019, p. 132.

② CEPAL, *Panorama Social de América Latina 2019*, Naciones Unidas, Santiago, 2019, p. 132.

③ CEPAL, *Panorama Social de América Latina 2019*, Naciones Unidas, Santiago, 2019, p. 132.

④ CEPAL, *Panorama Social de América Latina 2019*, Naciones Unidas, Santiago, 2019, p. 154.

GDP 的 6%，而拉美和加勒比国家的平均水平仅为 2.3%，缺口较大。①

2019 年，在拉美地区经济增长几乎停滞、各国财政压力加大的情况下，社会开支有可能进一步下滑。对于那些在减贫和扩大社会福利方面面临最艰巨任务的国家来说，缩减社会开支不仅不利于巩固既有的社会发展成果，而且将削弱政府在促进民生方面的职能和作用。2020 年，为减轻新冠疫情造成的社会冲击，几乎所有拉美和加勒比国家都加强了对贫困家庭、失业者、非正规就业者等弱势群体的社会保护，其中最主要的措施就是新增、提高、预支和扩大现金转移支付计划。据拉美经委会估算，截至 2020 年 4 月 24 日，22 个拉美和加勒比国家累计发放的现金补助已达 368.3 亿美元，占这些国家 GDP 的 0.7%。预计应急性的现金补贴还将持续一段时间。鉴于此，2020 年拉美国家的社会开支将有较大幅度的提高。

六　移民问题前景堪忧

2018 年以来，拉美地区的移民问题备受关注，其影响已扩散到整个地区。一方面，中美洲北部的 3 个国家洪都拉斯、萨尔瓦多和危地马拉出现了大规模北上的移民潮（“大篷车移民”），其最终目的地是美国；另一方面，委内瑞拉经济社会形势的恶化引发了该国历史上最大范围和规模的人口迁移，主要迁居地是周边拉美国家。

以上两股移民潮具有三个明显的特征和共性。其一，从移民的动因来看，迁出地的“推力”明显大于迁入地的“拉力”。无论是中美洲 3 国，还是委内瑞拉，其国内因素都是造成此轮大规模移民潮最重要的原因。尽管中美洲移民向往的目的地美国在经济和社会发展水平、谋生机会等方面具有很强大的吸引力，但是近年来其移民政策的收紧在一定程度上抵消了这种吸引力。其二，大多数移民属于社会底层群体，财力有限，只能采取长途跋涉、直接跨越边境的方式。中美洲移民或搭乘顺风车或步行，一路北上抵达美墨

① CEPAL, *Panorama Social de América Latina 2019*, Naciones Unidas, Santiago, 2019, p. 139.

边境。委内瑞拉移民通常乘坐公共交通工具或步行，向边境地带集结，直接进入与其接壤的哥伦比亚和巴西，再辗转至他国，只有少数移民通过航空运输直达目的地。其三，大多数移民面临温饱、医疗、就业、身份合法化等方面的困难，并且受到歧视和排斥。中美洲移民进入墨西哥后，由于无法前往美国，只能滞留在墨西哥，引发了人道主义危机。委内瑞拉移民进入其他拉美国家虽然较容易，但 2019 年上半年联合国难民署对 8 个迁入国的民意调查显示，66% 的委内瑞拉移民处于失业状态或从事非正规就业，43% 的移民面临居住困难，34% 的移民没有任何入境许可，52% 的儿童失学。①

除了急需人道主义救援之外，中美洲移民面临的最大障碍莫过于美国移民政策的收紧。特朗普上台后，在“美国优先”原则下，采取了一系列强硬的移民政策。但由于在国会、司法机构、媒体和普通民众中遭遇了不同程度的抵制和反对，很多政策未能如期实施。2017 年 9 月，特朗普政府宣布废除“童年入境暂缓遣返计划”，② 后因遭到强烈反对而暂停执行。截至 2019 年 11 月，该计划的受益者达 76.5 万人，③ 绝大部分人来自墨西哥和中美洲国家。2018 年，美国又宣布取消为萨尔瓦多、洪都拉斯、尼加拉瓜和海地等国因发生特大自然灾害而在美国避难的移民提供的“临时保护身份”。由于遭到普遍反对，2019 年 11 月，美国决定将包括上述 4 国在内的 6 个国家移民的“临时保护身份”延长至 2021 年 1 月 4 日。上述两项政策的受益人虽然暂时不会被遣返或驱逐，但其未来仍面临较大不确定性。

特朗普政府移民改革的另一个重点是打击非法移民，这对中美洲移民产

① UNHCR, “Aspectos Claves del Monitoreo de Protección, Situación Venezuela,” UNHCR, enero-junio de 2019, pp. 8 – 9, 21, https://data2.unhcr.org/en/documents/download/70441, accessed January 15, 2020.

② 该计划允许在美国居住 5 年以上且在 16 岁前首次进入美国的 31 岁以下非法移民，在美国学习或工作两年，暂时免遭遣返，期满后可申请延长。

③ U. S. Citizenship and Immigration Services, Office of Policy & Strategy, Research & Evaluation Division, “DACA Requestors with an IDENT response,” USCIS, November 2019, https://www.uscis.gov/sites/default/files/USCIS/Resources/Reports%20and%20Studies/Immigration%20Forms%20Data/Static_files/DACA_Requestors_IDENT_Nov._2019.pdf, accessed January 3, 2020.

生了重要影响。从2018年开始，特朗普政府针对非法移民的政策明显带有非人道色彩，如逮捕非法入境者时将成年人与其未成年子女强制分离。“大篷车移民潮”发生后，美国出台了“留候墨西哥”政策，宣布跨越美墨边界进入美国南部的非墨西哥移民将被移送至墨西哥，在那里等待美国移民法庭处理避难申请。而按照以前的规定，避难申请者通常可以留在美国等待结果。2019年6月，美国以对所有墨西哥产品加征5%关税为要挟，迫使墨西哥政府签署了移民协议，同意与其全力合作，增强警力阻止移民越境，并为滞留边境的中美洲移民提供人道主义援助和就业机会。7月，美国又宣布除“有限的例外情况”外，抵达美墨边境的第三国移民将不能申请在美避难。这意味着绝大多数中美洲移民赴美避难的希望已十分渺茫。在此背景下，2019年向墨西哥移民当局登记的中美洲移民明显增多，前8个月共有12万人登记，已经超过2018年全年的总和。[①] 同时，由于加强了边境执法，2019财年美国海关边境巡逻局在美墨西南边境共拘押或拦截了约97.8万名试图非法入境的移民，比2018财年增加了88%，其中约60%来自危地马拉和洪都拉斯。[②] 一系列新政实施后，非法移民与申请避难者进入美国将面临比以往更大的困难和风险。

与美国相比，拉美国家对待委内瑞拉移民的态度更为宽容和开放。尽管如此，委内瑞拉移民的大量涌入还是给周边拉美国家带来了很大困扰。根据联合国难民署的统计，截至2019年12月初，共有476.9万委内瑞拉人生活在他国，哥伦比亚和秘鲁是委内瑞拉移民最集中的国家，分别接收了163.1万名和86.4万名委内瑞拉移民；厄瓜多尔和智利的委内瑞拉移民也分别达到38.5万人和37.1万人。[③]

---

① “Tendencias Migratorias en Centroamérica, Norteamérica y el Caribe,” OIM, Oficina Regional de la OIM en San José-Costa Rica, noviembre de 2019, https://rosanjose.iom.int/site/sites/default/files/Reportes/sitrep_ p11_ compr.pdf, accessed January 22, 2020.

② John Davis, “Border Crisis: CBP's Response,” CBP, https://www.cbp.gov/frontline/border-crisis-cbp-s-response, accessed January 2, 2020.

③ “Refugiados y migrantes de Venezuela,” Plataforma Regional de Respuesta a Refugiados y Migrantes de Venezuela de ACNUR, https://r4v.info/es/situations/platform, accessed January 25, 2020.

在拉美地区，除了阿根廷、智利、哥斯达黎加等少数经济发展水平较高的国家以外，大多数国家自 20 世纪 50 年代以后就没有再经历过大规模的移民潮，在移民安置与管理方面缺乏足够的经验和能力。外来移民的突然增多使这些国家原本存在的公共设施不足、医疗和教育资源短缺、就业困难、住房紧张、治安恶化等问题更加突出，各国均出现了不同程度的排外倾向。2019 年，哥伦比亚的失业率达到 10. 6%，为 2012 年以来的最高水平。哥伦比亚部分媒体和官员将失业率的高启归咎于委内瑞拉移民的增多，因为根据哥伦比亚国家统计署的统计，在哥伦比亚居住一年以上的委内瑞拉移民中，20. 9% 的人处于失业状态。[①] 在秘鲁，尽管西班牙对外银行（BBVA）的报告显示，由于大多数委内瑞拉移民为经济自立人口且平均受教育水平高于秘鲁国民，移民群体对秘鲁经济产生了积极的影响，[②] 但是，秘鲁民众对委内瑞拉移民的仇视和歧视与日俱增。特别是 2019 年媒体连续报道委内瑞拉移民卷入了数起恶性犯罪活动之后，秘鲁民众的排外情绪进一步高涨。2019 年，拉美国家纷纷收紧并规范了针对委内瑞拉移民的政策。秘鲁、厄瓜多尔、巴拿马等国陆续出台新政，要求委内瑞拉移民入境须办理签证，以便于管理。

2020 年，在新冠疫情的冲击下，拉美地区移民问题的前景不容乐观。一方面，美国以防控疫情为由，大量遣返非法移民。这种高压态势有可能产生两个严重后果。一是美国没有对遣返人员进行病毒检测，也没有采取适当的防疫措施，这势必给被遣返人员的原籍国带来巨大的输入性风险。二是有可能迫使更多走投无路的中美洲移民铤而走险，采取极端方式跨越边境。每年美墨边境都有数百人死于偷渡，而且呈现日益增多的趋势。对于墨西哥政

---

① "En noviembre de 2019 la tasa de desempleo fue 9, 3% a nivel nacional; y 10, 4% en 13 ciudades y áreas metropolitanas," DANE, Comunicado de prensa, 27 de diciembre de 2019, https: //www. dane. gov. co/files/investigaciones/boletines/ech/ech/CP_ empleo_ nov_ 19. pdf, accessed January 25, 2020.

② "Inmigración venezolana a Perú: características e impactos macroeconómicos," BBVA Research, octubre de 2019, https: //www. bbvaresearch. com/publicaciones/inmigracion – venezolana – a – peru – caracteristicas – e – impactos – macroeconomicos/, accessed January 25, 2020.

府而言，如何处置滞留在墨西哥境内的中美洲移民无疑也是一项艰巨的任务。对于选择留在墨西哥寻求避难的移民，墨西哥政府将不得不提供人道主义帮助并防止疫情在移民中蔓延；对于坚持穿越边境前往美国的移民，墨西哥政府在美国压力下，将不得不投入大量警力加以阻拦。从中长期看，中美洲国家根本无力依靠自身国力解决对外移民问题，美国的发展援助必不可少。另一方面，新冠疫情也将加重委内瑞拉移民面临的深重危机。由于难以获得医疗救护、营养不良和缺少隔离空间等原因，委内瑞拉移民已成为新冠病毒感染的高危人群，并将因此遭受更大程度的歧视和仇视。如果委内瑞拉国内局势无明显好转，对外移民的速度有可能进一步加快。根据美洲国家组织的估算，2020 年世界各国的委内瑞拉移民将达到 720 万人（见表 2）。届时其他拉美国家将面临更大的挑战。

表 2　委内瑞拉对外移民

年份	数量(万人)	占总人口比重(%)
1990 年	18.5	0.9
1995 年	24.0	1.1
2000 年	31.7	1.3
2005 年	41.6	1.6
2010 年	55.0	1.9
2015 年	60.6	1.9
2017 年	140.0	4.8
2018 年	310.0	10.7
2019 年	500.0	17.5
2020 年	720.0	25.4

资料来源：CEPAL, *Panorama Social de América Latina 2019*, Naciones Unidas, Santiago, 2019, p. 172。

七　总结与前瞻

2019 年，在经济低迷的大背景下，拉美地区社会形势呈现出三个特征。一是各项社会指标进一步恶化，社会发展面临倒退风险；二是社会矛盾出现激化趋势，多国爆发社会抗议；三是移民问题愈演愈烈，成为地区性议题。应该说，造成近年来拉美社会不稳定和社会矛盾突出的原因是多方面的。经济发展停滞是导致社会发展受阻和社会冲突频发的根本原因；社会阶层结构的变迁造就了一个庞大的中间阶层，但这一群体对国家和个人未来发展的预期与自身脆弱性和受挫感相互交织，构成了社会的不稳定因素；各国政府治理能力的欠缺和对民生诉求的懈怠在一定程度上加剧了社会危机的蔓延。

进入 2020 年后，虽然新冠疫情暂时降低了社会抗议的热度，但将导致拉美地区的经济和社会发展出现更加严重的倒退，特别是近 10 年来得之不易的减贫成果将付之东流。根据联合国拉美经委会的预测，2020 年拉美地区经济将下降 5.3%，① 贫困人口将伴随经济衰退而大幅增加。随着疫情在整个地区蔓延，各国普遍面临复工复产与控制疫情的两难选择。经济活动的停滞和长期的居家隔离将对弱势群体造成巨大冲击。而一旦疫情得到控制，原本的社会矛盾叠加疫情期间产生的新问题，必将进一步威胁社会稳定。拉美经委会建议各国应向弱势群体提供 6 ~ 12 个月的应急补助，以弥补其收入损失，但这需要耗费巨额财政开支。未来 1 ~ 2 年，对于因经济停摆、税收锐减的拉美国家而言，如何利用有限的资金在推动经济复苏和保证民生之间找到平衡点将是一项异常艰巨的挑战。

（郭存海　审读）

---

① "Pandemia del COVID – 19 llevará a la mayor contracción de la actividad económica en la historia de la región: caerá –5, 3% en 2020," CEPAL, 21 de abril de 2020, https: //www. cepal. org/es/comunicados/pandemia – covid – 19 – llevara – la – mayor – contraccion – la – actividad – economica – la – historia – la, accessed May 26, 2020.

Y.5

2019～2020年拉美对外关系：地区团结弱化、自主外交承压

谌园庭*

摘　要： 2019年，经济、政治和社会领域的变动将重塑拉美对外关系格局，本地区需要同时应对外部体系性调整所带来的多重影响和内部变动所产生的多重挑战。拉美地区尤其是南美地区的地缘政治格局正在发生逆转；地区大国对外政策出现重大调整，地区意识形态呈现多样性甚至两极化，加剧了左翼和右翼政府间的对立，对地区团结造成冲击，导致地缘政治风险上升、地区合作议程出现新的分化组合。美国对拉美事务的介入持续加大，在"美国优先"战略下频繁在移民、贸易问题上向拉美国家施压，加紧拉拢右翼政府、打压左翼政府，加大对域外大国的排斥力度，拉美国家一直寻求的自主外交面临更多压力。在跨地区合作中，经贸仍是重要关切。中拉关系在变局中企稳，并呈现发展新趋势，中拉贸易出现新的国别差异性特征，经贸合作多样性凸显，合作的机制化进一步提升。2020年，新型冠状病毒肺炎疫情、部分国家政局走势以及美国大选等因素对拉美地区国际关系的影响值得关注。

关键词： 拉丁美洲　对外关系　地缘政治　美拉关系　中拉关系

* 谌园庭，中国社会科学院拉丁美洲研究所副研究员、国际关系研究室主任，墨西哥研究中心秘书长。

对于拉美地区而言，2019 年是多事之秋，地区多国出现政治动荡和民众强烈抗议。乱局中的拉丁美洲存在三种相互联系、彼此交织的现象：一是经济持续萎靡、经济增长放缓甚至经济危机导致社会动荡加剧，民众对政党、制度和政治阶层的不满情绪加剧治理的复杂性；二是政治格局的变化，超级选举周期下出现了一个更为分散和多样化的拉丁美洲，少数派政府和碎片化的立法机构并存，导致治理效率更为低下；三是政府无法实施有效的公共安全、教育或卫生政策，也无法保证反腐败斗争的透明度，甚至对社会动荡和民众不满反应迟缓，加上经济环境的恶化，导致民众的离心力加剧。尽管地区每个国家都面临着独特情况，但整个地区的发展态势表明，2020 年不稳定只会加剧，拉丁美洲进入了一个艰难时期。

经济、政治和社会领域的变动将重塑拉美对外关系格局，但影响地区对外关系的关键因素还不尽于此。世界仍处于剧烈的变局中，拉美既是这一变局的因变量，也是自变量，需要同时应对外部体系性调整所带来的多重影响和内部变动所产生的多重挑战。全球化走到十字路口，贸易保护主义、民粹主义盛行，这些因素也同样影响着拉美国家对外政策的取向。与此同时，国际力量对比的巨大变化已经投射到拉美地区，跟着某个大国走还是坚持自主外交原则，对于处于困境的拉美国家来说，将承受更大的压力。

一　地区团结弱化，地缘政治风险上升

通过观察 2019 年的拉美地区国际关系，可以形成一个基本判断，即冷战结束以来，拉美地区尤其是南美地区形成的地缘政治格局正在发生逆转，核心国家的角色定位发生质变，明显的区域裂痕、低效的地区机制导致拉美地区的地缘政治风险上升。这一发展趋势并非起于 2019 年，而是一些趋势性的变化，但到 2019 年已经明朗化。

什么是冷战以来形成的拉美地缘政治格局？在国际、地区及各国国内因素的影响下，拉美已成为独立的地缘政治地区，主要表现在三个方面：其一，本地区与美国、欧洲和亚洲保持着一种平衡关系；其二，在国际事务

中，拉丁美洲国家采取更多独立立场；其三，拉美推动了自身的一体化发展。从地缘政治的角度来看，巴西可以被视为促进一体化深化的“核心国家”。建立南方共同市场和南美国家联盟既是巴西巩固与美国相对的南美自治战略的一部分，又是南美在物质和能源方面进行一体化的手段。因此，巴西成为具有全球投射能力的区域大国加强了南美作为独立地缘政治地区的作用。

2019年，随着巴西、墨西哥、阿根廷等国新政府施政，这些地区大国对外政策发生重大调整，地区意识形态呈现多样性甚至两极化，不仅直接影响国家的对外政策，也对地区团结造成冲击，地区国家间关系出现新的分化组合态势。

（一）地区大国对外政策发生重大调整

2018年10月巴西总统博索纳罗（Jair Bolsonaro）上台执政，同年12月，墨西哥总统洛佩斯·奥夫拉多尔（Andrés Manuel López Obrador）上台执政。两个大国对外政策的调整在2019年真正显现。2019年10月阿根廷大选，左翼的正义党重新上台，对外政策调整趋势显而易见。

巴西总统博索纳罗淡化了劳工党执政时期强调的南南合作与多边外交原则，采取了追随美国的“右倾”外交政策。其一，对美关系日益密切。2019年3月，博索纳罗总统首次出访就打破了外交传统，选择出访的国家是美国而不是阿根廷。博索纳罗积极呼应特朗普政府的全球战略，包括支持美墨边境修建隔离墙，配合美国对伊朗、对以色列政策，放弃WTO发展中国家特殊和差别待遇原则，撤回承办2019年联合国气候变化大会的申请等。其二，在地区关系上，表现出明显的意识形态偏好，拉近与右翼执政国家关系，疏远与左翼执政国家关系。巴西与智利、哥伦比亚、巴拉圭等国关系得到加强。在委内瑞拉问题上，博索纳罗承认胡安·瓜伊多（Juan Guaidó）为“临时总统”；在阿根廷大选中，博索纳罗不时出现批评正义党及其候选人费尔南德斯的言论，并威胁要完全抵制新总统的就职典礼。博索纳罗对巴西外交政策的调整在国内引起争议，一些分析人士认为，这并未给该国带来多少好处，放弃巴西对外交事务自主权的承诺削弱了其国际地位，并导致巴西与其他重要伙伴（例如金砖国家）的关系紧张。

墨西哥总统洛佩斯则采取向传统外交政策回归的立场。执政后，洛佩斯专注于履行竞选承诺，将施政重点放在反腐、打击犯罪和减少不平等等领域。对外关系并不是其政策的优先选项，在对外政策方面现政府强调遵守宪法规定的传统外交原则，即不干涉和独立性。首先，在对美关系上，保持墨美合作关系但力求维护独立性。无论是《美墨加协定》谈判，还是关税、移民问题，洛佩斯都表现出谨慎、不对抗，维持合作关系，但不受制于威胁，而是寻求尊重的立场。除贸易协定谈判，移民问题是洛佩斯最关注的对美议题之一，他认为移民是结构性问题，需要墨西哥、美国、其他拉美国家多方合作，从源头上遏制移民问题，即解决就业、教育等问题。与此同时，强调墨西哥移民的人权，联合中美洲、加勒比和南美洲国家，对特朗普政策反向施压，以维护墨西哥及拉美移民的权利。其次，在地区关系上，保持立场的独立性。一是在委内瑞拉危机中，墨西哥政府的态度与利马集团其他国家的立场不一致，不承认自称为“临时总统”的反对派胡安·瓜伊多，并与乌拉圭等国一起推出蒙得维的亚机制（Mecanismo de Montevideo），致力于推动委内瑞拉各方以对话方式解决争端。二是玻利维亚政局动荡之际，表现出独立于美洲国家组织、美国及利马集团部分国家的立场，向前总统莫拉莱斯（Evo Morales）提供了政治庇护。三是在拉美和加勒比国家共同体式微之际，利用担任轮值主席国的机会，提出多项区域合作项目倡议，以提振该组织的活力。但洛佩斯说过，最好的外交政策就是内政，其外交政策有内向化趋势，这一点从其执政后从未踏出国门得到验证。这在一定程度上将影响墨西哥发挥地区大国影响力。

阿根廷新当选总统费尔南德斯对外政策“向左”调整迹象明显。费尔南德斯希望加强与墨西哥的紧密联系。费尔南德斯当选总统后，将同为左翼执政的墨西哥作为其出访首站，以应对阿根廷与巴西之间关系面临的严峻困难。费尔南德斯也同样希望墨西哥能重振拉美和加勒比国家共同体的影响力。与此同时，在墨西哥与玻利维亚临时政府因莫拉莱斯政治庇护问题产生纠纷时，阿根廷为莫拉莱斯提供了政治庇护。可以预见，费尔南德斯将进一步密切与地区左翼国家的关系，阿根廷在利马集团的立场将会出现调整，而其与巴西的紧张关系也会影响阿根廷对南方共同市场的态度。

（二）政治两极化导致立场分化，地区团结弱化

地区大国对外政策调整方向表明，深刻的政治两极化加剧了左翼与右翼政府间的对立。随着政治上的分裂和动荡，区域内对话变得越来越困难。

委内瑞拉危机的长期化趋势加剧了地区国家间的矛盾。利马集团追随美国对马杜罗政府进行“极限施压”，武力干预的言论不断出现，使委内瑞拉成为地缘政治“战场”，也导致委内瑞拉与邻国特别是哥伦比亚的矛盾加剧，边境冲突时有发生。由于意识形态分歧而引起的混乱以及缺乏适当的地区机制，拉美国家甚至无法就莫拉莱斯的罢免是否构成政变达成共识。

地区紧张局势的加剧令人担忧，因为该地区几乎所有的挑战，例如管理委内瑞拉危机、玻利维亚政治危机，都无法仅靠一个国家来解决。深刻的政治两极分化破坏了拉丁美洲有效应对影响整个区域挑战的能力，包括委内瑞拉的人道主义危机，或危害越来越大的毒品贩运、有组织跨国犯罪，以及网络安全问题。在博索纳罗“巴西优先”的政策下，经常在调解区域冲突中发挥建设性作用的巴西已经丧失了领导区域合作的能力。

（三）地区合作议程出现新的分化组合

意识形态分歧和地区团结弱化投射到地区合作议程中，一体化进程出现新的分化组合。有的地区组织陷入困境；有的地区组织取得新的进展；还有新的地区组织组建。

2019年4月，巴西正式退出南美国家联盟，抛弃了这个曾经被其视为巩固与美国相对的南美自治战略、加强区域经济与安全一体化的工具。此前，阿根廷、智利、哥伦比亚、巴拉圭和秘鲁等国政府已经宣布暂停参与该组织活动，巴西的退出更使该组织面临解体的命运。由于轮值主席国玻利维

亚陷入政治危机，2019 年拉美和加勒比国家共同体也处于停滞状态。

太平洋联盟（Alianza del Pacífico）、南方共同市场、美洲玻利瓦尔联盟（ALBA）代表了区域内合作的不同诉求。太平洋联盟成为最活跃的区域组织，在 2019 年 7 月举行的第 14 届峰会上，继续致力于维护多边贸易体制，推动成员国一体化和包容性发展。峰会还接纳厄瓜多尔为候选联系国，吸收了菲律宾等 4 个观察员国。与此相对，南方共同市场则面临内部矛盾加剧的风险。该组织在 2019 年取得的成果得益于两个经济强国巴西和阿根廷领导人意识形态上的一致。阿根廷前总统马克里的离开标志着该组织进入一个转折点。南方共同市场的未来在很大程度上取决于博索纳罗政府和费尔南德斯政府之间的关系如何发挥作用。但需要指明的是，阿根廷和巴西的和解使南美区域合作和一体化成为可能，这被视为地缘政治的转折点。南方共同市场的成立是巴西、阿根廷两国从地缘政治竞争转向合作的标志，如今意识形态的分歧让人对该组织的未来发展产生了怀疑。厄瓜多尔和玻利维亚临时政府先后宣布退出美洲玻利瓦尔联盟进一步削弱了该组织的活力，但这个左翼组织在委内瑞拉和古巴的支撑下于 2019 年 12 月举行了第 17 届峰会，纪念该组织成立 15 周年，并呼吁地区团结起来，以应对日益严峻的外部威胁。

地区政治议程的变化也催生了南美进步论坛。2019 年 3 月，巴西、阿根廷、智利、哥伦比亚、厄瓜多尔、圭亚那、巴拉圭和秘鲁 8 国签署声明，宣布成立南美进步论坛，以取代南美洲国家联盟，成为“加强多边主义的桥梁”。除委内瑞拉被排除在外，玻利维亚及苏里南也没有加入该组织，乌拉圭则以观察员身份加入。基于意识形态成立的地区组织，其前景也将随着意识形态的分化而变化。

二　美国加大介入，拉美自主外交承压

在特朗普执政期间，美拉关系已由往届政府所推行的接触和伙伴关系转向更具对抗性的关系。尽管美国国务卿蓬佩奥将特朗普政府对拉丁美洲政策

描述为“现实、克制和尊重”，① 但事实上，盖洛普的民调显示，特朗普执政以来，对美国在拉美地区领导地位的负面看法明显增加。② 2019 年，由于美国对拉美事务的介入力度持续加大，拉美国家一直寻求的自主外交面临更多压力。

（一）“美国优先”战略下频繁施压移民贸易问题

美国向墨危两国施压，强迫两国签署“安全第三国”协议。近年来，由于艰难的社会经济和安全状况，中美洲各国通过墨西哥入境美国的非法移民有所增加。特朗普政府对此实行了“零容忍”政策，并收紧了边境庇护通道。2019 年，特朗普政府通过威胁削减援助、提高关税和侨汇税收等方式，试图说服墨西哥和危地马拉签署“安全第三国”协议，协助美国遏制非法移民入境。在美国的压力之下，6 月，美墨两国发表联合声明，墨西哥政府同意部署新成立的国民警卫队遏制边境非法移民，但拒绝签署“安全第三国”协议。7 月，危地马拉与美国签署“安全第三国”协议。根据该协议，取道危地马拉前往美国的洪都拉斯和萨尔瓦多移民必须首先向危地马拉提出庇护申请。

2019 年 9 月，美国、墨西哥和加拿大达成《美墨加协定》；12 月，签署了《美墨加协定》修订议定书。《美墨加协定》体现“美国优先”原则，特朗普政府旨在通过该协定重振美国制造业和强化美国规制权③。该协定将取代已有 25 年历史的《北美自由贸易协定》（NAFTA），并将成为美国后续贸易协议的模板。“非市场经济”国家自贸区限制性条款可能会被美国推广

① Tracy Wilkinson and Patrick J. McDonnell, “Does Trump support democracy in Latin America? Critics say it depends who's in power,” Los Angeles Times, January 4, 2020, https://www.latimes.com/world-nation/story/2020-01-01/trump-democracy-latin-america, accessed January 5, 2020.

② “Latin America and the Caribbean: U. S. Policy Overview,” Congressional Research Service, Updated November 13, 2019, https://crsreports.congress.gov/product/pdf/IF/IF10460/10, accessed January 10, 2020.

③ 廖凡：《从〈美墨加协定〉看美式单边主义及其应对》，《拉丁美洲研究》2019 年第 1 期，第 43 页。

至其与其他国家的双边贸易协定中。与此同时，美国通过该协定的排他性条款，增加了其他 WTO 成员与美墨加之间的贸易壁垒，中国企业在墨西哥投资的难度会更大。

贸易既是美拉合作的重要议题，也是特朗普政府施压的工具。12 月，特朗普总统宣布将立刻恢复对巴西与阿根廷出口美国的钢铁和铝产品征收关税，理由是两国货币“大幅贬值”，将对美国农民产生不利影响。特朗普此举有两个动机：一是认为巴西和阿根廷在满足中国大豆进口需求的同时，从美国农民手中夺取了市场份额；二是美国对巴西和阿根廷加深与中国贸易及投资关系的举动感到不满。美国以关税施压的做法也将对美巴关系、美阿关系产生消极影响。对于美巴关系而言，此举将意味着博索纳罗外交上的失败，巴西在寻求更紧密的关系时对美国做出了相当的让步，但并未获得有价值的回报。对于美阿关系而言，意味着即将上台的费尔南德斯总统会面临更为严峻的对美关系。

（二）加紧拉拢右翼政府、打压左翼政府

2019 年 1 月，特朗普政府承认瓜伊多为委内瑞拉“临时总统”后，加大了对委内瑞拉反对派的支持与对马杜罗政府的孤立和打压。外交上，美国利用利马集团和《里约条约》鼓励各国承认瓜伊多，阻止马杜罗政府在美洲开发银行和美洲国家组织等多边机构中代表委内瑞拉政权。2019 年 1 月，美洲国家组织常任理事会召开特别会议通过决议，“不承认马杜罗新任期的合法性”,[①] 由于不满美洲国家组织的干涉，马杜罗政府于 2019 年 4 月宣布正式退出美洲国家组织。经济上，美国财政部于 2019 年 1 月对委内瑞拉国家石油公司（PDVSA）实施制裁。8 月，特朗普政府加大制裁力度，冻结马杜罗政府在美国的所有财产，并禁止美国公民与马杜罗政府进行任何交易。与此同时，特朗普政府于 2019 年 10 月为反对派瓜伊多提供 9800 万美元发

① “OAS Permanent Council Agrees ‘to not recognize the legitimacy of Nicolas Maduro's new term’,” OAS, January 10, 2019, https://www.oas.org/en/media_center/press_release.asp?sCodigo=E-001/19, accessed January 10, 2020.

展援助。

特朗普还加大了对古巴实施的制裁。美国以古巴从委内瑞拉进口石油为由对古巴多家公司进行制裁，以阻止古巴继续对马杜罗政府“提供国防、情报和安全方面的支持”。除阻挠委内瑞拉向古巴出口石油外，特朗普政府还在旅行、汇款、签证、贸易金融等方面对古巴加大了限制力度。

安全合作成为美国支持右翼政权的主要手段。哥伦比亚是美国在拉美的重要盟友。尽管2019财年特朗普政府对哥伦比亚的援助大幅削减32%，只有2.65亿美元，但为其提供了4.18亿美元的额外援助，重点是打击毒品及有组织犯罪，以及确保农村安全①。2019年7月，美国给予巴西“非北约主要盟国”地位；9月，美巴战略伙伴关系对话确定了双边合作的三大重要领域，即支持民主治理、追求经济繁荣、加强安全防御合作；10月美巴举行政治军事对话会议。2019财年，美国继续向智利提供国际军事教育和培训援助，以提高智利武装部队的能力并改善其与美军的互操作性。②

（三）加大对域外大国的排斥力度

在拉美地区，美国提出“美洲增长”倡议对冲“一带一路”倡议。2019年12月，美国7个核心政府机构的高级官员在白宫同美国商会、重要商业领袖以及来自拉美的高级官员会谈，讨论“美洲增长”倡议如何促进拉美地区可持续、高质量的发展以及如何加强法治、改善治理并促进繁荣。此举说明，美国正式启动扩大版“美洲增长”倡议。阿根廷、智利、牙买加、哥伦比亚和巴拿马已经同美国签署了官方合作谅解备忘录。鉴于“美洲增长”倡议升级并同越来越多的拉美国家签署谅解备忘录，中拉“一带一路”合作面临的风险升级。由于美国外交政策侧重于如何遏制中国而不

① Peter J. Meyer, and Edward Y. Cracia, “U. S Foreign Assistance to Latin America and the Caribbean: FY2019 Appropriations,” Congressional Research Service, March 1, 2019, https://crsreports.congress.gov/product/pdf/R/R45547, accessed January 10, 2020.

② Peter J. Meyer, “Chile: An Overview,” Congressional Research Service, January 2, 2020, https://crsreports.congress.gov/product/pdf/IF/IF10880, accessed January 10, 2020.

是与中国竞争，加剧了两国之间的紧张关系。①

除针对中国之外，特朗普政府还在拉美地区打击所谓的伊朗“抵抗轴心”。美国国务卿蓬佩奥不断向拉美国家施压，让它们以支持特朗普政府对伊朗的“极限施压”政策，并取得一定的成效。

三　跨地区合作推进，经贸仍是重要关切

推动跨地区合作是拉美多元化外交战略的重要选择，对外关系多元化的发展是全球化的结果，对拉丁美洲国家来说总体上是积极的，因为它既为所有领域的国际合作提供了机会，包括政治、经济、国防、教育、文化等领域，又为拉丁美洲通过发展对欧洲、亚洲关系，实现对美关系的平衡。2019年，拉美跨地区合作尤其是经贸合作取得了重要进展。

南方共同市场与欧盟就签署自由贸易协定达成一致。2019 年 6 月，在历经 20 年谈判后，南方共同市场与欧盟达成历史性贸易协定。对欧盟而言，该协定将打开从汽车到机械设备的对南美洲出口市场；对南方共同市场而言，将降低出口欧盟的农业关税，例如牛肉、糖类。这是迄今为止欧盟商签的规模最大的贸易协议。对于南方共同市场成员国来说，该协定的签订既带来机遇，也带来风险。尽管该协议最终能否生效还存在诸多变数，比如法国、奥地利和爱尔兰等国持反对态度，阿根廷新政府对该协定签署的态度有可能发生变化，但在全球政治经济环境不确定性加大的情况下，南方共同市场与欧盟协定的达成不但能极大地促进自身经济的发展，也释放出支持开放和自由贸易的积极信号。此外，欧盟与墨西哥的自贸协定升级谈判也在进行。拉美另一地区组织太平洋联盟与加拿大、澳大利亚、新西兰、新加坡等国的自由贸易谈判也在积极推进。

拉美左翼国家加强了与俄罗斯的关系。2019 年 7 月，玻利维亚时任总

① Ian Bremmer, Cliff Kupchan, “Eurasia Group: Top Risks 2020,” Eurasia Group, March 2020, p. 9, https://www.eurasiagroup.net/issues/top-risks-2020, accessed January 10, 2020.

统莫拉莱斯访问莫斯科，两国领导人讨论了双边关系以及两国在经贸和人道主义领域的合作。10 月，俄罗斯总理梅德韦杰夫（Dmitry Anatolyevich Medvedev）访问古巴，双方达成关于科学、技术和创新合作的协定，并签署了航空、铁路、汽车等项目的合作意向书。同月，古巴领导人迪亚斯 - 卡内尔（Díaz-Canel）访问俄罗斯，与普京总统和梅德韦杰夫总理进行了会谈。迪亚斯 - 卡内尔强调了这次访问的重要性，即“向世界传达我们发展对俄罗斯关系的兴趣、重要性和优先地位的信号”。双方签署了包括投资在内的 8 项协议。应该强调的是，俄罗斯对拉美左翼国家的外交支持并不意味着在发生地区战争时会建立军事联盟或直接进行武力支持。俄罗斯与拉美国家共同促进战略利益主要受三个因素的影响，一是俄罗斯与该地区国家之间没有历史冲突；二是冷战期间形成的历史纽带；三是在双边关系发展上采取了务实态度。总体来说，俄罗斯与拉美地区关系的发展在不断深入。

拉美与印度关系显著增进。2019 年 2 月，阿根廷总统马克里访印，双方同意进一步促进在共同感兴趣领域的双边投资，并同意加快两国之间的《双边投资条约》和《避免双重征税协定》的签署。为了在基础设施领域，特别是在公路、高速公路、港口和桥梁等方面启动合作，双方鼓励印、阿两国公司探索 PPP 等合作模式。双方还达成了在国防、旅游、南极、农业、核能、通信等领域的合作意向。为庆祝印度和智利建交 70 周年，3 月底，印度总统科温德（Shri Ram Nath Kovind）对智利进行了正式访问。同意在保健和制药、采矿、航天和信息通信技术、农业与太阳能、传统医学等领域开辟双方合作新空间；两国领导人还商定将对农业、太空和采矿领域的现行协定进行更新谈判。2019 年 10 月，墨西哥与印度举行了第 5 次外交磋商。双方审查了双边合作的全部领域，包括政治、贸易和经济合作，以及农业、科学技术、能源、旅游和文化。双方强调必须通过既定的双边机制就这些领域进行定期对话。

经贸合作同样是拉美与日本关系发展的重要目标。日本首相和巴西总统在 G20 以及世界经济论坛期间举行会晤，主要议题是加强经贸关系。2019 年 7 月，在圣保罗举行了第 22 届日巴经济联合委员会会议，双方就农业和基础设施发展、日巴可持续发展目标合作交流意见。2019 年 11 月，萨尔瓦多总统访日。12 月，牙买加总理访问日本，双方签署《日本 - 牙买加税收协定》，标志着两国经济关系向前迈出了重要的一步，有望进一步促进两国之间的贸易和投资。此外，2019 年 9 月，日本与秘鲁达成关于税收协定的原则协定，以消除国际双重征税与防止逃税和避免逃税的规定，并有望促进两国之间的进一步相互投资和经济交流。2019 年 11 月，日本与厄瓜多尔避免双重征税协定生效。

四　中拉关系行稳致远，前景可期

2019 年，世界依然处于大变革大调整之中。在这“百年未有之大变局”中，2019 年的中拉关系发展面临的不确定性因素增加，双方关系发展也呈现出一些新的特点。

（一）中拉关系在变局中企稳

对于中拉关系来说，面临的压力和挑战日益加大，挑战主要来自三方面：一是中国经济转型的溢出效应会影响中拉经贸合作的国别走势；二是仍处于“超级选举”周期的拉美国家发展进入一个新的调适期，政治极化、增长颓势、社会动荡等不确定性因素增加给中拉关系也带来不确定性；三是双方都面临国际秩序转型与重组的压力，尤其是美国特朗普政府试图将拉美国家裹挟到其战略轨道上，不断干扰中拉关系。①

面对不确定性的同时，互为合作伙伴的战略共识是确保中拉关系行稳致远的有力支撑。2019 年 4 月，习近平主席在同访华的智利总统皮涅拉会谈时指出，中智关系长期走在中拉关系前列，“我们要继续发扬敢为人先的精神，以共建‘一带一路’为新契机，深化政治互信和务实合作，推动中智

① 谌园庭：《中拉关系 70 年回顾与前瞻：从无足轻重到不可或缺》，《拉丁美洲研究》2019 年第 6 期，第 33 页。

全面战略伙伴关系迈上新台阶”。[①] 2019 年 7 月，哥伦比亚总统杜克访华，表示希望通过此访推动两国关系进一步发展，促进两国经贸、能源、基础设施、互联互通、数字经济、创意产业等领域合作，欢迎中国企业赴哥投资。[②] 巴西总统博索纳罗在 2019 年 10 月对中国进行国事访问时表示，巴西高度重视中国的大国地位，将发展对华关系放在巴西外交优先方向。[③] 与此同时，2019 年 11 月，牙买加总理霍尔尼斯和苏里南总统鲍特瑟访华期间分别与中国建立了战略合作伙伴关系，中拉伙伴关系的队伍继续壮大。

（二）中拉关系发展的新趋势

首先，中拉贸易出现新的国别差异性特征。2018 年中拉贸易总额首次突破 3000 亿美元大关，创历史新高。2019 年尽管受到全球经济增长放缓和中美贸易摩擦的影响，中拉贸易仍保持稳步增长。根据中国海关统计，2019 年，中拉贸易总额为 3173.71 亿美元，同比增长 3.3%。值得关注的是，从 2019 年起，中拉国别贸易改变了以往进出口通常保持正向增长的势头，不同国别的进出口呈现多向性发展。具体而言，中国与巴拿马、巴西、哥伦比亚、墨西哥、秘鲁等国的进出口贸易保持正向增长；中国与智利、哥斯达黎加的进出口贸易则双双下降。中国从巴拿马、阿根廷、厄瓜多尔等国的进口增速加快，分别达到 444.5%、110.1%、82%，而从委内瑞拉的进口则萎缩 34.6%。与此同时，中国对阿根廷、厄瓜多尔等国的出口出现萎缩。[④] 导致这种差异性变化的原因有三个方面：一是中国经济结构转型，对拉需求发生结构性变化；二是中美贸易摩擦的转移效应；三是全球投资和需求低迷，经济内生增长动力不足。国别贸易的差异性变化值得进一步关注。

其次，中拉经贸合作多样性凸显。拉美对华农产品出口多样性增强。贸

---

① 《习近平同智利总统皮涅拉会谈》，《人民日报》2019 年 4 月 25 日。

② 《习近平同哥伦比亚总统杜克举行会谈》，《人民日报》2019 年 8 月 1 日。

③ 《习近平同巴西总统博索纳罗会谈》，《人民日报》2019 年 10 月 26 日。

④ 数据来源于中经网统计数据库，http://202.204.164.23:91/page/Default.aspx，最后访问日期：2020 年 1 月 15 日。

易数据表明，中国这个被拉美国家视为极有潜力的市场正在逐渐成为现实市场。随着中国中产阶层不断壮大，越来越多的人选择购买拉美地区的优质产品。除了智利的车厘子、墨西哥的鳄梨、阿根廷的牛肉、厄瓜多尔的大虾等具有鲜明国别标志的产品，秘鲁的藜麦、巴拿马的凤梨等超级食品也陆续登陆中国。

中国对拉美投资更加多元化。中国商务部数据显示，截至 2019 年 11 月，中国对拉美直接投资存量超过 4100 亿美元。① 除了采掘业，越来越多的中国企业对拉美的高科技、高附加值产业和服务业表示出浓厚的投资兴趣。中国长江电力股份有限公司投资 35.9 亿美元收购秘鲁 Luz Del Sur 配电公司 83.6% 股权，是 2019 年中资企业最大的海外并购项目。2019 年 10 月，在中国国家主席习近平和巴西总统博索纳罗的共同见证下，双方签署巴西美丽山水电特高压直流送出二期项目运行许可，标志着该项目正式投入商业运行。此外，非国有投资者的日益参与为中国在拉美的直接投资引入新动力和实现多样化。2019 年 10 月，智利首都圣地亚哥开通拉美地区首条绿色公交线路，其所有运营车辆均采用中国自主品牌汽车企业比亚迪生产的纯电动大巴。

中拉金融合作拥有更多平台。徐工巴西银行 2019 年 10 月正式获得巴西央行批准筹建，可以从事融资租赁、信贷以及同业拆借和投资等业务，初始资本将为 1 亿雷亚尔（约合 2460 万美元）。该银行将在圣保罗设立分行。徐工巴西银行是一家 100% 的外资银行，也是中国第一家制造业海外银行，实现了中国工程机械企业将产业与金融结合的一大突破，将成为服务中巴企业的新金融平台。

旅游将成为中拉合作多样性的新抓手。旅游不仅是中拉人文交流的重要组成部分，也将成为中拉经贸合作的新动力。中国已成为亚洲向墨西哥输送游客最多的国家，2019 年中国游客数量有望上升至 20 万。② 中国赴南美旅游在 2019 年尤其火热。拉美各国推出了各种旅游项目吸引自中国的游客。

---

① 张远南：《共建一带一路让拉中联系更加紧密》，《人民日报》2019 年 12 月 31 日，第 3 版。

② "Boom in Chinese tourists to Mexico," Travel Daily, October 14, 2019, https://www.chinatravelnews.com/article/132279, accessed November 15, 2019.

巴西总统博索纳罗表示欢迎更多中国游客赴巴西旅游并给予免签待遇。一旦实施细则出台，中国游客赴巴西旅游人数将大幅增加。哥斯达黎加则寻求将特色医疗旅游推向中国。

最后，中拉合作的机制化进一步增强。一是双边合作机制提升。中国和秘鲁举行了两轮自由贸易协定升级谈判，取得积极进展。升级的贸易协定将为双方提供更大的贸易便利和投资保护。二是多边合作机制增加。2019 年 4 月 22 日，中拉开发性金融合作机制在北京成立，这是中国与拉美国家间首个多边金融合作机制，目的就是以更加紧密的金融合作促进更高水平的中拉合作。2019 年 11 月，厄瓜多尔加入亚洲基础设施投资银行，成为加入该行的第一个拉美国家。三是“一带一路”合作机制不断完善。2019 年 4 月，包括古巴与危地马拉在内的“一带一路”绿色发展国际联盟正式成立，推动绿色发展理念融入“一带一路”建设，促进“一带一路”共建国家落实联合国 2030 年可持续发展议程。这些努力对拉美和加勒比地区尤其重要，中国在拉美的投资多为可再生能源和采掘业等对环境保护要求高的行业，如果充分利用“一带一路”倡议的环境工具和举措，将有助于在该地区创建更多、更好的绿色项目。

五　2020年展望

未来拉美对外关系的挑战依然是如何应对国际秩序和力量对比的变化，以解决地区和各国面临的一系列外交难题，以下因素是观察 2020 年拉美对外关系走向的重要视角。

其一，新型冠状病毒肺炎疫情（以下简称“新冠疫情”）对拉美地区国际关系的影响。新冠疫情对全球增长构成了严重威胁，对拉美地区政治和经济的影响可能会持续多年。与此同时，这场大流行病将加速世界秩序的分裂和重组，全球力量平衡将进一步转变。拉美地区及相关国家在疫情之后全球力量对比中的地位是上升还是下降，需要进一步观察。但就地区关系而言，这场危机是成为拉美国家联合起来寻求解决方案的机会，还是会成为各国放任仇外情绪、进一步加剧地区分裂的助推器，更值得关注。

其二，部分国家政局走势对拉美地区国际关系的影响。委内瑞拉作为地缘政治热点，其政局走向不仅关系到国内两个政权的较量，还涉及委美关系、委内瑞拉与邻国关系以及拉美地区关系的发展，甚至牵涉全球力量角逐。马杜罗政权能否顶住瓜伊多的冲击、美国的“极限施压”以及利马集团的干预稳住政局，发展经济、改善民生是解决危机的关键。

玻利维亚政局充满变数，选举能否顺利进行同样引发关注。左翼和右翼政党在何时重新安排总统选举和立法选举的问题上出现严重对峙，该国能否保持权力的相对稳定过渡存在不确定性，选举后出现社会动荡甚至国内冲突的风险已经显著上升，并将进一步引发地区各国对玻利维亚政局走向的不同态度。

巴西国内政治力量分歧也愈加明显。总统博索纳罗与地方政府对待新冠疫情的不同态度以及政党间因支持或反对总统所产生的权力纷争使巴西政局出现动荡。巴西国内政局变动将加速其外交变动趋势，必然对地区关系产生影响。

其三，美国大选对拉美地区国际关系的影响。2020 年美国大选，美拉关系中与美国内政治议程紧密相连的移民、贸易、安全等议题将是两党争论的焦点，美国对古巴、委内瑞拉政策也将成为候选人争取选票的热点议题，无论是特朗普连任，还是出现政党轮替，美拉关系都将进一步调整，美国也始终是影响拉美对外关系的最大外部因素。

（刘维广　审读）

专题报告

Special Report

Y.6

拉美乱局的政治视角分析：体制脆弱性与国家治理

王　鹏*

摘　要： 2019年，多个拉美国家爆发重大抗议活动，社会冲突和政治危机呈现相互交织的态势。这一状况折射了拉美国家在政治体制方面的脆弱性。由于民主化进程存在显著的保守性，传统政治精英仍然在现阶段发挥重要作用。拉美国家在定期选举基础上建立起来的民主体制属于“低强度民主”，具有显著的脆弱性。就制度设计而言，拉美国家面对总统制和碎片化政党格局相结合所带来的挑战。拉美政党的政治代表性存在较大的局限，未能有效应对伴随新阶层崛起而来的政治诉

* 王鹏，中国社会科学院拉丁美洲研究所副研究员、发展与战略研究室主任，中美洲和加勒比中心秘书长，主要从事拉美政治研究。

求。在当前的复杂环境下，体制脆弱性使拉美的国家治理面临巨大挑战。

关键词： 政治动荡 政治体制 国家治理 政治代表性 拉丁美洲

拉美是2019年全球抗议浪潮之中最受关注的区域之一。从年初到岁尾，多个拉美国家爆发重大抗议活动，社会冲突和政治危机呈现相互交织的态势。这一状况折射了拉美国家政治体制方面的脆弱性，显示出拉美的国家治理面临巨大挑战。

一 拉美政治动荡的加剧

拉美在2019年面对贯穿全年、地区范围的剧烈政治动荡。该地区多个国家爆发重大抗议活动，社会冲突和政治危机此起彼伏。

在一些拉美国家（洪都拉斯、厄瓜多尔、智利和哥伦比亚），经济下行压力迫使政府实行经济紧缩政策，重大经济调整措施激化了社会矛盾，引发了大规模的国内抗议活动。洪都拉斯的教师和医疗工作人员在4月发起抗议，反对政府推动医疗和教育私有化改革。2009年军事政变十周年纪念日的到来，埃尔南德斯（Juan Orlando Hernández）总统充满争议的当选，都成为抗议活动迅速升级的诱因。抗议者的诉求从反对经济改革转变为直接要求埃尔南德斯总统下台。

在厄瓜多尔，国际石油价格下跌使该国经济遭受重创。莫雷诺（Lenín Moreno）总统在2019年初与国际货币基金组织达成42亿美元的贷款协议，以缓解沉重的债务压力。为满足贷款要求，莫雷诺政府于2019年10月1日颁布883号总统令，取消燃油补贴，引发了10年来最大规模的抗议活动，莫雷诺政府一度宣布全国进入紧急状态。

在智利，地铁票价的上涨引发民众的不满情绪。青年学生在2019年10

月中旬率先发起抗议活动，社会各阶层纷纷加入，掀起30年来最大规模的一轮抗议活动，迫使皮涅拉政府宣布国家进入紧急状态。

哥伦比亚的工会和学生团体在2019年11月21日至12月初，连续发起3次全国性大罢工和游行活动，抗议杜克政府可能采取的经济改革措施。不同于厄瓜多尔和智利，哥伦比亚实际上没有一个突发公共事件作为引发抗议活动的“燃爆点”。抗议活动的直接诱因是传言中的税收、劳工和养老金改革。这种状况意味着，这个“燃爆点”实际上是民众对现状的强烈不满情绪。

在一些拉美国家（例如秘鲁和玻利维亚），动荡局势缘于重大政治冲突的爆发。在秘鲁，政治冲突表现为行政部门和立法部门之间的尖锐对立。比斯卡拉（Martín Alberto Vizcarra）总统因连续两任总理被罢免、政治改革法案一再受阻，在2019年9月30日强行宣布解散国会。这场行政部门和立法部门之间的冲突使该国陷入20年以来最严重的政治危机。部分国会议员进行对抗，声称总统的决定违宪，并任命副总统阿劳斯（Mercedes Rosalba Aráoz）为临时总统。但是，比斯卡拉总统的决定得到多数民众和军方的支持。阿劳斯很快辞职，国会被解散。以比森特·塞瓦略斯（Vicente Zeballos）为首的新内阁在10月3日正式就职，该国基本恢复政治秩序。

在玻利维亚，政治冲突表现为莫拉莱斯（Evo Morales）总统谋求新任期引发的重大选举争议和暴力冲突。玻利维亚2019年大选从一开始就危机四伏。莫拉莱斯总统不顾2016年公民投票结果，执意谋求获得第4个总统任期，反对派拒不承认这一做法的合法性。因此，此次大选尚未举行就充满争议。总统选举在2019年10月20日举行，莫拉莱斯再次当选总统。反对派声称选举存在舞弊行为，掀起声势浩大的抗议活动。莫拉莱斯被迫在11月10日辞职，并流亡墨西哥。

委内瑞拉和海地的政治动荡呈现长期化特征，并伴有持续恶化的社会形势。委内瑞拉国内政治对抗在马杜罗（Nicolás Maduro）的第一个总统任期（2013～2019年）就表现突出，并在2019年急剧升温。马杜罗在2019年初宣誓就职，开启第二个总统任期（2019～2025年）。与此同时，时任国会主席、反对党政治人物瓜伊多（Juan Guaidó）自立为“临时总统”，并得到数十个国家的承认。瓜伊多及其支持者发起挑战马杜罗政府合法性的各种抗议和破坏活动，该国政局一度呈现极不稳定的状态。

海地在1990年产生首位民选总统以来，长期处于政治不稳定和经济混乱的状态。2018年2月，海地与国际货币基金组织签署贷款协议。为满足贷款条件，海地在同年7月宣布停止燃油补贴，汽油价格随即飙升，民众开始进行示威抗议，时任总理拉丰唐（Jack Guy Lafontant）被迫辞职。2019年，海地经济陷入衰退，民众在2月和9月相继发起大规模抗议，要求政府平抑物价、保障食物和燃料供应，并要求莫伊兹（Jovenel Moïse）总统辞职。原定在2019年10月举行的国会选举和地方选举至今未能如期举行。

二　拉美国家的政治体制脆弱性

拉美国家政治动荡之所以在2019年加剧，既有诸多偶发因素（例如经济调整措施）和阶段性因素（例如持续的经济低迷），也有深层因素（体制脆弱性）。就体制脆弱性而言，拉美国家普遍存在以下四个方面的问题。

其一，20世纪70年代末以来，拉美经历了一波延续时间最长、波及范围最大的民主化浪潮。拉美国家的民主化通常是由执政者而非反对派主导的政治转型，在很大程度上是一种“通过交易达成的转型”。[①] 作为政治交易的结果，军人在民主化进程中退出前台、转向幕后，同时利用各种办法保持其影响力。在巴西和智利，民选政府在行政、立法和司法领域面对着诸多“保留区域”或军人特权。在那些以民主化换取和平结束内战的国家（例如萨尔瓦多和危地马拉），昔日犯下侵犯人权罪行的军官并未受到法律惩处，民族和解进程仍然有待完成。作为政治交易的另一个结果，政治精英保留了大量特权。以巴西再民主化进程为例，政治精英使一个有利于弱小政党、强

① Donald Share, "Transitions to Democracy and Transition through Transaction," *Comparative Political Studies*, Vol. 19, No. 4, 1987, pp. 525 – 548.

调个人化政治的政治体制得到制度化。[①] 总体而言，拉美国家的民主化在性质上非常保守。尽管政治统治的方式发生转变（从威权到民主），拉美国家的社会－政治支配总体模式并未发生实质转变。[②]

其二，拉美国家在定期选举基础上建立起来的民主体制属于“低强度民主”，具有显著的脆弱性。这种脆弱性有两个来源：第一，新的民主秩序加强了对大众的动员，也放大了社会不稳定的可能性：第二，军方倾向于维护既得利益集团，往往在暗中对社会变革行使否决权。因此，左派或右派制造的不稳定都在威胁着新生的民主秩序。[③] 自 20 世纪 90 年代末以来，拉美国家经历了左派执政大潮。左派政府在财富再分配、深化执政参与、消除不平等方面进行了一系列大胆的摸索和尝试，给既有的政治社会格局带来冲击。随着拉美在近年“向右转”，左派政府承受巨大的政治压力；在出现左派和右派政府轮替的国家，公共政策往往出现重大调整。这些情况都易导致拉美国家的政治矛盾激化，给现行民主体制带来巨大考验。

其三，就制度设计而言，拉美国家面对总统制和碎片化政党格局相结合所带来的挑战。总统制和碎片化的政党格局相结合，意味着总统所在政党或政党联盟通常是国会少数派，总统在施政过程中面对来自反对党的诸多掣肘。再民主化以来，巴西长期受制于这一困局。巴西国会是世界上碎片化程度最高的国会之一。在本届国会（2019—2023 年在任）参众两院中政党多达 28 个。[④] 为推动国会表决通过重要议案，执政党不得不通过各种手段换取议员的支持。实际情况表明，巴西处理行政部门和立法部门之间关系的规则易导致腐败和行政的低效。无论是“月费案”，还是“洗车行动”，都充

---

① Scott Mainwaring, “Politicians, Parties, and Electoral Systems: Brazil in Comparative Perspective,” *Comparative Politics*, Vol. 24, No. 1, 1991, pp. 21－43.

② James David Bowen, “The Right in ‘New Left’ Latin America,” *Journal of Politics in Latin America*, Vol. 3, No. 1, 2011, pp. 99－124.

③ Barry Gills and Joel Rocamora, “Low Intensity Democracy,” *Third World Quarterly*, Vol. 13, No. 3, 1992, pp. 501－523.

④ “Bancada Atual,” Câmara dos Deputados, https://www.camara.leg.br/deputados/bancada－atual; “56ª Legislatura (2019－2023)”, Senado Federal, https://www25.senado.leg.br/web/senadores/em－exercicio/－/e/por－partido, accessed January 10, 2020.

分暴露出巴西民主体制的这一缺陷。巴西的混乱形势不仅缘于个人的罪行或腐败，而且缘于有缺陷的政治体制设计。[①]

其四，拉美政党的政治代表能力存在很大的局限性，未能有效回应新崛起阶层的政治诉求。拉美国家普遍面对传统政党的持续衰落和新兴政党的不断崛起。由于适应性转型不充分，传统政党的选举竞争力不断下降。新兴政党往往是以候选人为中心的职业选举型政党。相较于传统政党，它们在动员大众、提出纲领性主张、创造基层政治参与渠道方面发挥的作用较小。民主化以来，拉美民众的权利意识和主体意识不断增强，表现出强烈的政治参与意愿；进入 21 世纪之后，新兴的中间阶层形成不同于其他阶层的政治诉求。但是，拉美政党对民众政治诉求做出的反应是滞后的。目前，拉美国家正在经历一场“政治代表能力的危机”，危机的信号包括选民弃权、政党认同不断下降、选举波动性大、传统政党衰落、独立候选人或政治“局外人”大量出现，而政党被视为这场危机的主要责任方。[②] 拉美民众对政党的观感每况愈下。2018 年拉美晴雨表调查结果显示，拉美国家民众对政党的信任度已经降至自 2000 年以来的最低值（13%）。[③]

三　拉美国家治理面对巨大挑战

拉美国家的治理环境变得更加复杂。在经过 21 世纪的持续经济增长和显著社会进步之后，拉美国家陷入长时间的经济萧条以及随之而来的福利水平倒退，继而出现民意分化加剧、政策调整受阻和抗议活动频发。

拉美各国政府深刻感受到民众的受挫感和强烈的不满情绪。在刚刚结束的这个选举周期（2017～2019 年），拉美各国普遍形成导致选民投下“愤怒

① Eduardo Mello and Matias Spektor, “Brazil: The Costs of Multiparty Presidentialism,” *Journal of Democracy*, Vol. 29, No. 2, 2018, pp. 113－127.

② Kenneth M. Roberts, “Party-Society Linkages and Democratic Representation in Latin America,” *Canadian Journal of Latin American and Caribbean Studies*, Vol. 27, No. 53, 2002, pp. 9－34.

③ “Informe Latinobarometro 2018,” La Corporación Latinobarómetro, 2018, http://www.latinobarometro.org/, accessed January 8, 2020.

票”的整体环境。选民对经济停滞、民生凋敝和政治腐败充满怨气，把国家面对的重大问题归咎于政党尤其是主流政党的无能。因此，他们反对在任者，有意投票支持政治“局外人”或非传统政党，旨在惩罚建制政党和政治精英、寻找能够改变现状的替代性政治力量。一连串挑战传统政党、主流政党的选举结果已出现。在巴西，博索纳罗（Jair Messias Bolsonaro）这样的极右派政治人物当选总统；在墨西哥，奥夫拉多尔（Andrés Manuel López Obrador）第3次连续参加总统选举并胜选，使该国实现又一次重大政党轮替。2019年，拉美各国接连爆发烈度极高的抗议活动，折射出民众的不满情绪。在智利，抗议活动再次以青年学生的行动为开端。与以往不同之处是，社会各领域人士广泛参与其中，抗议活动不再以学生为主体；抗议活动中的暴力行为所导致的巨大财产损失远远超过智利在以往十年间爆发的大规模抗议活动造成的损失。

拉美国家政府普遍处于弱势状态，难以在当前复杂的环境中实现稳定施政和推进重大改革（例如财政改革、就业改革和养老金改革）。这或是因为执政党在国会属于少数派（例如萨尔瓦多和危地马拉）或仅处于简单多数（例如巴西、智利和阿根廷）；或是因为总统选举获胜者的领先优势很小，乌拉圭当选总统拉卡列·波乌（Luis Lacalle Pou）仅以1个百分点的得票优势获胜；或是因为执政联盟是包含左派和右派政党的“彩色联盟”（例如墨西哥和乌拉圭），联盟内部政策协调难度很大。秘鲁的比斯卡拉政府为典型的弱势政府。一方面，比斯卡拉在2018年中途接任总统之后，仅能在国会（2016～2019年在任）得到少数议员的支持；另一方面，以人民力量党为首的政党联盟是秘鲁国会在近20年来最强大的反对党联盟。比斯卡拉总统多次提出政治体制改革法案，却一再遭到国会否决，从而导致行政部门和立法部门之间的矛盾激化。随着比斯卡拉总统宣布解散国会，秘鲁陷入20年来最严重的政治危机。在洪都拉斯，埃尔南德斯是该国首位实现连任的总统，并且执政党是国会第一大党。但是，2017年大选的巨大争议使埃尔南德斯政府缺乏合法性，其重大改革举措也变成引发大规模抗议活动的导火索。

拉美国家政府陷入这样一种执政困境：一方面，实行经济调整迫在眉睫；另一方面，市场化的改革议程和削减财政支出往往损害政府的支持基础。这种状况意味着政府很难在短期内实行财政收缩或任何导致就业下降的政策。南美洲3国（智利、厄瓜多尔和哥伦比亚）为平息抗议活动，做出一系列的政策回应，但民众的不满情绪仍然强烈。皮涅拉（Sebastián Piñera）总统2019年12月的民意支持率仅为13%，甚至低于爆发抗议活动的10月（14%）。[①] 这是智利在恢复民主体制以来出现的最低总统支持率。在哥伦比亚，杜克（Iván Duque Márquez）总统的支持率也降至他自2018年8月就职以来的最低点。

激进左派执政的委内瑞拉和玻利维亚出现高度政治化的社会环境。左派政治崛起产生的连动作用在委内瑞拉表现明显。查韦斯政府大力推动委内瑞拉实现政治、经济和社会的全面转型，成为最激进的拉美左派政权。激烈的朝野对抗从查韦斯时代（1999～2013年）延续至今，并有愈演愈烈之势。玻利维亚面对相似的状况。玻利维亚的朝野对立随着2019年大选的到来而持续加剧。莫拉莱斯总统坚持寻求第4个总统任期，反对派则声称他的连任将破坏宪法秩序。在日益尖锐的对抗之中，玻利维亚军方直接介入，总参谋长威廉斯·卡里曼（Williams Kaliman）将军公开呼吁莫拉莱斯辞职。在新政府成立之后，玻利维亚族群对立呈现不断加剧之势，支持莫拉莱斯的世居民族与反莫拉莱斯派别陷入接连不断的暴力冲突。这一事件导致的政治撕裂和社会创伤势必严重损害该国的民主体制。

拉美国家的政治动荡表明，新兴中间阶层的利益诉求尚未得到有效的代表。21世纪初，持续的经济增长和福利改善使许多拉美国家的中间阶层急速扩大。他们的诉求涉及获得高质量的公共服务（医疗、教育和交通）、打击腐败和改善公共安全。实际情况表明，拉美国家的政党尚未有效适应社会结构的变动，在代表中间阶层利益方面缺乏作为。在智利，新兴的中间阶层

① "Encuesta Cadem: Aprobación al Presidente Sebastián Piñera Es del 13% Comparte esta Nota," Tele13, 6 de diciembre de 2019, https: //www.t13.cl/noticia/nacional/cadem－pinera－aprobacion－16－12－2019, accessed January 5, 2020.

正在对政治体制施加越来越大的压力，要求得到更多的利益和更好的服务。[①] 例如，智利的中间阶层高度关注以教育为核心的不平等问题，曾多次发起大规模抗议活动，要求政府提供更好的公共教育。但是，智利主流政党未能充分回应这一阶层的诉求。在批评者看来，智利的政治体制把稳定放在优先位置，把代表能力、负责任、合法性放在相对次要的位置。为解决代表能力面对的挑战，智利必须实施制度改革。[②]

对拉美国家而言，构建一种能够进行有效治理的民主体制的困难程度远远超过大多数分析人士在 20 世纪 90 年代初期的预想。[③] 未来，拉美国家需要坚持推进和深化体制改革，打破历史局限性和制度设计的弊病，提升政治体制的负责任和政策回应能力，从而破解国家治理面对的诸多挑战。

（刘维广　审读）

① Rossana Castiglioni and Cristóbal Rovira Kaltwasser, "Challenges to Political Representation in Contemporary Chile," *Journal of Politics in Latin America*, Vol. 8, No. 3, 2016, pp. 3 - 24.

② Peter M. Siavelis, "Crisis of Representation in Chile? The Institutional Connection," *Journal of Politics in Latin America*, Vol. 8, No. 3, 2016, pp. 61 - 93.

③ Scott Mainwaring and Timothy R. Scully, "Latin America: Eight Lessons for Governance," *Journal of Democracy*, Vol. 19, No. 3, July 2008, pp. 113 - 127.

Y.7

拉美乱局的经济视角分析：结构困境与政策空间

王　飞*

摘　要： 2019年，拉丁美洲和加勒比地区多个国家出现乱局，大规模社会抗议不断。经济增长多年未见起色、失业率高企、贫困率升高、汇率大幅波动是拉美乱局的经济导火索。在世界经济面临长期停滞、拉美经济发展外部动力源不足的情况下，拉美国家内部的结构性问题集中爆发，集中表现为资本积累不足与生产效率低下。这再一次将寻求合适的发展模式并提高发展能力摆到了各国政府面前。新冠疫情席卷全球，拉美再遭重创。由于财政政策和货币政策效果不彰且空间有限，拉美国家必须实行结构性改革，调整经济结构、转变发展模式，提高抵御外部环境周期性变动的能力。

关键词： 经济增长　经济政策　结构性改革　拉丁美洲和加勒比

2019年，全球混乱与变化交织，"黑天鹅"频现，各国在"百年未有之大变局"中不断"调适"。拉丁美洲和加勒比（以下简称"拉美"）地区多个国家生乱，厄瓜多尔执行国际货币基金组织要求的财政紧缩政策，取消了燃油补贴，引发抗议；在智利，地铁涨价引发持续的社会抗

---

* 王飞，中国社会科学院拉丁美洲研究所经济研究室助理研究员，主要研究方向为拉美经济。

议，并导致 APEC 峰会和联合国气候变化大会被迫取消；玻利维亚大选引发政坛“地震”，总统出走他国寻求政治庇护并引发社会抗议；哥伦比亚“一揽子”紧缩政策引发全国性抗议游行……再加上此前就发生社会抗议的委内瑞拉、危地马拉、尼加拉瓜和海地，府院之争白热化的秘鲁，尚未走出政治经济危机的巴西，以及左翼重新掌权的阿根廷，拉美社会运动呈现出泛地区化。

自 20 世纪 80 年代“失去的 10 年”后，拉美各国通过强化财政纪律、改革汇率制度改善了宏观经济，又赶上了 21 世纪初的大宗商品超级周期，在全球经济“大缓和”中实现了高速增长。[①] 但近年来拉美经济停滞，失业率上升，汇率波动加大，民众不满增加，社会运动一触即发。本文从经济视角解读 2019 年的拉美乱局，首先，从拉美民众生活压力感受最直接的三个维度分析其发起抗议的直接动因；其次，从内部结构性问题和外部增长动力源角度分析当前拉美发展模式的困境；再次，从结构性改革和经济政策空间分析拉美突出重围的可能性；最后是中短期前景展望。

一　民众感知：压力加重

本文从经济增速、失业率和汇率三个维度衡量拉美民众的压力来源。首先，经济增长是增进社会福利最主要的途径，因此 GDP 是衡量一国经济状况最主要的指标，GDP 增长率长期低于潜在经济增速打击民众信心。其次，作为经济和社会最重要的统计指标，失业率与收入分配和贫困直接相关，大规模失业引发民众焦虑。最后，拉美经济发展长期依赖外部环境，汇率是经济内外均衡的关键渠道，币值不稳则会引发民众的不安情绪。通货膨胀依然是拉美各国挥之不去的梦魇。但是，多年来的财政整饬和经济衰退使当前通

① ECLAC, *Economic Survey of Latin America and the Caribbean 2013*, United Nations, Santiago, 2013, pp. 63 – 70.

货膨胀的威胁程度大大降低。① 因此，本文从经济增长、就业和外部环境三个方面分析拉美民众压力的感知程度。

首先，经济增长停滞造成民众不满。全球金融危机使拉美经济在2009年萎缩1.8%。得益于各国应急性刺激政策，拉美国家GDP平均增速在2010年实现了“V”形反转（6.2%），但随后每况愈下。欧债危机、2012年全球经济“二次探底”和中国经济进入“新常态”使严重依赖外部环境的拉美各国经济增速逐渐放缓，自2012年以来拉美经济增速连续8年低于3%，2015年（-0.2%）和2016年（-1.1%）更是连续负增长。拉美人均GDP年均增速则更为逊色，自2012年起均未超过2%，2018年无增长，2019年再次萎缩0.9%。② 2019年，拉美33个独立国家中有23国的经济增速逊于2018年，而地区平均0.1%的经济增速成为近70年以来最差的一年。全球金融危机后，尽管包括拉美国家在内的新兴市场和发展中经济体成为世界经济增长的引擎，但同新兴和发展中亚洲、新兴和发展中欧洲、中东和北非国家等组别相比，拉美地区自2014年起已经连续6年成为全球经济增速最慢的地区，并且始终低于全球GDP平均实际增速。③ 经济增长停滞甚至衰退加重了社会不满情绪，民众走上街头表达不满。

其次，失业率高企引发民众焦虑。进入21世纪，经过整整10年的努力，拉美逐渐缩小了与发达经济体之间的经济差距，并在解决不平等问题上取得了重大进展。其中，拉美城市公开失业率实现连续下降，从2003年的11.3%降至2014年的6.1%。此后，形势急转直下，经济糟糕的表现使各经济部门创造就业的能力受限，非正规就业的比重上升，失业率高

① 财政整饬改变了诱发拉美国家通货膨胀的传统原因，全球经济陷入长期停滞则使全球通货膨胀率得到缓和。国际货币基金组织提出了“消胀”的概念，即经济衰退造成全球核心通货膨胀走软。International Monetary Fund, *World Economic Outlook: Global Manufacturing Downturn, Rising Trade Barriers*, International Monetary Fund, Washington, D. C., October 2019, p. 45.

② 如无特别说明，本文的数据来自CEPAL, *Balance Preliminar de las Economías de América Latina y el Caribe 2019*, Naciones Unidas, Santiago, 2019。

③ IMF Data, https://www.imf.org/en/Data, accessed January 30, 2020.

企。拉美地区公开失业率在2014年之后开始上升，2019年预计为8.2%，比2018年提高0.2个百分点，与全球金融危机期间的失业率持平。经济不景气还造成就业质量的下降。联合国拉美经委会有统计数据的11个国家中，7个国家的低质就业（low-quality employment）升高。就业环境恶化以及失业率高企使拉美各国的贫困率下降趋势发生逆转。依靠大规模政府转移支付支出，拉美贫困人数在21世纪初的“黄金增长期”内减少近一半，贫困率从2002年的45.4%降至2014年的27.8%，赤贫率则从12.2%降至7.8%。[①] 但贫困群体规模依旧庞大，尤其是在贫困线上下徘徊的群体，一旦经济增速下滑、就业机会减少，这部分人便会重新返贫。2015年以来拉美贫困率和赤贫率上升便是经济不景气的结果。

最后，币值不稳引起民众不安。美联储利率变动引发的全球流动性变化曾是历史上拉美国家货币危机频发的魅影。每当美元进入强周期，拉美新兴经济体都面临资本外逃和货币贬值的风险。本轮美元周期开始于2011年，2014年美联储退出量化宽松后，美元升值步伐加快。自唐纳德·特朗普参与竞选美国总统以来，美联储货币政策对拉美国家货币稳定的冲击频现，自2017年下半年开始尤为明显。2018年拉美有16个国家货币贬值，阿根廷（49.6%）、巴西（17.3%）、乌拉圭（11.4%）和智利（11.2%）是货币贬值幅度最大的4个国家。尤其是阿根廷，比索连续突破历史低值，不得不向国际货币基金组织请求紧急援助。2019年1～11月，联合国拉美经委会有统计数据的18个拉美国家中有13国货币贬值。其中，南美洲国家货币平均贬值达15.5%，阿根廷、智利和乌拉圭货币贬值幅度均超过了两位数。货币贬值的一个结果是外汇储备缩水。2019年前11个月，拉美地区外汇储备减少63亿美元。需要特别指出的是，2019年前7个月，拉美外汇储备增加393.28亿美元，此后却急转直下，外汇储备迅速减少，并且与2018年相比出现下降。因此，短期内币值大幅波动以及外汇储备规模的变化引发民众的不安。

---

① ECLAC, *Social Panorama of Latin America 2019*, United Nations, Santiago, 2019, p. 93.

二　发展模式：内忧外患[①]

冰冻三尺非一日之寒，拉美民众的痛苦也绝非2019年才发生的独立事件。2019年的拉美乱局是多年来积累的社会矛盾的总爆发，其根源在于拉美经济增长动力不足和发展模式的不可持续。一方面，比较优势决定了拉美经济的发展模式及存在的结构性问题，即积累和消费的失衡以产出能力不足、基础设施建设低下的形式表现出来；另一方面，外部增长源的不确定性在中短期内难以消除，叠加在内部结构性问题上使动乱一触即发。

（一）内部结构性问题集中爆发

关于拉美发展问题的研究汗牛充栋，经济学、社会学、政治学等不同学科的学者从各自角度切入，似乎都能找到拉美长期难以走出“中等收入陷阱”的原因。作为最表象的因素和民众最直观的感受，经济增长是解决问题的一把钥匙。回顾几百年来拉美经济发展历史，依赖初级产品出口、外部动力的重要性超过内部动力是最直接原因。拉美国家现有的经济结构和发展模式难以应对外部经济环境周期性波动带来的不利冲击，解决内部结构性问题成为各国必须面对的当务之急。

首先，拉美禀赋结构决定了其增长动力和发展模式，在目前的世界经济增长乏力期内弊端尽显。历史上，拉美经济和社会发展都倚重初级产品，这由其禀赋结构特征决定。得益于丰裕的自然资源且具备一定的国际竞争力，拉美在一开始加入世界资本主义体系之时承担的角色便是初级产品的供给方。国家的经济增长模式基于潜在比较优势的竞争优势，资源相对丰裕的拉美国家自然会产生资源依赖。一方面，随着拉美国家日益融入全球大市场，

---

① 拉丁美洲和加勒比地区有33个独立国家和10多个未独立的地区。根据国际货币基金组织的分类方法，拉丁美洲和加勒比地区可分为大宗商品出口国和进口国。这两类国家异质性明显，本文中提到的拉美国家主要是发生暴乱的大宗商品出口国，即经济发展依赖大宗商品和自然资源出口的国家。

“去工业化”成为一大趋势，工业增加值占 GDP 的比重和工业就业人数均在下降；另一方面，初级产品的生产和出口急剧增加，生产多样化停滞，受外部冲击的影响加大。① 在世界经济面临长期停滞威胁，“逆全球化”和保护主义盛行的今天，拉美发展模式的弊端再次凸显。

其次，资本积累不足损害技术创新能力。拉美经济结构问题的关键首先是物质资本积累不足，表现在统计数据上就是总投资率和固定资本形成率低。2019 年上半年，拉美固定资本形成萎缩了 1.5%，这一波萎缩始于 2018 年最后一个季度，已连续 3 个季度为负值。如果再向前追溯，2014 年第二季度至 2017 年第二季度，拉美经历了持续 3 年的固定资本形成下降。根据联合国拉美经委会的统计数据，19 个拉美国家中有 14 个国家固定资本形成率自 2010 年以来出现了下降，② 这严重损害了企业和国家的技术创新能力，无法抓住当前全球“第四次工业革命”的发展契机。

再次，生产效率低下限制了经济活力。市场机制僵化以及创新激励机制弱化，阻碍竞争和妨碍高效率公司的发展，中小企业金融可获性的困难则进一步限制了生产效率的提高。③ 中小企业是一个国家生产效率提高最快、成效最显著的部门。由于企业规模小且多为一些高新技术企业，研发和支出需要得到更多的资金支持，金融可获性成为中小企业通过技术突破提高生产效率的关键。但拉美中小企业的生产率普遍较低。在墨西哥全要素生产率分布中，处于底部 10% 的制造业公司的单位产量所需的资本和劳动力资源是处于顶部的 10% 制造业公司的 5 倍。④ 这一差距远远大于美国或中国。在萨尔瓦多和乌拉圭，公司间的生产率差距也十分巨大。拉美的信贷规模依然较小，所提供的产品十分有限，能给中小企业提供的贷款受到限制。2019 年，

---

① Castillo Mario and Antonio Martins, “Premature deindustrialization in Latin America,” ECLAC Working Paper, 2016, p. 2.

② 多米尼加共和国、厄瓜多尔、萨尔瓦多、危地马拉和尼加拉瓜尽管实现小幅增长，但增幅也非常有限。

③ CAF－拉丁美洲开发银行：《面向发展：推动拉丁美洲金融服务的可获性》，中国社会科学院拉丁美洲研究所译，当代世界出版社，2012，第 111～121 页。

④ 爱德华多·劳拉、卡门·帕雷斯：《直面生产率》，《金融与发展》2011 年 3 月，第 16～17 页。

拉美地区私人部门从各国国内获得的贷款量减少。其中，阿根廷和委内瑞拉的降幅最为明显。

（二）外部增长源不稳定

自2013年以来，拉美深陷“增长困境”。这说明进入21世纪以来的拉美等新兴经济体经济增长与发达国家的趋势“脱钩”已经结束，各种问题随着时间的推进暴露出来。[①] 进入21世纪以来全球经济“大缓和”，发达国家经济平稳增长，通货膨胀率在通货膨胀目标制制定后得到控制，国内消费强劲。这客观上为拉美国家创造了旺盛的外部需求。资源丰富的拉美国家作为全球可贸易品的主要供给方，积极融入全球贸易体系。强劲的外部需求不仅扩大了拉美出口，还促进了国内可贸易部门的发展以及国内投资的迅速增加。贸易部门的迅速发展促使本国可贸易品部门全要素生产率提高，经济快速增长。

但是，拉美国家的增长来自外部需求的增加，“脱钩”并未内生化，因此不可持续。如果说发达国家经济向好，旺盛的需求可以给拉美国家经济增长带来乘数效应；当危机袭来之时，需求骤减则将同样以乘数效应冲击拉美国家的出口和投资。近年来，拉美国家正是遭遇了外部宏观经济转变、非常规货币政策以及发达经济体缓慢增长带来的挑战。2007年美国次贷危机引发的全球金融危机使世界经济陷入长期停滞和低迷，发达经济体依赖债务融资消费推动经济增长的潜力已基本枯竭，全球资本主义陷入结构性危机。2019年全球经济增速放缓，国际货币基金组织更是连续4次下调世界经济增速预期至3%，成为全球金融危机以来的最低水平。[②] 贸易争端加剧、全球制造业低迷、贸易和地缘政治不确定性给包括拉美在内的新兴市场经济体带来了宏观经济压力。国际货币基金组织2019年10月的《世界经济展望》

① International Monetary Fund, *World Economic Outlook, April 2013: Hopes, Realities, Risks*, International Monetary Fund, Washington, D. C., 2013, p. 10.

② 事实上，从2016年开始，国际货币基金组织每期《世界经济展望》都会下调拉美经济增长预期。

便以“全球制造业低迷，贸易壁垒增加”为题，突出全球经济增长的乏力。

首先，美国经济回归正常使拉美经济复苏前景暗淡。尽管美国经济周期对拉美次区域的影响程度不一，但作为拉美重要的经济伙伴，美国始终是拉美经济增长的重要来源。尤其是墨西哥、中美洲和加勒比地区的国家，贸易、侨汇和移民直接影响其经济增长。美国于 2018 年早期实行的减税政策效应逐渐消退，经济扩张回归常态，中长期内的增长前景并不乐观。

其次，单边主义和贸易保护主义引发的贸易摩擦损害了拉美经济。全球金融危机使经济增长速度明显回落，国家间收入差距扩大。于是保护主义抬头、民粹主义滋生，一些国家为转嫁经济和政治危机，极力推进单边主义，给世界经济增长带来更多不确定性。中美贸易摩擦也给一些拉美国家带来压力，关税提高和贸易政策不确定性则会加剧市场波动。因此，贸易保护主义对包括拉美在内的新兴市场和发展中经济体的冲击比发达国家更严重。①

再次，大宗商品价格不稳定。2019 年，全球范围内贸易壁垒增加、地缘政治紧张局势使供应链中断，对生产率形成威胁。根据国际货币基金组织初级产品价格指数，以 2016 年为基期，大豆、蔗糖、橙子、咖啡、可可、皮革等拉美传统出口农产品价格降幅明显。② 特别是原油，全球经济增长乏力引发民众对石油需求量不足的担忧，美国原油储备的增加使这种担忧雪上加霜。更为严重的是，供应链中断和地缘政治紧张局势掩盖了石油需求疲软，油价在 2019 年始终相对稳定。世界银行和国际能源署均做出预测，2020 年原油价格将低位震荡。

三　突出重围：自身发展与解困

经济始终没有起色是拉美乱局的重要原因。外部资源和国际金融环境是

① World Bank, *Global Economic Prospect, June 2018: The Turning of the Tide?*, World Bank, Washington, D. C., 2018, p. 36.

② "IMF Primary Commodity Prices," International Monetary Fund, https://www.imf.org/en/Research/commodity-prices, accessed January 31, 2020.

拉美经济发展不可忽视的外部因素，但这在拉美自身实现结构性改革突破以及宏观经济政策更加实用的基础上才能锦上添花。拉美增长的内源性不足将会使各种努力事倍功半。导致经济增速下滑的因素包括周期性和结构性两个方面，二者在每个国家的重要性存在差异。因此，要分清经济下滑的原因。对于周期性因素导致增速下降的国家，可以采取扩张性的财政和货币政策；而对于存在结构性困境的国家来说，痛苦而坚定的结构性改革才是解困之道。

（一）结构性改革实现自我突破

结构性改革已经成为货币政策和财政政策之外又一重要的宏观调控政策。拉美最早的结构性改革发生在20世纪80年代，是应对债务危机的应急性反应。20世纪90年代，拉美开始改革的“再改革”，但在进入21世纪后改革的势头有所放缓。根据国际货币基金组织的研究，在贸易、国内金融、外部金融、劳动力市场与产品市场五大领域均实行重大改革的拉美国家只有阿根廷和秘鲁。当前，墨西哥广泛存在微观经济扭曲，而巴西在劳工党执政周期中延误了推出一揽子结构性改革计划的最佳时机。面对动荡的外部环境叠加结构性问题，拉美国家实施结构性改革是当务之急，亟须提高生产率、经济韧性和社会公平。拉美各国普遍面临的结构性约束包括人力资本储备不足、劳动力市场灵活度差、营商环境差、创新能力弱、基础设施建设缺口大、公共治理能力低下。①

结构性改革是拉美国家改善营商环境、吸引外资的重要渠道。世界银行2019年营商环境排名中，拉美地区表现最好的是墨西哥和智利，但在190

① OECD, “Promoting Productivity for Inclusive Growth in Latin America,” OECD, June 2016, p. 1, http://www.oecd.org/economy/promoting-productivity-for-inclusive-growth-in-latin-america.pdf; Zettelmeyer Jeromin, “Growth and Reforms in Latin America: A Survey of Facts and Arguments,” IMF Working Paper, WP06/210, International Monetary Fund, September 2006, https://www.imf.org/external/pubs/ft/wp/2006/wp06210.pdf; Santiago Levy, *Good Intentions, Bad Outcomes*, Washington, D. C.: Brookings Institution, 2008; International Monetary Fund, World Economic Outlook: Global Manufacturing Downturn, Rising Trade Barriers, International Monetary Fund, Washington, D. C., October 2019, p. 97; 江时学：《论拉美国家的结构性改革》，《拉丁美洲研究》2017年第5期，第74~87页。

个样本国家中也分别只是排在第 54 位和第 56 位，巴西和阿根廷的排名均在百名开外。尽管如此，巴西仍然是拉美地区在改善营商环境方面取得进步最大的国家。未来拉美各国通过结构性改革改善营商环境的空间依然巨大，而这也是拉美国家利用外部资源实现可持续增长的必经之路。①

结构性改革是拉美国家提高金融抗风险能力的关键。拉美各国应在确保中央银行独立性的前提下重视宏观审慎政策工具的使用，强化监管和监督工作，确保建立充足的资本和流动性缓冲，防范全球投资组合的破坏性调整以及增长和信贷质量恶化产生的负面冲击。为维护金融稳定，各国还需加强监控与尽量减少资产负债表上的货币错配和期限错配敞口，而这也将有助于让汇率更好地发挥调节作用，免受其他宏观经济变量的干扰。

（二）宏观经济政策空间

对于小型开放经济体来说，宏观经济政策面临“米德冲突”、“三元悖论”甚至是“二元悖论”的制约，而保增长、调结构和促民生三大目标使宏观经济政策的发力点难以协调一致，这就造成经济政策空间有限。一直以来，拉美国家希望采取反周期的宏观经济政策刺激增长。但受制于财政负担、通货膨胀压力和外部流动性制约，其主动采取宏观经济政策逆风向调节的能力有限。

首先，前期扩张性政策造成公共债务激增，限制了财政政策空间。拉美国家财政政策在现行汇率体制下的效果有限，特别是多年来的财政整顿影响了一些国家的财政政策空间。2019 年拉美地区中央政府公共债务占 GDP 的比重为 43.2%，比 2018 年提高 1.3 个百分点。其中，阿根廷（80.7%）、巴西（78.7%）公共债务负担最重。更高的债务也压缩了财政政策发挥作用的空间，严重降低了使用财政政策作为逆周期政策工具的可能性。部分国家由于实行通货膨胀目标制，不得不在通货膨胀加剧时提高利率，这样又提

① World Bank, *Doing Business 2020: Comparing Business Regulation in 190 Economies*, World Bank, Washington, D. C., 2020, https://www.doingbusiness.org/en/reports/global-reports/doing-business-2020, accessed February 1, 2020.

高了利息支出并加剧财政负担。2019 年拉美地区公共债务利息支出占 GDP 的比重提高了 0.1 个百分点，17 个拉美国家中有 13 个国家的这一指标超过了 2018 年。在资本自由流动的前提下，拉美各国不得不兼顾中短期债务的可持续性和财政支出刺激经济的能力。遵循政府的中期财政整顿计划维持市场信心至关重要，但只要通货膨胀预期稳定，政府需将改革落到实处，包括实行税收改革、增加基础设施投资等。

其次，与美联储周期趋同限制了货币政策空间。连续多年的经济衰退使拉美国家国内需求下降，通货膨胀率维持在低位，货币政策利率则触及历史低位。但是，大多数国家的货币政策执行机构依旧面临刺激总需求和避免造成今日不稳定的两难抉择。与此同时，美联储货币政策操作对拉美主要国家的影响越来越大，拉美国家货币政策的自主性降低。2019 年，10 个拉美国家中有 7 个降低了货币政策利率，2 个保持不变，而洪都拉斯是唯一加息的国家。需要特别指出的是，越来越多的拉美国家选择和美联储同周期，并且出现加强“美元化”的趋势。以巴西为例，2016 年 8 月到 2018 年 6 月，巴西经济衰退使通货膨胀得到控制，为刺激经济，巴西央行开启降息周期，而在此期间美联储逐渐加息。巴西和美国货币政策操作“倒挂”。然而，2019 年形势出现变化，巴西央行先后在 8 月 1 日、9 月 19 日、10 月 31 日和 12 月 11 日 4 次降息，基准利率下调至 4.5%，创历史新低。其中，前 3 次降息决定紧随美联储，巴西利率和美国利率变得越来越同步。此外，墨西哥 2019 年的 3 次降息也发生在美联储利率变动之后，也越来越与美国货币政策同步操作。美联储货币政策操作在 2018 年和 2019 年均引发过拉美国家币值动荡。尽管巴西和墨西哥希望同美联储保持同步，避免投机攻击，但恰恰说明两国重新回到了“美元周期”中，未来利用利率工具进行货币政策调控的空间被侵蚀。

四 前景展望

受中美贸易摩擦、美国金融周期溢出、全球地缘政治紧张等因素的影响，拉美国家发展的外部因素在短期内难以改善，经济增长持续承压，不确定性始终存在。根据国际货币基金组织世界经济展望数据，拉美地区的GDP增速落后于全球平均增速，成为世界经济的“边缘”区域。结构性困境叠加周期性因素使拉美经济呈现出“急降缓升”的增长轨迹。[①] 2020年初以来，新型冠状病毒肺炎疫情（以下简称“新冠疫情”）在全球肆虐，也蔓延至拉美地区，这使本就“捉襟见肘”的拉美经济“雪上加霜”。国际货币基金组织预计2020年拉美经济将衰退5.2%，而在2019年10月，国际货币基金组织还预计该地区能够实现1.8%的增长。[②] 世界银行、惠誉、高盛等机构也纷纷调低拉美地区2020年经济增长预期，拉美各国的预测数据也不乐观。

新形势下，拉美国家唯有坚持结构性改革方能扭转结构性发展困境。尽管结构性改革可缓解中长期的经济下滑，并可能在长期使更多人的福利得到改善，但短期内必然会使部分人承担代价，既得利益者的反对、民粹主义的回归，以及关于改革内容、时间、执行方式的种种争议也会使改革面临重重阻力。更为重要的是，新冠疫情与2008年金融危机不同，政府单纯提供流动性恐怕于事无补。为应对本次与实体经济相关的危机，拉美各国需要迅速采取行动，以防止生产能力丧失。最理想的情况是，政府通过采取扩张性的财政和货币政策提高社会需求，以抵消全球经济不景气带来的影响以及实施结构性改革造成的经济衰退压力。对于那些宏观经济政策空间有限的国家，在个别领域推行私有化，保持政府收入并防止财政恶化成为结构性改革顺利推进的有效手段。

（岳云霞　审读）

① 岳云霞：《2018～2018年拉美经济形势：弱势复苏，被边缘化风险加大》，载袁东振主编《拉丁美洲和加勒比发展报告（2017～2018）》，社会科学文献出版社，2018，第69页。

② International Monetary Fund, *World Economic Outlook*, *April 2020*: *The Great Lockdown*, International Monetary Fund, Washington, D. C., 2020, p. 10.

Y.8 国际关系视角下的拉美乱局

孙洪波*

摘　要： 2019年，拉美整体形势进入复杂、脆弱、多变的新阶段，拉美多国面临的国际、域内及国内的多重矛盾更加尖锐，相互交织、相互作用且相对集中爆发，呈现出地区多国陷入“乱局”现象。其中，国际关系因素对不少国家的政局变化及发展有重要影响。总体看，拉美整体形势依然保持稳定，局部动荡仅是部分国家发展历史进程中的阶段性、暂时性政治现象，应客观及辩证地看待现阶段拉美所处的历史方位以及前进的历史方向，以准确把握拉美形势变化规律、特点及影响。

关键词： 拉丁美洲　国际关系　美国　门罗主义

近年来，在全球保守主义、单边主义抬头及世界经济增长放缓等背景下，拉美整体形势进入复杂、脆弱、多变的新阶段。特别是2019年拉美多国面临的国际、域内及国内的多重矛盾更加尖锐，相互交织、相互作用且相对集中爆发，地区局部动荡的一面凸显。总体看，地区多国呈现的“乱局”现象，在不同程度上存在国际关系因素的影响。

一　拉美乱局爆发前面临的外部环境

多年来，拉美整体形势错综复杂，域内格局延续深度调整，地区国家普

---

* 孙洪波，中国社会科学院拉丁美洲研究所国际关系研究室副研究员，主要研究方向为拉美国际关系。

遍面临内外增长动力失衡、对外合作再平衡、域内左翼和右翼关系紧张以及美国对拉政策取向更加保守等多重外部的复杂因素影响。

第一，内外增长动力失衡突出。由于近年来外部需求和大宗商品价格持续低迷，拉美国家对外贸易、国际融资面临的外部不确定因素明显增多，在一定程度上抑制拉美国家经济复苏。特别是中美两国增长放缓及贸易摩擦影响的不确定预期增强。据国际货币基金组织测算，中美两国增长放缓 1 个百分点，将导致智利、秘鲁、墨西哥等国增长下降 0.5% ~0.7%。[①] 由于拉美多为资源型新兴市场国家，内生增长和自我调整受限因素较多，经济衰退压力便迅速向本国政治、社会等领域传导。

第二，政策紧缩与对外合作难以平衡。一方面，拉美国家普遍出台财政紧缩、削减补贴等政策举措，同时通胀压力居高不下，失业率呈上升势头，激起社会抗议活动和罢工浪潮，社会风险快速增加。另一方面，拉美国家对外合作力求再平衡，继续看重同域外新兴经济体合作，但普遍更希望抓住欧美经济复苏契机，以重构同西方发达经济体的增长联系，但短期内对外合作再平衡成效难以显现。因此，拉美多国为拓展政策空间和回旋余地，普遍面临内外政策协调、平衡压力。

第三，域内左右矛盾难以缓解。拉美左翼和右翼紧张关系延续发展，在政府、议会、政党及社会等多个层面加大政治博弈。尤其是地区国家间左翼和右翼力量互动联动频繁、相互缠斗，有一定的地区连锁反应或外溢影响。在拉美地区，国内政治同国际政治可能最为混淆不清。[②] 由于域内左翼和右翼矛盾突出，特别是受阿根廷、玻利维亚等国大选预期影响，拉美左右力量相互磨合、博弈或制衡持续加剧，地区政治版图加速演变，这也是影响部分国家政局和社会稳定的潜在因素。

第四，特朗普政府重拾门罗主义。美国对拉政策保守的一面更加突出，对拉外交总体攻势增强，并且不断加大资源投入力度。一是扶持右翼力量，

---

① IMF, *The Regional Economic Outlook: Western Hemisphere*, International Monetary Fund, October 2019, p. 9.

② 〔英〕马丁·怀特：《权力政治》，宋爱群译，世界知识出版社，2004，第 136 页。

大力扶持巴西、哥伦比亚、智利等国右翼政府，巩固地区盟友关系；二是打压左翼力量，不断加大对古巴、委内瑞拉的制裁力度，依托盟友国家拉紧“队伍”，对马杜罗政府采取更为严厉的政治外交孤立措施；三是极力排斥中国、俄罗斯、伊朗在拉美及对委影响力，加大对域外力量的防范力度。美国重拾门罗主义，不仅导致拉美的多元化外交出现调整，而且也给多数国家开展多元化经贸合作带来了压力。

二　国际关系因素对拉美乱局的影响类型

在上述复杂背景下，国际关系因素对拉美乱局有重要影响，在主权国家范畴内虽不具有“决定性”影响，但往往可能对事件发展方向产生实质性影响。因此，需要客观分析国际关系因素在乱局导火索、诱因、进程及解决上的影响类型、渠道、方式、程度及国别差异。

（一）智利案例：三重矛盾压力

智利长期以来被视为拉美新自由主义改革成功的典范和第一个跨出“中等收入陷阱”的拉美国家。2019 年 10 月，智利爆发了大规模社会骚乱，其背后有着深刻复杂的内外背景。

事实上，智利当时面临三重主要矛盾。一是国际层面上大国战略博弈压力。由于亚太外贸议程推进艰难、中美贸易谈判的不确定性，以及美国退出《巴黎协定》且就中拉关系、“一带一路”建设及5G 建设等问题频频向智利施压，智利面临着美国战略调整及大国博弈带来的“选边站队”压力。[①] 二是地区层面上左翼和右翼力量博弈压力。皮涅拉总统赢得第二任期普遍被认

① “El intenso recorrido de Mike Pompeo por Sudamérica y los temas que ha tratado: Venezuela e influencia de China en la región,” Emol, 13 de abril de 2019, https://www.emol.com/noticias/Internacional/2019/04/13/944611/El-intenso-recorrido-de-Mike-Pomeo-por-Sudamerica-y-los-temas-que-ha-tratado-Venezuela-e-influencia-de-China-en-la-region.html, accessed December 24, 2019.

为是拉美“左降右升”的持续回归，[①] 同时阿根廷、乌拉圭、玻利维亚等国也即将举行大选，域内左右翼力量互动、较量激烈，美国亦在委内瑞拉问题上不断向智利施压，希望皮涅拉政府成为“倒马”排头兵。三是国内层面上政治和社会矛盾压力。多年来，智利在医疗、养老金、教育等领域改革成效相对有限，以及在宪法、劳工、税收等领域改革上面临严重的政治分歧。皮涅拉总统赢得第二任期，其政策重点回避了国内问题而转向了对外议程，希望在国内、国际上留下外交遗产。[②]

总体看，智利政府在事前对国内外议程的表态，表现出对国内外矛盾及外部环境复杂性估计不足，略显过度乐观和自信。2019 年 10 月初，皮涅拉总统会见全国农业界人士时表示，拉美大陆正经历艰难时期，唯独智利是拉美的“绿洲”。[③] 事实上，智利主办 APEC 峰会和联合国气候变化大会面临巨大挑战，协调各方异常困难，以其小国力量犹如“小马拉大车”。由于特朗普政府退出《巴黎协定》，智利难以获得更多美国的支持。与此同时，2018 年 APEC 峰会的举办就较为艰难，峰会后并未发布联合声明，足见推动亚太经贸议程面临的严峻挑战。

智利国内社会骚乱的影响主要体现在四个方面。一是取消举办 APEC 峰会和联合国气候变化大会。智利曾对主办两大会议抱有较高期望，愿成为各方沟通桥梁，以提高智利国际形象和影响力，但迫于国内外各种压力和矛盾，智利取消办会，在外交上遭遇严重挫折，国家形象亦遭受严重损害。二是典范国家暂陷“危机”。皮涅拉总统为缓解国内压力，宣布重组政府内

① “The Unthinkable Crisis: Chile 2019,” The Dialogue, December 20, 2019, https://www.thedialogue.org/blogs/2019/12/the-unthinkable-crisis-chile-2019/, accessed December 25, 2019.

② “The Unthinkable Crisis: Chile 2019,” The Dialogue, December 20, 2019, https://www.thedialogue.org/blogs/2019/12/the-unthinkable-crisis-chile-2019/, accessed December 25, 2019.

③ “Presidente Piñera participa del Encuentro Nacional del Agro,” Prensa Presidencia, October 7, 2019, https://prensa.presidencia.cl/discurso.aspx?id=102987, accessed December 24, 2019.

阁，并取消举办两大会议后，称政府将专注于国内事务。① 国内外媒体、学术界普遍反思总结智利发展模式得失，智利发展和治理模式遭受一定质疑。三是平衡大国关系压力持续存在。智利内政部长认为，智利应在中美之间实现巧妙平衡，需要同两国保持友好关系。智利在参与“一带一路”建设和“印太战略”上将面临更多压力。② 四是参与全球治理面临更多挑战。智利长期依靠缔结自由贸易协定网络推动国内发展，目前更加迫切渴望维护全球多边贸易体制和规则的有效性。五是亟须修复国家形象。智利政要频繁访问美国、加拿大及欧洲国家，广泛接触国际金融、矿业、投资评级等机构，积极宣传和介绍智利国内形势及政策，以恢复国际投资者对智利的信心。

（二）厄瓜多尔案例：国际货币基金组织向厄瓜多尔政策紧缩施压

2019 年 10 月，厄瓜多尔爆发大规模社会骚乱，这既是厄瓜多尔国内政治、经济和社会矛盾长期积累的结果，也是国际货币基金组织等国际金融机构对厄瓜多尔政策施压带来的后果（见表 1）。

表 1　2019 年国际货币基金组织与厄瓜多尔贷款谈判过程

时间	主要内容
1 月 23 日	总裁拉加德在达沃斯会晤莫莱诺总统时表示，国际货币基金组织支持厄瓜多尔政府的改革议程
2 月 12 日	举办新闻发布会称，同其他多边金融机构一道与厄瓜多尔政府就贷款议题进行谈判
2 月 21 日	同厄瓜多尔就 42 亿美元贷款达成一致，其他多边金融机构也承诺提供 60 亿美元贷款
3 月 11 日	董事会批准 42 亿美元贷款协议，并拨付首笔贷款 6. 52 亿美元

① “Presidente Piñera anuncia que las cumbres de APEC y COP25 no se realizarán en Chile programadas en noviembre y diciembre de este año,” Prensa Presidencia, October 30, 2019, https://prensa. presidencia. cl/discurso. aspx? id = 134115, accessed December 24, 2019.

② “Piñera aborda guerra comercial con Pompeo y le reitera que Chile no apoya una intervención militar en Venezuela,” Emol, 12 de abril de 2019, https://www. emol. com/noticias/Nacional/2019/04/12/944488/America – Latina – y – relacion – entre – EEUU – y – China – Los – temas – abordados – por – Pinera – y – Pompeo. html, accessed December 25, 2019.

续表

时间	主要内容
3月20日	发布2019年厄瓜多尔“第四条款”及贷款拨付评估报告
3月21日	发布中期贷款支持下的厄瓜多尔新经济计划
5月30日	完成对厄瓜多尔经济计划执行情况第一次审查，以备于6月拨付后续贷款2.5亿美元
9月23日	发布消息称，已于8月12~26日对厄瓜多尔经济计划执行情况进行了第二次审查
10月16日	发表声明称，欢迎厄瓜多尔国内对话进程，寻求和平方法解决分歧，继续同厄瓜多尔政府合作，支持保护弱势群体的经济政策并确保财政的可持续性
11月27日	总裁格奥尔基耶娃会见厄瓜多尔财长并表示，支持厄瓜多尔政府经济计划及税改等
12月10日	完成对厄瓜多尔经济计划执行情况第二、三次审查
12月19日	董事会批准通过厄瓜多尔经济计划执行情况第二、三次审查报告，并拨付贷款4.98亿美元

资料来源：根据国际货币基金组织有关厄瓜多尔国别新闻发布会、研究报告等整理。

骚乱前，厄瓜多尔面临的主要形势体现在三个方面。一是政治矛盾方面，前总统科雷亚结束任期后，执政联盟“主权祖国联盟运动”内部分裂，导致国内政治矛盾上升、朝野关系趋向紧张。二是经济矛盾方面，莫雷诺政府为应对经济下滑和债务压力，向国际货币基金组织等国际金融机构申请援助，同时加大财政紧缩力度和节奏，引发社会强烈不满。三是地区关系方面，莫雷诺政府外交上向美靠近，希望美国在金融、经贸关系上给予支持，同地区左翼国家保持距离，如2019年3月宣布退出南美国家联盟，并要求归还设立在基多的总部大楼。

国际货币基金组织于2019年2月同厄瓜多尔政府达成42亿美元中期贷款协议，支持厄瓜多尔未来3年的政策调整；美洲开发银行、拉美开发银行及拉美储备基金承诺未来3年也将为厄瓜多尔提供60亿美元贷款。[①] 国际货币基金组织要求厄瓜多尔政府实施财政紧缩、强化“美元化”等政策，

① “Ecuador and IMF Reach Staff-Level Agreement on a US $4.2 Billion Extended Fund Facility,” International Monetary Fund, February 21, 2019, https://www.imf.org/en/News/Articles/2019/02/21/pr1952-ecuador-and-imf-reach-staff-level-agreement-on-extended-fund-facility, accessed December 19, 2019.

期待厄瓜多尔能严格执行既定经济调整计划，并定期对厄瓜多尔经济调整计划做评估，而后才拨付后续贷款。

莫雷诺政府获得美国、国际金融机构的金融支持，虽有利于缓解财政赤字和债务滚动压力，但政策调整节奏过快和力度过大引发了国内政治和社会矛盾。事实上，国际货币基金组织拨付贷款进度同厄瓜多尔政府政策紧缩节奏和力度有密切关系。此外，2019 年 9 月国际货币基金组织总裁人选轮换，国际货币基金组织对厄瓜多尔经济审查评估的拖延影响也是不能忽视的。厄瓜多尔爆发骚乱后，国际货币基金组织高度关注厄瓜多尔局势并发表声明，表示对厄瓜多尔的贷款将更多地关注社会弱势群体。①

（三）委内瑞拉案例：域内和大国博弈相互交织

多年来，委内瑞拉问题已出现长期化趋势，不仅成为地区热点、难点问题，而且已演变为域内国家、大国博弈的焦点之一。美国因素是委内瑞拉问题的主要方面，特朗普政府以对委政策调动美拉关系，积极为委内瑞拉“临时政府”站台，极力将委内瑞拉问题打造为地区主要矛盾。以下几点值得关注。

一是美国加大对委内瑞拉制裁力度和强度并力挺委内瑞拉“临时政府”，导致委内瑞拉国内政治、社会矛盾不断，也使委内瑞拉经济形势更加恶化。二是美国在委内瑞拉问题上不断向其他拉美国家施加巨大的政治压力，加剧地区左翼和右翼政府之间的矛盾，导致地区国家在政治上更加分裂。三是美国以“长臂管辖”排挤域外大国对委内瑞拉影响力。据美国财政部报告，截至 2019 年 11 月底，美国对涉委相关 80 多家企业、金融机构与 40 多艘油轮新增制裁，其中部分企业位于俄罗斯、伊朗等国。② 四是

---

① “IMF Statement on Ecuador,” International Monetary Fund, October 16, 2019, https://www.imf.org/en/News/Articles/2019/10/16/pr19376 - ecuador - imf - statement, accessed December 19, 2019.

② “Venezuela-Related Sanctions,” U. S. Department of State, https://www.state.gov/venezuela - related - sanctions/, accessed December 18, 2019.

委内瑞拉问题协调机制。目前在美洲国家组织、国际接触小组、蒙得维的亚机制等框架下，全球主要大国及地区国家以双多边关系在不同机制内参与委内瑞拉问题协调，在很大程度上折射出大国关系博弈。

（四）玻利维亚案例：美洲国家组织的介入

2019 年 10 月，玻利维亚大选关乎地区左翼和右翼力量变化，受到美国及地区国家的高度关注。2018 年 8 月，特朗普政府评估认为，玻利维亚此次选举无论左翼或右翼谁当选，都将是玻利维亚历史上的一个新拐点。①

一是美国一直寻机干涉玻利维亚大选。2019 年 11 月 10 日，美洲国家组织公布玻利维亚选举调查结果，认为大选存在舞弊行为，向莫拉莱斯总统施压并要求重新举行选举。围绕玻利维亚大选计票分歧，美国及利马集团部分国家要求进行第二轮投票。二是玻利维亚政局动荡引发地区国家新分歧。莫拉莱斯总统被迫宣布辞职后，先后在墨西哥、阿根廷寻求政治避难。巴西、哥伦比亚、危地马拉等国及美国承认玻利维亚临时总统，委内瑞拉、墨西哥、尼加拉瓜等国表示玻利维亚已发生政变。2020 年 1 月 24 日，玻利维亚临时政府宣布与古巴中止外交关系。三是美国有意将玻利维亚打造成地区新盟友。近期，美国国务院等政要密集访问玻利维亚，力挺玻利维亚临时政府，有意将玻利维亚打造为地区新盟友。2020 年 1 月，特朗普政府取消对玻利维亚援助的法律限制，考虑制定对玻利维亚新的援助计划，旨在扶持亲美的右翼力量上台执政。②

（五）秘鲁案例：地区腐败案冲击波

近年来，秘鲁朝野矛盾突出、党争与政争相互交织，面临内外多重矛

① U. S. Department of State, “Integrated Country Strategy: Bolivia,” August 21, 2018, p. 2.

② “Presidential Determination on Waiving a Restriction on United States Assistance to Bolivia,” The White House, January 6, 2020, https: //www. whitehouse. gov/presidential – actions/presidential – determination – waiving – restriction – united – states – assistance – bolivia/, accessed January 28, 2020.

盾，尤其是腐败丑闻成为影响政局稳定的重要因素。2019 年 4 月，美国国务院对秘鲁的战略评估认为，国际腐败案波及秘鲁政坛以来，引发秘鲁政坛持续震荡；委内瑞拉经济危机对秘鲁外交也构成了严峻挑战。①

在秘鲁，一是多党制、一院制等体制性矛盾显现，多年来府院之争、朝野之争难分难解，一直呈白热化状态。二是深度介入委内瑞拉问题。秘鲁提倡成立利马集团，寻求协调解决委内瑞拉问题，成为“倒马”先锋，同地区左翼国家关系紧张。三是面临美国施加的巨大压力。秘鲁主办第八届美洲首脑峰会，在委内瑞拉问题、地区反腐败等议题上面临美国施加的巨大政治和外交压力。四是地区腐败案波及秘鲁政坛。库琴斯基总统因涉嫌巴西奥德布雷希特建筑公司行贿案腐败而辞职，并且多位前总统面临涉腐调查，秘鲁政局动荡延续至今。

三　国际关系因素对拉美乱局影响的共性

从地区整体看，全球及地区经济增长放缓是拉美乱局的主要大背景。从大国对地区影响看，美国是影响拉美局势最大的外部因素。从国别内部看，内因和外因相互交织，如厄瓜多尔、智利、玻利维亚、秘鲁等国都面临多重矛盾，又面临重要敏感时间节点。

第一，域内整体性、关联性更加突出。受历史传统、地理毗邻、文化亲近、语言相通等因素影响，拉美国家与域内矛盾复杂交织、整体局势复杂演变的阶段性特征更加明显。收入分配不公、公共服务不足及腐败案件多发成为地区普遍问题；地区左翼和右翼力量升降变化加剧地区政治和政策分歧，域内政治矛盾更加突出，并且不断向地区国家内部传导。

第二，遵循共同的民主体制、秩序和价值观。从西半球国际社会来看，拉美国家在民主、人权等方面有共同遵循的体制和价值观。拉美乱局是在既定民主体制框架下爆发的，暴露出拉美国家长期积累的政治、社会矛盾的尖

① U. S. Department of State, “Integrated Country Strategy: Peru,” April 2019, p. 2.

锐性；同时大规模社会骚乱具有的对抗性、破坏性又超越了民主框架，给政治和社会稳定带来很大隐患。拉美乱局也充分折射出地区国家民主体制、治理机制的弊端和不完善之处。

第三，美国因素使域内矛盾更加复杂。美国对拉美干涉政策是导致拉美乱局最主要的外部因素。特朗普政府对拉美政策上“打左拉右”，破坏地区国家团结，加剧地区国家内部及域内矛盾。美国国务卿蓬佩奥表示，美国政府愿帮助玻利维亚、智利、厄瓜多尔、哥伦比亚等国应对社会抗议，防止古巴、委内瑞拉“挟持”这些抗议活动。① 美国通过国际货币基金组织、美洲国家组织等国际机构不断加大对阿根廷、厄瓜多尔、玻利维亚等国的政治渗透，施加政策影响。美国向阿根廷施加压力，要求阿根廷支持玻利维亚民主进程。

第四，移民浪潮为地区稳定增添了新压力。近年来，委内瑞拉、中美洲国家移民难民问题日益突出，已成为地区治理的热点、焦点议题。据联合国移民署数据，截至 2019 年 6 月底，委内瑞拉难民约有 400 多万人，哥伦比亚难民约有 130 万人、秘鲁难民约有 76.8 万人、智利难民约有 28.8 万人、厄瓜多尔难民约有 26.3 万人、巴西难民约有 16.8 万人、阿根廷难民约有 13 万人。② 另外，社交媒体传播影响力对社会不满情绪产生放大效应。例如，哥伦比亚社会抗议活动多受地区其他国家示威活动影响，③ 其抗议诉求及影响也被社交媒体放大。④

---

① “Pompeo señala que EE. UU. ayudará a gobiernos de Latinoamérica ante protestas sociales,” Emol, 2 de diciembre de 2019, https://www.emol.com/noticias/Internacional/2019/12/02/969075/Pompeo-EEUU.html.

② “Refugees and migrants from Venezuela top 4 million: UNHCR and IOM,” UNHCR, The UN Refugee Agency, June 7, 2019, https://www.unhcr.org/news/press/2019/6/5cfa2a4a4/refugees-migrants-venezuela-top-4-million-unhcr-iom.html, accessed January 10, 2020.

③ “Where Next and What Next for Latin America?” The Economist Intelligence Unit, December 2019, p. 4, http://www.eiu.com/Handlers/WhitepaperHandler.ashx?fi=Where-next-for-latin-america.pdf&mode=wp&campaignid=latinamerica2019.

④ Michael E. Shifter, “Latin America: The Political Outlook,” Latinvex, January 22, 2020, http://latinvex.com/app/article.aspx?id=4487, accessed January 28, 2020.

此外，国际货币基金组织等国际金融机构对受援国提出经济改革或政策要求，如加大政策紧缩力度、加快政策实施节奏，引发社会中低层民众强烈不满，导致社会矛盾爆发。

四　拉美“乱局”对拉美国际关系的影响

拉美爆发的这一轮“乱局”是地区范围内的综合性问题，并非简单的一国政治或社会问题，其中反映出的各类矛盾错综复杂、相互交织且相对集中爆发，涉及经济、社会、内政、外交等诸多方面。

例如，厄瓜多尔骚乱不仅影响到国内政局稳定，而且影响到厄瓜多尔与美国、国际货币基金组织等达成的经济调整政策能否顺利执行，美国能否稳住厄瓜多尔这一战略支点国家，将影响美国对拉美的外交布局。智利社会骚乱产生了全球性影响，导致智利取消举办 APEC 峰会及联合国气候变化大会，直接影响到全球和亚太地区重大议程。玻利维亚大选不仅关系到玻利维亚国内左翼和右翼力量格局对比，而且也关系到地区左翼和右翼版图的变化，尤其在阿根廷左翼赢得大选后，玻利维亚选情显得格外重要。美国一直高度关注玻利维亚大选局势，并以多种方式和渠道对玻利维亚施加政治影响。

综上来看，拉美乱局折射出地区面临的深刻复杂矛盾，这仅仅是拉美发展历史进程的阶段性、暂时性现象，应科学、客观、辩证地看待现阶段拉美地区所处的历史方位以及前进的历史方向。未来一段时间，拉美形势演变将面临以下影响因素，值得密切关注。

其一，外部不确定、不稳定、不可预测因素增多。一是来自全球格局复杂调整的冲击。全球增长格局、大国关系调整及域内国家关系磨合均将持续对拉美的经济增长、经贸关系及外交关系产生重大影响。二是大国关系张力传导。无论是拉美大国，还是地区中小国家普遍感受到来自国际格局演变、大国博弈及战略竞争的张力或压力。三是跨区域合作前景不甚明朗。无论在大西洋方向上，还是在太平洋方向上，多受外部因素影响或掣肘，拉美国家推动跨区域合作议程或将面临较多不确定性和阻力。四是全球保守主义一时难以缓解。拉美国家坚持多边主义、维护多边贸易体制、维护本国金融安全及加强债务治理等领域将面临更多新挑战。

其二，民主体制面临巩固和改革新挑战。拉美民主政治体制较为完善，民主、自由、人权等价值观深入人心。首先，地区国家普遍支持并承诺维护地区稳定和民主秩序，谴责超越民主界限的社会暴力行为。其次，国际和地区组织成为维护域内民主秩序的重要力量。厄瓜多尔、智利、玻利维亚等国的国内政治力量纷纷向美洲国家组织寻求政治支持。联合国人权理事会、美洲国家组织等主动介入厄瓜多尔、智利、玻利维亚等国，调查评估这些国家的人权状况。最后，针对多国出现的破坏性社会骚乱，依靠民主体制框架化解国内和地区矛盾仍是拉美国家解决问题的基本方法，如智利、秘鲁等国谋划推动宪法、司法等领域改革，以继续完善民主体制。

其三，改革和治理面临更多外部诱导性影响。目前，拉美国家的政策焦虑感普遍上升，内部压力正倒逼推动新一轮结构性改革，多国希冀在财政、金融、医疗、劳工、养老金、教育等领域的改革取得进展。一方面，拉美多国寻求改革和治理新模式。目前，墨西哥、智利已加入经济合作与发展组织，哥伦比亚已通过资格申请，巴西、阿根廷、秘鲁、哥斯达黎加等多国正谋求加入，以寻求新的经济治理和改革模式；另一方面，外部力量不断对拉美国家改革议程施加诱导性影响，如特朗普政府大力支持巴西、哥伦比亚等国加入经济合作与发展组织，国际货币基金组织对厄瓜多尔、阿根廷政策调整的影响。由于拉美多国债务金融稳定压力上升，未来一段时间，美国、国际货币基金组织、世界银行等国际金融机构将对拉美施加更多政策影响。

其四，域内格局调整和重构面临更多内部挑战。未来一段时间，拉美国家政策将更加倾向内顾，内政议程将占据主导地位，对外政策目标更倾向服务国内政策。一是在国别层面，秘鲁、玻利维亚政局仍处于过渡期。一国内部政治矛盾或冲突也有向邻国或域内扩大的可能。如莫拉莱斯总统赴墨西哥、阿根廷寻求政治避难，引发两国同玻利维亚临时政府关系紧张。二是在地区层面，左翼和右翼之间的矛盾仍会持续。委内瑞拉问题将继续成为地区焦点，将面临更多右翼国家压力。三是在一体化进展方面，拉美地区一体化遭遇挫折，南美国家联盟解体，拉美和加勒比国家共同体建设陷入低潮，南方共同市场改革举步维艰。

其五，美国极力重振西半球霸权。特朗普政府试图重振美国主导的美洲体系问题，旨在重振美国的西半球霸权。美国加快对拉美战略布局，确保对拉美政策能够服务美国内外政策议程，不断加快对拉美政策节奏，更加重视谋划国别布局，地区大国与中小国家并重，重新规划对拉美政策重点领域。例如，力争将厄瓜多尔、乌拉圭、玻利维亚等国打造为美国在拉美地区的新盟友；更加强调美国同拉美国家在非传统安全、反恐等安全领域的合作；推出“美洲增长”倡议，加大对拉美投入。美国利用美洲国家组织、国际货币基金组织、美洲开发银行等国际机构对拉美施加更多政治和政策影响。美国蓄意将拉美地区左翼和右翼矛盾推升为地区主要矛盾，极力排挤域外大国在拉美的影响力。

（谌园庭　审读）

国别和地区

National and Regional Report

Y.9
巴西：政策调整明显，外交面临尴尬

周志伟*

摘　要： 2019年，博索纳罗政府的政策调整较为明显。在政治领域，博索纳罗退出社会自由党将给巴西政党力量格局带来新变数，政治极化很有可能得到延续。在经济领域，很多改革议程得到启动，特别是养老金改革的通过、私有化的推进有助于巴西政府缓解财政危机，这将为经济恢复提供更大的空间。在社会领域，博索纳罗政府在公共安全、教育议题上的做法引起较大争议，贫困问题也有所加剧，但民众的不满情绪基本处在可控范畴。在外交层面，博索纳罗的意识形态偏好体现得较明显，与美国的政策联动有所加强；中巴合作维持良好态势，中国的重要性在多个层面都有所体现。

* 周志伟，中国社会科学院拉丁美洲研究所国际关系研究室副主任、研究员，巴西研究中心执行主任。

关键词： 巴西　政治极化　经济复苏　亚马孙火灾　战略伙伴对话

2019 年是博索纳罗总统执政的第一年，从政策层面来看，各领域均出现调整迹象。在政治领域，政党力量的消长演变引人注目，也给 2020 年地方选举带来了新的看点。在经济领域，博索纳罗政府展示了力推改革的决心，养老金改革获得通过，其他多项改革方案也逐渐提上议事日程。但受新型冠状病毒肺炎疫情（以下简称“疫情”）的影响，经济改革进程被迫中断，市场大幅下调 2020 年巴西经济增长预期。在社会领域，巴西当局削减公共开支的做法备受争议，而前几年的经济不振也使贫困问题在一定程度上加剧。疫情有可能进一步加剧巴西的社会矛盾，社会形势面临更大的不确定性。在外交领域，经济外交成为巴西对外政策的优先选择，而地区主义、多边主义、南南合作等内容被明显弱化，意识形态色彩则得到较为充分的体现。在中美竞争的局面下，博索纳罗政府总体面临着对美意识形态偏好与对华经贸依赖之间的尴尬局面。

一　政治形势

尽管博索纳罗执政使 2016 年以来的政治危机暂告段落，但是巴西政治力量的消长及重构仍是当前巴西政局的重要看点。一方面，在 2018 年大选中崛起的社会自由党利用传统政党走衰的局面延续上升趋势，但是对该党主导权的争夺最终造成博索纳罗总统另立新党；另一方面，传统政党的衰落与社会自由党的崛起使中间政党变得强势，这些政党在一定程度上成为影响博索纳罗执政的“调节阀”，通过议会渠道控制着巴西当局的政策节奏。此外，在 2016 年政治危机中受到重创的劳工党及其他左翼政党仍较活跃，前总统卢拉暂时出狱有可能对巴西政治生态走向产生一定的“溢出效应”。

在 2018 年大选中，博索纳罗与社会自由党实现了联合崛起，并改写了巴西自1994年以来由社会民主党和劳工党轮流主政的局面，政党力量格局呈现出深度调整的态势。新政府就职后，针对社会自由党的主导权，博索纳罗总统与社会自由党主席卢西亚诺·比瓦尔（Luciano Bivar）之间的矛盾便浮出水面，受此影响，社会自由党内部分化为两派。事实上，博索纳罗在2018年选举前加入社会自由党时就遭到该党部分派别[①]的强烈抵制。博索纳罗与比瓦尔之间的矛盾表面上体现为党内权力争斗，实际上潜藏多层含义。第一，2018年选举胜利原因的界定问题，是“博索纳罗成就社会自由党”，还是“社会自由党成就博索纳罗”？这一问题关系到下一阶段是突出博索纳罗总统的个人魅力，还是强化社会自由党极右的意识形态理念。第二，博索纳罗总统家人干涉党内、内阁事务的做法以及博索纳罗总统涉嫌裙带关系的人事安排引起社会自由党“元老派”的不满。2019年10月，社会自由党在众议院的党团领袖改选是“元老派”与“亲总统派”斗争的直接体现。博索纳罗总统的儿子爱德华多·博索纳罗（Eduardo Bolsonaro）取代原党团领袖德利加多·瓦尔迪尔（Delegado Valdir）的选举结果反映出“亲总统派”已占上风的局面。第三，博索纳罗总统想与社会自由党的涉腐嫌疑划清界限。在2018年选举中，社会自由党涉嫌伪造候选人骗取联邦选举资金。此事曝光后不仅直接造成该党核心人物古斯塔沃·贝比亚诺（Gustavo Bebianno）辞去总统府秘书长职位，而且党主席比瓦尔也面临联邦警察的调查。为避免受此事牵连，博索纳罗总统采取尽快划清界限的态度。博索纳罗还要求对社会自由党的账户进行审计，这导致党内两派彻底决裂。11月19日，博索纳罗正式宣布退出社会自由党，宣布创立新政党巴西联盟（Aliança pelo Brasil，APB），跟随博索纳罗退出社会自由党的议员超过30位，超半数议员的流失直接使社会自由党从众议院的第二大党降至排名倒数行列，议会中的政党力量格局将再次发生变化。根据联邦最高选举法院的规定，新政党的成立必须获得最近一次众议

① 以社会自由党主席卢西亚诺·比瓦尔儿子塞尔吉奥·比瓦尔（Sergio Bivar）为首的自由派认为博索纳罗加盟社会自由党违背该党“建设现代、透明和廉洁政党”的宗旨。博索纳罗加入社会自由党的当日，该派成员即宣布脱离该党。

院选举有效票总数的 0.5%，根据 2018 年 10 月众议院选举有效票核算，新政党须在不少于 9 个州中获得至少 491967 人联合署名。目前，博索纳罗收集的电子署名的有效性须经联邦最高选举法院最后裁决。如果电子署名有效，博索纳罗成立的新党巴西联盟就有机会参与 2020 年地方选举，否则需要收集足够数量的亲笔署名后才能算作合法新政党，这样的话，巴西联盟就不能参与 2020 年的地方选举，而这种结果对于意在 2022 年谋求连任的博索纳罗而言自然不利。

与社会自由党分裂相比，中间党团在议会中的影响力明显增强。从巴西议会政党构成来看，左翼政党①都属于反对党，在众议院全部政党（26 个）中，有 11 个政党属于中间党团，其总议席数量达到 270 个，占众议院总议席（513 个）的 52.6%，中间政党的力量达到了 1985 年再民主化以来的最大规模。② 具体来看，中间党团主要有民主党、进步党、自由党、共和党、民主运动、民主社会党等。特别值得关注的是，民主党把持着参众两院院长席位。很显然，中间党团可以起到控制巴西当局执政节奏的关键作用。中间党团在众议院的领袖阿瑟·利拉（Arthur Lira）就明确表示，没有中间党团的支持，改革方案不可能在众议院过关。③ 事实上，府院关系在 2019 年的发展并不顺畅，博索纳罗总统及其家属与众议院主席罗德里戈·马亚（Rodrigo Maia）有过激烈交锋，最终在副总统汉密尔顿·莫朗（Hamilton Mourão）的调停下才趋于缓和。另外，2019 年，政府共向议会递交 39 项临时法案，只有 9 项在议会中获得通过，与前几届政府首年执政的通过率有较大差距（见表 1），充分反映出巴西当局在议会上缺乏足够的票仓，也反映出强势的中间党团能够影响博索纳罗政府的执政节奏。

---

① 包括劳工党、巴西社会党、民主工党、巴西共产党、绿党、社会主义自由党、网络党。

② "Em 30 anos, base fraca dos governos fortalece o Centrão," *O Estado de Sao Paulo*, 8 de junho de 2019.

③ Guilherme Maziero e Danielle Brant, "Líder do centrão, Lira diz que governo Bolsonaro tem articulação nula," *Folha de São Paulo*, 6 de dezembro de 2019.

表 1　最近几届政府执政首年临时法案在议会获批情况

政府	提交数量(个)	获通过数量(个)	通过率(%)
卢拉第一任期	40	26	65
卢拉第二任期	61	43	70
罗塞夫第一任期	31	12	39
罗塞夫第二任期	33	13	39
博索纳罗	39	9	23

资料来源：Congresso Nacional，https：//www. congressonacional. leg. br/。

2019 年，左翼政党同样出现了新动态。11 月 7 日，巴西最高法院投票表决，以 6 票支持、5 票反对裁定已定罪的罪犯在所有上诉手段使用完后才能入狱服刑，此判决使前总统卢拉直接受益。11 月 8 日，卢拉获批出狱，暂时结束自 2018 年 4 月以来的牢狱生活。作为巴西（乃至拉美地区）最有号召力的左翼领袖，卢拉的出狱使 2018 年大选期间的政治对立再次激化。有分析认为，卢拉的出狱有助于左翼恢复势力，加上博索纳罗退出社会自由党，劳工党有望在 2020 年地方选举中重新崛起。[①]

在执政的首个年份，博索纳罗政府内阁要职人员变动较为频繁。2019 年前 6 个月，博索纳罗总统相继解职了 3 位部长，进行了 26 次内阁要员更换。[②] 2020 年初的疫情暴发进一步加剧了内阁矛盾，两任卫生部长和司法部长相继离职。两位卫生部长的离职使巴西的疫情防控局面更加混乱，而司法部长莫罗的辞职则让博索纳罗更为被动。针对莫罗提出的"总统干涉警方调查"的指控，巴西最高法院已启动对博索纳罗的调查，这也增加了巴西政局走势的不确定性。在这种局面下，博索纳罗将更加依赖军方势力及中间党团。

从民调结果来看，博索纳罗政府的首年执政面临较大争议。对总统本人持"很好/好"态度的占比基本维持在 30% 的水平，而持"差/很差"态度

① Rodolfo Costa, "Saída de Lula da prisão aumenta o clima de polarização política no país," *Correio Braziliense*, 9 de novembro de 2019.

② Carolina Cruz, "Bolsonaro completa semetre com instabilidade na equipe," *Jornal Destak*, 8 de julho de 2019, https：//www. destakjornal. com. br/brasil/politica/detalhe/bolsonaro – completa – semestre – com – instabilidade – na – equipe？ ref = DET_ relacionadas_ politica.

的占比处于30%~40%，认为“一般”的占比也处于30%的水平，三种立场基本处于均势（见图1）。但是，从对博索纳罗总统的信任度来看，19%的民众持“一贯信任”态度，37%的民众持“有时信任”态度，而表示“从不信任”的比重则高达43%。对于博索纳罗总统未来的执政预期，持“看好”态度的占比从2019年初的59%降至年底的43%，而持“看衰”态度的占比则从23%升至32%。对于巴西的海外形象，认为“变好”的比重约为31%，认为“变差”的占比则达到了39%。从具体领域来看，民众在医疗、就业、反贫议题上对博索纳罗政府的认可度最低，在科技、反腐议题上的满意度相对较高。①

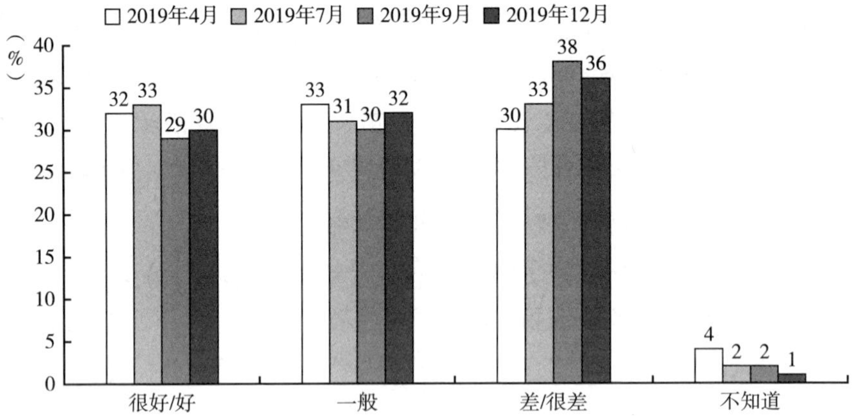

图1　民众对博索纳罗总统的评估态度

资料来源：Instituto Datafolha, *Relatório*: *Avaliação do Presidente Jair Bolsonaro*, Dezembro de 2019。

从Datafolha的另一项调查②来看，在最值得信赖的政客中，现任司法部长莫罗高居榜首，对其持“非常信任”态度的民众占比达33%。前总统卢拉和现任总统博索纳罗分别居第2位、第3位，对二人持“非常信任”态度的

① Instituto Datafolha, *Relatório*: *Avaliação do Presidente Jair Bolsonaro*, Dezembro de 2019.

② Instituto Datafolha, *Relatório*: *Personalidades*, Dezembro de 2019.

民众占比分别为30%和22%。另外，在这项调查中，从低信任度来看，莫罗（42%）同样处于最有利的位置，卢拉（53%）和博索纳罗（55%）同样分别排名第2位、第3位。调查结果反映出巴西社会政治立场的“极化”现象，尤其在“卢拉腐败案”问题上，莫罗和卢拉两者完全属于对立关系，但从民调来看，二人恰恰是巴西公民最信任的政客，但卢拉与莫罗的差距非常微小。另外，从群体特征分析，富裕阶层和60岁以上群体中信任莫罗的占比分别为54%和46%，而信任卢拉的群体则以东北部地区（49%）和基础教育程度群体（46%）为主，这也反映出巴西社会“极化”既体现在收入水平层面，也体现在年龄、教育、地域等层面，充分说明了巴西两极分化的严重程度。

总体来看，博索纳罗政府的开局不佳，属于自1985年巴西政治转型以来各届政府的最差开局，民众的态度从最初的“期待”变为“不满”。但是，上述调查也反映出另一个问题，即巴西社会对博索纳罗政府维持着不错耐心，特别是看好博索纳罗剩余任期的比重相对较高，这也为巴西当局创造了相对不错的执政环境。

二 经济形势①

2019年，巴西经济延续缓慢复苏的态势，增长率约为1%，比上两年1.3%的增速略有放缓。就业情况虽有改善迹象，但前3个季度的失业率仍然保持在11.9%的高位，失业人数约为1250万人。通货膨胀维持低位，截至2019年10月，通胀率保持在2.5%的较低水平。贸易表现总体较为平淡，前10个月出口下降6.4%，进口也出现了2.1%的萎缩。尽管实现411亿美元顺差，但同比下降了20.3%。外资在前10个月的流入量约为608亿美元，经常项目赤字占GDP的比重从2018年底的2.2%升至3.0%。国际储备维持稳定，规模约为3760亿美元。

① 本节数据除特别标注外均来源于CEPAL，*Balance Preliminar de las Economías de América Latina y el Caribe*，Naciones Unidas，Santiago，2019。

表 2　巴西主要宏观经济数据（2017～2019 年）

年份	2017	2018	2019[a]
年变化率(%)			
GDP	1.3	1.3	1.0
人均 GDP	0.5	0.5	0.3
消费者物价指数	2.9	3.7	2.5[b]
实际平均工资[c]	2.4	0.4	-0.7[d]
货币量(M1)	4.4	8.3	4.6[d]
实际汇率[e]	-8.6	11.5	0.5[d]
贸易价格比率[f]	5.8	-2.1	0.4
年均百分率(%)			
城市公开失业	12.7	12.3	12.0
国际收支/GDP	-7.7	-7.3	-6.4
名义被动利率[g]	6.8	6.2	6.2[d]
名义主动利率[h]	49.9	45.1	44.2[d]
百万美元			
货物和服务出口	252547	274977	256791
货物和服务进口	226515	257663	253663
经常账户	-15015	-21946	-41925
资本和金融账户[i]	20107	24874	28925
国际收支	5093	2928	-13000

注：a. 预测值；b. 截至 10 月的数据；c. 指受社会和劳工法律保护的私营部门就业者的实际平均工资；d. 截至 9 月的数据；e. 负值表示实际升值，指全球实际有效汇率；f. 联合国拉美经委会经济发展司核算；g. 名义储蓄利率；h. 贷款利率；i. 含误差。

资料来源：CEPAL, *Balance Preliminar de las Economías de América Latina y el Caribe*, Naciones Unidas, Santiago, 2019。

博索纳罗总统上任以后，为了实现财政减负的目标，对经济政策做了一些积极调整，如加大财政改革力度，减少对生产活动的法律和制度限制，推进国有企业改革，削减公共财政支出。此外，由于通胀在低位运行，加上经济持续低迷，巴西中央银行在 2019 年连续 4 次调低基准利率，到 12 月基准利率降至 4.5%，创下了历史最低。巴西货币雷亚尔呈现出持续贬值的趋势，2019 年 11 月美元兑雷亚尔的汇率升至 1∶4.23，雷亚尔的币值也创下了自 1994 年以来的最低值。

养老金改革是巴西政府在2019年着力推进的改革议题，其核心内容包括实现养老金体系的统一、调整退休年龄和缴费年限。根据预测，此项改革能在未来几年给巴西政府节省约2000亿美元。为改变财政不断恶化的趋势，巴西新政府努力降低公共部门财政赤字，将赤字规模从2018年的1390亿雷亚尔减少至1000亿雷亚尔，约占GDP的1.5%。受深海石油区块拍卖的影响，财政收入约实现4.9%的增长；财政支出则受到政府的严格控制，尤其是非必要支出项目，截至2019年10月，财政支出约为1170亿雷亚尔，为2009年以来的最低水平。

尽管养老金改革最终在2019年10月在议会通过，但是养老金赤字规模依然增加了，2019年10月达到1810亿雷亚尔，比2018年同期增长3.1%。2019年10月，公共债务总额占GDP的比重从2018年12月的77.2%升至2019年10月的78.3%。公共部门名义赤字占GDP的比重约为6.44%，比2018年同期的7.14%略有下降，原因主要是利息支付占GDP的比重从2018年前10个月的5.6%下降至5.1%。

2019年，巴西货币政策最大的亮点在于利率的连续下调。2019年12月，巴西央行进行了年内第4次降息操作，基准利率进一步调低至4.5%，为近50年的最低利率水平。利率维持下降趋势来自正反两个因素：其一，通货膨胀保持低位；其二，经济持续低迷。

受利率下行的刺激，巴西信贷市场活跃程度总体提高。2019年前10个月，信贷额同比实现3.5%的增长。相比而言，个人信贷增幅明显，达到8.9%，企业信贷则萎缩了3.1%，其中，巴西国家开发银行在2019年10月向企业的放贷量就比2018年底减少了10.8%。总体来看，2019年10月的基础货币量比2018年12月减少了3.3%。

汇率方面，由于外国投资者出售巴西公司股票和债券，巴西外汇在2019年前10个月共流出350亿美元，同比增长65.9%。受此影响，雷亚尔贬值明显。2019年初，美元兑雷亚尔的汇率约为1∶3.76，2019年11月则升至1∶4.23。

外贸方面，2019年1～11月，巴西进口规模约为1648亿美元，同比减少2.1%。其中，资本货进口降幅为12.6%，燃料进口下降4.2%，耐用消费品降幅则高达17.1%。同期，出口总额约为2058亿美元，同比下降6.4%。其中，制成品出口约下降9.8%，半制成品出口下降5.8%，而基础产品降幅最小，仅为1.2%。尤其值得关注的是，受阿根廷经济的连累，巴西汽车出口额2019年前11个月的同比降幅高达29.4%，而巴西对阿根廷的总出口降幅达到36.7%。中巴双边贸易也出现小幅下降，其中，2019年前11个月巴西对华大豆出口下降23.8%。但是巴西对华肉类产品出口呈现出强劲增势，如牛肉出口增幅达59.8%，猪肉出口也实现了46.1%的增长，对华贸易实现250亿美元的顺差。对美贸易方面，巴西自美国进口实现了6.9%的增长，巴西在2019年前11个月依然维持小额逆差（10亿美元）。

2019年，南方共同市场与欧盟以及欧洲自由贸易联盟达成的自由贸易协定是巴西在对外经济关系方面实现的突破。虽然上述协定还有待各国议会的最终批准，并且协定也对巴西的生产、卫生、环保等方面提出更高的行业标准，但也为巴西加强与欧洲地区的经贸合作提供了更便利的制度环境，尤其是扩大巴西基础产品、工业制成品对欧洲的出口。

国际收支方面，截至2019年10月，巴西经常项目赤字规模约为457亿美元，约占GDP的3.0%，比2018年同期的323亿美元有较大幅度的提高，原因主要在于货物贸易顺差同比减少了143亿美元。金融账户方面，外国直接投资在前10个月达到621亿美元，略高于2018年同期的608亿美元。外债规模保持相对稳定，2019年10月约为3268亿美元，比2018年底的3206亿美元有小幅增长。

劳动力市场的活跃度有所提高，2019年前10个月新增正规就业岗位84.15万个，同比增长6.1%。从具体行业来看，服务业新增就业数量达36.44万个，贸易部门就业数量增加了12.68万个。建筑业的就业贡献相对较大，新增就业数量同比增长6.3%，农牧业、矿业、制造业则分别增长了5.0%、3.4%和2.1%。另据统计，2019年前3个季度，实际平均工资水平约为2223雷亚尔，同比减少了0.31%。

受疫情影响，2020年巴西经济面临大幅萎缩的挑战。国际货币基金组织、联合国拉美经委会和世界银行对巴西经济增长的预测值分别为 -5.3%、-5.2% 和 -5%。巴西政府的预测值[①]则更为悲观，GDP 萎缩幅度将达 5.89%，通货膨胀率约为 1.57%，基准利率将进一步下行至 2.25%，雷亚尔兑美元的汇率将贬值至 5.4∶1 的水平，公共部门债务净额占 GDP 的比重将升至 64.05%，初级财政赤字占 GDP 的比重也将增长 8%。

三　社会形势

与拉美多个邻国相比，2019 年巴西的社会形势较为稳定和可控。但博索纳罗政府在教育、公共安全等领域的政策操作引起较大争议。2019 年的森林火灾也引起了巴西国内外的广泛关注，新政府的环境政策将面临更大压力。另外，巴西的贫困问题依然严峻，赤贫率有所上升。特别是在疫情加剧的局面下，巴西面临失业率和贫困率“双升”的严峻挑战，社会局势存在更大的不确定性。

自执政以来，博索纳罗政府便在公共安全领域做出了政策调整，基本兑现了他在 2018 年大选中所提出的“以暴制暴”口号。1 月，博索纳罗总统签署行政令，放宽公民持枪限制，通过联邦警察审核后的公民可在住宅内装备最多 4 把枪支，枪支登记有效期由 5 年延长至 10 年。5 月，博索纳罗再签行政令，将合法持枪者购买弹药的数量上限提高至每年 5000 发，而之前的上限是每年 50 发，士兵、警察、猎人所使用的弹药和其他一些类别的弹药数量由巴西军方自行决定；大口径和半自动武器弹药的购买数量也可以达到 1000 发。但是，从民调结果来看，73% 的民众反对放宽枪支管制的做法，仅有 26% 的民众支持总统的决定。[②] 可以看出，博索纳罗总统在枪支管制上的立场是不符合大多数民意的。在教育方面，巴西教育部于 2019 年 4 月宣布因财政困难削减 30% 非强制性预算开支，涉及 63 所联邦大学和 38 家其

---

① Banco Central do Brasil, *Focus*: *Relatório de Mercado*, 22 de maio de 2020.

② Ibope, *Pesquisa de Opinião Pública sobre Flexibilização da Posse de Armas*, Março de 2019, p. 9.

他教育机构，此举引发了全国范围的多次高校罢工。[①]

博索纳罗政府的环境政策同样备受争议，尤其是亚马孙火灾更是折射出巴西新政府对气候政策的忽视。根据巴西国家空间研究所（INPE）的统计数据，2019 年巴西森林火灾面积达 31.8 万平方千米，比 2018 年增加了 86%，成为最近 10 年来森林火灾面积第三大的年份，仅次于 2012 年（39.1 万平方千米）和 2015 年（35.4 万平方千米）。从监控的六大林区来看，亚马孙地区毁林面积约为 7.3 万平方千米，同比增长 68%。从毁林面积来看，亚马孙地区不及潘塔纳尔湿地（Pantanal）、塞拉多林区（Cerrado）、卡廷加林区（Caatinga）；从火灾增速来看，亚马孙地区也不及潘塔纳尔湿地（573%）、潘帕林区（127%）、卡廷加林区（118%）和塞拉多林区（74%）。从亚马孙地区的火灾数量来看，2019 年共发生 89178 起，同比增加了 30%，火灾数量在最近 10 年仅次于 2017 年的 107439 起和 2015 年的 106438 起（见图 2）。巴西生物学家罗慕洛·巴蒂斯塔（Rômulo Batista）认为，巴西森林火灾之所以引起国际关注，主要是因为 2019 年并非厄尔尼诺现象特别典型的年份。巴西当局在气候政策方面缺乏热情，除了环境部预算被削减以外，政府应对森林火灾和毁林的主动性严重不足。世界自然基金会巴西分部分析师卡西欧·贝纳尔迪诺（Cássio Bernardino）指出，虽然不排除自然起火因素，但从监测数据来看，人为因素占比很大，因为多数着火点都靠近公路和居住点，不排除退林还耕引起火灾的可能性，也体现出政府缺乏严厉的环境监管。[②] 在亚马孙火灾发生后，博索纳罗政府受到来自国内外的多重压力。

近年来，巴西贫困问题没有太明显的改善。根据巴西地理统计局（IBGE）公布的数据，2018 年巴西的贫困人口数量约为 5250 万人，贫困率

---

① Luiz Calcagno, "Corte geral de 30% nos orçamentos das universidades federais," *Correio Braziliense*, 1 de maio de 2019.

② Carlos Madeiro, "Área queimada quase dobra no Brasil em 2019, e equivale a SP e RJ juntos," UOL, 14 de fevereiro de 2019, https://noticias.uol.com.br/meio-ambiente/ultimas-noticias/redacao/2020/01/14/queimada-cresce-brasil-2019.htm.

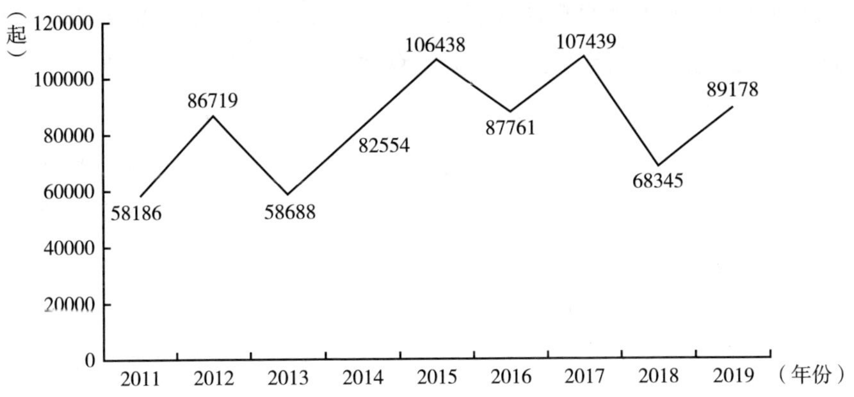

图 2　亚马孙地区火灾数量情况

资料来源：Instituto Nacional de Pesquisas Espaciais，http：//www. inpe. br/。

约为 25. 3%，比 2017 年的 26. 5% 略有回落，但较 2014 年的 22. 8% 的最低值仍有较大距离。另外，巴西贫困人口具有很强的种族差异性，黑色及黑白混血种族占全国贫困人口的比例高达 72. 7%。与此同时，巴西的赤贫人口（日收入不足 1. 9 美元）规模将近 1350 万人，约占全国总人口的 6. 5%，创下了 2012 年以来的最高值。与 2017 年相比，2018 年巴西的赤贫人口数量大约增加了 20 万。值得关注的是，15 ~ 29 岁的未就学且未就业人口高达 240 万人，占该年龄群体总规模的 23%。①

四　外交形势

2019 年，巴西外交调整幅度较大，经济外交成为巴西新政府外交的优先安排。比较而言，南南合作与多边外交在巴西对外政策中的重要性有所降低。巴西与美国之间保持多层级的互动往来，两国外交联动、配合迹象明显。中巴关系改善，博索纳罗政府对华态度更趋于务实，双边合作也得到了较好的延续。

① IBGE, *Pesquisa Nacional por Amostra de Domicílio Contínua*, Rio de janeiro de 2019.

巴西外交调整的最直接体现在于地区层面，总体呈现出从“纠左”向“极右”的变化趋势。第一，与邻国左翼政府划清界限，体现出与左翼劳工党执政时期完全相反的意识形态偏好。首先，拒绝邀请古巴、委内瑞拉、尼加拉瓜等左翼拉美国家参加总统就职典礼。其次，博索纳罗总统明确表示承认委内瑞拉反对派领导人胡安·瓜伊多作为“临时总统”的合法性，并与利马集团其他成员国一道向马杜罗政府施压，否认马杜罗政府的合法性。巴西支持利马集团对委内瑞拉马杜罗政府官员采取制裁手段，冻结他们在利马集团成员国的资产，停止与委内瑞拉的军事合作。博索纳罗总统甚至表示不排除允许美国借道巴西对委内瑞拉采取军事干预，但军方的反对最终迫使博索纳罗总统撤回“武力干涉委内瑞拉”的立场。对于阿根廷选举左翼获胜的结果，博索纳罗甚至做出“阿根廷是下一个委内瑞拉”“如阿根廷左翼获胜，巴西或退出南共市”等表态。从目前来看，作为地区大国的巴西改变以往“协调国”的身份，成为意识形态对立、矛盾激化的核心要素，而这种局面有可能会使拉美（尤其是南美）陷入更加混乱的局面。

第二，强化与美国的伙伴关系，多个双边合作机制激活。2019 年，巴美两国保持高频率的高层往来。2019 年 3 月，博索纳罗总统访问美国，改变了巴西新任总统首访阿根廷的外交传统。博索纳罗的主动示好得到了美国的积极回应，特朗普宣布授予巴西“非北约主要盟国”地位，邀请巴西加入经合组织。博索纳罗还秘密访问了美国中央情报局，此举被解读为“屈从美国”① 的政策信号。此外，博索纳罗明确表示支持特朗普在美墨边境修建隔离墙，单方面给予美国游客免签待遇，对每年从美国进口的 75 万吨小麦实行免关税配额，向美国提供巴西北部马拉尼昂州的阿尔坎塔拉火箭发射基地，允许美国波音公司收购巴西航空工业公司（Embraer），建立 1 亿美元的亚马孙基金，等等。6 月，G20 大阪峰会期间，巴美总统会

① “Visita à CIA expõe submissão de Bolsonaro aos interesses dos Estados Unidos,” Rede Brasil Atual, 9 de março de 2019, https://www.redebrasilatual.com.br/politica/2019/03/visita-a-cia-expoe-submissao-de-bolsonaro-aos-interesses-dos-estados-unidos/.

晤气氛融洽。此外，7 月 4 日，博索纳罗亲自赴美国驻巴西大使馆参加美国国庆日，此举被巴西各界视为“极罕见举动”，体现了巴西当局“主动示好美国”的姿态。2019 年 9 月，美巴两国启动“战略伙伴对话”机制，该机制被定位为强化两国关系的核心平台，下设三个层级的双边对话，分别为支持民主治理、实现经济繁荣、强化安全和防务合作。10 月，“美巴政治 - 军事对话”启动，旨在强化双边防务与安全合作、防务贸易和维和行动。此外，10 月召开“美巴能源论坛”，11 月重启“美巴科技合作联合委员会”，11 月召开“美巴 CEO 论坛”，等等。在国际事务上，巴美两国的政策配合同样清晰。对于世界贸易组织改革，巴西放弃发展中国家特殊差别待遇原则，一方面旨在加入经合组织，另一方面实际起到帮助美国施压新兴大国的作用；在气候治理上，巴美同样采取“回避”态度，美国则通过设立巴美双边的“亚马孙基金”回应巴西的联动配合；在伊朗问题上，博索纳罗总统公开支持美国实施的军事打击，与当年巴西积极调停伊核危机的做法完全不同。

2019 年，巴西与以色列的关系进展显著。2019 年元旦，博索纳罗邀请以色列总理内塔尼亚胡参加就职典礼，承诺将落实使馆迁址耶路撒冷；3 月 31 日至 4 月 2 日，博索纳罗访问以色列。博索纳罗宣布将在耶路撒冷设立贸易办事处，两国还签署了科技、防务、公共安全、民航、网络安全、医疗等多个领域的合作协议。12 月，博索纳罗总统的儿子爱德华多以众议院国际事务和国防委员会主席身份访问以色列，参加巴西驻以色列贸易办事处在耶路撒冷的揭牌仪式，并承诺在 2020 年将驻以色列大使馆迁往耶路撒冷。另外，2019 年巴西与以色列的双边贸易增长显著，1 ~ 11 月巴西对以色列出口增长了 18.4%，从以色列进口增长了 5.3%，两国双边贸易规模为 146.5 亿美元，巴西的贸易逆差则高达 77 亿美元。①

2019 年 6 月，南方共同市场与欧盟就签署自由贸易协定达成一致，这

---

① 巴西经济部统计数据，Ministério da Economia，http://www.mdic.gov.br/balanca/mes/2019/BCP056A.xlsx。

算是巴西外交的重大突破。根据巴西经济部预测，未来15年，该协定有望令巴西国内生产总值增加875亿美元。但是，协定达成后不久，博索纳罗与法国总统马克龙针对亚马孙火灾进行了激烈交锋，这不仅为欧盟各国表决自由贸易协定增加了不确定性，而且巴西部分原料也受到了多家跨国企业的抵制。尽管如此，与欧盟自由贸易协定谈判的结束标志着巴西贸易政策的调整，市场开放和融入全球价值链成为当前巴西外贸政策的重要内容。不仅如此，巴西也提出继续推进与美国、韩国、日本、澳大利亚、新西兰等国的贸易谈判。但是，由于南方共同市场存在对外集体谈判原则的限制，随着阿根廷左翼重新执政，南方共同市场下一阶段的贸易安排面临较大挑战。

2019年，巴西与中国关系同样引人注目。首先，2019年是中巴两国建交45周年，两国领导人实现了互访。10月，博索纳罗对中国进行国事访问；11月，习近平主席赴巴西参加金砖国家第11次首脑会晤。国家领导人的互访不仅加深了两国的相互了解，而且也传递了各自对中巴双边合作期待的信息。其次，两国高层和民间交往非常密切。5月，巴西农业部长特蕾莎、副总统莫朗先后访问中国，尤其是莫朗的来访使中国-巴西高层协调与合作委员会得到重启，也传递了巴西新政府强化与中国合作的政策信号。访华期间，莫朗副总统多次谈到中国对巴西经济发展的重要性，如巴西期待参与共建“一带一路”、坚持在5G技术领域与华为的合作、扩大对华产品出口、欢迎中国加大对巴西投资、延续与中国在国际多边合作机制中的协作等。此外，巴西多个地方政府纷纷来华访问，加大了对华招商引资的政策力度。中国国务委员兼外交部部长王毅于7月访问巴西，与巴西外长阿劳若举行第3次中巴外长级全面战略对话。在与博索纳罗总统会谈中，国务委员兼外交部部长王毅表达了中国对中巴合作的信心，提出“推动中巴关系再上新台阶，将两国合作打造为中拉合作、新兴市场合作和南南合作的典范”。①

① 《巴西总统博索纳罗会见王毅》，中国政府网，2019年7月26日，http://www.gov.cn/guowuyuan/2019-07/26/content_5415664.htm。

再次，中巴两国联合研制的地球资源卫星 4A（CBERS－4A）在 2019 年 12 月发射成功，这也是自中国与巴西在 1988 年达成卫星合作项目以来，中国为巴西发射的第 6 颗应用遥感资源卫星，被誉为“南南高科技合作的典范”。

2019 年，中巴双边贸易保持稳定。据中国海关总署统计，2019 年巴西与中国双边货物进出口额为 1153.3 亿美元，增长 3.7%。其中，巴西对中国出口 798 亿美元，增长 2.9%；巴西自中国进口 355.3 亿美元，增长 5.5%，巴西与中国的贸易顺差高达 442.7 亿美元。[①] 中国作为巴西第一大贸易伙伴、第一大出口市场、第一大进口来源国的地位非常稳固，比如巴西对华出口额是对美出口额（295.6 亿美元）的 2 倍多。从贸易结构来看，巴西对华出口的主要产品为大豆、石油、铁矿石，分别占对华出口总额的 32.6%、24.5%、20.8%。2019 年，巴西对华大豆出口额比 2018 年同期减少了 24.7%，铁矿石对华出口则实现 19.8% 的增幅。巴西从中国进口的主要产品为传输和接收设备、钻井平台，分别占进口总额的 11.2% 和 5.9%。[②]

在投资方面，根据巴西经济部公布的《外国投资简报》，2019 年在巴西开展投资项目的中国企业有中国广核能源（CGN Energy）、杭州华普永明光电股份有限公司、华为。另据该简报统计，从 2003 年至 2019 年第三季度，中国在巴西的投资存量为 805.47 亿美元，约占巴西外资总存量的 31%，仅次于美国在巴西外资存量的 829.82 亿美元（32%），继续保持巴西第二大投资来源国地位。另外，投资领域分布也有一些新变化，交通、电信、金融、电力成为中国对巴西投资增长较快的领域，尤其是电力行业已占中国对

---

① 《2019 年 12 月进出口商品主要国别（地区）总值表（美元值）》，中华人民共和国海关总署网站，2020 年 1 月 14 日，http://www.customs.gov.cn/customs/302249/302274/302275/2833764/index.html，最后访问日期：2020 年 2 月 4 日.

② 商务部综合司、商务部国际贸易经济合作研究院：《国别贸易报告——巴西：2019 年巴西货物贸易及中巴双边贸易概况》，2020 年第 1 期，https://countryreport.mofcom.gov.cn/record/qikan110209.asp?id=11750，最后访问日期：2020 年 1 月 20 日。

巴西投资的45%。[1] 因此，总体来看，中巴双边关系依然保持不错的发展态势，在中短期内，两国经贸合作存在较好的预期。

（谌园庭　审读）

① Secretaria-Executiva da CAMEX, *Boletim de Investimentos Estrangeiros-Países Selecionados*, Jul. – Set. 2019, p. 8.

Y.10
墨西哥：复杂内外形势下仍显地区大国本色

杨志敏*

摘　要： 2019年，执政一年有余的洛佩斯总统在议会两院均获得多数支持。尽管其支持率依然较高，但呈下降趋势。具体执政方式也引发争议。2019年，墨西哥经济增长停滞不前，为零增长；社会领域的安全、犯罪和腐败等老问题构成严峻治理挑战；虽然内外形势严峻，但墨西哥积极参与全球及地区治理。墨西哥2020年初担任拉美和加勒比国家共同体轮值主席国。墨美系依然是墨西哥最重要的双边关系，但美国不断施压且有不可预知性。因给莫拉莱斯提供庇护，墨玻关系一度紧张。

关键词： 墨西哥　经济增长　美墨加协定　拉美和加勒比国家共同体　美墨关系

一　政治形势

2019年，洛佩斯·奥夫拉多尔（Andrés Manuel López Obrador）总统获得执政联盟和其他小党派的支持，稳定了在议会两院的多数地位，进一步奠定了执政的政治基础，但洛佩斯的执政方式也引发了一些争议。墨西哥政府还面对着打击犯罪、维护安全、解决贫困问题以及处理与美国关系等内外部挑战。

---

* 杨志敏，中国社会科学院拉丁美洲研究所研究员、区域合作研究室主任，墨西哥研究中心执行主任，主要研究方向为拉美经济、区域经济合作以及墨西哥问题等。

（一）治国方式引发争议

洛佩斯总统就职一年多以来，专注于兑现竞选承诺，致力于成为一名“转型”总统。他采用“公共协商”（全民公决）的方式来把握民众对相关政策的态度，并视其为一种更具参与性的治理方式。虽然近期的一项宪法修正案纳入了与之相关的法律，但这一做法也引发了争议。民众对该做法（公共协商）可能导致长期政策的可预测性下降、正规国家制度遭破坏、法治受到损害等风险表示关切。尤其是这一做法引起私人部门的困扰，如总统仅因部分选民（仅占选民总数的 1%）拒绝，就决定取消 130 亿美元的墨西哥城外的机场项目。①

尽管近期政府出现一些失误，洛佩斯的支持率有所下降，但其支持率依然保持较高水平。墨西哥民调机构 Consulta Mitofsky 2019 年 11 月中旬的民调显示，他的支持率为 59%，较上个月下降 5 个百分点；不赞成率则升至 40%，环比上升 3 个百分点，为其上任以来的最高水平。② 洛佩斯政府采取的一些措施也受到民众欢迎。例如，提高最低工资标准、降低政府公务员工资（包括他个人的工资），以及建立一支打击贩毒的国民警卫队。洛佩斯之所以能够当选是因为他对变革的承诺，面对暴力犯罪、低迷的经济、贫困和收入分配不平等等棘手问题，预计洛佩斯将努力满足选民的期望。③

（二）执政联盟基础加强

2019 年，洛佩斯政府以较快的速度在政治制度中获得支配地位。在由国家复兴运动党和其他几个小党派组成的联盟——“我们一起创造历史”（Juntos Haremos Historia）的支持下，洛佩斯在国会两院均获得了多数支持的地位，并且获得了绿色生态党等其他小党派的非正式支持。目前，执政联盟占据了 32 个州中的 7 个州长职位，国家复兴运动党及其盟友（包括绿色

---

① EIU，*Country Report*：*Mexico*，November 2019，p. 4.

② EIU，*Country Report*：*Mexico*，December 2019，p. 23.

③ EIU，*Country Report*：*Mexico*，December 2019，p. 4.

生态党）控制着 32 个州议会中的 18 个。与此同时，经历 2018 年大选惨败后，反对党的衰落也加强了国家复兴运动党和洛佩斯本人的地位。这样的形势有利于本届政府最终通过宪法改革。[①]

（三）面临严峻内外挑战

其一，打击犯罪活动任重道远。2019 年，打击犯罪活动仍然是墨西哥政府面临的一个严峻挑战，除非出台更全面的安全战略，否则暴力犯罪活动难以显著减少。[②] 其二，传统政党结构面临考验。2021 年，墨西哥将举行中期选举。中期选举的结果既取决于洛佩斯政府执政的成果，也与在 2018 年大选中遭遇惨重失败的革命制度党、国家行动党等传统政党能否重塑形象，以及反对任期制而会不会导致传统政党结构崩溃等息息相关。据悉，墨西哥议会已通过一项宪法修正案，允许在总统 6 年任期的第 4 年（履行其竞选承诺之一）就取消总统剩余任期进行公开磋商。有关机构预测，这样的罢免投票将在 2022 年举行，不过洛佩斯能够保住任期。尽管有人担心他将试图谋求在 2024 年连任，但洛佩斯誓言尊重宪法（宪法规定总统只能担任一届）。[③] 其三，妥善处理地区国家间关系。墨西哥与美国的关系具有不确定性。在拉美地区内部，墨西哥也面临如何发展与其他左翼国家的关系等；墨西哥在担任 2020 年拉丁美洲和加勒比国家共同体轮值主席国期间，也可能面临一些成员退出该组织等难题。

二　经济形势[④]

据联合国拉美经委会估计，2019 年墨西哥经济为零增长。主要原因在

---

① EIU, *Country Report*: *Mexico*, October 2019, p. 4.

② EIU, *Country Report*: *Mexico*, November 2019, p. 4.

③ EIU, *Country Report*: *Mexico*, December 2019, p. 5.

④ “经济形势”部分主要参考 CEPAL, *Balance Preliminar de las Economías de América Latina y el Caribe 2019*, Naciones Unidas, Santiago, 2019, https://www.cepal.org/es/publicaciones/45000-balance-preliminar-economias-america-latina-caribe-2019, accessed December 10, 2019。

于复杂的外部环境、全球贸易形势紧张、投资下降、公共和私人消费水平较低导致的金融不确定性，以及新政府实施调整公共预算政策和改变公共管理模式等。

（一）宏观经济形势

2019 年前三季度，墨西哥经济为零增长。具体到三个产业，第一产业增长 2.0%，第二产业下降 1.7%，第三产业增长 0.6%。2019 年 1 月至 8 月，私人消费平均增长 0.9%（2018 年同期为 2.1%），固定投资总额下降 4.6%（2018 年同期为 1.7%）。但是，由于采取了适当的货币政策，加上需求显著下降，估计 2019 年通货膨胀率为 2.9%（2018 年为 4.8%），能够保持在央行的目标区间（2%～4%）。2019 年 1 月至 9 月，因经济活动减缓和政府就业人数减少，平均失业率为 3.5%（2018 年同期为 3.3%），就业不足率为 7.4%（高于上年的 7.0%）；公共部门财政赤字约占国内生产总值（GDP）的 1.9%（初次盈余约占 GDP 的 1.0%），同比下降 0.2 个百分点；尽管整体出口表现出活力，但石油的出口和进口均急剧下降。估计至 2019 年底，经常账户赤字占 GDP 的 0.5%，同比下降 1 个百分点。具体宏观经济指标见表 1。

表 1　2017～2019 年墨西哥主要经济指标

年份	2017 年	2018 年	2019 年[a]
年均增长率（%）			
GDP	2.1	2.0	0.0
人均 GDP	0.8	0.7	-1.2
消费者物价指数	6.8	4.8	3.0[b]
实际平均工资[c]	-1.2	0.9	2.9[d]
货币供应量（M1）	10.0	10.0	5.9[d]
实际有效汇率[e]	-2.2	-0.6	-2.6[d]
贸易条件[f]	1.6	1.0	-1.5

续表

年份	2017 年	2018 年	2019 年[a]
年均(%)			
公开失业率	3.4	3.3	3.6
公共部门收支余额/GDP	-1.1	-2.0	-1.9
名义存款利率[g]	5.8	6.7	7.3[b]
名义贷款利率[h]	12.8	13.2	13.5[d]
百万美元			
商品和服务出口额	437449	479822	491673
商品和服务进口额	458301	502541	499463
经常项目账户余额	-20112	-21996	-6781
资本和金融账户余额[i]	15347	22479	16491
国际收支余额	-4765	483	9710

注：a. 估计值；b. 2019 年 10 月数据；c. 社保覆盖的平均工资；d. 2019 年 9 月数据；e. 负值表明货币实际升值；f. 经济发展部计算数据；g. 多银行资金管理系统成本；h. 信用卡和 CAT 费率的平均值；i. 包括错误和遗漏项。

资料来源：CEPAL，*Balance Preliminar de las Economías de América Latina y el Caribe 2019*，Naciones Unidas，Santiago，2019。

（二）具体经济表现

其一，财政形势方面。因经济活动放缓，至 2019 年第三季度，墨西哥公共部门预算收入同比实际增长 1.0%。虽然来自生产和服务领域以及碳氢化合物的进口、勘探和生产的税收增加，但所得税和增值税分别下降 0.6% 和 2.6%。与此同时，尽管财务成本增加了 6.2%，但由于经常性支出和实物投资分别下降了 2.6% 和 14.4%，估计公共部门的净预算支出实际减少 1.9%。截至 2019 年 9 月末，墨西哥预算收入稳定基金（FEIP）余额为 2601.85 亿比索。墨西哥财政和公共信贷部估计，到 2019 年底，将动用预算收入稳定基金 1296 亿比索（占 GDP 的 0.5%）来弥补联邦政府收入的减少。估计至 9 月，联邦公共部门的净债务额占 GDP 的 44.4%，较 2018 年底下降1.7个百分点。

其二，货币政策方面。2019年8月，银行间基准利率（墨西哥银行的基准利率）下降了25个基点，这是过去5年来首次下调；在9月和11月，再次下降25个基点，达到7.50%（2018年底为8.25%）。基准利率下调是受全球和墨西哥经济增长放缓、通胀率下降以及美联储下调联邦基金利率的影响。2019年1月至10月，本国货币比索兑美元名义上比上年同期平均贬值为1.2%（但实际升值0.9%）。这主要是2019年初美国部分政府机构"停摆"、中美贸易摩擦以及英国"脱欧"等事件对金融和贸易造成的不确定性影响所致。2019年10月，墨西哥的国际储备约为1804亿美元，比2018年底增长3.3%。2019年9月，受消费信贷（2.7%）、住房信贷（7.4%）和企业及私人信贷（4.3%）扩张影响，商业银行对私营部门信贷组合实际年增长4.6%（2018年同期为5.9%）。

鉴于投资者信心不足和经济前景恶化预期，加上墨西哥能源政策带来的公共财政风险、墨西哥国家石油公司的财务状况不理想等，2019年，国际评级机构惠誉、标普和穆迪均下调了墨西哥国家石油公司和墨西哥国家主权债务的信用等级。为此，墨西哥政府对墨西哥国家石油公司提出了一项商业计划，拟在2020~2022年对其实施减税政策（约73亿美元），以扭转其石油生产和出口下降的趋势。

其三，对外部门方面。2019年1月至9月，墨西哥出口年增长3.3%，其中，石油出口额下降14.6%，非石油出口额增长4.7%。在非石油出口额中，对美国的出口额（占总出口的81.9%）增长6.1%（由于墨西哥与中国的贸易放缓），而对其他国家的出口额则下降了1.3%。同期，墨西哥的进口额下降0.5%。其中，石油进口额下降了9.4%，非石油进口额增长0.6%。据估计，消费品和资本进口额分别下降3.6%和9.0%，中间产品进口额增长1.1%。2019年前9个月，贸易顺差累计26.87亿美元，而2018年同期则为102.23亿美元逆差；侨汇收入达269.80亿美元，比上年同期增长9.2%；经常项目赤字为21.87亿美元，低于上年同期水平（194.27亿美元）；吸收外国直接投资260.55亿美元，比上年同期减少3.9%。

（三）未来经济走势

在新型冠状病毒肺炎疫情（以下简称“新冠疫情”）未暴发前，拉美经委会一度预计2020年受公共和私营部门投资加速以及工资上涨带动的消费增加等，墨西哥的GDP将略有增长，达到0.9%。但是，随着2020年3月以来新冠疫情蔓延，有关机构对墨西哥经济增速的预测持续调低。一方面，受新冠疫情影响，墨西哥的私人消费、投资将大幅收缩，旅游业和侨汇收入将缓慢恢复；另一方面，尽管《美墨加协定》已经获得成员国的批准，但墨西哥的出口加工业仍将受到美国贸易保护主义威胁。[①]

三　社会形势

2019年，墨西哥暴力犯罪活动依然猖獗，安全形势较为严峻。因作为进入美国的跳板，墨西哥接纳的寻求庇护者和移民人数持续走高，这增加了墨西哥的社会治理成本。墨西哥政府从兑现竞选承诺、对接《美墨加协定》的标准，以及刺激消费、拉动增长等三个方面出发，采取了继续提高最低工资标准的政策。

（一）安全和犯罪形势严峻

洛佩斯政府最初曾承诺制定一项新的安全战略，以聚焦导致犯罪的社会因素，如失业问题、受教育水平和社会关怀等。但是，2019年5月，美国以墨西哥阻止来自中美洲的非法移民不力为由威胁对其加征关税，墨西哥将本应打击毒品走私活动的新国民警卫队主力部署到南部边境地区。2020年，如何控制住糟糕的安全形势将是墨西哥政府面临一个主要

① EIU, *Country Report: Mexico*, May 2020, p. 10.

挑战。据调查，暴力犯罪活动是选民的主要担忧事项。居高不下的暴力和其他犯罪活动，不仅推高了墨西哥的营商成本、损害了墨西哥的国际形象，也损害了旅游业等支柱产业。当前，墨西哥社会治理既需要更多地关注低水平的犯罪活动，也要打击腐败等顽症。预计，2020 年墨西哥的安全形势难以得到显著改善。①

（二）接纳寻求庇护人数走高

据经济合作与发展组织 2019 年的国际移民报告，墨西哥在 2017 年成为全球接收寻求庇护者人数最多的国家之一。鉴于美国实施更加严格的边境政策，这一数字可能仍将保持高位。据统计，2017 年墨西哥接收了 32778 名永久移民，这一数量约相当于墨西哥总人口的 0.1%。其中，绝大多数寻求庇护者打算进入美国，在被拒绝入境后，才试图在墨西哥定居。因此，墨西哥不得不采取许多措施，如加快难民身份申请程序、出台临时就业计划和颁发临时身份证等，受益于这些措施的移民可以在墨西哥自由流动，并获得包括健康和教育等在内的社会服务。

需要指出的是，该报告数据仅截至 2017 年，未考虑美国近期采取的更加严厉的限制过境和寻求庇护者措施。例如，美国最高法院最近裁定，除非申请人能证明自己已在另一个国家提出申请，否则美国可拒绝其庇护申请。对于中美洲移民来讲，这个国家就是指墨西哥。因此，未来几年流入墨西哥的移民可能仍会增加。②

（三）最低工资水平继续提高

2019 年，墨西哥最低工资水平提高了 16.2%，由每天 88.36 比索提高到 102.68 比索，为 25 年来最大的涨幅。在北部边境地区 6 个州的 43 个城市中，最低工资则提高到每天 176.72 比索。2019 年 5 月，根据《美墨加协

① EIU, *Country Report: Mexico*, January 2020, p. 35.

② EIU, *Country Report: Mexico*, October 2019, p. 22.

定》，墨西哥通过了一项劳工改革，旨在加强劳工司法、民主和提高工会透明度等。[①] 墨西哥政府已宣布，2020 年将最低工资标准再提高 20%，为 40 年来最大涨幅。提高最低工资标准既是洛佩斯总统兑现竞选承诺的举措，也是已签署的《美墨加协定》所要求的内容。同时，提高最低工资标准还可以促进消费，拉动经济恢复增长。[②]

四 外交形势

洛佩斯总统执政后，将主要精力放在国内政策上，外交政策处于次要地位，洛佩斯也较少强调墨西哥在全球的角色。在地区问题上，墨西哥政府拒绝加入抵制委内瑞拉马杜罗政权的集团。美国是墨西哥最重要的贸易和投资伙伴以及 1200 万名移民所在国，墨西哥无法忽视其与美国的关系。

（一）推进纠结的墨美关系

一是因中美洲非法移民问题，墨西哥遭美方施压。2019 年 5 月，美国政府以墨西哥阻止经其进入美国的中美洲非法移民不力，宣布从 6 月 10 日起对所有墨西哥输美商品加征关税，税率为 5%。当时，《美墨加协定》正等待三国立法机构批准，此举加重了各方对新协定获得批准不确定性的担忧。[③] 最终，双方经谈判达成协议，美国取消了原定的加征关税

① CEPAL, *Balance Preliminar de las Economías de América Latina y el Caribe 2019*, Naciones Unidas, Santiago, 2019, https://www.cepal.org/es/publicaciones/45000 - balance - preliminar - economias - america - latina - caribe - 2019, accessed December 10, 2019.

② EIU, *Country Report: Mexico*, January 2020, p. 31.

③ Molly O'Toole, Don Lee, and Margot Roosevelt, "Trump Says He Will Impose Escalating Tariffs on Mexico to Stop Migrant Surge," Los Angeles Times, May 30, 2019, https://www.latimes.com/politics/la - na - pol - trump - tariffs - mexico - 20190530 - story.html, accessed June 1, 2019.

措施。[①] 二是2019年12月墨西哥与美国和加拿大签署更新的《美墨加协定》。2018年11月，3国首次签署协定后，墨西哥议会于2019年6月批准该协定。但是，美国国会众议院担忧协定中的劳工权利、药品和环境标准问题。因此，就上述有关议题进行修订有助于加快美国国会批准的速度。2019年12月和2020年1月，美国众议院和参议院先后投票通过了修订后的《美墨加协定》。随后，特朗普总统签署了该协定。[②]《美墨加协定》于2020年7月1日生效。三是墨西哥前国家公共安全部长在美国被逮捕。墨西哥前总统费利佩·卡尔德龙（Felipe Calderón）（2006～2012年在任）任内的前国家公共安全部长加纳罗·加西亚·鲁纳（Genaro Garrcía Luna）在美国因被指控与贩毒集团有联系而被捕。该事件给卡尔德龙带来压力，但他表示配合国内调查。[③]

（二）拓展与其他伙伴的合作

2019年，墨西哥积极发展与欧洲、亚太、美洲的相关组织和国家的关系。2019年11月，墨西哥与欧盟举行首次多边事务高级别会议，就共同关心的优先议题进行磋商。[④] 2019年11月，“墨西哥－加拿大联盟”年度会议举行。两国于2004年确立了这一伙伴关系，目的是促进公私合作。[⑤] 2020

---

① Vandana Rambaran, “US Makes Deal with Mexico on Tariffs, Immigration, Trump Announces,” Fox News, June 7, 2019, https://www.foxnews.com/politics/us－makes－deal－with－mexico－on－tariffs－immigration－trump－announces, accessed June 9, 2019.

② 《特朗普签署美墨加协定》，新华网，2020年1月30日，http://www.xinhuanet.com/2020－01/30/c_1125511425.htm，最后访问日期：2020年1月30日。

③ EIU, *Country Report: Mexico*, January 2020, p. 25.

④ Secretaría de Relaciones Exteriores, “Encabeza subsecretaria Delgado la Primera Reunión de Alto Nivel sobre Asuntos Multilaterales México-Unión Europea,” gob. mx, 14 de noviembre de 2019, https://www.gob.mx/sre/prensa/encabeza－subsecretaria－delgado－la－primera－reunion－de－alto－nivel－sobre－asuntos－multilaterales－mexico－union－europea? idiom = es, accessed December 10, 2019.

⑤ Secretaría de Relaciones Exteriores, “Se lleva a cabo en la SRE la Reunión Anual de la Alianza México-Canadá 2019,” gob. mx, 27 de noviembre de 2019, https://www.gob.mx/sre/prensa/se－lleva－a－cabo－en－la－sre－la－reunion－anual－de－la－alianza－mexico－canada－2019? idiom = es, accessed December 15, 2019.

年1月，中等强国合作体（MIKTA）（成员为墨西哥、韩国、土耳其和澳大利亚）4国外交部发表联合声明，对澳大利亚森林火灾造成的巨大破坏深表悲痛。[①] 墨西哥与亚太地区的关系以2018年底生效、涵盖11个成员的《全面且进步的跨太平洋伙伴关系协定》（CPTPP）为基础。同时，墨西哥寻求扩大与中国的关系，但为避免与美国发生对抗，中墨关系的进展受到限制。

（三）扮演地区大国的角色

一是担任拉美和加勒比国家共同体（以下简称“拉共体”）轮值主席国。2019年12月，墨西哥外长外埃布拉德与拉美26个国家的驻墨大使和代表等举行工作会议，就其担任拉共体轮值主席期间的优先事项进行对话。[②] 2020年1月初，在拉共体29个成员国参加的会议上，墨西哥提出14项区域合作项目，并计划于2020年举办中国－拉共体论坛部长级会议。[③] 若实现，这将是继2015年和2018年分别召开的两届部长级会议后，中国－拉共体论坛的第3届部长级会议。二是积极斡旋寻求公正、合理地解决委内瑞拉问题。2019年2月，墨西哥、乌拉圭和加勒比共同体共同提出蒙得维的亚机制（Mecanismo de Montevideo），即通过立即对话、共同协商、达成协议、执行方案四个步骤解决委内瑞拉问题。11月，墨西哥、乌拉圭、巴巴多斯、特立尼达和多巴哥4国就委内瑞拉局势采取后续行动发

① Secretaría de Relaciones Exteriores, “Declaración Conjunta de los ministros de MIKTA sobre los incendios forestales en Australia,” gob. mx, 9 de enero de 2020, https://www. gob. mx/sre/prensa/declaracion－conjunta－de－los－ministros－de－relaciones－exteriores－sobre－los－incendios－forestales－en－australia, accessed January 13, 2020.

② Secretaría de Relaciones Exteriores, “México apuesta a la unidad latinoamericana y caribeña en la CELAC,” gob. mx, 18 de diciembre de 2019, https://www. gob. mx/sre/prensa/mexico－apuesta－a－la－unidad－latinoamericana－y－caribena－en－la－celac? idiom = es, accessed December 19, 2019.

③ 《墨西哥提出14个计划在拉共体成员国间开展的区域合作项目》，新华网，2020年1月10日，http://world. xinhua08. com/a/20200110/1907019. shtml，最后访问日期：2020年1月12日。

表联合声明。[①] 此外，2019 年 11 月，墨西哥托卢卡市与委内瑞拉首都加拉加斯开通了由委内瑞拉航空公司运营的直航航线。[②] 三是墨西哥向玻利维亚前总统提供庇护。2019 年 11 月初，因被指控大选舞弊，迫于各方压力，玻利维亚总统埃沃·莫拉莱斯（Evo Morales）宣布辞职。随后，墨西哥政府决定向莫拉莱斯提供政治庇护，并派军机将其接到墨西哥城。此后，围绕墨西哥驻玻利维亚大使官邸受到监视等问题，两国矛盾升级，墨西哥也就此向国际法院提出上诉。12 月底，玻利维亚临时政府宣布墨西哥大使等外交官为“不受欢迎的人”，并要求其限期离境。[③] 2020 年 1 月初，墨西哥新任命的驻玻大馆临时代办埃德蒙多·丰特（Edmundo Font）抵达玻利维亚上任。[④]

（四）中墨双边关系平稳发展

第一，双边外交关系发展良好。2019 年 7 月，墨西哥外长马塞洛·埃布拉德·卡绍冯（Marcelo Ebrard Casaubón）访华。其间，中国国家副主席王岐山会见了埃布拉德，[⑤] 国务委员兼外交部部长王毅同他举行了会谈。墨方表示：“支持中方坚定维护国家主权，任何外部干预中国香港事

① Secretaría de Relaciones Exteriores, “II Encuentro del mecanismo de Montevideo Declaración Conjunta,” gob. mx, 18 de noviembre de 2019, https: //www. gob. mx/sre/prensa/ii – encuentro – del – mecanismo – de – montevideo – declaracion – de – ciudad – de – mexico? idiom = es, accessed December 13, 2019.

② Secretaría de Relaciones Exteriores, “Abren ruta aérea México y Venezuela,” gob. mx, 15 de noviembre de 2019, https: //www. gob. mx/sre/prensa/abren – ruta – aerea – mexico – y – venezuela? idiom = es, accessed December 5, 2019.

③《玻利维亚宣布驱逐墨西哥和西班牙驻玻外交官》，新华网，2019 年 12 月 31 日，http: //www. xinhuanet. com//world/2019 – 12/31/c_ 1125406066. htm，最后访问日期：2020 年 1 月 2 日。

④ Secretaría de Relaciones Exteriores, “México envía nuevo encargado de negocios ad interim a la Embajada de México en Bolivia,” gob. mx, 3 de enero de 2020, https: //www. gob. mx/sre/prensa/mexico – envia – nuevo – encargado – de – negocios – ad – interim – a – la – embajada – de – mexico – en – bolivia? idiom = es, accessed January 5, 2020.

⑤《王岐山会见墨西哥外长埃布拉德》，中华人民共和国外交部网站，2019 年 7 月 1 日，https: //www. fmprc. gov. cn/web/wjb_ 673085/zzjg_ 673183/ldmzs_ 673663/xwlb_ 673665/t1677399. shtml，最后访问日期：2020 年 1 月 1 日。

务的企图都不会得逞。墨中支持多边主义、维护全球贸易体制、完善全球治理等方面有诸多共识，愿同中方加强协调合作，共同应对全球挑战。”①

第二，双边经贸合作稳步发展。在双边贸易方面，据中国统计，2019年1月至11月，中墨双边贸易额约为553.7亿美元。其中，中国对墨西哥出口额为422.83亿美元，从墨西哥进口额为130.87亿美元。② 中国连续15年保持墨西哥第二大贸易伙伴地位，墨西哥也是中国在拉美第二大贸易伙伴。在双向投资方面，2018年度中国对墨西哥直接投资流量为3.79亿美元，比上年度增加2.07亿美元。截至2018年底，中国对墨西哥的直接投资存量达到11.07亿美元，③ 主要投资领域为矿业、制造业和农业等；墨西哥在华实际投资额为1.62亿美元。在承包工程方面，据中国统计，截至2018年底，中国累计在墨西哥签订承包工程合同额为104亿美元，完成营业额为81.5亿美元，主要集中在能源和通信领域。2019年1月至6月，中国在墨西哥新签合同额为10亿美元，完成营业额为3.2亿美元。④

第三，其他领域合作也在同步推进。2019年，墨西哥经济部长格拉谢拉·马尔克斯·科林（Graciela Márquez Colín）率墨西哥65家企业、250名企业家参加第二届中国国际进口博览会。墨西哥国家外贸银行等7家拉美开发性金融机构加入了中国国家开发银行牵头成立的首个“中拉开发性

① 《王毅同墨西哥外长埃布拉德举行会谈》，中华人民共和国外交部网站，2019年7月2日，https://www.fmprc.gov.cn/web/wjbz_673089/xghd_673097/t1677723.shtml，最后访问日期：2019年12月10日。

② 数据来源于CEIC数据库，https://www.ceicdata.com/zh-hans。

③ 《商务部等部门联合发布〈2018年度中国对外直接投资统计公报〉》，“走出去”公共服务平台，2019年10月28日，http://fec.mofcom.gov.cn/article/tjsj/tjgb/201910/20191002907954.shtml，最后访问日期：2019年11月15日。

④ 《中国与墨西哥经贸关系简况》，中华人民共和国商务部美洲大洋洲司网站，2019年8月12日，http://mds.mofcom.gov.cn/article/Nocategory/200812/20081205968699.shtml，最后访问日期：2020年1月1日。

金融合作机制”。[①] 该机制被纳入第二届“一带一路”国际合作高峰论坛成果清单。[②] 当年，两国还签署了墨西哥香蕉、蓝莓输华合作协议，成功举办了第7次中墨企业家高级别工作组会议等。[③]

（谌园庭　审读）

---

① 《国开行牵头成立中拉开发性金融合作机制》，国家开发银行网站，2019年4月22日，http：//www.cdb.com.cn/xwzx/khdt/201904/t20190422_ 6074.html，最后访问日期：2019年7月1日。

② 《第二届“一带一路”国际合作高峰论坛成果清单》，新华网，2019年4月28日，http：//www.xinhuanet.com/world/2019-04/28/c_ 1124425293.htm，最后访问日期：2019年7月1日。

③ 《坚持开放引领，推动中墨经贸合作高质量发展——祝青桥大使在墨西哥经济部“中国日”活动上的讲话》，中华人民共和国驻墨西哥合众国大使馆网站，2020年1月15日，https：//www.fmprc.gov.cn/ce/cemx/chn/sgxx/t1732368.htm，最后访问日期：2020年1月15日。

Y.11

阿根廷：经济颓势中左翼重掌政权

林　华*

摘　要： 2019年，随着阿尔韦托·费尔南德斯当选总统，阿根廷左翼政党重新执掌政权，但其未来的执政道路将会异常艰难。无论是与国际货币基金组织的债务谈判，还是经济治理中的各种困局，对于新政府来说都将是严峻的挑战。2019年阿根廷经济持续衰退，马克里政府不得不暂时放弃市场化改革，加强对宏观经济的干预，采取冻结物价、外汇管制、干预汇市、提高出口税等措施，但仍然难以阻止经济下滑和通胀攀升。在财政紧缩和通货膨胀的冲击下，阿根廷民众的不满情绪与日俱增。马克里政府为安抚民众、争取选民，陆续出台了一系列社会政策，但是经济衰退对于普通民众特别是中下层群体的影响还是很大。阿根廷新政府上台后外交政策的转向不仅将对拉美地区的一体化进程产生影响，也将改变阿根廷与欧美及部分拉美国家之间的关系。

关键词： 阿根廷　大选　左翼政党　经济衰退　债务偿还

一　政治形势

2019年，阿根廷政坛最引人注目的事件莫过于大选。本届大选不仅决

* 林华，中国社会科学院拉丁美洲研究所社会文化研究室副研究员，阿根廷研究中心秘书长，主要研究拉美社会问题和阿根廷。

定了阿根廷的政治钟摆在右翼力量崛起、壮大并首次掌权后能否回归“左倾”，而且也决定了阿根廷未来4年经济、社会和对外政策的走向。在2015年的大选中，中右翼政党联盟“携手变革”候选人毛里西奥·马克里（Mauricio Macri）利用选民对经济不景气、物价飞涨的不满和对左翼政党连续执政12年后的“求变”心理，以微弱优势获胜当选总统。马克里不仅成为阿根廷自1983年恢复民主体制以来第一位来自中右翼阵营的总统，也打破了长期以来正义党和激进公民联盟两大传统政党轮流执政的政治格局。

马克里上台后，在政治上通过反腐败极大地打击了左翼政党的政治声誉，巩固了执政地位；在经济上采取市场化改革，鼓励外资并减少了国家对经济的干预；在外交上走多元化路线，积极改善与西方国家的关系。但是，2018年阿根廷受外部因素影响爆发汇兑危机，经济形势恶化，马克里政府不得不向国际基金组织借款563亿美元以应对危机。2019年，阿根廷经济持续衰退，这成为马克里谋求连任的最大障碍。对马克里阵营较为有利的一面是左翼政党经过反腐败的“政治清算”和内部分裂之后影响力有所下降，而且一直未能确定有竞争力的领袖人物。

然而，2019年5月18日，阿根廷前内阁首席部长阿尔韦托·费尔南德斯（Alberto Fernández）宣布将作为总统候选人、前总统克里斯蒂娜·费尔南德斯·基什内尔（Cristina Fernández Kirchner）作为副总统候选人代表左翼政党联盟“全民阵线”参加大选，左翼政党群龙无首的局面宣告结束。阿尔韦托曾是前总统内斯托尔·基什内尔（Néstor Kirchner）的得力助手，但在克里斯蒂娜执政时期因与其在提高农业出口税等问题上产生分歧而辞职，此后多次批评政府施政不当。与克里斯蒂娜相比，阿尔韦托的政治立场较为温和，处事低调，与正义党内的不同派别均保持良好关系。阿尔韦托与克里斯蒂娜的组合被认为是左翼政党扭转被动处境的巧妙选择，不仅避免了克里斯蒂娜的腐败丑闻成为竞选对手的攻击目标，而且有利于左翼政治力量形成合力。6月11日，马克里宣布其竞选搭档为隶属于正义党温和派的参议员米格尔·皮切托（Miguel Pichetto）。此举被认为是为了联合更多的力量、吸引更多的选票。

从力量对比来看，阿尔韦托·费尔南德斯领导的左翼联盟“全民阵线”和马克里领导的中右翼联盟“携手变革”是此次大选最主要的竞争对手，其他政治力量的影响力较弱。左右两大阵营各有优势和劣势，选举结果颇具不确定性。2019 年 8 月 11 日，阿根廷举行了大选初选。出人意料的是，阿尔韦托·费尔南德斯以 47.36% 的得票率获得压倒性胜利，而马克里仅获得 32.24% 的选票。初选制度自 2009 年确立以来，虽然胜负不一定与大选结果完全一致，但基本可以反映出选民的投票倾向。在初选中，两位候选人得票率之间 15 个百分点的差距预示着马克里连任的希望已十分渺茫。初选结束后，马克里阵营为扭转败局，发布了一系列对中产阶级选民利好的政策，还掀起了“30 天 30 城”竞选活动，为大选造势。

10 月 27 日，阿根廷举行大选。阿尔韦托·费尔南德斯获得 48.24% 的选票，当选总统。马克里的得票率为 40.28%，虽然比初选时提高了 8 个百分点，但未能将选举拖入第二轮。本次大选反映了阿根廷政党格局的两极化特征。一方面，两大政党联盟共获得 88.52% 的选票，这是因为全国主要的政治力量大都集中在这两大政党联盟中。“全民阵线”由正义党、“革新阵线”等 20 余个中左翼政党组成，而“携手变革”则保持了内部团结，继续联合共和国方案党、激进公民联盟和公民联盟等原有的成员。另一方面，两名候选人的得票率都超过了 40%，这在阿根廷历史上也十分少见，说明尽管马克里政府交出了一份比上届政府更为糟糕的成绩单，但其支持力量仍很强大。

在同期举行的议会选举和地方选举中，“全民阵线”也大获全胜。在议会选举中，“全民阵线”以 41 个参议院席位（共 72 席）控制了参议院，在众议院获得 119 个席位（共 257 席），成为众议院第一大党；“携手变革”获得 22 个参议院席位和 112 个众议院席位。[①] 在地方选举中，“全民阵线”赢得了 14 个省长职位，并且夺回了全国最大的选区——布宜诺斯艾利斯省；

① 参议员数据来自阿根廷参议院官方网站，参见“Listado por Bloques,” Senado Argentina, http://www.senado.gov.ar/senadores/listados/agrupados-por-bloques；众议员数据来自阿根廷众议院官方网站，参见“Bloques,” Diputados Argentina, https://www.hcdn.gob.ar/diputados/listado-bloques.html，最后访问时间：2020 年 1 月 31 日。

“携手变革”仅在3个边远省份和首都联邦区获胜。

马克里的败选主要归咎于经济治理方面的政绩不佳。在其执政的4年时间里，阿根廷经济除了在2017年实现短暂复苏外，其余3年均为负增长。马克里不但未能兑现其竞选承诺，带领阿根廷经济走出低谷，反而使国家背上了沉重的债务负担。为履行国际货币基金组织的贷款条件，从2018年下半年开始阿根廷不得不采取财政紧缩政策，压缩公共支出和社会开支，导致民怨激增。尽管外部环境的恶化和阿根廷经济自身的脆弱性是造成经济衰退的根本原因，但马克里政府在发展战略上的失当和政策失误也是不可否认的重要因素。

阿尔韦托·费尔南德斯虽然获胜当选总统，但其未来4年的执政道路会异常艰难。无论是债务谈判，还是经济治理中的各种困局，对于新政府来说都将是严峻的挑战。根据费尔南德斯的竞选纲领，预计新政府的执政路线将发生较大转变，加强国家干预将取代“市场主导”成为新政府处理经济问题的基本原则，但执政风格有望趋向理性务实。在政治方面，执政联盟内部的团结和利益协调特别是阿尔韦托与克里斯蒂娜能否相互支持，以及在未能控制众议院的情况下如何进行经济调整都是值得关注的问题。

二　经济形势①

2018年的汇兑危机使阿根廷经济遭到重创。受此影响，2019年阿根廷经济持续衰退，全年GDP收缩3%，人均GDP下降3.9%。马克里政府2019年的经济政策以应对危机为主要目标。鉴于经济形势的严峻性，以及考虑到大选年的实际需要，马克里政府不得不暂时放弃市场化改革，加强对宏观经济的干预，并重启冻结物价、外汇管制、干预汇市、提高出口税等左翼政府时期惯用的手段，但仍然难以阻止经济下滑和通胀水平的攀升。

① 除特别注明外，本部分数据均来自CEPAL，*Balance Preliminar de las Economías de América Latina y el Caribe 2019*，Naciones Unidas，Santiago，2019。

为满足国际货币基金组织的贷款要求，阿根廷实施了严格的财政紧缩政策。2019 年前 10 个月初级财政支出同比下降 10.7%，远高于财政收入 2.6% 的降幅。因此初级财政收支实现了基本平衡，财政盈余占 GDP 的比重为 0.1%。在财政收入中，名义出口税收入明显增加，这主要得益于农产品出口的恢复和出口税率的提高。此外，阿根廷政府出售了两家热电厂，并通过“可持续性保障基金”向全国社会保障局进行了转移支付，名义资本收入也有所增加。在财政支出中，名义社会开支虽然增幅较大，但实际开支下降了 7.6%。利息支出之后，2019 年前 10 个月的财政总赤字占 GDP 的比重为 2.4%，低于 2018 年同期的 3.2%。

2019 年，由于汇率压力持续增大，中央银行将核心任务放在维持比索稳定方面。8 月初选结束后，汇市发生剧烈震荡，比索出现大幅贬值，由 45.31 比索兑 1 美元飙升至 61 比索兑 1 美元。央行不得不动用外汇储备干预汇市，8～10 月共抛售 73 亿美元。但 2019 年前 10 个月，比索名义汇率仍下跌了 58%。干预汇市和偿还债务使阿根廷外汇储备由 2018 年底的 658.1 亿美元下降到 2019 年 10 月底的 434.7 亿美元，其中仅 8～10 月就减少了 246 亿美元。

外汇储备的减少迫使阿根廷政府重新启动外汇管制以抑制金融资本出逃，并加快出口结算。一方面，央行规定每人每月最多购买 1 万美元的外汇，同时限制企业购汇用于红利汇出。另一方面，在 10 月大选结束后，鉴于居民购汇用于储蓄的需求有所扩大，央行将个人购汇额减少到每月 200 美元。此外，阿根廷政府还恢复了 2017 年已经取消的出口结算限制，要求出口商在获得装船许可后 180 天内或取得货款 5 天内必须进行清关结算。

为稳定汇率，央行的货币政策也有所收紧。2019 年前 10 个月的平均名义基准利率为 66%，但 9 月曾一度提高到 86%。商业贷款利率和个人贷款利率分别达到 67.7% 和 75.6% 的高水平。

政府控制通货膨胀的努力在 2019 年再次宣告失败。受比索贬值和公共服务业价格攀升的影响，前 10 个月消费者物价指数累计上涨 49.7%，超过 2018 年全年的涨幅。实际上，2019 年阿根廷政府为抑制通胀多次宣布冻结物价。4 月中旬，政府公布了一揽子措施，内容包括维持 60 种基本商品的价格 6 个月不变、暂停电力和交通价格上涨等。7 月，政府宣布推迟原计划的天然气涨价。8 月初选结束后，政府决定冻结汽油和燃料价格 90 天，同时取消基本食品的增值税直至年底。但上述措施的效果并不明显。

阿根廷对外部门的情况有所好转。2019 年上半年，得益于商品贸易盈余和服务贸易逆差减少，经常账户赤字有所收窄。商品出口增长了 2.4%，进口则下降了 28%。在进口商品中，汽车和资本货的降幅分别达到 58.7% 和 38%。在出口商品中，初级产品和能源燃料类产品分别增长了 14.5% 和 12.3%。服务贸易逆差的下降主要是因为旅行贸易的逆差额下降了 55%。但是，由于债券付息的扩大，利息总支出增加到 GDP 的 4.2%。经常账户持续好转的趋势一直持续到下半年。2019 年阿根廷商品和服务贸易的进口额和出口额分别为 694.9 亿美元和 795.5 亿美元，经常账户赤字由 2018 年的 274.8 亿美元减少到 94.5 亿美元。

在向国际货币基金组织贷款以及与中国签署的货币互换协议的支撑下，阿根廷的资本和金融账户在 2019 年上半年实现了盈余，但初选之后市场对美元的需求加速了资金的外流，导致全年资本账户赤字达到 130.8 亿美元。在经济持续疲软的背景下，外来投资意愿进一步降低。2019 年上半年，外国直接投资同比下降了 37.1%。

在拉动经济的三驾马车中，只有出口实现了增长。2019 年上半年，私人消费和公共消费分别下降 8.8% 和 1.1%，投资减少 21.3%。在供给方面，商业、制造业、金融业分别收缩了 11%、8.7% 和 11.5%，成为经济下滑的最主要原因。另外，2019 年前 10 个月，工业生产指数和建筑业活动综合指数（ISAC）分别下降了 7.2% 和 8.3%。2019 年，阿根廷经济活动中唯一的亮点是农业在 2018 年因旱灾减产后获得了大丰收。2019 年，阿根廷的玉米和小麦产量均创下历史新高；大豆产量也恢复到 5530 万吨，增产 46.2%。[1]

---

① "Estimaciones Agrícolas," Ministerio de Agricultura, Ganaderia y Pesca, http://datosestimaciones.magyp.gob.ar/reportes.php?reporte=Estimaciones, accessed January 30, 2020.

2020 年对于阿根廷来说将是极为艰难的一年。即使没有突发事件的影响，阿根廷经济也难以摆脱“滞胀”。而突如其来的新型冠状病毒肺炎疫情将进一步加剧阿根廷经济的困境。根据联合国拉美经委会的预测，2020 年阿根廷经济将下滑 6.5%，降幅将超过拉美地区平均水平。① 对于新政府而言，在疫情蔓延和经济萎缩的双重打击下解决债务问题是最为艰巨的任务。截至 2019 年第三季度，阿根廷的外债总额达到 2766.9 亿美元，比 2015 年 12 月马克里上台时的 1706.3 亿美元增加了 1060.6 亿美元。② 按照阿根廷的外汇储备水平，按期偿债已十分困难。2019 年 9 月，马克里政府宣布将推迟偿还短期债务，并承诺将向议会提交长期债券的重组方案。阿尔韦托·费尔南德斯当选总统后多次表示阿根廷在当前形势下无力偿还在国际市场发行的债券和向国际货币基金组织的借款，希望重新谈判还债条件。鉴于阿根廷的实际困难，债务重组、延期偿债或许是最可行的方案。2020 年 4 月，阿根廷政府公布了债务重组方案，但未得到国际债权人的认可，政府不得不数次延长债务谈判期限。

三　社会形势

2019 年，在财政紧缩和通货膨胀的冲击下，阿根廷民众的不满情绪与日俱增。马克里政府为安抚民众、争取选民，陆续出台了一系列社会政策。

近年来，由于经济不景气，各种示威罢工活动已成为阿根廷的社会常态。工会与政府的博弈在“罢工—谈判—再罢工”的循环中周而复始。3 月的教师罢工开启了 2019 年社会抗议浪潮的序幕。在 4 月 4 日举行的

① “América Latina y el Caribe: proyecciones de crecimiento 2020,” CEPAL, 21 de abril de 2020, https://www.cepal.org/es/comunicados/pandemia-covid-19-llevara-la-mayor-contraccion-la-actividad-economica-la-historia-la, accessed May 26, 2020.

② 2019 年数据来自“Balanza de pagos, posición de inversión internacional y deuda externa. Tercer trimestre de 2019,” INDEC, diciembre de 2019, p. 29；2015 年数据来自“Balanza de pagos y estadísticas de la Deuda externa. Tercer trimestre de 2016”, INDEC, 20 de diciembre de 2016, p. 10, https://www.indec.gob.ar/uploads/informesdeprensa/bal_12_16.pdf。

示威活动结束后，政府宣布将支付拖欠工会的130亿比索医疗保障金，并额外提供5000万比索用于退休人员医疗服务。但政府的让步未达到工会的预期。5月29日，阿根廷全国总工会发动了马克里任内第5次全国总罢工。8月的初选失利后，马克里政府立即公布了新的工资调整和减税方案。从10月起，最低工资由12500比索上调至16875比索（约合288美元），最低养老金由11528比索上调至12937比索（约合221美元）；政府及企业雇员在9月和10月免缴社会保障金，免缴上限为每月2000比索；向月收入8万比索以上且有两名子女的家庭退还已缴纳的收入税1.2万比索；提高个人所得税起征点，未婚劳工的个税起征点调至55376比索，有配偶及两名子女的劳工的个税起征点调至70274比索；个体劳动者至年底前免缴50%的个人所得税；纳入“子女普及津贴”计划的非正规就业者和失业者在9月和10月按每名子女1000比索领取额外补助；公务员、武装部队和安全部队雇员领取5000比索资金；“进步奖学金”计划的各项奖学金从9月起提高40%。马克里政府还设法与私营企业主达成了协议，向每名雇员发放5000比索的资金。阿根廷新政府上台后提出“对抗饥饿计划”，宣布向全国400万名社会救助计划的受益者发放价值4000~6000比索的食品补助卡。

尽管阿根廷政府采取了各种社会救助措施，但是经济衰退对于普通民众特别是中下层群体的影响还是很大。2019年第二季度，阿根廷的失业率一度攀升到10.6%。[①] 布宜诺斯艾利斯、马德普拉塔、萨尔塔、科尔多瓦等地区的失业率明显高于全国平均水平。由于工资上涨的幅度不及通货膨胀率，2019年前8个月，私营部门雇员、公共部门雇员和非正规就业者的实际工资水平分别下降了9.7%、9%和14%；实际最低工资和实际最低养老金也分别减少了12.9%和9.2%。[②] 2019年，阿根廷贫困水平提高，这不仅是

① CEPAL, *Balance Preliminar de las Economías de América Latina y el Caribe 2019*, Naciones Unidas, Santiago, 2019.

② CEPAL, *Balance Preliminar de las Economías de América Latina y el Caribe 2019*, Naciones Unidas, Santiago, 2019.

2019年社会发展出现倒退的重要表现，而且是阿根廷新政府面临的最大挑战之一。2019年上半年，阿根廷的贫困人口比重达到35.4%，这是2016年国家统计和调查局恢复贫困数据发布后的最高值，也超过了拉美地区的平均水平。西北部和东北部地区的贫困率远高于全国平均水平，分别达到39.9%和42.4%。2017年下半年，阿根廷的贫困率曾降至25.7%，但此后出现反弹，在短短一年半之内提高了近10个百分点。①

阿根廷左翼政府上台后，虽然提出了改善民生的主张和计划，但在政策实施过程中仍会面临多重掣肘。工资水平的过度上涨有利于刺激消费，但无益于控制通货膨胀；推行各种社会政策所需的巨额资金将对政府财政造成较大压力；减少失业和贫困人口要依靠政府创造更多高质量的就业机会，这需要增加投资以促进生产来实现，因此无论是公共投资还是私人投资都是必不可少的。2020年，在新型冠状病毒肺炎疫情的冲击下，阿根廷政府在解决民生问题上将面临更大的挑战。

四　外交形势

2019年，鉴于国内严峻的经济形势和大选年选战活动的实际需要，阿根廷政府将主要精力放在内政方面，在外交方面明显低调了许多。然而，仍有一些外交成果值得肯定，例如阿根廷所在的南方共同市场（以下简称“南共市”）经过旷日持久的艰苦谈判后终于与欧盟达成了自由贸易协定。值得关注的是，阿根廷新政府上台后外交政策的转向不仅将对拉美地区的一体化进程产生影响，也将改变阿根廷与欧美及部分拉美国家之间的关系。

2019年6月28日，在阿根廷担任南共市轮值主席国期间，南共市与欧盟最终达成了自由贸易协定，双方互有妥协和让步。所有农产品和畜牧产品

① 贫困数据来自“Incidencia de la pobreza y la indigencia en 31 aglomerados urbanos. Primer semestre 2019,” Informes Técnicos, Vol. 3, n° 182, INDEC, septiembre de 2019, pp. 3, 6, https://www.indec.gob.ar/uploads/informesdeprensa/eph_pobreza_01_19422F5FC20A.pdf, accessed January 2, 2020。

的关税削减将在5～15年内分阶段实施。据估算，自由贸易协定生效后，每年欧盟出口商将节省约40亿美元的关税支出。[①] 而南共市对欧盟出口的农产品中有80%将从关税减免中受益，其余部分将享受一定配额的关税优惠。在全球贸易保护主义抬头的背景下，尽管南共市与欧盟达成自贸协定可谓贸易自由化的一次重大胜利，但是该协议能否生效、何时生效都是未知数。从欧盟方面看，法国、比利时、波兰和爱尔兰等国的农场主担心南共市农产品的涌入将使本国产品失去市场份额。法国对巴西应对亚马孙森林大火的态度也十分不满，曾表示如果巴西退出巴黎气候协定，法国将拒绝签署自贸协定。从南共市方面看，政权更迭有可能是最大的障碍。阿根廷总统阿尔韦托·费尔南德斯在竞选期间就曾批评该自贸协定“将产生更多的贫困和失业”[②]，并表示如果上台将对协定进行重审。因此，阿根廷新政府在对外贸易政策上的转向有可能导致南共市与欧盟的自贸协定在至少4年内处于搁置状态，同时还有可能影响南共市与新加坡和韩国的自由贸易谈判。

马克里在任期间与巴西总统博索纳罗在政治立场上较为接近，阿根廷与巴西保持良好关系。2019年9月，阿巴两国达成协议，将原定于2020年6月30日到期的汽车贸易协议延长10年。阿尔韦托·费尔南德斯的获胜使该协议的执行存在一定变数。阿根廷举行总统选举期间，博索纳罗公开表示支持马克里连任。阿尔韦托·费尔南德斯胜选后，巴西总统表现出极不友好的姿态，令两国关系趋于紧张。鉴于阿巴两国之间相互依存的传统历史关系，合作与摩擦并存的局面将会延续。

阿根廷新政府上台后，与玻利维亚和委内瑞拉两个左翼执政的国家的关系也会发生变化。针对玻利维亚大选引发的政治动荡，马克里政府与美国保持一致立场。2019年10月24日，阿根廷与美国、巴西和哥伦比亚发表联合声明，呼吁玻利维亚举行第二轮选举。在埃沃·莫拉莱斯宣布辞职后，阿

---

① EIU, *Country Report*: *Argentina*, London, July 2019, p. 33.

② “Alberto Fernández no descartó ‘revisar’ el acuerdo UE-Mercosur,” Redacción, 29 de junio de 2019, https://www.rionegro.com.ar/alberto-fernandez-no-descarto-revisar-el-acuerdo-ue-mercosur-1024494/, accessed February 2, 2020.

尔韦托·费尔南德斯与拉美其他左翼领导人一同表达了对莫拉莱斯的支持。阿根廷新政府上台后，马上宣布将为莫拉莱斯及4位玻利维亚前部长提供庇护，这导致阿根廷与玻利维亚临时政府之间的关系迅速恶化。

在与委内瑞拉的关系方面，阿根廷于2017年加入利马集团，不承认委内瑞拉的选举结果和马杜罗政府的合法性。2019年1月，阿根廷宣布承认委内瑞拉反对派领袖胡安·瓜伊多为“临时总统”。新上任的阿尔韦托·费尔南德斯政府在对委关系上出现了某些转变。外长菲利佩·索拉（Felipe Solá）一方面明确表示阿根廷对委内瑞拉问题的立场没有发生改变，将继续留在利马集团；另一方面又表示不赞成对委内瑞拉进行制裁，也不再承认瓜伊多“临时政府”。由此看来，阿根廷新政府既不会像前左翼政府那样与委内瑞拉保持盟友关系，也不会像马克里政府那样强烈反对委内瑞拉。

马克里执政时期，阿根廷与美国恢复关系，在委内瑞拉和玻利维亚问题上采取追随美国的立场。但新政府上台后改变了对上述两国的政策，这引起了美国的不快。美国多次向阿尔韦托·费尔南德斯政府施压，表示阿根廷与国际货币基金组织的谈判能否成功将取决于阿根廷对委内瑞拉问题的表态。由于债务谈判和石油投资都要依靠美国的支持，阿根廷新政府不太可能像前左翼政府时期那样采取坚决反美的态度。但是在美国对拉美左翼政权不断打压的背景下，如何发展阿美关系的确需要阿根廷审慎对待。

阿根廷与中国继续保持友好关系。2019年9月，中阿达成了有关阿根廷对华出口豆粕的协议。阿根廷是世界上最重要的大豆生产国之一，也是中国进口大豆的主要来源国。在此之前，中国仅向阿根廷开放了大豆和豆油市场。豆粕出口协议的达成不仅有助于扩大阿根廷对华出口、改善中阿贸易结构，也有助于推动阿根廷农业就业。根据中国海关统计，2019年中阿双边贸易总额为142.7亿美元，同比增长19.6%。其中，中国对阿根廷出口68.8亿美元，下降18.2%；中国从阿根廷进口73.9亿美元，增长110.1%。[①] 这是时隔8年

① 《2019年12月进出口商品国别（地区）总值表（美元值）》，中华人民共和国海关总署网站，2020年1月23日，http://www.customs.gov.cn/customs/302249/302274/302277/302276/2851396/index.html，最后访问日期：2020年2月5日。

阿根廷再次实现对华贸易顺差。阿根廷对华出口的增加主要得益于农产品及农业加工产品出口的大幅增长。阿尔韦托·费尔南德斯上台后，表示将继续深化与中国的合作。考虑到左翼政府一直采取对华友好的政策，预计中阿关系在未来4年将得到稳定发展，矿业和基础设施有望成为中国企业投资的主要领域。但是也应注意到，在左翼政府的贸易保护政策下，中阿合作有可能受到贸易摩擦的影响。

（郭存海　审读）

Y.12

古巴：新宪法框架下的领导层力促经济社会发展

范　蕾*

摘　要： 2019年，古巴新宪法颁布实施，依宪法选举产生国家主席、总理、全国人大、部长会议组成的新领导层。在美国对古政策趋紧、委内瑞拉形势恶化等不利因素影响下，古巴经济增长减速明显。实现进口替代、扩大出口、吸引外资将是古巴实现经济可持续发展的关键。古巴政府重视民生投入，但物资短缺和收入水平仍构成社会不稳定因素，人口老龄化问题凸显。古巴与美国的关系趋向紧张；与传统友国的关系稳固深化，与欧盟和日本等西方国家的关系平稳推进。

关键词： 古巴　新宪法　经济减速　古美关系

一　政治形势

2019年，古巴政局平稳。古巴新宪法经全民公决投票和第九届全国人民政权代表大会（以下简称“全国人大”）通过并正式颁布实施，新宪法框架下的新领导层架构形成。

---

* 范蕾，中国社会科学院拉丁美洲研究所马克思主义理论与拉美政治研究室副研究员，古巴研究中心成员，主要研究领域为拉美社会组织和社会运动。

（一）新宪法正式颁布实施

2019年2月底，自2018年6月开始的宪法修订进程结束，经过全民讨论和修宪委员会的修订，古巴以全民公投方式通过新宪法。4月10日，新宪法颁布实施。新宪法重申古巴将坚持社会主义道路，古巴共产党是古巴社会和国家的最高领导力量，古巴是法治、民主和主权独立的社会主义国家。在政治领域，新宪法规定，设国家主席、副主席、总理及副总理职位，国家主席任国家元首，总理任政府首脑。新宪法规定，全国人大是古巴最高国家权力机构，国务委员会为全国人大常设机构，国务委员会主席、副主席和秘书长由全国人大主席、副主席和秘书长兼任；部长会议为古巴最高行政执行机构，由总理、副总理、各部部长和秘书长等人组成。在经济领域，新宪法重申社会主义基本经济制度的各项原则，分析制约经济更新的各种结构性问题。新宪法指出，古巴经济制度的基础是社会主义全民所有制和计划经济领导体制；承认社会主义全民所有制、合作社、混合所有制、政府和群众组织及个人所有制等所有制形式。在对外关系领域，新宪法重申古巴加强与拉美和加勒比国家、第三世界国家与社会主义国家合作的意愿。此外，新宪法还明确了古巴在裁军、反恐、反核武器、气候变化等全球问题上的立场和态度，并对双重国籍、同性婚姻合法化等问题做出新的诠释。

新宪法规定全国人大须在就任一年内通过立法时间表，便于颁布实施保证宪法、纲领贯彻执行和推进经济社会模式“更新”进程的各项相关立法。2019年12月，司法部长向全国人大提交立法时间表，共提出24项法律和13项法令，经讨论后一致通过。①

---

① “Aprueban cronograma legislativo de la nación por etapas, y presentación del Código de las familias en 2021,” Granma, 21 de diciembre de 2019, http://www.granma.cu/cuba/2019-12-21/cronograma-legislativo-para-implementar-la-constitucion-cubana-incluiria-en-su-primera-fase-70-disposiciones-normativas, accessed January 2, 2020.

（二）新宪法框架下的新领导层架构

2019 年 7 月，全国人大讨论通过新《选举法》。根据新法律，古巴市级人大代表将由本市市民直接选举产生，全国人大代表由间接选举产生。国家主席、副主席和总理将由全国人大代表选举产生。国务委员会人数从 31 人减少至 21 人，全国人大代表人数从下届开始从 605 人减少至 474 人。各省设省长、副省长职务，取消省级人大和议行合一制度。

2019 年 10 月，全国人大召开第 4 次特别会议，到会 580 名代表选举产生国家主席和副主席，全国人大主席兼国务委员会主席、副主席和秘书长，以及国务委员会其他成员。59 岁的迪亚斯－卡内尔以 579 票当选国家主席，任期至 2023 年，74 岁的萨尔瓦多·巴尔德斯当选国家副主席；埃斯特万·拉索、安娜·玛丽亚·玛丽和奥梅罗·阿科斯塔分别当选全国人大主席兼国务委员会主席、副主席和秘书。

2019 年 12 月，全国人大一致通过国家主席迪亚斯－卡内尔关于总理、副总理、秘书长和内阁其他成员的提名，曼努埃尔·马雷罗·克鲁斯（Manuel Marrero Cruz）当选总理。马雷罗现年 56 岁，为人谦逊、诚信，工作能力强，有政治敏锐性，对党和革命忠诚。迪亚斯－卡内尔指出，对马雷罗的任命得到古共中央政治局内部通过。[①] 拉米罗·瓦尔德斯·梅内德斯（Ramiro Valdés Menéndez）、罗伯特·莫拉莱斯·奥赫达（Roberto Morales Ojeda）、伊内斯·玛丽亚·查普曼（Inés María Chapman）、豪尔赫·路易斯·塔皮亚·丰塞卡（Jorge Luis Tapia Fonseca）、亚历杭德罗·希尔·费尔南德斯（Alejandro Gil Fernández）、里卡多·卡布里萨斯·鲁伊斯（Ricardo Cabrisas Ruiz）当选副总理，何塞·阿马多·卡夫雷拉·格拉（José Amado Cabrera Guerra）当选秘书长。26 个部委中，20 个为原部长留任，新任命劳

---

① "Designan como Primer Ministro de Cuba a Manuel Marrero Cruz, quien se desempeñaba como ministro de Turismo," Granma, 21 de diciembre de 2019, http://www.granma.cu/cuba/2019-12-21/nombran-como-primer-ministro-de-cuba-a-manuel-marrero-cruz-actual-ministro-de-turismo-21-12-2019-11-12-19, accessed January 2, 2020.

动与社会保障部、旅游部、食品产业部、工业部、能矿部部长，任命了新的中央银行行长。[①]

（三）对政治走势的基本判断

在复杂的国内、地区和国际形势下，经济困境和深化“更新”进程、美古关系趋紧、拉美政治格局的变化和地缘政治环境的不稳定性等严峻挑战将考验古巴新一代领导层的国家治理能力。从中长期看，政治风险将逐步显现：第一，1959年古巴革命的老一代革命者年事已高，一旦完全退出领导层，社会冲突和挑战领导权力的风险都会大大增加；第二，深入推进“更新”进程要求加大制度、机构调整力度，建立更加有效的生产结构和收入分配模式，触动货币和汇率制度双轨制等敏感问题很可能带来新的社会不稳定因素；第三，若“更新”进程遭遇困境，无法解决物资缺乏问题，难以提高居民收入水平，社会动荡风险会影响政局稳定；第四，扩大开放加大了西方文化渗透和意识形态冲击的风险。

二　经济形势[②]

2019年，美国对古巴的经济、金融和贸易封锁政策持续强硬，成为古巴经济减速的主要因素。古巴政府将吸引外国投资视为经济增长的重要驱动力。

---

① “Designan Gobierno de la República de Cuba: Primer Ministro, Viceprimeros ministros, y demás miembros del Consejo de Ministros,” Granma, 21 de diciembre de 2019, http://www.granma.cu/cuba/2019-12-21/designan-gobierno-de-la-republica-de-cuba, accessed January 2, 2020.

② 除特殊说明外，“经济形势”部分的数据均来自CEPAL, *Balance Preliminar de las Economías de América Latina y el Caribe 2019*, Naciones Unidas, Santiago, 2019, https://repositorio.cepal.org/bitstream/handle/11362/45000/76/BPE2019_Cuba_es.pdf, accessed December 28, 2019。

（一）经济增长减速明显

2019 年，联合国拉美经委会预计古巴经济增长 0.5%，相比 2018 年大幅减速。美国对古巴经济、金融和贸易封锁政策趋于强硬，直接影响前往古巴的外国游客数量和侨汇，导致古巴燃料供应紧张。古巴主要贸易伙伴国委内瑞拉陷入深度危机，更令其经济形势雪上加霜。

在古巴 2019 年预算中，财政赤字预计为 61.87 亿比索，占 GDP 比重比 2018 年下降近 2 个百分点。古巴调整了非预算类活动现金转移核算办法，所以实际情况难以与往年比较。联合国拉美经委会预计 2019 年古巴的名义财政赤字减少 8.8%，占 GDP 的 6%左右。

古巴实行货币和汇率双轨制，有多种汇率。古巴中央银行的主要调控工具是设定两种货币的名义活期基准利率范畴和法定利率。2019 年，古巴取消了旅游、医药、食品、农副产业等经济部门融资的下限，因实行汇率双轨制，在原料购买和终端产品销售过程中所产生的损失可通过银行系统获得融资。

2018 年，古巴广义货币供应量（M2）增长 13.1%，主要原因是流通中的现金量增加。2019 年，古巴中央银行预计旅游相关活动的活跃度下降将导致现金需求量减少。2019 年，古巴政府实施多项措施，促进银行交易和电子支付的应用。例如，个体户开立银行账户才能进行金融操作，使用可兑换比索购买家电产品等。

2018 年底，古巴商品和服务贸易顺差占 GDP 的 1.9%，同比下降 1 个百分点。一方面，委内瑞拉优惠价格石油供应减少，造成中间商品进口额增长 16.9%。另一方面，由于外国游客数量增速明显下降（1.3%），服务出口额减少 0.4%。2019 年，蔗糖出口约 86 万吨，镍矿出口约 5.3 万吨，雪茄出口额约为 3 亿美元，但新的出口创汇产品未增长。[①] 虽然初级产品出口

① “La economía no debe decrecer en 2019,” Granma, 20 de diciembre de 2019, http://www.granma.cu/cuba/2019-12-20/la-economia-no-debe-decrecer-en-2019-20-12-2019-14-12-52, accessed January 2, 2020.

额有所增加，控制商品进口的措施也有收效，有利于改善商品贸易收支情况，但服务出口减少和侨汇减少造成经常账户情况继续恶化。

2019 年，古巴总投资额达 120 亿比索，增长 19%，重点投资领域是旅游业、住宅建设、可再生能源、食品生产、水泥产业、水利基础设施、马列尔特区建设、道路建设等。马列尔特区推出更加优惠的引资措施，目前已通过 50 家企业，投资额超过 26 亿美元，创造 7400 多个就业岗位。①

2019 年，虽然工资调整有一定的刺激作用，但旅游相关行业的倒退和美国对侨汇的限制导致私人消费活力下降。2019 年上半年，古巴的游客数量有所增加，在第三季度美国禁止游轮前往古巴，古巴的游客数量再度大幅减少，截至 2019 年 9 月游客数量同比减少 6%。

2019 年 10 月，古巴的通货膨胀率为 0.8%，比 2018 年同期下降 1.2 个百分点。

（二）政策趋势和经济走势

2020 年古巴政府预算中，增加工资和退休金仍是主要目标之一。经常性开支中，教育预算为 110 亿比索，占总开支 24%；公共医疗和社会救助预算为 127.4 亿比索；文化体育预算为 21.31 亿比索；低收入群体住宅建设补贴预算为 11.2 亿比索；科技创新预算为 15.22 亿比索；社会保障预算为 75.46 亿比索，将惠及 168 万名退休人员；企业活动预算为 210 亿比索，特别是进口替代型食品生产企业与出口创收型产品和服务企业。②

在 2019 年 4 月的全国人大经济事务委员会会议上，经济部长希尔强调，

① "La economía no debe decrecer en 2019," Granma, 20 de diciembre de 2019, http://www.granma.cu/cuba/2019-12-20/la-economia-no-debe-decrecer-en-2019-20-12-2019-14-12-52, accessed January 2, 2020.

② "Un presupuesto que reafirma nuestro sistema socialista," Granma, 21 de diciembre de 2019, http://www.granma.cu/cuba/2019-12-21/un-presupuesto-que-reafirma-nuestro-sistema-socialista-21-12-2019-00-12-49, accessed January 2, 2020.

《至2030年经济与社会发展计划》实现的关键是根据国内外环境进行更灵活的规划和调整、发挥进口替代的作用、减少对外部市场的依赖、增强竞争力、提高生产效率。该计划将分三个阶段实现，即2019～2021年、2022～2026年、2027～2030年。旅游业、食品生产、生物技术与制药、海外职业服务、电能和建筑业是六大战略经济部门。

在2019年部长会议最后一次会议上，国家主席卡内尔强调，经济战是2020年政府工作重点之一。他指出，2020年的重中之重是解放生产力，发展古巴新宪法和经济及社会模式纲要中提到的各种所有制形式，解除国有企业发展桎梏，但要避免私有化；各级政府必须力推节约；实现银行和金融体系的现代化，加大招商引资力度。卡内尔强调，要保证旅游业服务质量，提高食品和药品产量，实现进口替代，进一步发展信息化，贯彻实施国家住宅政策，鼓励绿色发电。会上还通过了关于实施《至2036年古巴城市发展计划》的国家行动方案。①

面对外部供应危机，为保障能源安全，古巴政府致力于加快本国能源资源的勘探和开发。2018年11月，古巴宣布石油和天然气产量潜力相当于每年2200万桶，其中包括1600多万桶原油。据一些专家称，墨西哥湾的专属经济区估计含有100多亿桶优质可提取油。② 为吸引投资开发资源，提高石油产量，古巴政府2019年启动部分石油区块的国际招标。2019年，古巴石油联盟（CUPET）的第一轮竞标已经在中国石油集团东方地球物理勘探有限责任公司的协助下完成，标的是位于墨西哥湾专属经济区的24个区块，属深水油田，开发潜力巨大，竞标将持续到2021年。此外，古巴开始在中

① "Primer Consejo de Ministros presidido por el Presidente de la República y dirigido por el Primer Ministro proyecta el trabajo de 2020," Granma, 27 de diciembre de 2019, http://www.granma.cu/cuba/2019-12-27/trabajar-para-iniciar-2020-con-el-buen-ritmo-que-necesita-el-pais-27-12-2019-00-12-59, accessed January 2, 2020.

② 《古巴寻求外国伙伴进行石油勘探》，华夏头条网，2018年12月10日，http://www.chundushiye.com/xinwen/gundong/201812104206.html，最后访问日期：2020年12月30日。

东部地区进行油田勘探。①

2020 年，受新型冠状病毒肺炎疫情影响，全球经济前景不乐观，古巴经济发展的外部环境恶化。疫情严重打击古巴经济支柱旅游业，加上侨汇和出口额的减少，导致古巴外汇收入大幅减少。在美国对古经济、贸易和金融封锁政策日趋强硬的情况下，疫情令古巴的对外贸易面临更加困难的局面，特别是难以获得信贷投资，也很难维持食品等必需品和用于生产的中间进口。因此，2020 年古巴的经济形势不容乐观，可能引发居民收入减少、非正规就业增多、通胀压力增加等连锁负面反应。

从中长期看，古巴将继续审慎而渐进地推行经济模式“更新”，吸引外资将成为推动古巴经济发展的关键性长期政策。古巴经济仍须解决若干难题。其一，经济结构亟待改善。旅游业、医疗输出和镍矿出口是古巴三大经济支柱，均易受到外部因素的直接影响；农产品结构单一，易受自然条件影响，技术和基础设施仍比较落后。其二，货币和汇率制度并轨将产生经济和社会风险。其三，债务偿还将给财政带来压力。在 2015 年底与巴黎俱乐部债权国达成的协议中，古巴承诺将在未来 18 年内偿还 25.8 亿美元逾期债务本金。其四，美古关系趋紧，委内瑞拉形势恶化产生负面影响。

三　社会形势

2019 年，古巴政府重视居民基本生活保障，保证医疗卫生和教育投入，应对气候变化，注重环保。但是，物资短缺、收入水平低、人口老龄化等老问题依然存在。

（一）提高公共服务供给质量

保证食物主权是古巴政府绝对要务，主要措施是采用新的生物多样性保

① “Industria petrolera cubana promueve licitaciones,” Granma, 28 de noviembre de 2019, http://www.granma.cu/cuba/2019-11-28/industria-petrolera-cubana-promueve-licitaciones-28-11-2019-23-11-46, accessed January 2, 2020.

护和可持续利用方式，在适宜区域发展稻米、玉米、甘薯、木薯、辣椒、甜瓜种植和猪、兔、鸡、山羊养殖。古巴政府致力于改善饮用水和卫生用水服务质量，扩大供水覆盖面，保护水利资源，提高水资源利用效率。2015～2018年，古巴政府投入14.85亿比索，完成930多项工程。享有饮用水供给服务的人口比2013年增加2.2%，170万人得到更好的饮用水供给服务；修缮17个城市的2379条水渠，完成卫生用水服务改造工程30多项。①

古巴政府应用新技术改善道路条件。2018年，超过9800千米的国道得到维护。② 2015～2018年，古巴共启用8个光伏发电园，共发电22327兆瓦时。2018年，太阳能发电节省5724吨燃料，减少二氧化碳排放3720吨。偏远地区住房实现供电。③

2018年，古巴的失业率为1.7%，经济活动参与率为63.8%，结束了自2015年以来持续下降的趋势。非国有部门从业人数增加2%，在一定程度上弥补了国有部门就业人数的减少。2019年，预算类活动工资上调有助于推动经济活动参与率继续上升。作为经济模式"更新"进程的组成部分，2019年继续推行工资调整政策。7月，预算内部门的近150万名劳动者工资上调，平均月薪达到1065比索，比截至6月底的平均值增加68%。预算内部门的最低月薪标准上调77%，达400比索。④ 2020年古巴将继续增加在教育、医疗、文化和体育事业方面的投入。

---

① "Hasta la última gota de agua," Granma, 9 de julio de 2019, http://www.granma.cu/cuba/2019-07-09/hasta-la-ultima-gota-de-agua-09-07-2019-23-07-52, accessed January 2, 2020.

② "Cómo el país se propone impedir el deterioro de las vías?" Granma, 5 de agosto de 2019, http://www.granma.cu/cuba/2019-08-05/como-el-pais-se-propone-impedir-el-deterioro-de-las-vias-05-08-2019-23-08-12, accessed January 2, 2020.

③ "Aumenta la capacidad de generación mediante la energía solar," Granma, 12 de marzo de 2019, http://www.granma.cu/cuba/2019-03-12/crece-la-capacidad-de-generacion-mediante-la-energia-solar-12-03-2019-22-03-22, accessed January 2, 2020.

④ CEPAL, *Balance Preliminar de las Economías de América Latina y el Caribe 2019*, Naciones Unidas, Santiago, 2019, https://repositorio.cepal.org/bitstream/handle/11362/45000/76/BPE2019_Cuba_es.pdf, accessed December 28, 2019.

（二）社会保障和社会救助

古巴人口的老龄化问题日渐突出。2019 年古巴 60 岁及以上人口占比达 20.4%，40% 的家庭需要赡养至少 1 名 60 岁及以上老人，其中 1/3 的家庭需要赡养 2 ~ 3 个老人。预计 2025 年 60 岁及以上人口占比将达到 26%，80 岁及以上人口会明显增多；2030 年 60 岁及以上人口将达到 330 万人。① 为应对老龄化问题，古巴政府逐渐完善老年人救助体系。2019 年 10 月，位于哈瓦那的长寿、老龄和健康研究中心启动古巴首个老年人健康状况评测系统，数据用于研究、教学，为老年人疾病诊断、治疗和康复提供参考。② 家庭照顾体系为老年人、残疾人、高危孕妇等弱势群体提供餐饮服务，目前全国设点 1437 个，71674 人受惠。③ 2019 年，古巴政府上调各级养老金标准，如将最低养老金标准从 242 比索调整至 280 比索，超过 250 万人受惠。④

（三）医疗卫生

古巴的家庭医护项目已实行 35 年，团队由医学教授、临床医生、儿科

① "Revolucionar el pensamiento sobre los temas de empleo," Granma, 19 de agosto de 2019, http://www.granma.cu/cuba/2019-08-19/revolucionar-el-pensamiento-sobre-los-temas-de-empleo-19-08-2019-21-08-51, accessed January 2, 2020.

② "Dispone Cuba de primera Unidad de Desempeño Físico para personas mayores," Granma, 2 de octubre de 2019, http://www.granma.cu/cuba/2019-10-02/dispone-cuba-de-primera-unidad-de-desempeno-fisico-para-personas-mayores-02-10-2019-21-10-20, accessed January 2, 2020.

③ "Más de 70 000 cubanos se benefician con el Sistema de Atención a la Familia," Granma, 20 de agosto de 2019, http://www.granma.cu/cuba/2019-08-20/mas-de-70-000-cubanos-se-benefician-con-el-sistema-de-atencion-a-la-familia-20-08-2019-21-08-44, accessed January 2, 2020.

④ "Medidas en el centro de la atención de más de 2 500 000 cubanos beneficiados," Granma, 4 de julio de 2019, http://www.granma.cu/cuba/2019-07-04/medidas-en-el-centro-de-la-atencion-de-mas-de-2-500-000-cubanos-beneficiados-04-07-2019-02-07-19, accessed January 2, 2020.

医生、产科医生等专业医护人员组成，全科专家覆盖率达 96%。政府在综合医疗服务方面的公共开支约占 GDP 的 10%。目前，每 122 名居民享有 1 名医生，每 1000 名居民享有 7.4 名护士；全国共有 1.08 万家普通诊所和 449 家综合诊所。①

古巴注重孕产妇和新生儿健康，是世界上首个获得世界卫生组织消除艾滋病和梅毒母婴传播认证的国家，自 2015 年起连续获得认证。2019 年，古巴的孕产妇死亡率降至 3.74‱。儿童健康方面，2019 年，古巴 1～4 岁儿童死亡率为 3.5‱，5～14 岁儿童死亡率为 2‱；儿童疫苗接种率超过 98%，可抵御 13 种疾病。②

2019 年，古巴仍面临药品短缺问题。截至 6 月底，11 种处方药生产受到影响，共有 47 种药品短缺。古巴国家生物技术和制药集团致力于利用新技术，也重视加强国际交流、国际合作，目前已与 50 多个国家的 70 多家制药和生物技术企业建立联系。③

（四）教育

古巴政府一直重视教育投入，教育投入占 GDP 的 10%，是富裕国家平均值的 3 倍，是拉美国家平均值的 2 倍。2019～2020 年度，入学人数为 170 万，有 1.07 万家教育机构，上岗教师有 15.5 万人。④ 古巴在师资培养方面

① "El país perfecciona el Programa del Médico y la Enfermera de la Familia," Granma, 3 de abril de 2019, http://www.granma.cu/cuba/2019-04-03/el-pais-perfecciona-el-programa-del-medico-y-la-enfermera-de-la-familia-03-04-2019-23-04-12, accessed January 2, 2020.

② "Cuba entre los 35 países del mundo con la mortalidad infantil más baja: 5, 0," Granma, 3 de enero de 2020, http://www.granma.cu/cuba/2020-01-03/cuba-entre-los-35-paises-del-mundo-con-la-mortalidad-infantil-mas-baja-50-03-01-2020-00-01-57, accessed January 2, 2020.

③ "Estabilizar los medicamentos: una prioridad," Granma, 23 de julio de 2019, http://www.granma.cu/cuba/2019-07-23/estabilizar-los-medicamentos-una-prioridad-23-07-2019-00-07-40, accessed January 2, 2020.

④ "Cuba realiza un esfuerzo importante para garantizar el inicio del curso escolar," Granma, 24 de agosto de 2019, http://www.granma.cu/cuba/2019-08-24/en-que-condiciones-estamos-para-el-nuevo-curso-escolar-24-08-2019-15-08-43, accessed January 2, 2020.

进展显著，2019～2020年度，29家师范院校在册学生超过2.8万人，毕业生已超过2.5万人，从事普通教育、特殊教育和英语教育等。[①]

（五）住房

2019年，古巴政府继续贯彻实施国家住房建设政策。建筑部从2008年起推出建筑材料地方生产及销售计划，如今已推广至全国168个城市。生产的建筑材料80%面向民众销售。[②] 截至2019年8月，已完成修建住宅2.45万套，为全年计划的75%。[③] 主要原因是建筑材料供给仍未充分满足需求，水泥缺口达19658吨、钢材缺口达2678吨。[④]

（六）环保

古巴新宪法规定“促进环境保护和应对威胁人类生存的气候变化”，应对造成巨大损失的干旱和海平面上升问题。“生命工程”是基本路线图，具体措施包括禁止在潜藏洪涝灾害的地区修建新住宅，引进耐热作物以缓解干旱造成的粮食供应短缺问题，恢复沙滩以防止海岸侵蚀，等等。

古巴政府重视森林保护和林地多样化。具体措施和目标如下：大力推动植树造林和自然再生，保护18166.8公顷森林；改善森林构成，丰富树种，

① “La formación de más de 28 000 maestros es garantía de futuro,” Granma, 3 de septiembre de 2019, http://www.granma.cu/cuba/2019-09-03/la-formacion-de-mas-de-28-000-maestros-es-garantia-de-futuro-03-09-2019-22-09-05, accessed January 2, 2020.

② “Miles de personas serán favorecidas con nuevas normas jurídicas en la vivienda,” Granma, 25 de abril de 2019, http://www.granma.cu/cuba/2019-04-25/miles-de-personas-seran-favorecidas-con-nuevas-normas-juridicas-en-la-vivienda-25-04-2019-22-04-27, accessed January 2, 2020.

③ “Cuba no detiene la construcción de viviendas,” Granma, 8 de octubre de 2019, http://www.granma.cu/cuba/2019-10-08/cuba-no-detiene-la-construccion-de-viviendas-08-10-2019-23-10-31, accessed January 2, 2020.

④ “Del programa local a la producción nacional: la vivienda que llega,” Granma, 17 de septiembre de 2019, http://www.granma.cu/cuba/2019-09-17/del-programa-local-a-la-produccion-nacional-la-vivienda-que-llega-17-09-2019-22-09-53, accessed January 2, 2020.

目标面积为8231.7公顷；提高森林资源利用率，应用科学技术提高产量、质量，兼顾木材使用需求和森林培育，目标面积为83482.4公顷；防范森林火灾，特别是贯彻《国家森林防火体系》，加强机构间协调。为减轻矿产开采的影响，古巴规定开采企业须在两年内再造森林。目前古巴的森林面积超过2.2万公顷，森林指数达到31.49%，呈上升趋势。①

四　外交形势

2019年，古巴与美国的关系继续趋紧；与传统友国的关系稳固深化；与欧盟、日本等西方国家的关系平稳推进；继续重视拉美地区政治、经济、社会一体化和地区事务。

（一）与美国的关系持续紧张

2019年，特朗普政府对古巴的敌对政策逐渐升级，采取制裁第三国，限制贸易、金融、人员往来等措施，古巴表示强烈反对并坚决抵制，古美关系持续紧张。5月初，美国启动此前一直被冻结的“赫尔姆斯－伯顿法”第三条，美国公民有权起诉使用古巴革命胜利后被“没收”的美国公司或个人财产的古巴经济实体及与其有贸易往来的外国公司。5月中旬，美国两名参议员提案，以“在美国不承认任何偷来的品牌”为名，不认可在美国的古巴品牌。6月，美国财政部宣布禁止美国公民以文化、教育、旅游和运输服务为名义前往古巴，禁止美国公民乘坐任何从美国出发的船只特别是游轮前往古巴。9月，美国财政部修订古巴资产管制法，阻碍外汇进入古巴，如每季度汇款上限为1000美元，禁止向古巴官员的近亲或古共党员汇款，禁止通过美国银行进行资金转移。10月，美国禁止古巴租用航空器和船只，禁止向古巴捐赠美国产零部件占比10%以上的产品。11月，美国国务院再

① “Cómo Cuba preserva sus bosques?” Granma, 4 de septiembre de 2019, http://www.granma.cu/cuba/2019-09-04/como-cuba-preserva-sus-bosques-04-09-2019-23-09-48, accessed January 2, 2020.

次宣布扩大受限制的古巴企业名单，迄今超过200家企业上了黑名单。12月，美国停飞从美国至古巴9个城市的常规航班。

特朗普上台后，古美关系阴霾迭现，反映出两国在意识形态和社会制度上的根本对立，两国针锋相对的状态仍会持续。古巴在对美关系上将坚守底线，新宪法明确规定古巴发展对外关系要从古巴人民的利益出发，捍卫国家主权和民族自决权，反对帝国主义，倡导国际主义；特别强调古巴人民有选择自己的政治、经济、社会和文化制度的自由；呼吁第三世界国家团结一致，谴责直接或间接干涉他国内政的行为，坚决抵制侵略战争和武力征服。

（二）与传统友国的关系稳固深化

2019年，古巴继续夯实与传统友好国家和伙伴国家之间的关系，营造良好的外部环境，吸引外资，助力经济社会发展。

古俄经贸关系不断深化，俄罗斯大力支持古巴的铁路和公路运输升级改造。古俄签署铁路基础设施修复和现代化建设项目协议，涵盖中部铁路线、西恩富戈斯铁路线和南部铁路线，还包括铁路产业发展、桥梁维修、运营控制系统自动化、人员培训、信号系统等设备更新升级等。至2021年，俄罗斯将向古巴供给75辆铁路机车。俄罗斯卡马斯公司在马列尔特区设立新的汽车维护和销售中心，目前在古巴共有8500辆卡马斯汽车，其中2016～2018年供给2000辆。[①] 10月，俄罗斯总理梅德韦杰夫在古巴被授予政治学荣誉博士学位。他指出，与古巴的合作对俄罗斯意义特殊，古巴是俄罗斯在拉美的可靠盟友。[②] 12月，梅德韦杰夫祝贺马雷罗当选总理，表示将继续推

① "Nuevo centro de mantenimiento de la empresa rusa Kamaz en zona especial del Mariel," Granma, 26 de noviembre de 2019, http://www.granma.cu/cuba/2019-11-26/nuevo-centro-de-mantenimiento-de-la-empresa-rusa-kamaz-en-zona-especial-del-mariel-26-11-2019-10-11-39, accessed January 2, 2020.

② "Medvedev: Cuba es un aliado fiable en la región," Granma, 4 de octubre de 2019, http://www.granma.cu/cuba/2019-10-04/medvedev-cuba-es-un-aliado-fiable-en-la-region-04-10-2019-22-10-19, accessed January 2, 2020.

动古俄在经贸、投资、人文领域的双边合作。

古中关系稳步发展。3月，中古生物技术联合工作组召开第10次会议，签署关于未来两年内合作的若干备忘录。4月，国家主席习近平夫人彭丽媛在钓鱼台国宾馆会见访华的古巴国务委员会主席兼部长会议主席迪亚斯-卡内尔夫人奎斯塔。① 5月，哈瓦那接收了80辆新的中国产蓝色列车，新列车分为一等车厢和二等车厢，一等车厢将配备空调系统。② 6月，应中国司法部邀请，古巴国务委员会秘书长阿科斯塔率团访华。10月，古巴共产党与古巴政府举办隆重集会，庆祝中华人民共和国成立70周年。③ 中国外交部对古巴选举产生新的国家领导人表示热烈祝贺。12月，中国总理李克强祝贺马雷罗当选总理，并指出中国愿与古方一道以中古建交60周年为契机，加强高层交往，深化各领域务实合作，更好造福两国和两国人民。④

2019年，古巴与老挝、越南、朝鲜等国也保持着高层互访和党际交往。马雷罗当选总理后，越南总理阮春福表示祝贺，并表示深信古巴将取得新的经济和社会成就。朝鲜总理金才龙也向马雷罗表示祝贺，并表示相信古巴将在反帝国主义斗争和社会主义建设方面取得更大成就。

2019年5月和12月，在哈瓦那先后召开美洲玻利瓦尔联盟-人民贸易协议政治理事会和美洲玻利瓦尔联盟第17届峰会。峰会宣言指出，地区团结和一体化是对抗霸权主义、摆脱依附和脆弱性的唯一途径，美洲玻利瓦尔联盟坚持协作、社会公正，捍卫独立、主权和自决权，坚持经济合作与互补

① 《彭丽媛会见古巴国务委员会主席夫人奎斯塔》，中华人民共和国驻古巴共和国大使馆，2019年4月9日，http://cu.china-embassy.org/chn/yw/zggx/t1652799.htm，最后访问日期：2020年1月2日。

② 《古巴在俄中帮助下着手升级铁路系统》，中华人民共和国驻古巴共和国大使馆经济商务处，2019年7月16日，http://cu.mofcom.gov.cn/article/jmxw/201907/20190702881875.shtml，最后访问日期：2020年1月2日。

③ 《古巴举办隆重集会庆祝中华人民共和国成立70周年》，中华人民共和国驻古巴共和国大使馆，2019年10月2日，http://cu.china-embassy.org/chn/yw/zggx/t1705043.htm，最后访问日期：2020年1月2日。

④ 《李克强向古巴新任总理马雷罗致贺电》，中国政府网，2019年12月22日，http://www.gov.cn/guowuyuan/2019-12/22/content_5463110.htm，最后访问日期：2020年1月2日。

的一体化原则，致力于实现拉美和加勒比地区真正的一体化，对抗日益增长的对地区稳定、主权、和平和自决的威胁，实现可持续发展，满足人民需求。① 尼加拉瓜总统奥尔特加祝贺马雷罗当选总理，并表示愿意与古巴加强和扩展双边关系，共同致力于实现美洲玻利瓦尔联盟的发展愿景。

（三）与欧盟、日本等西方国家的关系平稳推进

2017 年 11 月，古欧政治对话与合作协议正式生效，古巴与欧盟关系开启了新阶段。目前，古欧经贸关系密切，双边合作势头强劲，涉及可再生能源、可持续农业等领域。2019 年，古巴与意大利、土耳其、英国、法国、匈牙利等国家实现了高层访问或经贸合作，英国和西班牙王室分别访问古巴。

2019 年，古日公共部门 - 私有部门合作委员会第三次会议召开，商定古日至 2020 年的双边合作日程。日本为古巴提供数十亿日元的捐赠，资助古巴能源供给项目和城市交通项目。12 月，日本首相派特使访问古巴，庆贺两国建交 90 周年。

虽然双边合作日益密切，但古巴与西方国家互信基础薄弱，在相当长的时期内，古巴与西方国家的关系将保持“以经贸投资为主，政治求同存异”的格局。

（四）与其他国家的关系

2019 年，古巴与委内瑞拉、玻利维亚之外的其他拉美和加勒比国家也基本保持友好关系。古巴与伯利兹、圭亚那、墨西哥、厄瓜多尔、萨尔瓦多、苏里南、巴拿马、圣文森特和格林纳丁斯等国实现高层访问、党际或立法机构交往。12 月，卡内尔赴阿根廷参加阿尔韦托·费尔南德斯总统的就职仪式。博索纳罗当选后，古巴与巴西的关系趋于紧张。2018 年 11 月，古

① “Aprueban declaración del ALBA - TCP durante cumbre en Cuba,” Granma, 14 de diciembre de 2019, http://www.granma.cu/cuba/2019 - 12 - 14/aprueban - declaracion - del - alba - tcp - durante - cumbre - en - cuba, accessed January 2, 2020.

巴宣布终止在巴西的“更多医生”项目，古巴驻巴西使馆、领事馆将为古巴医生回国提供便利。

2019 年，古巴仍积极寻求对外关系多元化，与莫桑比克、马里、几内亚、加纳、安哥拉、斯威士兰、斐济等非洲国家，卡塔尔、阿塞拜疆、缅甸等亚洲国家实现高层访问或经贸合作。

（杨建民　审读）

Y.13
委内瑞拉：政治对抗再升级

王 鹏*

摘 要： 2019年，马杜罗迎来第二个总统任期，反对派人物胡安·瓜伊多自立为“临时总统”，并得到多国承认。两人之间的权力争夺使委内瑞拉国内的政治对抗进一步加剧。2019年，委内瑞拉经济连续6年处于负增长，依然面对严重的通胀压力。美国的经济制裁使委内瑞拉的原油生产面对巨大的挑战。委内瑞拉的社会形势恶化，大量委内瑞拉人移民国外。在对外关系领域，委内瑞拉面对来自美国、欧盟国家和部分拉美国家的孤立与制裁压力。

关键词： 委内瑞拉 经济制裁 人口外流

一 政治形势

2019年1月10日，马杜罗（Nicolás Maduro）在最高法院宣誓就职，开启第二个总统任期（2019~2025年）。2018年6月任命产生的政府部长留任。其中，德尔西·罗德里格斯（Delcy Rodríguez）继续担任副总统，帕德里诺（Vladimir Padrino López）继续担任国防部长，阿雷亚萨（Jorge Arreaza）继续担任外交部长。2019年8月，马杜罗总统大规模改组政府，

* 王鹏，中国社会科学院拉丁美洲研究所副研究员、发展与战略研究室主任，中美洲和加勒比中心秘书长，主要从事拉美政治研究。

重新任命7位部长。

反对派人物胡安·瓜伊多（Juan Guaidó）自立为“临时总统”，使委内瑞拉国内紧张局势陡然升级。来自人民意愿党的瓜伊多在2019年1月5日当选国会主席。他声称2018年的总统选举不具有合法性，马杜罗无资格担任总统。因此，他援引1999年宪法规定，在1月23日以国会主席的身份担任“临时总统”。他不但得到反对党阵营的支持，还迅速得到美国、加拿大及许多拉美国家的承认。

瓜伊多及其支持者发起抗议和破坏活动，挑战马杜罗政府合法性，委内瑞拉政局一度陷入极不稳定的状态。瓜伊多竭力争取军人的支持。2019年1月15日，反对党控制的国会批准《大赦法》，赦免那些愿意与马杜罗决裂的高级军官。在瓜伊多的鼓动下，小部分军人开始作乱。1月21日，少数国民警卫队成员攻击加拉加斯的一个军事指挥中心，但很快失败。瓜伊多策动的最大规模抗议活动发生于4月30日。当天，他与数十名身着军装的人员出现在加拉加斯一处空军基地附近，并通过社交媒体号召民众走上街头、向总统府进军。但是，军方和民间的响应者为数有限。当晚，马杜罗政府宣布这场“未遂政变”失败。此外，瓜伊多的支持者在部分国家接管委内瑞拉的驻外使领馆（例如委内瑞拉驻哥斯达黎加大使馆），还接管了委内瑞拉位于美国的最大海外资产雪铁戈公司（Citgo）。

2019年5月以来，委内瑞拉政局趋于平稳，朝野双方形成对峙状态。瓜伊多一直难以获得下层民众的信任，他鼓动的反政府游行无法形成较大规模。瓜伊多阵营很快曝出贪腐丑闻。5月至8月，马杜罗政府与反对派在挪威和巴巴多斯进行数轮谈判。进步前哨党、我们变革公民运动和争取社会主义运动在9月与政府签署对话协议，实际上不再支持瓜伊多。

2019年，委内瑞拉制宪大会继续代行最高立法机构职责。制宪大会于2017年8月正式成立，负责重新制定国家宪法、维护国家和平、促进国内对话。2019年5月，制宪大会主席卡韦略（Diosdado Cabello）宣布，大会的运行期将延长至2020年12月31日。2019年4月制宪大会剥夺了瓜伊多的司法豁免权，此后又批准取消10多名反对党国会议员的司法豁免权。制宪大会宣布将成立一个专门委员会，负责确定下一届国会选举的日期。

委内瑞拉将在2020年迎来国会选举的考验。上一次国会选举在2015年12月6日举行，执政的委内瑞拉统一社会主义党遭遇重大失利，由多个反对党组成的民主团结联盟控制了2/3多数席位。此后，在反对党控制下的国会频频挑战马杜罗政府，导致严重的府院对立。在新一届国会选举即将到来之际，执政党加强与进步前哨党等反对党的合作，希望从反对党手中赢回国会控制权。2019年9月，执政党的国会议员开始重新履职，意在阻止瓜伊多在下一年连任国会主席。

二 经济形势

2019年，委内瑞拉的国内生产总值增长率为-23%，在拉美和加勒比地区国家中垫底。[①] 这意味着委内瑞拉经济已经连续6年衰退。联合国拉美经委会估计，委内瑞拉的国内生产总值在2013～2018年累计萎缩47.8%。[②]

委内瑞拉正在经历拉美历史上最严重的通货膨胀。2019年前10个月，通胀压力有所下降，但2019年9月的通胀率仍然达到39113.8%。[③] 2019年，马杜罗政府采取了一些抑制通胀压力的措施，如上调法定准备金率、限制金融机构扩大信贷，但这些措施未能产生明显的效果。

2019年，马杜罗政府实行货币改革。2019年6月，政府发行面值为1

① ECLAC, *Economic Survey of Latin America and the Caribbean 2019*, United Nations, Santiago, July 2019, https://www.cepal.org/en/publications/44675-economic-survey-latin-america-and-caribbean-2019-new-global-financial-context, accessed January 8, 2020.

② ECLAC, *Economic Survey of Latin America and the Caribbean 2019*, United Nations, Santiago, July 2019. https://www.cepal.org/en/publications/44675-economic-survey-latin-america-and-caribbean-2019-new-global-financial-context, accessed January 8, 2020.

③ ECLAC, *Preliminary Overview of the Economies of Latin America and the Caribbean*, United Nations, Santiago, 2019, https://repositorio.cepal.org/bitstream/handle/11362/45001/43/S1901096_en.pdf, accessed January 6, 2020.

万玻利瓦尔、2 万玻利瓦尔和 5 万玻利瓦尔的大面值货币。这是委内瑞拉在不到 1 年时间内再次实行货币改革。2018 年 8 月，马杜罗政府发行“主权玻利瓦尔”，取代流通 10 年的“强势玻利瓦尔”。2018 年 12 月至 2019 年 11 月，官方汇率累计贬值 3567%。[①]

2019 年，委内瑞拉的价格管制和进口限制趋于松动，商品供应情况有明显改善，超市货架上出现较为丰富的食品，民众能够在圣诞节采购节日礼品。但是，这些商品以市场价格出售，远远超过大多数人的购买能力。与此同时，政府限制使用外汇的政策有所放松，美元开始在更大范围流动。

委内瑞拉的原油产量持续下滑。由于长期投入不足，委内瑞拉原油产量自 2011 年以来持续下降，2018 年降至 135.4 万桶/日。2019 年前 3 个季度的原油产量分别为 97.5 万桶/日、77.6 万桶/日和 71.4 万桶/日。[②] 2018 年 10 月至 2019 年 10 月，委内瑞拉原油的平均出口价格持续下跌，2019 年 10 月降至 45.69 美元/桶。[③] 这是 1 年以来的最低价格。2015 ~ 2018 年，委内瑞拉原油出口量持续萎缩，从 197.4 万桶/日降至 127.3 万桶/日。[④]

美国的制裁导致委内瑞拉在提振原油生产方面面对更大的困难。这些困难具体表现为：第一，委内瑞拉不得不为原本卖给美国企业的原油另找买家；第二，委内瑞拉无法进口美制稀释液，其原油和成品油生产受到严重的影响；第三，委内瑞拉需要以更高的价格从美国以外的渠道进口燃料油；第四，委内瑞拉的石油生产和石油贸易融资能力受到损害。

① ECLAC, *Preliminary Overview of the Economies of Latin America and the Caribbean*, United Nations, Santiago, 2019, https://repositorio.cepal.org/bitstream/handle/11362/45001/43/S1901096_en.pdf, accessed January 9, 2020.

② "Monthly Oil Market Report," OPEC, December 11, 2019, https://momr.opec.org/pdf-download/index.php, accessed January 8, 2020.

③ "OPEC Bulletin," OPEC, October/November 2019, https://www.opec.org/opec_web/static_files_project/media/downloads/publications/OB10_112019.pdf, accessed January 10, 2020.

④ "Annual Statistical Bulletin," OPEC, 2019, https://www.opec.org/opec_web/en/publications/202.htm, accessed January 9, 2020.

按照委内瑞拉的评估，美国的制裁已经使其蒙受1300亿美元的损失（2015～2018年）。[①]

三　社会形势

马杜罗政府完成“委内瑞拉住房大使命”的既定目标。2011年，时任总统查韦斯启动这一使命，其目标是建成300万套住房、改善居民住房条件。截至2019年12月，兴建300万套住房的目标已实现。根据“祖国计划”（2019～2025年），马杜罗政府希望最终建成500万套住房，彻底改善民众住房条件。

2019年，马杜罗政府3次提高最低工资，以改善民众生活。2019年1月，最低工资提高300%，达到18000玻利瓦尔/月；5月1日，最低工资从18000玻利瓦尔/月提高至40000玻利瓦尔/月；10月，最低工资从4万玻利瓦尔/月提高至15万玻利瓦尔/月。

委内瑞拉的贫困现象在近年出现反弹。联合国拉美经委会指出，委内瑞拉贫困人口的增加是拉美贫困人口数量在2014～2018年出现反弹的主要因素之一。2014年，该国极端贫困人口的数量占拉美贫困人口数量的8%；至2018年，这一比重上升至33%。[②]

委内瑞拉民众的营养卫生状况恶化。食品供应短缺损害了委内瑞拉民众的营养状态。2016～2018年，委内瑞拉680万人（约占总人口的21.2%）处于营养不良状态。[③] 委内瑞拉的医疗卫生条件恶化，在近年一直面对较为

---

① “Years of US sanctions have cost Venezuelan economy $130 billion-official,” RT, May 21, 2019, https://www.rt.com/business/459884-venezuela-losses-billions-us-pressure/, accessed January 9, 2020.

② ECLAC, *Social Panorama of Latin America*, United Nations, Santiago, 2019, https://repositorio.cepal.org/bitstream/handle/11362/44989/S1901132_en.pdf?sequence=1&isAllowed=y, accessed January 10, 2020.

③ FAO, IFAD, UNICEF, WFP and WHO, *The State of Food Security and Nutrition in the World 2019*, FAO, Rome, 2019, pp. 130, 143, http://www.fao.org/3/ca5162en/ca5162en.pdf, accessed January 12, 2020.

严重的传染病疫情。委内瑞拉是白喉疫情最为严重的拉美国家。这一疫情在2016年7月暴发，2019年已出现3033例疑似病例，291人因病死亡。[①] 此外，委内瑞拉还存在较为严重的麻疹和疟疾疫情。

委内瑞拉仍然是全球暴力活动最严重的国家之一。根据“委内瑞拉暴力观察”组织统计，2019年1月至11月，委内瑞拉至少有16506人死于凶杀犯罪或抗议活动引发的暴力活动，死亡率高达60.3/100000。[②]

委内瑞拉经济社会形势恶化，出现大规模的人口外流现象。截至2019年12月，约480万名委内瑞拉人已经离开母国。[③] 这是拉美和加勒比地区在近年出现的最大规模人口外流潮。这些外流人口无望在短期之内返回母国。哥伦比亚是收容委内瑞拉外流人口最多的国家，收容人数已超过130万人。此外，大量委内瑞拉人还流入秘鲁、巴西、厄瓜多尔、巴拿马、特立尼达和多巴哥等周边国家。

四　外交形势

马杜罗政府在2019年经受复杂外交形势的考验。2019年初，马杜罗政府拒绝接受美国提供的所谓“人道援助物资”，一度关闭与哥伦比亚和巴西的陆上边境。2019年4月27日，委内瑞拉完成退出美洲国家组织的所有规定程序，从即日起完全脱离该组织。2019年，马杜罗总统和罗德里格斯副总统分别访问俄罗斯。俄罗斯重申对委内瑞拉的支持，承诺继续向委内瑞拉

---

① “Epidemiological Update Diphtheria,” PAHO, December 6, 2019, https://www.paho.org/hq/index.php?option=com_docman&view=download&category_slug=diphtheria-8968&alias=51187-6-december-2019-diphtheria-epidemiological-update-1&Itemid=270&lang=en, accessed January 9, 2020.

② “Informe Anual de Violencia 2019,” Observatorio Venezolano de Violencia, 29 de diciembre de 2019, https://observatoriodeviolencia.org.ve/news/informe-anual-de-violencia-2019/, accessed January 12, 2020.

③ UNHCR, “Venezuela Situation,” UNHCR, last update December 2019, http://reporting.unhcr.org/sites/default/files/UNHCR%20Venezuela%20Situation%20Update%20-%2017DEC19.pdf, accessed January 5, 2020.

提供人道主义援助。在全球范围内，马杜罗政府还得到印度、土耳其、埃及、伊朗、白俄罗斯等国的外交承认与支持。2019 年 12 月，马杜罗总统前往古巴参加第 17 届美洲玻利瓦尔联盟国家领导人会议。古巴国家主席迪亚斯-卡内尔（Miguel Díaz-Canel）、尼加拉瓜总统奥尔特加（Daniel Ortega）、圣文森特和格林纳丁斯总理贡萨尔维斯（Ralph Gonsalves）共同与会。会议声明呼吁外部力量停止干涉委内瑞拉内政。

部分拉美和加勒比国家进一步加大对委内瑞拉的外交压力。巴拉圭在 2019 年 1 月初与委内瑞拉断交，秘鲁召回驻委内瑞拉代办；11 月，政府更迭之后的萨尔瓦多和玻利维亚相继宣布承认瓜伊多为“合法总统”。2019 年 1 月 4 日，利马集团①发表联合声明，呼吁委内瑞拉重新举行总统选举，并对马杜罗政府实施制裁。墨西哥没有在这项声明上签字。2019 年 2 月 4 日，利马集团再次发表声明，表示承认瓜伊多为委内瑞拉“临时总统”，将与其开展合作。墨西哥、圭亚那和圣卢西亚没有在这次的声明上签字。2019 年 12 月初，《美洲国家间互助条约》的 15 个缔约国（包括阿根廷、巴西、哥伦比亚等 14 个拉美国家和美国）通过决议，禁止包括马杜罗总统在内的 29 名委内瑞拉高官及其家属入境。

墨西哥和阿根廷的对委政策随着政府更迭而发生重大调整。墨西哥奥夫拉多尔政府成立之后，迅速与利马集团拉开距离，坚持承认马杜罗政府的合法性。阿根廷总统费尔南德斯在竞选期间表示阿根廷应退出利马集团，委内瑞拉政府应邀派代表参加他的总统就职典礼。墨西哥、乌拉圭与加勒比共同体携手合作，在 2019 年初提出解决委内瑞拉问题的蒙得维的亚机制。

美国迅速承认瓜伊多为委内瑞拉“临时总统”，并向其提供外交和资金支持。特朗普政府把委内瑞拉政府在美国银行账户的控制权交给瓜伊多，接受他任命的特使卡洛斯·贝基奥（Carlos Vecchio）为委内瑞拉驻美国“大使”。美国国务院在哥伦比亚首都波哥大开设委内瑞拉事务代表处，使其成

① 利马集团于 2017 年成立，最初有 12 个成员，包括阿根廷、巴西、智利、哥伦比亚、哥斯达黎加、危地马拉、洪都拉斯、墨西哥、巴拿马、巴拉圭、秘鲁和加拿大，后来圭亚那、圣卢西亚和玻利维亚加入。

为临时“驻委大使馆”。

2019年，美国进一步加大对马杜罗政府的制裁。2019年2月以来，特朗普政府多次制裁马杜罗政府的现任和前任高级官员。特朗普政府还加大了对委内瑞拉的经济、金融和贸易制裁，1月28日宣布冻结委内瑞拉石油公司在美国境内的70亿美元资产。美国还制裁委内瑞拉经济社会发展银行以及该银行控制的4家金融机构。2019年8月，特朗普政府再次升级制裁压力，宣布冻结委内瑞拉政府在美国的全部资产，声称惩罚继续与委内瑞拉保持业务往来的公司。

欧盟在对委内瑞拉政策上存在内部分歧。在意大利和希腊的反对下，欧盟没有就是否承认瓜伊多为“临时总统”形成共同立场。法国、英国、德国、西班牙等十几个欧盟国家自行宣布承认瓜伊多为“临时总统”。2018年，欧盟制裁18名委内瑞拉政府官员，2019年把制裁对象扩大为25人。另外，欧盟牵头成立委内瑞拉问题国际联络小组，试图就解决该问题发挥作用。

中委关系保持平稳发展。2019年1月10日，中国派出特使出席马杜罗总统的就职典礼。2019年4月，委内瑞拉经济财政部长西蒙·塞尔帕（Simón Zerpa）来华出席“一带一路”国际合作高峰论坛；2019年10月，委内瑞拉统一社会主义党第一副主席卡韦略访华。2019年，中国政府向委内瑞拉提供4批民生物资，用于委内瑞拉改善医疗卫生条件和保障民生需求。

（刘维广　审读）

Y.14
智利：社会动荡连锁效应凸显制度脆弱性

芦思姮*

摘　要： 2019年，智利政府启动宪法改革，为推动更深层次的治理变革奠定制度条件；在全球贸易收缩与国内社会危机双重压力下，智利主要经济活动放缓，宏观经济基本面趋于恶化，政府颁布的一揽子提振计划导致公共支出显著扩张；10月爆发的全国性抗议运动对整个国家政治、经济、社会生态产生严重的连锁反应，凸显该国长期结构性困境——资源分配不均、社会排斥和阶层固化问题。此外，迫于不利的国内局势，智利作为主办国，宣布取消举办APEC峰会和联合国气候变化大会。

关键词： 智利　社会抗议　制度脆弱性　宪法改革

一　政治形势

（一）社会危机凸显制度脆弱性

2019年10月，智利爆发全国性社会抗议运动，对国家政治、经济、社会产生了极为严重的连锁影响，引起世界范围内的高度关注。从政治层面

---

* 芦思姮，中国社会科学院拉丁美洲研究所区域合作研究室助理研究员，研究方向为新制度经济学、区域经济合作与一体化、拉美公共政策。

看，这一事件反映出智利制度的脆弱性，对其传统政党关系与政局博弈造成了重大影响。

自20世纪90年代民主化以来，智利文人政府在社会经济发展模式上基本延续了皮诺切特（Pinochet）军政府时期新自由主义核心理念。在此基础上，对已完成私有化、产业化改革的社会经济制度进行了一定程度的修补，旨在重新界定国家职能，尤其关注政府在社会政策方面的缺位。针对军政府时期严重的社会排斥问题，民选政府加大公共支出力度，扩大社保体系的覆盖面。实质上，在拉美地区，智利的“小政府”特征并不显著，政府的治理能力尤其是转移支付的有效性要优于域内其他国家。

然而，改革举措只实现了局部改善，并未从根源上触及制度脆弱性问题，特别是未能兼顾效率与公平。一方面，民主选举保障了政治权力行使的合法性与正当性，并提高了广大民众对民选政府回应其诉求的期待。然而，随着历届政府更迭，人们发现，智利在成功实现经济腾飞的同时，国家顺应全球化趋势获得的发展红利非但未能通过“涓流效应”充分惠及中下阶层，反而加剧了结构的不平等。历届政府的一系列社会改革举措始终未能充分发挥兜底保障功能，不仅贫富分化日益严重，而且上升渠道受到阻滞、阶层固化。另一方面，长期以来，精英政府对中下阶层诉求的关注度不足，清除治理结构性积弊未能达到预期，因此民众对政府和传统政党制度的认同度严重下降。具体而言，一是政府屡遭信任危机。近5年来，无论是左翼还是右翼政党执政，总统的民意支持率均处于低位。在总统任期内，政治腐败丑闻频发，这直接导致民众对政府执政能力及政策有效性的满意度降低。根据智利公共民调机构Cadem统计，自2018年3月开始执政至2019年10月，即社会抗议爆发前夕，总统皮涅拉的支持率下降了一半，仅为30%，而10月后，其支持率一度跌至10%，创历史新低。[①] 二是更为激进的新兴政治力量

---

① “Comité político a la baja: Karla Rubilar se mantiene como la ministra mejor evaluada (39%) pero cae 6pts, mientras que Blumel cae 7pts (33%) y Ward 8pts (28%),” Estudio N°311, Plaza Pública Cadem, 30 de diciembre de 2019, https://plazapublica.cl/encuestas/plaza-publica-cadem-encuesta-no-311/, accessed December 31, 2019.

崛起。在2017年总统大选中，尽管新成立的左翼政党联盟“广泛阵线”推举的总统候选人比阿特丽斯·桑切斯（Beatriz Sánchez）在第一轮投票中以微弱差距惜败，但“广泛阵线”在众议院选举中收获颇丰。作为第三支政治力量，“广泛阵线”不仅成为能够冲击智利传统两党格局的新的权衡变量，而且反映出民众因传统政党的长期不作为而寻求重大变革的决心。

（二）总统改组内阁并开启宪法改革

在2019年10月社会抗议爆发初期，塞巴斯蒂安·皮涅拉政府未能给予足够重视，应对措施相对滞后。社会运动迅速蔓延，民众寻求根本性变革的呼声日益高涨，政府处于极为被动的局面。在这一形势下，一方面，皮涅拉宣布重组内阁，任命了包括内政部、财政部、总统府秘书部、经济部在内的8名部长，特别是任命中间派担任财政部、经济部、内政部这3个核心部门的部长，以期争取更广范围的支持。

此外，作为政府对民众诉求的最大让步，宪法改革正式启动。智利现行宪法可追溯至20世纪80年代皮诺切特军政府时期。民主回归以来，制定新宪法始终是民众的一个重要关切，这也是左翼和右翼政党的主要分歧。一直以来，皮涅拉领导的中右翼联盟对宪法改革持反对态度，认为这将动摇甚至危及国家现行发展模式。

据2019年10月底的一项调查，87%的受访者认为制定一部面向保护社会权利与提高公民参与的新宪法是必要的。[①] 对于民众诉求，2019年底，众议院和参议院相继通过议案，同意修改现行宪法第十五章。这一举措表明宪法改革进程已启动必要的法律程序，政府通过全民公投决定改革的两项核心内容，即是否需要制定新宪法；如果需要制定新宪法，那么以何种形式制定，民众需要在由议员和民选代表组成的“混合会议”（Comisión Mixta Constitucional）与全部由民选代表组成的“制宪会议”（Convención Constitucional）两种机制中进行选

① EIU, *Country Report: Chile*, November 2019, p. 26.

择。[①] 2020 年，由于新型冠状病毒肺炎（以下简称“新冠疫情”）暴发，原定于2020 年4 月举行的新宪法公投推迟到10 月25 日举行。制宪进程将面临长期而复杂的局面，并且当前执政党内部以及左右党派之间对于修宪的意义仍存在较大分歧。但在宪法改革启动的新形势下，政府进一步实施一揽子治理改革拥有了必要的制度基础，即全民参与路径的构建为国家正面应对制度脆弱性与可治理性问题提供了法律依据。

二 经济形势[②]

（一）宏观经济调控

在财政政策方面，2019 年，主要经济活动的放缓和10 月爆发的社会危机在很大程度上重塑了智利公共收支结构，迫使政府改变了上一年实行的紧缩性政策。一方面，公共收入出现较为明显的下降，这是因为经济低迷影响税收水平，加上政府财政的主要创收来源铜矿部门尤其是国有铜矿公司（Codelco）几次大规模的罢工直接拉低了企业效益。另一方面，公共支出大幅增长。为应对愈演愈烈的民众抗议，政府不得不放弃2018 年经常性支出削减计划，采取一揽子举措，表明政府对社会保障领域的重视，尤其是加大对养老金、最低工资、医疗卫生的支持力度。2019 年，财政赤字规模上涨0.5 个百分点，占国内生产总值（GDP）的2.2%。

估计，基于应对社会动荡引发的后续影响的考量，加上新冠疫情扩散对生产活动造成的负面影响，2020 年智利政府的赤字规模将继续扩大。为解决收支平衡恶化问题，执政党与反对党达成共识，通过税制改革来提高财政

① “Constitución,” Republica de Chile Senado, https://www.senado.cl/senado/site/tax/port/all/taxport_22_245__1.html, accessed December 30, 2019.

② 除特别说明外，本部分数据均来自 CEPAL, *Balance Preliminar de las Economías de América Latina y el Caribe 2019*, Naciones Unidas, Santiago, 2019。

收入。考虑到支出刚性，即以削减其他部门预算为代价支持大规模社会计划开展的可能性较小，政府很可能会增发债券。

在货币政策方面，2019 年初智利央行将基准利率提高至 3%，以对冲 2018 年经济强劲回暖所带来的通胀压力。但由于自第一季度起各经济部门增长乏力，通胀水平低于政策区间下限，央行开始实施货币宽松政策。央行先后在 6 月、9 月和 10 月下调利率。截至 11 月，基准利率降至 1.75%。然而，在不利的社会经济条件作用下，尽管利率水平已处于历史低位，但对经济的激励效应有限。

（二）宏观经济表现与预期

1. 充分就业方面。据智利国家统计局数据，2019 年智利平均失业率波动较小，保持在 7% 左右的水平①，与上年基本持平。大批移民涌入智利，不仅导致智利劳动力市场供需关系日趋紧张，而且抬高了相关监管成本，实际工资水平涨幅受到影响。从部门来看，劳动力扩张最为显著的是医疗卫生和建筑业，而制造业吸纳就业的能力相对疲弱。从就业种类来看，正规就业和个体经营者出现小幅扩张，而非正规就业人数有所下降。

2. 物价稳定方面。智利实行通货膨胀目标制。据智利国家统计局统计，2019 年 1～11 月，通胀率为 2.7%，仍处于央行制定的目标区间内（2%～4%）。其中，物价上涨最为显著的是文娱产品、教育、食品和非酒精饮料，以及住房和基础服务部门②。

3. 经济增长方面。2019 年，智利经济下滑较为严重，自第一季度起开始降温，第二、三季度各部门有所回暖，但这一利好趋势受到 10 月爆发的社会危机的严重影响。估计全年增长率仅为 0.8%，比上年下跌 3.2 个百分

① "Encuesta Nacional de Empleo," Departamento de Estudios Laborales, Edición No. 253, INE, https://www.ine.cl/estadisticas/sociales/mercado-laboral/ocupacion-y-desocupacion, accessed December 31, 2019.

② "Índice de Precios al Consumidor," Boletín informativo, Edición No. 253, INE, https://www.ine.cl/estadisticas/economia/indices-de-precio-e-inflacion/indice-de-precios-al-consumidor, accessed January 1, 2020.

点，创2008年全球经济危机以来的最低纪录。

内需方面，2019年，私人消费有所增长，但增幅低于上一年，这是服务与非耐用品消费上涨、耐用品尤其是汽车消费收缩的共同作用所致。固定资本形成总额有所扩张。

供给方面，矿产和农业部门均因天气或罢工而减产。智利取消举办APEC峰会和联合国气候变化大会对与这些国际活动相关的投资、消费和旅游活动造成了负向影响。尽管当前形势不容乐观，但智利的国家风险评估始终保持低水平。即使在社会抗议活动蔓延至全国的11月，智利的新兴市场债券指数（EMBI）仍低于2018年水平。

4. 国际收支平衡方面。经常账户赤字占GDP的3.1%，与2018年基本持平。受中美贸易摩擦以及全球贸易不确定性加剧影响，智利饱受国际铜价下行的冲击，商品贸易尽管仍保持顺差，但因出口降幅高于进口，盈余额减少，服务贸易逆差规模有所扩张。2019年，智利几乎所有主要产业部门的出口均受到了冲击。因消费品需求收缩，进口同样表现低迷；转移支付仍保持顺差，但盈余额收窄。资本和金融账户赤字同比增加23.5%，这是证券投资与外国直接投资净流入均为负值以及储备资产下降共同导致的结果。截至2019年9月，由于企业和政府负债增加，外债规模大幅增加，约占GDP的71.8%。

此外，受全球不确定性加剧及其导致的铜价下跌影响，智利货币比索贬值将近20%，社会动荡冲击了对国内经济稳定的预期，造成一定程度的资本外流。比索兑换美元一度跌至800∶1，创历史新低。为了对冲贬值压力，央行运用货币政策工具（如抛售美元、套期保值、本币证券回购等公开市场操作）加大干预力度。

在全球贸易收缩趋势加剧和国内社会动荡双重冲击下，智利宏观经济基本面将愈加脆弱。尤其值得指出的是，新冠疫情的不断升级将导致国际商品贸易萎缩及贸易条件恶化，尤其是铜价将持续走低，这对于高度融入经济全球化的智利来讲是一个沉重的打击。另外，随着全球不确定性日益凸显，风险敞口不断扩张，智利股、汇两市将发生剧烈震荡，进而不仅在相当程度上导致资本外流，也将引发比索更为严重的贬值。鉴于此，世界银行预计，2020 年，智利经济将收缩 3.3%，而国际货币基金组织的预估则更为悲观，智利经济负增长幅度或达到 4.5%①。

三 社会形势

2019 年，智利爆发了一场全国性的社会运动，参与人数高达百万，造成多人死伤，是近 30 年来智利规模最大、最为暴力的抗议活动。

（一）抗议爆发的结构性原因

作为南美地区唯一的经济合作与发展组织成员国，智利历届政府适时调整政策，探索出一套适合国情的经济模式和发展理念，成为世界银行公认的拉美地区成功跨越“中等收入陷阱”的典范。然而，2019 年 10 月发生的社会危机暴露了智利长期隐藏的社会资源分配不公导致的重重矛盾。

智利在深度融入经济全球化浪潮的过程中，跨国资本与跨国企业不断突破国家边界，获得了高度流动性与自由度，并提高了对国家政治权力的干预能力。智利垄断集团和大企业主的财富不断积累，并日益集中。同时，智利产生了大批“被边缘化”群体，社会排斥问题愈加尖锐。根据世界银行数据，智利的基尼系数已高于 0.5，这表明智利在贫富分化问题上已属于“收入悬殊”国家。②

社会保障体系是社会经济发展的调节器，但智利这一体系的三大主体部分——养老、医疗、教育系统，均未能有效发挥社会财富再分配功能，不仅没有缩小各阶层社会成员之间的收入差距，而且在很大程度上阻隔了中间阶

① “FMI pronostica caída de un 4，5% de la economía chilena en 2020，” CNN Chile，April 4，2020，https：//www.cnnchile.com/coronavirus/fmi-pronostica-caida-de-un-45-de-la-economia-chilena-en-2020_20200414/，accessed May 22，2020.

② “GINI index（World Bank estimate），” The World Bank，https：//data.worldbank.org/indicator/SI.POV.GINI，accessed December 30，2019.

层尤其是中下层群体的上升通道，对社会流动性的增强产生了负面影响。在这种背景下，随着社会保障体系作为稳定器、缓冲器的功能日益削弱，政治精英与社会长期割裂，片面关注经济数字，漠视中下层民众不堪重负的生活成本。广大民众积怨已久，因此，仅仅地铁票价的小幅上调便引发了大规模的全国性社会骚乱。

（二）抗议运动的新趋势与新特征

社会资源分配不均及衍生的一系列机会不均等问题是 2019 年 10 月智利抗议运动爆发的结构性原因，但这些问题已经根植于智利社会经济体系数十年，为何在这个时点集中爆发，并迅速蔓延，可以从以下三个层面考虑。

一是近两年来，智利社会运动呈现出网络化新特征。与传统抗议相比，应用新技术的运动没有明确的领导者或鲜明的派别标识，抗议者分布广泛，通过社交网站自发组织起来，并利用数字信息技术等新传媒手段实现信息共享，从而快速沟通、联络、整合、调度。这种方式大幅降低了普通民众参与政治活动的成本，成为抗议运动的规模与影响力迅速扩张的前提条件。

二是社会代际变迁。不同社会群体对同一结构体系的容忍程度是不同的。经历过 20 世纪七八十年代军政府统治的智利老一辈尚能够承受日益沉重的生活成本压力。但是随着代际的变化，年青一代对固有制度弊端的接受度逐渐降低，表现出强烈的寻求变革的意愿与自主性，这也是进入 21 世纪第二个十年以来智利以学生为主体的大规模社会运动爆发日益频繁的重要原因。

三是按照拉美地区的传统，在国家即将举办全球性盛会时举行抗议运动是对政府当局施压的有效方式，类似的事件在地区范围内屡见不鲜。此次，智利政府在国家主办 APEC 峰会和联合国气候变化大会之际提高了关乎民生的交通成本，这一非理性的政策选择不仅直接暴露了精英政治长期忽视民众呼声的现实，而且点燃了本已怨声载道的中下层民众的怒火。

（三）政府的应对举措与展望

此次智利政府对社会运动的应急处理相对滞后，尤其在运动初期，并未重视这一事件。总体而言，智利当局的应对举措大致分为两类：一是采取一系列暂时的强制性措施，如宣布国家进入紧急状态和实行宵禁，并动用军队进行武力威慑，以防止暴力事件进一步升级；二是放低姿态，改组内阁、向公众道歉、与抗议者展开和平对话，并承诺实施更加深入的社会改革计划，如提高最低工资、降低药价和电价、提高高收入者税率等。

此次社会运动的主要诉求集中反映在养老体系上。作为政府改革的重点，截至2019年11月底，由内阁部长和参众议员代表组成的混合委员会讨论通过了2020年提高预算和养老金方案。根据计划安排，政府将从经济和社会稳定基金中提取14亿美元，并批准90亿美元的负债额度。此外，自2019年12月起，基本救济养老金和救济支持最高养老金将分年龄段在3年内逐步提升至高于当前金额50%的水平。鉴于此，预计2020年智利公共财政支出将显著扩张，增速从预期的3%升至4.5%[①]。

可以看出，持久的抗议运动反映出智利社会的结构性弊端，并不断激化民众的不满情绪。然而，2020年，在新型冠状病毒肺炎疫情的影响下，国家社会生产部门遭受重创，吸纳了大部分劳动力的小微企业更是举步维艰。在这种背景下，如果政府紧急采取的就业保护与救济计划无法取得明显的效果，即失业与贫困人口激增以及民生保障显著恶化的局面得不到有效遏制，那么社会排斥问题将加重，进一步激化深层次的社会矛盾，从而引发更大规模的社会经济动荡。

---

① 《智利2020年预算案和养老金提高方案获得通过》，中华人民共和国驻智利共和国大使馆经济商务处网站，2019年11月28日，http：//cl.mofcom.gov.cn/article/jmxw/201911/20191102917885.shtml，最后访问日期：2019年12月28日。

四　外交形势

（一）中智关系

2019年4月底，智利总统皮涅拉对中国进行国事访问，并出席了第二届“一带一路”国际合作高峰论坛。鉴于此，该国成为唯一一个两届高峰论坛均由国家元首出席的拉美国家。在访华前，智利众议院通过了第500号决议，敦促政府当局推动中智两国相关合作协议的签署，促进中国加大对智利基础设施和互联互通领域的投资。这一决议的通过表明智利从顶层设计层面对加强与中国合作的必要性达成了共识，并将共建“一带一路”纳入国家长期发展规划。此外，针对美国国务卿蓬佩奥在智利发表的一些与事实相悖的反华言论，智利坚持一贯奉行的理性务实立场，为其他拉美国家在美国压力下处理中拉关系提供了积极的示范作用。在当前贸易保护主义抬头的背景下，智利始终坚持推动经济全球化、捍卫自由贸易理念，这与中国政府的立场高度契合。两国就维护以世贸组织为代表的多边贸易规制的权威性与多边主义的有效性达成共识。[①] 针对美国以威胁国家安全为由对中国华为公司及5G网络建设的指控与打压，智利政府选择向华为敞开大门，这是出于智利认可华为公司在全球网络通信技术方面具备的比较优势，以及务实地考量采用这一技术对提高本国互联互通水平、构建信息高速公路的重要提振效应。

（二）在亚太及拉美地区一体化中的作用

1. 亚太经合组织。2019年10月智利发生的社会骚乱愈演愈烈迫使皮涅拉政府宣布取消将于11月在智利举行的APEC峰会。究其原因，一方面，

---

① 《习近平同智利总统皮涅拉举行会谈》，新华网，2019年4月24日，http：//www.xinhuanet.com/politics/leaders/2019－04/24/c_1124409927.htm，最后访问日期：2019年11月19日。

面对日益严峻复杂的国内社会局势与甚嚣尘上的国际舆论压力，智利缺乏在较短时间内将抗议运动限制在可控范围的应急处理能力，也缺乏同时应对国内外重大事件的经验。另一方面，智利长期寻求在全球多边治理机制中发挥积极作用，并对在此次 APEC 峰会上成果的达成进行了大量前期投入。然而，此次突发性的社会骚乱无疑将对智利多年来树立的正面形象造成不良影响，在很大程度上也对峰会预期共识文件的达成产生负面冲击。为此，智利选择了及时止损，优先处理动荡的国内局势。

2. 太平洋联盟。2019 年 7 月，第 14 届太平洋联盟首脑峰会举行。智利接替秘鲁成为新一任轮值主席国，并承诺在逆全球化趋势加剧的背景下进一步深化区域经济一体化和捍卫多边贸易体制，不仅致力于扩大成员国之间的自由贸易，还将建立同亚太经合组织的协商机制，加强同其他区域性组织的贸易合作。此外，为了缓解当前本国经济放缓问题，智利积极寻求与域内伙伴和亚太经济体构建更为制度化的经贸关系。2018 年 11 月智利与巴西签署自由贸易协定，两国积极推动太平洋联盟和南方共同市场这两个地区最重要的经济合作与一体化组织之间更为紧密的融合①。

（三）与拉美其他国家的双边关系

近两年来，委内瑞拉大批难民迁往周边国家避难，对整个南美地区的政治、经济、社会等领域产生了严重的影响。据统计，哥伦比亚、秘鲁、智利和厄瓜多尔接收了委内瑞拉超过 2/3 的难民。智利出于声援和支持委内瑞拉人道主义危机受害者的承诺，已接收将近 30 万人。② 然而，大规模难民的涌入对智利的社会治安、劳动力就业以及相关公共资源的配置和使用产生影响，因此智利民众的反移民情绪日益高涨，尤其对移民引发的犯罪率上升和

① "Chile y Brasil firmaron un Tratado de Libre Comercio negociado en tiempo record," Infobae, 21 de noviembre de 2018, https：//www. infobae. com/america/america – latina/2018/11/21/chile – y – brasil – firmaron – un – tratado – de – libre – comercio – negociado – en – tiempo – record/, accessed December 28, 2019.

② EIU, *Country Report*：*Chile*, August 2019, p. 22.

暴力冲突加剧表示不满。迫于这种压力，总统皮涅拉出台新的管制措施，进一步加强对委内瑞拉入境者的管理。

2019 年 6 月，智利和厄瓜多尔两国总统就减税、投资保护、网络安全、移民、反腐败等问题签署了 21 项双边合作协议。在此基础上，两国开启了自由贸易协定谈判进程。近年来，厄瓜多尔积极寻求成为太平洋联盟正式成员国，因此厄瓜多尔希望通过深化与智利的经贸合作关系，谋求智利为其加入该组织提供必要的支持。

（杨志敏　审读）

Y.15
哥伦比亚：杜克政府面临更大挑战

赵重阳*

摘　要： 2019 年，哥伦比亚举行了地方选举，执政党民主中心党和其他传统政党遭遇重大失利。预计未来杜克政府与地方政府间的矛盾将会加大，这将进一步对杜克政府的执政前景、未来政策走向以及哥伦比亚的政治版图产生影响。2019 年，哥伦比亚经济形势稳步复苏，中央财政赤字减少，通货膨胀率处于可控制范围内，但就业形势堪忧。2019 年，哥伦比亚社会形势较为严峻，民众对政府的不满情绪增强，和平进程推进缓慢，社会治安状况有恶化的可能。对外关系方面，哥伦比亚与美国、委内瑞拉和中国的关系值得关注。

关键词： 哥伦比亚　地方选举　经济复苏　社会抗议

一　政治形势

2019 年 10 月 27 日，哥伦比亚举行了地方选举，选出全国 32 个省的省长、省议会议员，以及上千个城市的市长和市议员。选举结果显示，独立候选人或各党派联盟推选的候选人获得了 25 个省的省长和主要大城市的市长职位[①]。传

* 赵重阳，中国社会科学院拉丁美洲研究所助理研究员，主要从事拉美国际关系研究。

① "Local Elections Highlight Weakening of Party Machine," EIU, October 28, 2019, http://country.eiu.com/article.aspx? articleid = 1668607150&Country = Colombia&topic = Politics&subtopic = Forecast&subsubtopic = Election + watch.

统的政治党派遭受重大失利，在传统政党势力强大的安蒂奥基亚省（Antioquia）、乔科省（Chocó）、卡尔达斯省（Caldas）、乌伊拉省（Huila）等省，以及首都波哥大（Bogotá）、麦德林（Medellín）、卡利（Cali）、卡塔赫纳（Cartagena）等主要大城市，也是如此。这些新当选的地方官员的政治立场更趋中间化，在竞选中更关注安全、反腐败以及社会和环境等议题。这次地方选举的结果将对伊万·杜克（Iván Duque）总统及其政府的执政前景、政府未来政策走向以及哥伦比亚政治版图产生重要影响。

一是对杜克总统及其政府执政前景的影响。在这次选举中，右翼执政党民主中心党遭受重大打击，甚至其传统票仓安蒂奥基亚省及其省会麦德林市的最高行政长官职位都被反对党派或独立候选人夺得。在 2018 年 6 月举行的第二轮总统选举中，杜克曾获得该省 73% 的选票。[①] 执政党在地方选举中的失利将使杜克政府面临更大的执政压力：其一，该党在议会中并不占据多数席位，已经对其推行政策形成阻碍；其二，众多持不同政治立场的地方官员将进一步制约其政策的具体实施；其三，地方选举结果表明选民对杜克政府和民主中心党的不满情绪增强，不利于该党参与 2022 年的总统选举。

二是对哥伦比亚未来政策走向的影响。从国内政治的层面来讲，民主中心党和杜克政府一直主张实行强硬的安全政策，要求修改 2016 年与哥伦比亚革命武装力量（FARC）签订的和平协议，停止与哥伦比亚民族解放军（ELN）的和平谈判，通过加强军事打击和强制清除古柯种植等手段解决暴力冲突和毒品问题，导致其执政一年来在推进国内和平进程等方面成果甚少。在此次地方选举中，中左运动的候选人在安蒂奥基亚省、乔科省、考卡省（Cauca）和北桑坦德尔省（Norte de Santander）等武装冲突最严重的地区都获得了胜利。这些新当选的地方官员大多主张推进和平进程，全面履行和平协议，可能会对政府未来的安全政策产生一定影响。在经济政策方面，杜克政府把推进基础设施建设和发展采掘业作为吸引投资、增加财政收入和

① "Electoral Defeat Grants an Opportunity to Duque," EIU, November 1, 2019, http://country.eiu.com/article.aspx?articleid=858630269.

促进国家发展的主要举措。而独立候选人和非传统政治力量的候选人更注重社会和环境问题，他们当选后很可能造成相关项目的延迟或停滞。

三是对哥伦比亚政治版图的影响。传统政党在此次选举中受到重挫，表明哥伦比亚民众对既有的政治精英和政治运动的不满，反映出哥伦比亚的政治版图正在由传统、以家族为基础的政治体系向一个更加独立、基于联盟的地方政治体系转变。这一趋势在2018年的总统选举中已有所体现。当时左翼政党人道哥伦比亚运动（Colombia Humana）领导人古斯塔沃·佩德罗（Gustavo Petro）进入了第二轮总统选举，并获得41.8%的得票率，取得哥伦比亚左翼政党在政坛中的最好成绩。由于哥伦比亚政坛长期由右翼控制，这成为十分令人瞩目的事件。此外，由哥伦比亚革命武装力量转型成立的“大众革命替代力量”党（FARC）在地方选举中获得了其第一个市长职位，具有显著的象征意义。

总体而言，杜克政府执政一年多以来面临的挑战越来越多、承受的压力越来越大。杜克政府需要调整在安全和经济等领域的政策立场，付出更多努力寻求与反对党派和其他政治派别的共识，方能在剩余的任期内有更大的作为。2020年3月，为应对新型冠状病毒肺炎疫情，杜克政府宣布全国进入卫生紧急状态，随后与各市政府在疫情应对措施、何时恢复经济活动、对脆弱人群的救济等方面都产生较大分歧，这进一步加大了其执政压力。

二　经济形势[①]

2019年，哥伦比亚的经济活动增强，1月至9月国内生产总值（GDP）的增长率为3.1%，是2015年以来的最高水平。

在经历了2015年油价暴跌所造成的不利影响后，哥伦比亚2019年9月的经济增长率达到了3.3%，表明其经济正在稳步复苏。金融业和保险业

① 除特别说明外，本部分数据均引自ECLAC，*Preliminary Overview of the Economies of Latin America and the Caribbean*，United Nations，Santiago，2019。

(6.1%)、商业(4.9%)以及公共管理部门(3.8%)是推动哥伦比亚1月至9月经济增长的主要动力。而这些部门的增长主要源于国内需求的增长以及在建的基础设施工程的推动。农业部门(2.0%)和工业部门(1.6%)的增长低于国内经济增长平均水平，这主要是外部需求不足以及进口商品和本国商品在国内市场存在广泛竞争所致。建筑业增长率下降了1.9%，主要原因是库存量大、杜克政府对社会住房计划进行了调整，以及进入地方选举周期，即将卸任的地方官员不会在任期结束前启动建设项目。

2019年，政府仍然致力于巩固财政状况。根据《中期财政框架》(Marco Fiscal de Mediano Plazo)，2019年非金融公共部门赤字将占GDP的2.2%，这是因为中央政府财政赤字将降至近3年来的最低水平，约占GDP的2.4%；而分散部门(Sector Descentralizado)的盈余将占GDP的0.2%。

根据2019年上半年的财政收支状况，中央政府的财政赤字减少，从2018年同期占GDP的1.1%降至0.5%。收入增长大于支出增长，达到GDP的8.7%，高于2018年同期的7.8%。这主要是税收收入和资本资源的增加所致。税收收入增加的原因主要有三个：一是家庭消费的增长带动了国内需求，二是2018年底实施的《融资法》产生的效应，三是资本收益的增长(占GDP的0.6%)。资本资源的增加则是因为对中央银行的利润采用了新的核算方法。根据《公共财政手册》(Manual de Finanzas Públicas)的规定，传统上被视为融资资源的央行利润从2019年起被计为收入。为了在地方选举前完成任内实施的项目，地方政府执行预算的力度在2019年上半年达到顶峰，导致分散部门的盈余减少。

2019年，名义汇率保持贬值趋势，1月至10月比索名义汇率贬值幅度超过7.0%、年度实际贬值幅度接近6%。造成比索贬值的外部因素包括国际形势动荡和中美贸易摩擦；内部因素则在于共和国银行(The Bank of the Republic)于2019年5月停止购买美元造成经常账户赤字增加，这是导致比索大幅贬值的主要原因。预计2019年的经常账户赤字约占GDP的4.4%。

2019年上半年的经常账户赤字主要是进口急剧增加造成的。进口增长的原因一是内需增加，二是对进口的资本货物免征增值税。2018年《融资法》规定对进口的资本货物免征增值税以促进投资。与此同时，油价下跌、煤炭生产和出口的减少导致出口下降。

2019年，侨汇的数额有所增长。上半年侨汇的数额占国内生产总值的2.1%。这些侨汇主要来自美国和西班牙，部分抵消了贸易逆差的增长。由于政府采取了吸引外资的激励政策并减少了证券投资，外国直接投资额出现回升，并在2019年上半年积累了28.77亿美元的准备金。

截至2019年10月，年度通货膨胀率为3.9%，处于政府设定的2.0%～4.0%的目标范围内。由于通胀率未超出政府设定的目标范围，尽管受到恶劣天气导致的食品价格上涨和比索创纪录贬值等压力，共和国银行在过去19个月内的干预率仍持续保持在4.25%。截至2019年11月，贷款组合的年均增长率达到8.0%，这是因为基于消费信贷（14.6%）和抵押贷款（10.0%）的高增长抵消了商业信贷（5.5%）和小额信贷（4.0%）的较低增长。这使向家庭提供广泛的信贷成为可能，而不会对将通胀率限定在目标范围产生影响。

2019年，哥伦比亚的就业形势不断恶化。7月至9月的全国失业率从2017年的9.3%上升至2018年的9.5%，2019年进一步上升至10.6%。这一趋势在13个主要城市表现得更加明显，2017年城市失业率为10.3%，2018年上升至10.5%，2019年上升至11.3%。大量委内瑞拉移民的到来造成本地人工作岗位的大量流失。委内瑞拉移民数量在4年内将占智利经济活跃人口的5%。

在2019年的最后几个月，政府一直致力于使议会再次通过2018年《融资法》。由于程序方面的失误，哥伦比亚宪法法院于10月裁定《融资法》的大部分内容违宪，包括调整税收的法案。裁决要求在2019年12月31日前通过新的法案，否则之前生效的法案将失效。12月16日和18日，哥伦比亚众议院和参议院分别通过了包括税收改革在内的一揽子新法案。该法案改变了税制，旨在通过降低法人的法定收入税率、减少资本货物增值税以及减少有利于橙色经济和农业综合项目的税收等促进经济增长和增加就业。然而，该法案引起了反对党派和民众的强烈抗议。反对党派认为其更像是针对大公司的税收减免，包括工会、学生和世居民族社区在内的广大民众则认为这一法案是为了“维护全球超级富豪和控制哥伦比亚的跨国公司的利益，针对的则是穷人和中产阶级”。

由于哥伦比亚2019年的经济表现较为良好，联合国拉美经委会原本预计其2020年的经济增长率将达到3.5%。但自2020年3月以来，随着哥伦比亚新冠疫情的蔓延和经济活动的停滞，联合国拉美经委会已将这一数据调整为-2.6%。这与之前的预测数据相差很大，不过仍高于整个拉美和加勒比地区-5.3%的增长预期。

三　社会形势

2019年，哥伦比亚的社会形势主要表现在民众不满情绪增长、和平进程缓慢以及暴力犯罪增加等。

其一，民众对政府的不满情绪增强。由于杜克政府推行的安全、经济等政策或是缺乏成效，或是引发争议，民众的不满情绪增强，并引发了持续的、规模越来越大的抗议活动。自2020年3月起，哥伦比亚的世居民族社区就开始举行抗议活动，要求杜克政府履行往届政府与之达成的有关社会支出、教育、医疗和减贫方面的协议，制止针对社会领袖的谋杀，在履行和平协议特别是有关土地改革的条款方面取得实质性进展等。5月1日，哥伦比亚多个民间组织举行了杜克政府就任以来的首次全国性罢工，参与的组织机构包括农业部门协会、工会、教师协会、人权活动家、非裔哥伦比亚人社区以及运输行业工会等。罢工者要求政府保护农村地区的社会领袖以及履行以往的预算承诺等。11月21日，哥伦比亚再次爆发全国性罢工和抗议活动，并成为该国数十年来参与范围最广、参与人数最多的一次抗议浪潮。参加者包括学生和工会组织、环境保护主义者、世居民族团体与和平主义者等。抗议者虽然并未要求总统下台，但要求对政府实施的多项政策进行结构性变革，如安全政策、养老金和工资改革政策等。抗议活动引发骚乱和暴力冲突，迫使政府出动警察和军队维持秩序。为了平息事态，杜克政府与抗议团体的代表进行了三轮谈判，但未就任何问题达成一致。12 月 16 日，国会投票通过税收改革议案后，哥伦比亚爆发新一轮抗议浪潮。根据盖洛普（Gallup）12 月初发布的民意调查显示，杜克总统的反对率已由 2018 年 8 月上任时的 37% 飙升至 70%，支持率降至 24%；约 74% 的受访者对罢工和抗议运动表示支持①。

其二，国内和平进程推进缓慢，主要体现在三个方面。一是政府与哥伦比亚民族解放军的和平谈判一直处于停滞状态。杜克政府坚持只有在哥伦比亚民族解放军释放全部人质并停止所有“暴力犯罪”的前提下才会重启谈判，哥伦比亚民族解放军则不时与政府军发生冲突或制造针对警察的袭击事件。二是和平协议推进缓慢。当前和平协议实施所取得的主要进展是解除了哥伦比亚革命武装力量成员的武装以及建立了一个实施和平协议的框架，但在农村土地改革和打击毒品走私等方面的进展则远远滞后。除了预算资金不足和安全形势形成的阻碍外，杜克政府和民主中心党对和平协议的反对态度也是造成协议实施缓慢的主要原因。杜克政府一直寻求修改和平协议，特别是有关过渡司法（transitional justice）、土地改革和清除毒品等方面的条款。2019 年 3 月 10 日，杜克宣布反对涉及和平特别管辖权②的部分条款，要求修订成文法 159 个条款中的 6 个，以明确对冲突受害者的赔偿条款、避免普通罪犯适用于前游击队员的审判程序、和平特别法庭与普通法院之间的管辖权限、引渡程序，以及对战争罪犯的审判条款。虽然哥伦比亚议会和宪法法院在 5 月否决了这一提议，但这一举动充分表明了政府对和平协议的反对态度。三是部分前游击队员宣布重新开始武装斗争。8 月 29 日，哥伦比亚革命武装力量前高级指挥官、和平协议首席谈判代表伊万·马克斯（Iván Márquez）宣布将重新开展武装斗争，并表示将联合哥伦比亚民族解放军等

① “Colombia: Duque Digs In,” Weekly Report – 19 December 2019（WR – 19 – 50），LatinNews, December 19, 2019, https://www.latinnews.com/component/k2/item/82654.html? period = 2019&archive = 33&Itemid = 6&cat_ id = 820621: colombia – duque – digs – in.

② 即指审判哥伦比亚革命武装力量游击队在冲突期间犯下的罪行的特别管辖权。

其他武装组织共同进行反政府的斗争[①]。马克斯称，做出这一决定是因为政府未能履行对和平协议的政治承诺。虽然当前马克斯领导的队伍只有几十人，既没有固定的占领区，也缺乏所需的资源和武器，但这一举动无疑是对和平进程的重大打击。哥伦比亚国内在是否全面履行和平协议问题上的分歧将进一步分化。

其三，社会安全状况存在恶化的可能。哥伦比亚革命武装力量解除武装后，哥伦比亚安全形势的主要特点体现为小规模武装团体间的争斗。包括哥伦比亚革命武装力量中拒绝解除武装的人员、各毒品卡特尔、准军事组织和哥伦比亚民族解放军等在内的武装团体因争夺控制区、毒品走私资源等互相火并。再加上和平进程收效甚微，哥伦比亚的安全形势呈恶化趋势，谋杀率在2017年创下24‱这一42年来的最低纪录后于2018年小幅回升至25‱。[②]除了谋杀率上升外，哥伦比亚的社会治安状况还具有以下特点。一是针对司法人员的攻击升级。在哥伦比亚，针对检察官的犯罪行为时有发生。2019年12月29日，哥伦比亚高级检察官阿尔西比亚德斯·利夫雷罗斯（Alcibiades Libreros）在第二大城市卡利被枪杀。他是哥伦比亚最高级别的检察官之一，主要负责打击有组织犯罪，曾被评为2014年哥伦比亚最佳检察官。二是针对社会领袖的谋杀行为仍然猖獗。自2016年和平协议签署以来，已有500多名社会领袖和150名前游击队员遭到杀害。根据联合国的数据，2019年哥伦比亚共有107名社会领袖和人权活动家被谋杀，另有13例报告的案件有待核实。而2020年1月的前两周就有10名社会领袖被杀害。[③]

---

① "Top Former FARC Commanders to Take up Arms Once Again," EIU, August 29, 2019, http://country.eiu.com/article.aspx?articleid=688386052.

② EIU, *Country Report: Colombia*, November 2019, p. 4.

③ "Colombian Spying Scandal Rocks Duque Government," Weekly Report – 16 January 2020 (WR – 20 – 02), LatinNews, January 16, 2020, https://www.latinnews.com/component/k2/item/82852.html?period=2020&archive=33&Itemid=6&cat_id=820882:colombian-spying-scandal-rocks-duque-government.

四 外交形势

2019年，哥伦比亚与委内瑞拉、美国和中国的关系值得关注。

（一）与委内瑞拉的关系

杜克政府2018年8月上台后，明确反对委内瑞拉马杜罗政府，并在各种国际和地区场合要求加大对委内瑞拉的制裁，致使两国关系处于紧张和对立状态。2019年，哥伦比亚和委内瑞拉的紧张关系主要体现在三个方面。一是两国断绝了外交关系。委内瑞拉反对派领导人瓜伊多自立为“临时总统”后，哥伦比亚随即表示承认。2019年2月23日，哥伦比亚允许委内瑞拉反对派及其支持者把美国提供的所谓“人道主义援助”物资由其境内运往委内瑞拉，遭委内瑞拉军队拦截后，两国在边境多个地区爆发冲突，造成数十人受伤。委内瑞拉当日宣布断绝与哥伦比亚的一切外交关系，哥伦比亚外交部则发表声明否认马杜罗政府的合法性，承认瓜伊多为委内瑞拉“总统”。二是哥伦比亚支持委内瑞拉反对派寻求国际承认。除了支持瓜伊多在国内推翻马杜罗政权外，哥伦比亚还为其获得国际承认提供各种支持和便利。三是两国边境局势紧张。除了政治上的相互指责外，两国还相互指责对方在境内窝藏敌对的武装组织，并寻求推翻对方的政权。2019年9月3日，委内瑞拉总统马杜罗宣布将在两国边境地区举行名为“琥珀色警报”（amber alert）的军事演习。9月10日起，委内瑞拉军队开始在边境地区进行近3个星期的演习，并在演习结束后继续部署在边境地区。

（二）与美国的关系

2020年，哥伦比亚依然与美国保持密切关系，双方高层互访频繁。当前哥美关系的重心主要集中于三个方面。一是毒品问题。杜克政府上台后，主张通过强硬手段打击毒品生产，如以强制铲除而非替代种植的方式减少古柯种植面积等，这些都与美国的主张一致。蓬佩奥访哥时表示，美国十分关注哥伦比亚古柯种植和可卡因生产扩大的情况，将继续帮助哥伦比亚清除古柯，并将致力于减少美国对可卡因的需求量；两国将继续合作，以求达到古柯种植和产量到2023年减少50%的目标。二是委内瑞拉问题。哥美两国在委内瑞拉问题上一直立场一致并保持紧密合作。瓜伊多自封为委内瑞拉“临时总统”后，哥美两国都予以承认，并对其试图推翻马杜罗政府的行为予以支持。4月，美国国务卿蓬佩奥抵达哥委边境地区，探望委内瑞拉移民。8月，美国国务院在哥伦比亚首都波哥大开设委内瑞拉事务代表处，继续支持委内瑞拉反对派夺权。三是军事合作问题。美国军事和民事人员长期在哥伦比亚驻扎，当前美国在哥伦比亚军事人员的主要任务是打击毒品走私和对哥伦比亚军事人员进行军事训练，也参加一些社会工作，如支持偏远地区的公共基础设施建设等。①

（三）与中国的关系

中国和哥伦比亚于1980年建交，此后关系一直平稳发展。由于哥伦比亚与美国紧密的盟友关系，与中国同其他拉美主要国家关系的发展相比，中哥关系的发展更为平缓，但也未出现大的波动。哥伦比亚总统也曾多次访问中国。当前，中国是哥伦比亚产品的第二大出口目的地，也是哥伦比亚第二大商品供应国。2018年，两国双边贸易额超过146亿美元；2019年1~5月，双边贸易额达58亿美元，同比增长8.6%。② 随着中哥经贸关系不断发展，哥伦比亚政府对两国关系的重视程度日益增强。杜克政府上台后，十分希望加强对中国的农产品出口，同时吸引更多的中国投资。

为了进一步促进中哥关系，杜克总统于2019年7月28日至31日对中国进行了国事访问，这也是他就任总统后的首次亚洲之行。在华访问期间，

① “How Strong Is the US Military Presence in Colombia,” EIU, February 13, 2019, http://country.eiu.com/article.aspx? articleid=1837644767&Country=Colombia&topic=Politics&subtopic=Forecast&subsubtopic=International+relations.

② 《中国－哥伦比亚经贸论坛在京举办》，中国国际贸易促进委员会网站，2019年8月7日，http://www.ccpit.org/Contents/Channel_4117/2019/0807/1194515/content_1194515.htm。

杜克总统先后访问了上海和北京，并与中国国家主席习近平会面，这是哥伦比亚新政府上台后两国元首的首次会晤。在会晤期间，杜克总统提出希望以"哥中倡议"对接"一带一路"倡议，并希望哥伦比亚于2020年两国建交40周年时参与共建"一带一路"。[①] 杜克总统还参加了7月30日在上海和7月31日在北京举办的两场"中国－哥伦比亚经贸论坛"并发表演讲。此外，两国还签署了多项合作文件，内容涉及经济、工业、农产品加工、交通、基础设施建设、教育和投资等诸多方面。

（谌园庭　审读）

① 《驻哥伦比亚使馆临时代办就杜克总统成功访华发表署名文章》，中华人民共和国驻哥伦比亚共和国大使馆网站，2019年8月21日；http：//co.china－embassy.org/chn/sgxwfb/t1690834.htm，最后访问日期：2020年1月14日；李憓、羡江楠：《专访哥伦比亚驻华大使：进博会将推动中哥贸易更上层楼》，人民网，2019年11月6日，http：//world.people.com.cn/n1/2019/1106/c1002－31441528.html，最后访问日期：2020年1月15日。

Y.16
秘鲁：政局动荡，经济增速放缓

洪朝伟*

摘　要： 2019 年，秘鲁政局动荡，政府与国会冲突加深，总统比斯卡拉解散国会，新国会政党分布更加碎片化。经济增速放缓，财政赤字改善，央行年内两次降息，私人信贷有所增长，但宏观基本面良好。社会方面，贫困率有所下降，但劳动力市场形势略有恶化，社会不稳定因素仍存在。外交方面，秘鲁与中国签订共建“一带一路”合作谅解备忘录，并持续为区域一体化做出努力。

关键词： 秘鲁　国会选举　降息　区域一体化

一　政治形势

与 2018 年相比，2019 年秘鲁政局更加动荡。总统马丁·比斯卡拉（Martín Vizcarra）的民意支持率有所下降，秘鲁经济和社会方面存在的问题也导致民众怀疑政府的治理能力。2019 年，秘鲁政府和国会矛盾加剧，总统宣布解散国会。新的国会选举结果显示，政党分布更加碎片化，短期内新国会更倾向于与总统合作，但从长远来看新国会也对总统提出了新的挑战。2021 年 4 月，秘鲁将举行全国大选，目前政局的动荡也为大选增添了不确定性。

---

* 洪朝伟，中国社会科学院拉丁美洲研究所助理研究员，研究方向为宏观金融、拉美宏观经济。

（一）总统支持率有所下降，民众对政府治理能力存疑

近年来，巴西建筑公司腐败案席卷秘鲁政坛，而比斯卡拉在任期内加大反腐力度为其获得不少政治加分，比斯卡拉的民意支持率在秘鲁历任总统中处于较高水平。但2019年，其支持率有所下降，根据益普索（Ipsos）2019年12月发布的民调数据，比斯卡拉的支持率从年初的63%下降到年末的56%，而反对率从26%上升到33%。[①] 该结果在一定程度上反映了民众对国内政治、经济、社会稳定问题的担忧。首先，政治上，比斯卡拉政府仍不稳固，2019年部长会议主席（总理）辞职导致两次内阁重组，内阁不稳无疑会降低行政管理效率，对经济发展、社会稳定产生一定的负向冲击。其次，经济上，秘鲁劳动法律严苛、劳动力成本较高，参与正规部门就业较难，多数人选择非正规就业。而目前工资提高主要体现在正规就业部门，非正规就业部门的工资提高相对停滞。这加剧了秘鲁社会长期存在的分配不平等现象，底层民众从经济增长中获得的红利有限，从而对总统的支持率有所下降。再次，在社会稳定方面，基础设施投资薄弱、自然灾害救助不力、资源供需矛盾等问题也导致民众怀疑政府的治理能力。

（二）制度改革推进，政治博弈加剧

2018年底的全民公投显示，比斯卡拉政府的反腐举措广受好评。2019年，比斯卡拉总统的反腐败和政治改革有所深化，政府与国会之间的矛盾加深。此外，反对党与执政党在国会的席位差距悬殊，对政府推进政治改革也形成了制约。[②] 2019年4月，政府向国会提交政治改革方案，内容包括取消国会议员豁免权、调整政治选举程序、改变地方及市政府任期、强化预防腐

---

① "Opinión Data – 17 de diciembre del 2019," Ipsos, 18 de diciembre de 2019, https://www.ipsos.com/es-pe/opinion-data-17-de-diciembre-del-2019, accessed February 4, 2020.

② 根据EIU数据，截至2019年9月，在国会130个席位中，执政党为了变革的秘鲁人仅占据5个席位，而最大的反对党人民力量党占据54个席位。

败措施等，为给国会施压，比斯卡拉申请举行信任投票并取胜。比斯卡拉总统在国会演讲中提出将本应在2021年4月举行的大选提前到2020年4月举行，以解决日益升级的府院之争问题。此举遭到反对派的抵抗，反对派批判这将制造“不确定因素”、增加政治纷争。[①] 2019年9月30日，因国会未通过政府提出的有关修改宪法法院法官任命程序的信任动议，总统比斯卡拉宣布解散国会。虽然秘鲁宪法规定，若国会不能为政府提供信任投票，总统有权解散国会，但这在秘鲁历史上实属罕见。由于腐败丑闻涉案人数众多，公众对国会失望，解散国会的意愿强烈，这为比斯卡拉解散国会提供了助力。2019年10月的民调数据显示，比斯卡拉的支持率骤升至79%，反映了民众对解散国会的强烈支持。国会解散后，行政部门通过紧急立法，由前国会发言人佩德罗·奥莱切亚（Pedro Olaechea）担任常设委员会主席，推进国会选举事宜。

（三）国会选举：机遇与挑战并存

2020年1月26日，秘鲁举行国会选举，新国会任期将于2021年7月28日结束。选举结果显示，所有政党获得的席位均少于总席位的20%。其中，秘鲁老牌政党之一的中右派政党人民行动党获得24个席位，成为在新一届国会中席位最多的政党；争取进步联盟获得18个席位；在上届国会占据席位最多的人民力量党仅获得12个席位。[②] 本届国会政党席位分布更加分散，短期来看，对比斯卡拉而言，与新国会开展合作要比上届国会更容易，政府在政治改革方面有望取得进展。但从长期来看也存在一定的风险。首先，政党碎片化严重，如何整合不同政党的力量并获得支持对总统的治理能力提出了一定的挑战；其次，新国会中民粹主义和民族主义政党的增多也可能对总统产生掣肘；再次，在政治“蜜月期”之后，如何守住来之不易的民意支持率对比斯卡拉来说也是个不小的考验。

---

① 《秘鲁总统提议提前选举以平府院争斗》，新华社新媒体，https：//baijiahao. baidu. com/s? id = 1640394202095389500&wfr = spider&for = pc，最后访问日期：2020年2月4日。

② EIU，*Country Report*：*Peru*，January 2020，p. 23.

二　经济形势①

2019年，受大宗商品价格下降和国内需求疲软等因素的影响，秘鲁经济增长有所放缓，经常项目逆差变大。通货膨胀处于目标区间中心位置，为央行实行宽松型货币政策提供了空间。此外，紧缩型财政政策使政府财政赤字情况得到改善。

（一）宏观经济运行状况

1. 经济增长有所放缓

2019年，秘鲁经济增长有所放缓。受采矿业和渔业等行业出口下降、供给冲击、公共投资下降与私人消费放缓等因素的共同影响，预计2019年秘鲁GDP增长率为2.3%，为近年来经济增长最低水平，比2018年增速降低1.7个百分点。根据秘鲁央行发布的通货膨胀报告，渔业和制造业相关行业、服务业、非初级制造业及其他因素分别引起经济增速下降0.7个、0.4个、0.2个和0.4个百分点；出口、私人消费、公共支出和其他因素的降低导致经济增速分别下降0.7个、0.6个、0.3个和0.1个百分点。②

2. 通货膨胀处于目标区间

秘鲁实行通货膨胀目标制，通货膨胀目标区间为1%~3%。受教育成本、能源价格上升，以及因供过于求导致的鸡肉、洋葱、西红柿等食品价格下降的共同影响，2019年预计通货膨胀率为1.9%，接近通货膨胀目标区间的中心位置（2%），与2018年相比，降低0.3个百分点。

3. 经常账户逆差扩大

近3年，秘鲁经常账户赤字呈现扩大趋势。2017年为26.69亿美元，

---

① 除特别说明外，本部分数据引自ECLAC，*Preliminary Overview of the Economies of Latin America and the Caribbean 2019*，United Nations，Santiago，2019。

② "Inflation Report（Summary），" Central Reserve Bank of Peru，December 2019，p. 2，https：//www. bcrp. gob. pe/eng - docs/Monetary - Policy/Inflation - Report/2019/inflation - report - december - 2019 - summary. pdf.

2018 年为 35.94 亿美元，2019 年为 46.44 亿美元。2019 年经常账户赤字扩大主要来自商品和服务出口的下降。一方面，受铜、锌、铅等初级产品价格下降和国内需求疲软影响，2019 年秘鲁商品出口额和进口额双降，分别比上年下降 7.2 个和 3.6 个百分点。另一方面，全球经济活动减弱导致秘鲁服务业出口也出现下降。2019 年，商品和服务业出口盈余之和仅相当于 2018 年的 50%左右。

（二）宏观经济政策

1. 紧缩型财政政策抑制赤字增长

秘鲁财政状况良好，债务与 GDP 比重在拉美国家处于较低水平，2019 年财政状况有所改善。由于政府降低公共支出，2019 年财政赤字有所下降，占 GDP 比重为 1.8%。具体来说，中央政府收入总额和税收收入提高，分别占 GDP 的 19.8%和 17%，与 2018 年相比分别上升 0.4 个和 0.3 个百分点。中央政府支出占 GDP 比重为 21.6%，比上年增加 0.2 个百分点。其中，利息支出比上年增加 0.1 个百分点，而资本性支出低于上年 0.2 个百分点。此外，在全球低利率环境下，秘鲁增加主权债券和准主权债券发行量。2019 年公众债务有所增加，到 2019 年 6 月，秘鲁中央政府债务占 GDP 比重为 22.8%，与 2018 年相比，上升 1.7 个百分点，但仍处于低债务拉美国家之列。

2. 宽松型货币政策刺激信贷增长

秘鲁实行“有约束相机规则”的通货膨胀目标制，将利率作为货币政策工具。秘鲁相对可控的通货膨胀和有限的货币、汇率波动为货币当局实行刺激政策提供了空间。2019 年，秘鲁货币政策相对宽松，央行分别于 8 月和 11 月宣布降低基准利率，各降低 25 个基点，目前，实际利率接近于 0。宽松型货币政策推动信贷增长，2019 年私人部门信贷比去年同期增长 8.0%，其中个人贷款增长 11.4%。[①] 央行何时退出刺激政策将视经济恢复情况而定。

---

① “Inflation Report (Summary),” Central Reserve Bank of Peru, December 2019, p. 3, https://www.bcrp.gob.pe/eng-docs/Monetary-Policy/Inflation-Report/2019/inflation-report-december-2019-summary.pdf.

三　社会形势

秘鲁收入不平等状况有所改善，贫困人口和极端贫困人口比重均降低。受经济疲软影响，2019 年，秘鲁劳动力市场情况略有恶化。社会冲突仍然存在，发生多次罢工、游行等抗议活动。民意调查显示，腐败、暴力和犯罪仍是国民最担忧的问题。

（一）贫困率

根据 2019 年 11 月联合国拉美经委会发布的《2019 年拉美社会概况》，2002 ~2018 年，秘鲁收入不平等情况有所改善，基尼系数自 2002 年的 0.544 下降到 2018 年的 0.439，但仍高于国际上收入分配差距的警戒线（0.4）。2015 ~2018 年，秘鲁贫困率有所下降。根据拉美经委会的估算，2018 年，秘鲁贫困人口比重为 16.3%，与 2017 年相比，下降 2.1 个百分点；极端贫困率连年降低，2015 ~2018 年，共下降 1.7 个百分点，2018 年，极端贫困率已经降低至 3.7%。①

（二）劳动力市场状况

受国内经济疲软影响，2019 年，秘鲁劳动力市场情况略有恶化。2019 年 1 ~9 月，秘鲁平均劳动参与率为 72.2%，与 2018 年相比略有下降。2019 年的城镇失业率比 2018 年上升 0.3 个百分点，就业率与 2018 年相比下降 0.4 个百分点。2019 年，秘鲁实际平均工资指数达到近年最高水平，但分配不均衡现象仍然存在，工资提高主要体现在正规就业部门，非正规就业部门的工资上升则相对停滞。近年来秘鲁主要劳动力市场数据如表 1 所示。

---

① ECLAC, *Social Panorama of Latin America*, United Nations, Santiago, 2019, p. 96.

表1 2014～2019年秘鲁劳动力市场指标

单位：%

指标＼年份	2014	2015	2016	2017	2018	2019[a]
劳动参与率	72.3	71.6	72.2	72.4	72.3	72.2
城镇失业率	3.7	3.5	4.2	4.1	3.9	4.2
就业率	69.6	68.9	69.2	69.5	69.5	69.1
实际平均工资指数	117.9	117.5	122.2	121.7	126.7	127.6

注：a. 除城镇失业率为第二季度至第四季度平均值外，其余数据均为1～9月数据。

资料来源：ECLAC, *Preliminary Overview of the Economies of Latin America and the Caribbean 2019*, United Nations, Santiago, 2019。

（三）社会不稳定因素

2019年，秘鲁仍然存在社会不安定因素，年内发生多次罢工、游行示威等抗议活动。例如，2019年5月，因对农业政策不满，秘鲁农业工会发起全国大罢工。2019年7月，塔克纳省秘鲁教育工作者联合工会呼吁其成员参加利马的要求涨薪的集体示威。2019年11月，秘鲁发生多起抗议活动，多是因为居民认为采矿等经济活动引起环境污染，影响农作物生长。此外，委内瑞拉难民的涌入也使地区安全问题加重。

益普索2019年11月的一项调查显示，秘鲁国民对国家最担忧的三个问题依次是金融和政治腐败（63%）、犯罪和暴力（60%）、贫困和社会不平等（32%）。其中，秘鲁国民对国家金融和政治腐败、犯罪和暴力两个问题的关注远高于全球平均水平（30%）。此外，教育（30%）和失业问题（28%）也是秘鲁国民较为关心的领域。①

四 外交形势

2019年，秘鲁对外交往稳步推进。与中国交往密切，高层多次访华。

① "Qué Preocupa al Perú?" Ipsos, 10 de enero de 2020, https://www.ipsos.com/es-pe/que-preocupa-al-peru, accessed February 4, 2020.

秘鲁支持区域一体化进程，维护多边贸易体制，秘鲁也签订了许多双边贸易协定。2020 年，智利可能批准 CPTPP。

（一）中秘关系

2019 年，中秘两国交往密切，秘鲁高层多次到访中国。4 月，秘鲁外贸旅游部长埃德加·巴斯克斯来华出席第二届“一带一路”国际合作高峰论坛，他表示，秘鲁基础设施严重不足，共建“一带一路”不仅改善了秘鲁的硬件基础设施条件，也帮助秘鲁抓住了数字时代的机遇。其间，两国签署了《中华人民共和国政府与秘鲁共和国政府关于共同推进丝绸之路经济带和 21 世纪海上丝绸之路建设的谅解备忘录》。[①] 6 月，农业和灌溉部长穆尼奥斯访华，与中国海关总署签署秘鲁藜麦输华议定书。[②] 11 月，秘鲁作为主宾国参加第二届中国国际进口博览会。目前，中国已成为秘鲁农产品主要出口目的地之一，秘鲁是中国在拉美主要投资对象国之一，主要涉及矿产、石油资源领域。

（二）区域合作

秘鲁积极支持区域一体化进程。2019 年 7 月 6 日，第 14 届太平洋联盟首脑峰会在利马举行，会议通过《利马声明》，秘鲁、智利、哥伦比亚、墨西哥 4 国代表在声明上签字，承诺深化区域经济一体化和维护多边贸易体制。此外，会议上另一项有关多边贸易体系的声明强调，面对世界上出现的贸易保护主义，太平洋联盟重申世界贸易组织对国际贸易的重要性。会议通过决议，厄瓜多尔正式成为太平洋联盟候选国。秘鲁重视发展与邻国关系，2019 年分别与玻利维亚、哥伦比亚、智利举行双边内阁会议，探讨在地区安全、外交

① 《中国同秘鲁的关系》，最近更新时间：2020 年 5 月，中华人民共和国外交部网站，https：//www. fmprc. gov. cn/web/gjhdq _ 676201/gj _ 676203/nmz _ 680924/1206 _ 680998/sbgx_ 681002/，最后访问日期：2020 年 1 月 15 日。

② 《秘鲁农业部长在华签署秘鲁藜麦输华议定书》，中华人民共和国驻秘鲁共和国大使馆经济商务处，2019 年 7 月 10 日，http：//pe. mofcom. gov. cn/article/zxhz/sbmy/201907/20190702880400. shtml，最后访问日期：2020 年 1 月 15 日。

政策、经济一体化等方面加强合作。截至2019年底，秘鲁已经有17项双边贸易协定，包括澳大利大、加拿大、中国、欧盟、日本、韩国、美国等。经济学人预测，秘鲁可能会在2020年批准CPTPP。[①]

展望未来，下一届总统和立法机构选举将在2021年4月举行。中间派候选人赢得竞选的可能性更大。其中，利马维多利亚区的市长乔治·福赛斯（George Forsyth）和前部长议会主席（总理）萨尔瓦多·德尔索拉尔（Salvador del Solar）均是强有力的竞争者。[②] 萨尔瓦多·德尔索拉尔曾于2016~2017年担任秘鲁文化部长，2019年3月~9月担任部长议会主席，尽管两人未宣布有意竞选，但是民意调查显示，他们具有较高的公众支持率。然而，未来仍存在出现政治“局外人”的可能性。在经济层面，受新冠疫情及大宗商品价格下跌等多重因素影响，2020年秘鲁经济将出现显著恶化，央行将通过一揽子宽松的货币政策和积极的财政政策进一步刺激市场，2020年财政赤字将进一步扩大。经济学人预测，2020年秘鲁经济将收缩3.6%。在社会层面，降低不平等、提高就业仍是政府努力的方向。在对外交往上，加强区域合作、奉行多边贸易体制是大势所趋。

（岳云霞　审读）

① EIU, *Country Report: Peru*, December 2019, p. 5.

② EIU, *Country Report: Peru*, December 2019, p. 5.

Y.17

玻利维亚：莫拉莱斯总统任内辞职

宋 霞*

摘 要： 2019年玻利维亚总体形势不稳定。2019年10月的总统和议会大选使玻利维亚政治图景发生很大变化。执政党争取社会主义运动在国会两院仅占简单多数，莫拉莱斯总统也被迫辞职。2019年，玻利维亚的经济虽有所增长，但增幅变小。大选引发的政治危机和社会动荡呈现不断加剧的态势，影响经济持续增长和社会稳定。阿涅斯临时政府改变了莫拉莱斯执政近14年以来趋于稳定的外交关系，承认瓜伊多为委内瑞拉"总统"，驱逐古巴专家，恢复与美国关系。

关键词： 玻利维亚　大选　临时政府　社会动乱　外交政策

一 政治形势

2019年是玻利维亚大选年，按宪法规定将选出新总统和新议会。但这场选举风波使玻利维亚告别了稳定发展的时代，重新走向撕裂与动荡。

2019年10月20日，玻利维亚各党派和候选人参加了充分选举。但由于快速计票，当天电力、互联网和电话接入被切断，初步计票突然暂停24

---

* 宋霞，中国社会科学院拉丁美洲研究所区域合作研究室副研究员，研究方向为拉美区域组织和一体化。

小时。据悉，“快速计票”暂停时已经计算了84%的选票，埃沃·莫拉莱斯（Evo Morales）领先7.9个百分点。① 根据玻利维亚最高选举法院宣布的结果，莫拉莱斯最终领先竞争对手卡洛斯·梅萨（Carlos Mesa）10个百分点，直接赢得首轮竞选，无须经过最后的决胜选举。计票恢复后，莫拉莱斯选票增加是因为作为莫拉莱斯票仓的农村地区和印第安人部落的选票计算滞后。国内反对派、欧盟和美洲国家组织质疑选举的公正性，在没有证据的情况下指控莫拉莱斯“明显操纵”投票数据、使用隐藏服务器、伪造监票人签名和虚构选票等，要求举行第二轮选举。在莫拉莱斯接受美洲国家组织全面审查投票、同意重新举行选举后，军方又逼迫民选总统莫拉莱斯辞职。在位14年之久的莫拉莱斯被迫流亡墨西哥、古巴和阿根廷。在玻利维亚新一届议会大选中，执政党争取社会主义运动失去了议会两院2/3多数票席位，但仍控制着简单多数席位。②

按照宪法规定的顺序，莫拉莱斯总统辞职后，副总统、参议院议长、参议院第一副议长和众议院议长随即辞职，参议院第二副议长、右翼社会民主运动党代表珍妮娜·阿涅斯（Jeanine Áñez）可以继任临时总统。但她没有获得宪法规定的总统继任所需的议会法定人数认可，议会也没有正式接受莫拉莱斯的辞职。③ 在这种情况下阿涅斯宣誓就职，虽然她得到军队高层、反对派议员和宪法法院的支持，但引起争取社会主义运动的抗议。2019年11月14日，争取社会主义运动选举议员卡洛斯·乔克（Carlos Choque）出任

① Dan Beeton, “No Evidence That Bolivian Election Results Were Affected by Irregularities or Fraud, Statistical Analysis Shows,” Center for Economic and Policy Research, November 8, 2019, http://cepr.net/press-center/press-releases/no-evidence-that-bolivian-election-results-were-affected-by-irregularities-or-fraud-statistical-analysis-shows, accessed January 10, 2020.

② Guillaume Long, “How the OAS, and the Media's Lack of Scrutiny, Caused a Violent Coup in Bolivia, OpenDemocracy,” November 25, 2019, Center for Economic and Policy Research, http://cepr.net/publications/op-eds-columns/how-the-oas-and-the-media-s-lack-of-scrutiny-caused-a-violent-coup-in-bolivia, accessed January 10, 2020.

③ Emily Achtenberg, “MAS Party Under Threat as Bolivia Moves Towards New Elections (Without Evo), Rebel Currents,” NACLA, January 10, 2020, https://nacla.org/blog/2020/01/10/mas-party-under-threat-bolivia-new-elections-without-evo, accessed January 10, 2020.

众议院新主席，继续质疑阿涅斯的合法性。

根据宪法规定，虽然临时政府的职责仅限于组织新选举，但阿涅斯远远超越了这一局限，上台伊始就组建了几乎没有世居民族参与、由保守派精英组成的新内阁，许多高级部长来自圣克鲁斯商界。① 阿涅斯临时政府还试图全盘否定和扭转莫拉莱斯时期的内政外交政策，清算争取社会主义运动党员。② 2020 年 1 月 21 日，玻利维亚立法大会举行全体会议，正式批准莫拉莱斯和加西亚·里内拉（Garcia Linera）分别辞去玻利维亚总统和副总统职务。

莫拉莱斯辞职后，争取社会主义运动内部产生分裂，在新任参议院主席埃娃·科帕（Eva Copa）的领导下，持不同政见的温和派公开批评支持莫拉莱斯的强硬派是"特权集团"，破坏党的利益。科帕的立法实用主义与反对派政权达成妥协。2019 年 11 月 24 日，阿涅斯临时政府与争取社会主义运动占多数的立法机构谈判后颁布了一项新法案，确定了新选举的时间表、候选人的选择以及选出新的选举委员会监督投票过程，其中一项重要内容是宣布 10 月 20 日有争议的选举无效，恢复宪法规定的对总统和副总统、省（州）长和市长两届任期的限制，排除了莫拉莱斯回国参加选举的可能。选举法规定，新选举委员会须在 120 天内举行投票。一旦新选举确立，临时政府的任期也将结束。③

2020 年 1 月，玻利维亚最高选举法院批准 5 月 3 日举行新一轮大选，

---

① Tom Phillips, "Evo Morales heads to Cuba amid talk of an eventual comeback," The Guardian, December 6, 2019, https://www.theguardian.com/world/2019/dec/07/evo-morales-heads-to-cuba-amid-talk-of-an-eventual-comeback, accessed January 10, 2020.

② Emily Achtenberg, "MAS Party Under Threat as Bolivia Moves Towards New Elections (Without Evo)," NACLA, January 10, 2020, https://nacla.org/blog/2020/01/10/mas-party-under-threat-bolivia-new-elections-without-evo, accessed January 10, 2020.

③ Emily Achtenberg, "MAS Party Under Threat as Bolivia Moves Towards New Elections (Without Evo)," NACLA, January 10, 2020, https://nacla.org/blog/2020/01/10/mas-party-under-threat-bolivia-new-elections-without-evo; Stephen Gibbs, "New law in Bolivia paves way for new elections without Evo Morales," CGTN, November 25, 2019, https://america.cgtn.com/2019/11/25/new-law-in-bolivia-paves-way-for-new-elections-without-evo-morales, accessed February 8, 2020.

规定如果没有候选人获得50%或以上的选票，或获得40%选票领先第2名10个百分点而赢得第一轮选举，将在45天后举行第二轮选举。[①] 然而，2020年3月初，受新型冠状病毒肺炎疫情在全球蔓延的影响，玻利维亚大选不得不推迟，新的选举日期将由立法议会根据公共卫生部门对疫情的评估决定。玻利维亚最高选举法院提出了一个暂定日期，即在6月7日到9月6日之间举行选举。

新选举中，莫拉莱斯和里内拉将不再是总统和副总统候选人。2020年1月19日，争取社会主义运动提名前经济部长路易斯·阿尔塞（Luis Arce）为总统候选人，前外交部长戴维·乔克万卡（David Choquehuanca）为副总统候选人。反对派力量仍存在分裂，有5人登记注册总统候选人。圣克鲁斯市公民领袖路易斯·卡马乔（Luis Camacho）将作为极右翼反对派参选；曾宣称不参选的临时总统阿涅斯1月底忽然宣布解散内阁，参加总统大选；前总统梅萨代表中间派参选；另2名总统候选人是曾参加10月选举的福音派保守人士钟志贤（Chi Hyun Chung）和保守派前总统乔治·基罗加（Jorge Quiroga）。2020年2月的一份民意调查显示，阿尔塞获得26%～37%的选民支持，梅萨的支持率为17%，卡马乔获得11%～17%的选民支持，阿涅斯获得12%的支持率。[②]

---

① Emily Achtenberg, "MAS Party Under Threat as Bolivia Moves Towards New Elections (Without Evo)," NACLA, January 10, 2020, https://nacla.org/blog/2020/01/10/mas－party－under－threat－bolivia－new－elections－without－evo, accessed January 10, 2020.

② Ekaterina Blinova, "Morales & Arce Have Chance to Outperform Right-Wing Forces, Undo Regime Change in Bolivia-Journo," Sputnik News, August, 2, 2020, https://sputniknews.com/analysis/202002081078257324－morales－－arce－have－chance－to－outperform－right－wing－forces－undo－regime－change－in－bolivia－－－journo/; "Exiled former president Evo Morales seeks parliament seat as Bolivia election campaign gets underway," The Raw Story, February 3, 2020, https://www.rawstory.com/2020/02/exiled－former－president－evo－morales－seeks－parliament－seat－as－bolivia－election－campaign－gets－underway/?utm_source=feedburner&utm_medium=feed&utm_campaign=Feed%3A+TheRawStory+%28The+Raw+Story%29, accessed February 8, 2020.

二　经济形势[①]

2019年玻利维亚的经济表现不如2018年。根据联合国拉美经委会的初步统计，2019年玻利维亚的国内生产总值增长率为3%，比2018年的4.2%下降了1.2个百分点。但在整个拉美地区经济低迷的大环境下，玻利维亚的经济仍保持增长。2019年玻利维亚的人均GDP增长率为1.5%，比2018年的2.7%降低了1.2个百分点。玻利维亚的经济增长主要受强劲的私人消费和天然气出口拉动。消费增长（主要是家庭消费）为2019年上半年的GDP增长贡献了3.6个百分点。2019年上半年，家庭消费比2018年同期增长5.1%，这得益于2018年底额外发放的月度奖金。另外，制造业（增长5.5%）、农业（增长6.5%）、金融服务业（增长0.6）和公共管理（增长0.6%）是阻止玻利维亚经济大幅下滑的主要因素。[②] 玻利维亚GDP增速放缓主要包括以下原因：大宗商品价格反弹乏力；社会动荡和政治不稳定导致商业信心下降、私人消费和固定投资逐渐降低；第三季度大面积野火破坏了东部低地地区的农业生产；碳氢工业产品产量及收益减少；巴西与阿根廷相继发现和开发国内石油及页岩气，对玻利维亚天然气的需求减少，导致玻利维亚天然气出口减少。据统计，2019年1～9月，玻利维亚天然气出口累计收益为19亿美元，同比下降17.3%，其中对巴西和阿根廷的出口收入同比分别下降24%和9.5%。玻利维亚的总固定资产构成对其经济的贡献有所减弱，仅2019年上半年固定资产投资总额就收缩了3.3%。[③] 2019年玻利维亚总固定资产构成占GDP的比重为20.6%，低于2018年的21.9%。

---

① 除特别标明以外，“经济形势”部分的数据均引自ECLAC, *Preliminary Overview of the Economies of Latin America and the Caribbean 2019*, United Nations, Santiago, 2019。

② EIU, *Country Report*: *Bolivia*, December 2019.

③ EIU, *Country Report*: *Bolivia*, December 2019.

2019 年，玻利维亚的财政收支失衡加重，财政赤字约占 GDP 的 8.6%①。来自碳氢工业的财政收入占 GDP 的比重从 2013 年的 24% 左右降至 2019 年 5 月的 14%，同时，为支持社会发展政策的实施和出口结构多样化，国家总支出仍保持在 GDP 的 47% 左右。不断扩大的财政赤字和经常账户赤字、低迷的大宗商品价格、不断减少的碳氢产量和出口，使玻利维亚的财政情况恶化，外汇储备急剧减少。截至 2019 年 10 月底，玻利维亚的外汇储备与 2018 年底相比下降了 22%，占 GDP 的 17%。10 月初，玻利维亚议会批准向拉美开发银行贷款 1 亿美元，用于一般预算支持。这表明约占财政收入 30% 的天然气收入大幅下降后，玻利维亚解决财政失衡问题的压力正在加大。

截至 2019 年 10 月，玻利维亚的消费者物价指数初步估计为 2.5%，高于 2018 年的 1.5%。通货膨胀率上升，原因是季节性影响、强劲的需求侧压力和玻利维亚诺逐步贬值造成的价格压力。另外，2019 年玻利维亚发生的大规模野火和 10 月以来大规模抗议和封锁行为，导致主要城市的基本生活用品短缺，推高了商品价格，尤其是主食价格。

玻利维亚中央银行统计，截至 2019 年 8 月底，玻利维亚的外债水平接近 107.5 亿美元，比 2018 年 12 月提高了 3.6%，占 GDP 的 25%。这表明玻利维亚的外部脆弱性正在加重，但短期内这种脆弱性表现温和，因为大多数债务是长期的。玻利维亚的内债负担有所减轻，2019 年玻利维亚中央政府持有的公债总额占 GDP 的 35%，比 2018 年的 36% 略低；2019 年非金融公共部门持有的公债约占 GDP 的 37.6%，亦低于 2018 年的 38.7%。

2019 年玻利维亚的商品出口额和进口额分别为 85.39 亿美元和 95.42 亿美元，2018 年则分别为 88.95 亿美元和 93.54 亿美元。出口下降主要是因为天然气开采量减少，贸易逆差加大。

① EIU，*Country Report：Bolivia*，November 2019.

三 社会形势[①]

根据联合国拉美经委会的初步统计[②]，2018 年玻利维亚的全国劳动参与率为 70.8%，高于 2017 年（67.4%）的水平；2018 年的全国就业率为 68.4%，比 2017 年（64.9%）略高，为近 10 年来最高水平。2018 年的全国公开失业率为 3.5%，与 2017 年（3.6%）基本持平。近年来玻利维亚的经济持续增长，其失业率保持在较低水平，但相当一部分为非正规就业，工作条件不稳定。根据 2019 年 6 月公布的连续就业调查结果，至 2018 年第四季度，玻利维亚的城镇失业率为 4.27%。在薪酬方面，2019 年全国最低工资达到 2122 玻利维亚诺（305 美元），比 2018 年增长 3%。

莫拉莱斯上台以来，玻利维亚改善不平等问题和减贫的政策卓有成效。莫拉莱斯政府长期推行社会项目和现金转移的公共投资政策，2002 ~ 2018 年，玻利维亚的基尼系数从 0.612 下降到 0.438；贫困人口比例从 2006 年的 59.9% 下降到 2018 年的 33.2%，极端贫困人口从 2006 年的 38.28% 下降到 2018 年的 14.7%。[③]

2019 年的选举事件导致玻利维亚社会动乱频仍。白人和世居民族之间、富裕地区和贫困地区之间、农村和城市之间的两极分化严重，对抗加剧。阿涅斯临时政府颁布法令，免除警察和军队在恢复秩序和维护公共稳定行动中的刑事责任，并向军队提供了 3500 万美元的额外资金，[④] 用于镇压支持莫

---

① 除特别标明以外，“社会形势”部分的数据均引自 ECLAC, *Social Panorama of Latin America 2019*, United Nations, Santiago, 2019, p. 21。

② 玻利维亚社会指标最新数据统计到 2018 年。

③ Oliver Balch, “How a populist president helped Bolivia's poor-but built himself a palace,” The Guardian, March 7, 2019, https://www.theguardian.com/world/2019/mar/07/how-a-populist-president-helped-bolivias-poor-but-built-himself-a-palace, accessed January 10, 2020.

④ Linda Farthing, “Bolivia has been promised elections. But will they be fair?” The Guardian, December 2, 2019, https://www.theguardian.com/commentisfree/2019/dec/02/bolivia-elections-democracy-president-jeanine-anez, accessed January 10, 2020.

拉莱斯的抗议活动，导致社会矛盾激化。社会抗议活动造成了主要城市供应中断、学校停课、粮食和燃料短缺。

为恢复社会秩序、为新选举铺平道路，阿涅斯最终与社会运动组织达成协议，抗议者解除90多个封锁，阿涅斯临时政府则撤销了军队镇压抗议者不受惩罚的法律，军队撤出非战略地区，社会冲突暂时得到缓解。

2020年，新型冠状病毒肺炎疫情暴发后，为减轻民众的经济负担，阿涅斯临时政府发放了“家庭救济券”“家庭菜篮子救济券”等针对不同人群的救济券。2020年4月21日，阿涅斯及其内阁承诺将每月工资的一半捐给一个帮助新型冠状病毒感染者的基金会，并设立由卫生部管理的账户接收各种捐款。①

四　外交形势

对于玻利维亚大选和莫拉莱斯总统辞职，世界不同国家和地区的态度各异，玻利维亚的外交图景充满不确定性。哥伦比亚、巴西、美国、俄罗斯等国承认阿涅斯临时政府，称其为“民主归回”；阿根廷、古巴、墨西哥、尼加拉瓜、乌拉圭和委内瑞拉等国的左翼政治领袖进行谴责，认为莫拉莱斯被迫辞职是政变。智利、秘鲁等国政府则持相对中立看法。联合国、欧盟和美洲国家组织参与了解决玻利维亚选举危机和政治危机。②

莫拉莱斯总统辞职之前基本秉持一贯的外交政策导向，加强与中国等非西方国家的关系，为其国内工业化战略开拓多种外资来源；与智利就有关玻利维亚出海口问题进行交涉，积极在秘鲁寻求替代性出海口；加强锂工业方面的外交合作等。但阿涅斯临时政府继任之后，玻利维亚的外交关系发生重

---

① “Áñez and ministers donate 50% of earnings to fund for those affected by coronavirus,” La Razon, April 21, 2020 www. la – razon. com, accessed May 28, 2020.

② Gabriel Hetland, “Many wanted Morales out. But what happened in Bolivia was a military coup,” The Guardian, November 13, 2019, https://www. theguardian. com/commentisfree/2019/nov/13/morales – bolivia – military – coup, accessed February 28, 2020.

大变动。外交重点转向以美国和欧盟为中心，争取国际社会对临时政府的支持和承认。

临时政府具体的外交政策导向包括以下几点。一是缓和与美国的关系，恢复任命玻利维亚驻美国大使，退出美洲玻利瓦尔联盟和南美国家联盟，加入了美国支持的“利马集团”。二是切断与委内瑞拉马杜罗政府的外交关系，承认委内瑞拉反对派领导人胡安·瓜伊多为“临时总统”。三是中断与古巴的外交关系，驱逐古巴在玻利维亚贫困偏远地区工作的约700名医生和医学专家，停止与古巴的所有合作协定和谈判。① 四是与墨西哥和西班牙的外交摩擦升级。墨西哥政府给莫拉莱斯提供政治庇护之后，玻墨两国关系降至冰点。2019年12月30日，玻利维亚驱逐墨西哥外交官，墨西哥与玻利维亚的外交摩擦又一次升级。② 阿涅斯临时政府的外交政策虽然变动很大，但可执行性不强，因为一旦新的总统选出，临时政府就会解散，玻利维亚外交政策的导向则可能会发生新的变化。

从2019年的玻利维亚形势看，其2020年政治和经济形势将更加充满不确定性和不稳定性，2019年底爆发的政治危机在新冠疫情暴发后发展为政治、经济、社会等多个领域的复合性危机。尚未确定日期的新选举将面临更为复杂的局面。在新冠疫情蔓延、国内动荡和国际环境不利的情况下，2020年大宗商品价格将继续下跌，玻利维亚的生产将进一步萎缩，失业率上升，私人消费大幅下降，经济将进一步下滑，甚至面临严重的下行风险。

（杨志敏　审读）

---

① David Mercado, “Bolivia Suspends Diplomatic Relations With Cuba,” Sputnik News, January 24, 2020, https://sputniknews.com/latam/202001241078128903-bolivia-suspends-diplomatic-relations-with-cuba/, accessed February 8, 2020.

② 《墨西哥驻玻利维亚大使等多人被驱逐　限72小时内离境》，海外网，2019年12月31日，http://news.haiwainet.cn/n/2019/1231/c3541083-31691373.html?nojump=1，最后访问日期：2020年1月10日。

Y.18

厄瓜多尔：多重挑战考验政府治理能力

方旭飞*

摘　要：　2019年，厄瓜多尔政治格局严重分化，结构改革难以顺利推进。经济紧缩政策引发大规模社会抗议和骚乱。厄瓜多尔经济衰退，财政赤字规模大。政府与国际货币基金组织及其他多边金融机构达成贷款计划，推进经济结构改革，振兴经济。在对外关系领域，莫雷诺政府持亲西方外交政策，与美国日益亲近。同时，莫雷诺实行多元化外交，以摆脱对石油的依赖，实现经济多样化。

关键词：　厄瓜多尔　社会抗议　经济衰退　结构改革

2019年，莱宁·莫雷诺政府度过了上任以来最艰难的时期，大规模社会骚乱、经济衰退、政治格局分化考验了政府的执政能力。莫雷诺政府与国际货币基金组织和多边金融机构达成了103亿美元的贷款计划，并承诺实施结构改革和经济紧缩措施。然而，政府各项改革议程遭遇了强大的政治和社会阻力。10月颁布的取消燃料补贴政策引发大规模民众抗议和社会骚乱。政治格局碎片化也严重阻碍经济社会改革共识的实现。2020年3月新型冠状病毒肺炎疫情暴发，莫雷诺政府陷入控制疫情蔓延和重启经济的两难境地，厄瓜多尔政治、经济和社会发展均面临前所未有的挑战。

---

* 方旭飞，中国社会科学院拉丁美洲研究所马克思主义理论与拉美政治研究室副研究员，主要研究拉美政治、拉美左翼和社会运动等。

一　政治与社会形势

（一）经济紧缩措施引发大规模社会骚乱

截至2019年3月，莫雷诺政府与国际金融机构达成了103亿美元的贷款援助协议，其中包括与国际货币基金组织达成的一项为期3年、42亿美元的扩展基金安排协议，以及与其他多边金融机构达成的60亿美元的融资计划。资金将在2019年3月至2021年12月陆续到位，但莫雷诺政府必须满足进行经济结构调整和改革的条件，尤其是要采取紧缩措施，削减财政支出。2019年10月1日，莫雷诺总统颁布883号总统令，宣布废除对汽油和柴油等燃料的补贴。据估计，燃料补贴每年需要花费13亿美元财政支出。10月3日，废除燃料补贴的政令生效，燃油价格大涨，引发大规模民众抗议，世居民族印第安人在“厄瓜多尔土著联合会”的领导下从全国各地向首都进发。罢工、游行示威、封路迅速席卷全国，首都基多、瓜亚基尔等城市出现打砸抢烧、扣押警察、攻占国会和国家审计署大楼等暴力事件，部分油井被抗议者控制并停产。此次大规模社会骚乱和动荡是厄瓜多尔近10多年来最严重的一次。莫雷诺政府宣布国家进入紧急状态，将政府机关从首都基多转移到瓜亚基尔，出动军队实施宵禁。在世居民族团体的持续压力下和暴力升级的情况下，莫雷诺被迫接受联合国协调组和厄瓜多尔主教团的斡旋，与抗议代表进行对话。13日晚，政府与抗议者达成协议，政府撤销废除燃料补贴的政令；成立由政府官员和世居民族代表共同组成的委员会，起草新的行政令。恢复燃料补贴之后，“厄瓜多尔土著联合会”宣布结束全国大罢工和示威游行。14日上午，武装力量联合指挥部司令宣布全境正式结束宵禁，持续11天的严重骚乱得到遏制，社会秩序逐步回归正常。

社会骚乱和暴力事件造成巨大的经济损失，也给政府声誉和执政能力带来负面影响。社会骚乱严重扰乱了交通秩序、商业活动和石油生产。在政治方面，社会骚乱平息之后，国内政治紧张局势持续存在，政治、种族、社会分歧加剧。以前总统科雷亚为代表的政治派别与执政党和莫雷诺总统之间的裂痕进一步扩大。科雷亚及其支持者被指控煽动暴力，部分支持科雷亚的议员在暴乱平息之后担心遭到报复，前往墨西哥驻基多大使馆寻求庇护。而“厄瓜多尔土著联合会”在此次抗议中起到了领导作用，其政治影响力提高。抗议平息后，该组织不断强化自身诉求，同时还对政府制定紧缩政策施加诸多影响。

（二）机构治理是2019年政治改革的重点

2019 年 5 月 24 日，莫雷诺在国会发表了其任内第二场“国情”演讲。在演讲中，他强调了本届政府前半段任期取得的成就，并严厉批评了前总统科雷亚及其盟友，重申了机构治理的重要性，承诺将为厄瓜多尔历史“翻开新的一页”。莫雷诺强调改善商业环境的重要性，还提到要加强中央银行独立性、实施劳工改革和税制改革、加强反腐。

公民参与和社会管理委员会改革。公民参与和社会管理委员会成立于 2008 年，代表与行政权、立法权、司法权和选举权并列的“第五权力”。该委员会的成立初衷是实现法官提名的去政治化，并对腐败案件进行监督与调查。在实践中，该委员会不但未能充分发挥司法去政治化和监督腐败的职能，反而有助于加强总统对司法和监管机构的控制。莫雷诺执政之后，重组该委员会，解除了科雷亚时代任命的大多数法官，通过选举来选拔法官。2019 年 3 月 24 日，在选举竞争中获胜的新一届法官上任。7 月 16 日，国会启动对委员会主任何塞·图阿雷斯（José Tuárez）的弹劾程序。图阿雷斯是前总统科雷亚的支持者，被指控利用权力拉帮结派、简历造假、拒绝回应公众舆论。8 月，图阿雷斯被弹劾，但是该委员会仍面临巨大的改革、重组甚至被废除的压力。

撤换总检察长。2019 年 4 月 8 日，国会批准任命迪亚娜·萨拉萨尔（Diana Salazar）为总检察长，任期 6 年。萨拉萨尔成为莫雷诺执政以来的第 5 位总检察长。萨拉萨尔在众多法官的竞争选举中脱颖而出，然后由公民参与和社会管理委员会任命。她上任后表示要迎接政治压力的挑战，保持总检察长办公室的独立性，并承诺将工作重点放在解决腐败、贩毒和暴力犯罪等领域的数百个悬而未决的案件上。萨拉萨尔还下令调查前总统科雷亚腐败案。她指责科雷亚政府是“腐败的”“结构良好的犯罪组织”。2018 年 7 月，厄瓜多尔最高法院以科雷亚涉嫌策划一宗绑架案为由签发国际逮捕令，但国际刑警组织拒绝执行。萨拉萨尔下令对科雷亚和其他涉嫌腐败的前政府官员实施保护性拘留。

大规模社会骚乱平息之后，莫雷诺整顿了军队。莫雷诺认为在骚乱发生期间，军队止暴治乱的能力有欠缺，尤其是在获取机密信息与保护油田和输油管道等重要设施方面，军队未能充分发挥作用。2019 年 11 月，莫雷诺撤换了参谋长联席会议主席和军队总司令，由他本人担任新的军事指挥官，新任陆军司令则由路易斯·阿尔塔米拉诺（Luis Altamirano）担任。

2019 年 12 月 3 日，国会通过选举改革法案。修改后的选举法规定实施封闭党派名单制度，规定候选人名单的 50% 必须是女性、25% 为青年；在议席分配方面，新选举法运用韦伯斯特法（Webster method），取代科雷亚时期运用的洪德法（D'Hondt system）。在竞选资金来源方面，规定不能用现金作为捐款，必须通过银行转账，并由选举委员会、总检察长办公室和反洗钱办公室共同监控账户。新选举法的实施将增强小党派的代表性，提高选举资金的透明度，但在长期受诟病的义务投票、选区划分不公、缺乏选举门槛等方面没有进行必要的改革。

（三）政治格局碎片化

除了派别对立之外，厄瓜多尔政治格局的另一重大缺陷是政党制度的碎片化。

执政党在国会的席位未达立法门槛。厄瓜多尔国会（国民代表大会）共设 137 个议席，立法门槛为 69 个席位。执政党主权祖国联盟运动拥有 44 个议席，支持莫雷诺政府的小党联盟拥有 14 个议席。中右翼的创造机会运动党和基督教社会党分别占有 31 席和 16 席。科雷亚领导的公民革命党拥有 29 席。国会的高度分裂是莫雷诺政府推出改革政策的一个重大阻碍。莫雷诺政府要在国会通过政策议案必须获得反对党支持。2019 年 5 月，国会举行两年一次的领导层换届选举，执政党议员塞萨尔·利塔尔多（César Litardo）当选国会主席。执政党与创造机会运动党、印第安人政党帕查库蒂克多民族团结运动等一些小党结成了务实联盟。该联盟的建立有利于执政党在具体议题上与联盟内政党进行协商，推进政策议程。但该联盟不包括在 3 月的地方选举中大获全胜的基督教社会党。

地方政治格局也呈现碎片化特征。2019 年 3 月 24 日，厄瓜多尔举行地方选举。近 130 个政治组织、大约 8 万名候选人竞争近 6000 个职位，包括市长、省长和地方议会成员。但执政党表现惨淡，只在首都基多获胜。基督教社会党是此次地方选举最大赢家，共夺得 8 个市长职位。创造机会运动党只在南部的罗哈市获胜。前总统科雷亚支持的社会妥协力量党（Fuerza Compromiso Social）表现良好，赢得了 2 个市长职位。

二　经济形势①

2019 年，厄瓜多尔经济明显衰退，预计全年国内生产总值增长率为 -0.2%，2018 年为 1.4%；2019 年，人均国内生产总值增长率为 -1.3%，2018 年为 -0.1%。造成经济衰退的主要原因是全球初级产品需求减少、石油价格持续低迷和国内需求明显减少。2019 年第一季度，实际生产实现增长的部门有虾类养殖和渔业（14.5%）、电力和供水（7.2%）、石油和矿产（2.2%）；同期，经历明显减速的行业是建筑业（-3.7%）和炼油业（-39.4%）。2019 年第一季度，厄瓜多尔固定资本形成总额与上年同期相比增长了 -2.1%。2019 年 10 月出现大规模社会动荡之后，厄瓜多尔的经济活动进一步放缓。

2019 年，厄瓜多尔财政赤字为 40.43 亿美元，同比增长 39.4%，占国

① 除特别注明外，本部分的数据均引自 CEPAL, *Balance Preliminar de las Economías de América Latina y el Caribe 2019*, Naciones Unidas, 2019, https: //repositorio. cepal. org/bitstream/handle/11362/45000/107/BPE2019_ Ecuador_ es. pdf, accessed January 10, 2020。

内生产总值的4%。财政赤字增加的主要原因是政府财政收入减少、债务利息支出和社会支出增加。2018年颁布的《生产发展、吸引投资、创造就业和稳定以及财政平衡组织法》导致一些有助于增收的项目受到限制或被取消，这是2019年财政收入减少的一个重要因素。为了调整财政账户，厄瓜多尔政府着力减少资本支出，尤其是公共投资的支出。

2019年3月，莫雷诺政府与国际货币基金组织达成了一项42亿美元的贷款协议。12月10日，国会通过税收改革法案，重点是实现2020年增税6亿美元的目标。为实现这一目标，法案规定将对2018年年销售额超过100万美元的企业征收企业所得税，税率将连续3年按比例提高。此外，还规定消费者将为奈飞（Netflix）、优步（Uber）等数字服务支付增值税；年收入超过10万美元的个人将不再享受税收减免。税收改革法案的通过，将有效减轻国际货币基金组织等多边金融机构对厄瓜多尔政府推进结构改革能力的质疑。

应国际货币基金组织提出的提高宏观经济数据透明度的要求，厄瓜多尔政府调整了公共部门债务计算方法，将公共部门供应商累积欠款、与中国政府达成的石油互换协议的贷款计入公共部门债务。因此，与旧的计算方法相比，2019年厄瓜多尔公共债务占GDP比重有所上升。2019年1～9月，公共部门外债占GDP的比重由35.5%上升至37.5%。为满足融资需求，2019年9月，厄瓜多尔政府在国际市场上发行了平均利率为8.68%、总价值约20亿美元的两套主权债券。第一套共发行6亿美元，5年到期；第二套总计14亿美元，10年到期。此外，厄瓜多尔政府计划通过转让特许经营权的方式将10亿美元的公共资产私有化，主要包括索普拉达拉水力发电厂、国家电信公司和太平洋银行等国有企业。

2019年1～10月，厄瓜多尔贸易账户实现1.325亿美元顺差，而2018年同期的贸易逆差为2.635亿美元。1～10月，出口收入同比增长了1%；受国内需求疲软的影响，进口额同比下降了1.1%，其中，消费品和原材料进口支出分别下降1.4%和5.8%，资本货进口支出增长4.8%。10月，贸易顺差收窄，但仍保持顺差，工业品出口同比增长1.4%；非石油产品出口表现强劲，虾类出口继续保持两位数增长（19%），香蕉出口增长2.5%。[①]截至2019年11月，厄瓜多尔国际储备上升至40.65亿美元，比上年同期增长71%。国际储备已经覆盖了负债总额的38%、金融系统存款总额的97%。

2019年1～10月，厄瓜多尔实际汇率指数呈下降趋势，相当于在美元和通货膨胀共轭效应下的货币升值，这主要是国际收支经常账户连续8个季度出现赤字造成的。通货膨胀率仍然很低，2019年1～10月，平均通胀率只有0.32%。

2019年，厄瓜多尔的失业率为4.7%。就业质量也有所下降，2018年9月至2019年9月，适龄劳动人口的就业人数减少了2.8%。

2019年10月31日，厄瓜多尔政府向国会提交了2020年预算草案。2020年，中央政府预算赤字将达到34亿美元，占GDP的比重为3.1%；政府将进一步兑现财政紧缩的承诺，公共部门工资支出将减少5%，商品和服务支出将减少10%。国有企业资产通过特许权转让方式实现私有化，将为政府增加新的收入，预计2020年该项收入将达到20亿美元。此外，2020年政府融资需求将达到67亿美元以上，但非金融公共部门财政将由赤字转为盈余。Ishpingo油田的开采和厄瓜多尔退出石油输出国组织也将为政府增加财政收入，增强财政的可持续性。2020年1月1日，《简化和累进税法》正式实施，2020年有望增加6亿美元财政收入。在投资方面，根据《年度投资计划》，预计2020年的公共投资将比2019年增长13.8%。

新型冠状病毒肺炎疫情使厄瓜多尔的经济形势更加严峻。为遏制疫情的快速传播，莫雷诺政府自2020年3月中旬开始采取了严厉的社交隔离措施，规定每天下午2点至第二天凌晨5点期间实施宵禁。社交隔离措施有效遏制了疫情扩散，但也严重抑制了经济活动。疫情、外部需求萎缩使厄瓜多尔国内政策环境也变得更加复杂，改革难度进一步加大。据英国经济学人预测，2020年厄瓜多尔实际GDP将收缩6.5%。[②]

① EIU, *Country Report*: *Ecuador*, January 2020, p. 25.

② EIU, *Country Report*: *Ecuador*, May 2020, p. 9.

三　外交形势

莫雷诺政府奉行亲西方的外交政策，将巩固与美国的关系放在外交议程的首位。2018年年中，莫雷诺任命主张外交服务专业化的何塞·瓦伦西亚（Jose Valencia）为外交部长，取代了持左翼立场的费尔南达·埃斯皮诺萨（Fernanda Espinosa），后者于2018年底任联合国大会主席。莫雷诺还主张实现经济多样化，摆脱本国经济对石油的依赖。

2019年，莫雷诺政府继续深化与美国的关系。两国在多个领域都实现了更紧密的合作。2019年1月莫雷诺政府承认胡安·瓜伊多为委内瑞拉“临时总统”、4月结束对朱利安·阿桑奇的政治庇护等事件使厄瓜多尔与美国的政治联系更加紧密。4月，美国南方司令部司令、海军上将克雷格·法勒（Craig Faller）访问厄瓜多尔，标志着两国传统防务和安全关系的恢复。6月初，美国负责政治事务的副国务卿戴维·黑尔（David Hale）访问厄瓜多尔，双方签署了6项合作协议，涉及共同打击跨国贩毒和贸易等事务。厄瓜多尔重新授权美国贸易发展署在厄瓜多尔开展业务，美国为厄瓜多尔中央银行争取融资以增加抵押贷款。①

莫雷诺政府积极推动拉美地区一体化进程，与拉美国家发展更紧密的贸易和投资联系。但是莫雷诺政府的一体化努力带有明显的意识形态倾向，排斥委内瑞拉等激进左翼倡导的地区组织。继2018年8月退出委内瑞拉和古巴主导的左翼地区一体化组织美洲玻利瓦尔联盟之后，2019年3月莫雷诺政府又以“不具备推动地区一体化进程的能力”为由退出南美国家联盟，加入南美进步论坛。该论坛共有8个成员国，除首倡国智利、哥伦比亚之外，还有阿根廷、巴西、巴拉圭、秘鲁、圭亚那和厄瓜多尔。8国发表的共同声明表示希望建立一个“协调合作、不排斥任何国家”的地区组织，以

① EIU, *Country Report: Ecuador*, November 2019, p. 20.

便更有效地推动地区一体化，促进南美各国的进步与发展。①

加快推进正式加入太平洋联盟的进程。太平洋联盟由墨西哥、哥伦比亚、智利和秘鲁组成，成立于2011年。2018年10月，厄瓜多尔对外贸易委员会决定开启加入太平洋联盟的谈判进程。2019年7月，莫雷诺总统出席在秘鲁首都利马举行的太平洋联盟峰会，4个成员国总统同意加快厄瓜多尔成为该联盟正式成员的进程。厄瓜多尔加入太平洋联盟的目的是促进贸易发展和挖掘投资潜力。太平洋联盟约占拉美和加勒比地区GDP的37%，接收该地区45%的外国直接投资。厄瓜多尔对太平洋联盟成员国征收进口关税，其加入太平洋联盟的谈判可能面临压力，需要做出更多的改革努力。

厄瓜多尔和智利开始自由贸易协定谈判。2019年3月22日南美进步论坛创立之时，莫雷诺总统与智利总统塞瓦斯蒂安·皮涅拉讨论了加强两国经济联系的问题。2019年6月初，莫雷诺出席在智利首都圣地亚哥举行的第5届双边部长理事会时与皮涅拉会面。两国元首承诺于6月底启动自由贸易协定谈判，并签署了涉及网络安全、移民、反腐败、矿产资源等领域的21项双边合作协议。皮涅拉还承诺支持厄瓜多尔加入太平洋联盟，称赞启动两国自由贸易协定谈判是一个减少税收、保护投资并促进经济合作的重要决定。智利是厄瓜多尔最大的出口市场之一，2018年厄瓜多尔对智利出口额达到16亿美元，约占厄瓜多尔出口额的6%。

与哥伦比亚的关系取得进展。厄瓜多尔加入太平洋联盟需要获得哥伦比亚的支持。在2019年12月11日召开的厄瓜多尔与哥伦比亚第8次高层会议上，莫雷诺与哥伦比亚总统杜克就边境问题、环境保护、社会文化、经贸合作、国防安全、基础设施联通等议题进行了广泛的交流与讨论；杜克总统承诺将大力支持厄瓜多尔加入太平洋联盟。哥伦比亚为2020年太平洋联盟轮值主席国。

与墨西哥的关系急需得到改善。对厄瓜多尔政府来说，加强与墨西哥的

① 《南美八国宣布创立新的地区一体化机制》，人民网，2019年3月23日，http://world.people.com.cn/n1/2019/0323/c1002-30991537.html，最后访问日期：2020年1月10日。

双边关系具有战略意义。短期内，厄瓜多尔加入太平洋联盟需要墨西哥的支持，需要拆除双边贸易壁垒，缔结自由贸易协定。但是，墨西哥为厄瓜多尔前政府高官提供政治庇护问题导致两国关系发生摩擦，这是两国关系改善的一个障碍。厄瓜多尔爆发大规模社会骚乱，墨西哥政府对部分抗议者的暴力行为表示遗憾，但为反对莫雷诺的前政府高级官员提供庇护。2019 年 4 月，厄瓜多尔前外交部长里卡多·帕蒂尼奥（Ricardo Patino）因涉嫌煽动罪而被国际刑警组织通缉，墨西哥政府为其提供政治庇护，引起莫雷诺政府不满。

与委内瑞拉的关系。莫雷诺执政后，多次发表批评马杜罗的言论，使厄瓜多尔成为“倒马”阵营重要成员，厄委关系不断恶化。2019 年 1 月，委内瑞拉国会主席胡安·瓜伊多宣誓“履行总统职责”，莫雷诺表示支持。2019 年 8 月，为防止委内瑞拉移民进一步涌入厄瓜多尔，莫雷诺政府实施新的签证要求，向委内瑞拉移民发放“人道主义签证”，给予他们临时居住和正式就业权利。到 2019 年底，在厄瓜多尔的委内瑞拉移民已经接近 50 万人。

阿桑奇被驱逐出厄瓜多尔大使馆。2019 年 4 月 11 日，厄瓜多尔政府剥夺了维基解密创始人朱利安·阿桑奇厄瓜多尔公民身份，并强迫其离开厄瓜多尔驻英国大使馆。阿桑奇随后被英国当局逮捕。厄瓜多尔解除对阿桑奇的庇护有助于改善其与美国和英国的关系。

厄瓜多尔退出石油输出国组织。2019 年 10 月，厄瓜多尔政府宣布自 2020 年 1 月 1 日起退出石油输出国组织。近年来厄瓜多尔经济低迷、财政短缺，政府试图通过提高石油产量增加财政收入，因而急于摆脱石油输出国组织对石油生产配额的束缚。厄瓜多尔的石油产量在 2019 年 9 月就已经达到每天 56 万桶，超过了石油输出国组织规定的每天 51.5 万桶的配额。厄瓜多尔在全球石油产量中所占的份额比较小，厄瓜多尔退出石油输出国组织的举动不会对全球油价产生影响。

厄瓜多尔加强与韩国、日本、卡塔尔等亚洲国家的联系。厄瓜多尔重视与韩国的政治、经贸合作。2019 年 5 月 7 日，韩国总理李洛渊对厄瓜多尔进行正式访问，与莫雷诺总统讨论了加强两国在贸易、投资及其他领域的合作，还签署了一系列双边协议，涉及外交、能源、海上安全、基础设施和交通管理等领域。李洛渊是迄今为止访厄的级别最高的韩国官员。两国曾于2016年就战略经济合作协议进行谈判，但莫雷诺执政后暂停。李洛渊此次访厄，两国政府均表示有意恢复战略经济合作协议的谈判。厄瓜多尔进一步加强了与日本的经贸联系，两国避免双重征税协定已于12月28日正式生效。该协定旨在避免双重征税、防止国际逃税，促进两国在经贸投资领域的交流合作。12月8日，厄瓜多尔副总统索南赫尔兹纳率团访问卡塔尔，就加强两国经贸合作开展交流

与中国关系稳定发展。中国是厄瓜多尔第三大贸易伙伴，厄瓜多尔是中国在拉美第九大贸易伙伴。2018年中厄贸易额达48.84亿美元，其中厄瓜多尔自中国进口33.90亿美元、对中国出口14.94亿美元。2019年1~7月，厄瓜多尔对华出口总额为13.43亿美元，同比增长了141.7%，出口增长最快的产品有虾、香蕉、矿产品、鱼、木材和软木塞以及鲜花等。[①] 截至2019年5月，在中国驻厄瓜多尔大使馆经济商务处备案登记的中资企业已近90家，涉及水利水电、路桥、石油、通信、金融等领域。7月，厄瓜多尔米拉多（Mirador）铜矿建成投产，该公司由中国铜陵有色金属集团控股有限公司和中国铁建股份有限公司的合资企业 EcuaCorriente 所有，也是中国在厄瓜多尔最大的非石油类投资项目。

（杨建民　审读）

① "Informe Mensual de Comercio-Septiembre/2019," Pro Ecuador, Octubre 17, 2019, https://www.proecuador.gob.ec/informe-mensual-de-comercio-septiembre-2019/, accessed January 15, 2020.

Y.19
乌拉圭：反对派上台开启政治新格局

何露杨*

摘　要： 2019年，乌拉圭大选落下帷幕，民族党候选人拉卡列经过两轮投票以微弱优势获胜，结束了广泛阵线长达15年的连续执政。经济增长趋于停滞，财政赤字、通货膨胀问题凸显。社会治安问题仍待解决。外交上，乌拉圭新政府转变在委内瑞拉问题上的立场，转而支持瓜伊多；乌拉圭继续深化与地区国家关系，不断加强对华关系。

关键词： 乌拉圭　大选　公共安全　外交政策

一　政治形势

2019年乌拉圭迎来大选，在国际和地区政治格局变化的大背景下，在国内经济停滞、治安恶化的局势下，反对派把握时机，团结一致，最终在第二轮投票中以微弱优势击败执政联盟广泛阵线，结束乌拉圭长达15年的左翼执政。

2019年，广泛阵线面临自2004年上台以来竞争最激烈的大选。自年初以来，各项民调均显示，广泛阵线支持率一路领先，民族党和红党的支持率分别稳定在第2、第3位，但前两位之间的差距并未拉开。在6月底的党内

* 何露杨，中国社会科学院拉丁美洲研究所助理研究员，巴西研究中心副秘书长，主要研究方向为拉美国际关系、巴西外交。

初选中，广泛阵线的马丁内斯（Daniel Martínez）、民族党的拉卡列·波乌（Luis Lacalle Pou）、红党的塔尔维（Ernesto Talvi）分别以42%、53%、51%的投票率击败各自的对手，[①] 成为总统候选人。

10月27日，乌拉圭举行大选首轮投票。根据宪法，总统候选人在第一轮选举中获得半数以上选票即可直接当选，否则得票最多的两位候选人将进行第二轮角逐，届时候选人获得简单多数票即可当选。首轮投票结果显示，广泛阵线的马丁内斯和民族党的拉卡列分别以39.2%和28.6%的得票率居前两位，将开展第二轮角逐。红党的塔尔维、公开市政党的马尼尼（Guido Manini Rios）分别以12.3%和10.9%的得票率居第3、第4位。[②] 在当天举行的国会改选中，广泛阵线分别赢得参众两院13个和42个席位，民族党分别获得10个和30个席位，红党分别获得4个和13个席位，公开市政党分别获得3个和11个席位，广泛阵线失去了在国会的简单多数优势（见表1）[③]。

表1　2020～2025年乌拉圭国会政党分布情况及与2015～2020年构成的差异

政党	众议院(个)	参议院(个)
广泛阵线	42(−8)	13(−2)
民族党	30(−2)	10(0)
红党	13(0)	4(0)
公开市政党	11(+11)	3(+3)
独立党	1(−2)	0(−1)
人之党	1(+1)	0(0)
生态党	1(+1)	0(0)

注：括号内为与2015～2020年国会政党分布的对比。
资料来源：笔者根据公开发布的报道整理而成。

① "Uruguay: Presidential Line-up complete," *Latin American Weekly Report*, July 4, 2019.

② "In brief: Uruguay's presidential race goes to a run-off," *Latinnews Daily*, October 28, 2019.

③ "Uruguay: Ruling FA loses stranglehold on power," *Latin American Weekly Report*, October 31, 2019.

第二轮投票开始前，乌拉圭反对党红党、公开市政党、独立党、人之党决定与民族党结盟，助力其总统候选人拉卡列角逐大选。5个政党达成涉及治安、教育、社会发展、对外关系的12项承诺协议，[①] 组成多党派竞选联盟。面对不利形势，广泛阵线的马丁内斯强调执政联盟15年来取得的政绩，包括国家经济持续增长、政治稳定、贫困率下降等，指出竞选联盟缺乏稳定性，拉卡列年轻、经验不足，未来执政充满风险，其削减政府开支的政策可能危害社会发展，导致乌拉圭的经济失序。民族党的拉卡列则重点攻击现政府的财政、治安、教育等领域政策，指责广泛阵线在委内瑞拉问题上一意孤行。

11月24日，乌拉圭举行大选第二轮投票。初步计票结果显示，拉卡列和马丁内斯的支持率分别为48.7%和47.5%。[②] 由于两人的得票数之差低于存疑选票数，在存疑选票清点核验工作结束后，乌拉圭选举法院宣布拉卡列和马丁内斯在第二轮投票中分别获得48.8%和47.3%的支持率。民族党候选人拉卡列最终胜出，当选新一任乌拉圭总统。

尽管反对派如愿赢得大选，但此前多项民调结果预测，拉卡列将以至少5个百分点的领先优势获胜，而最终两人票数十分接近。这从一个侧面预示拉卡列未来执政面临一定挑战，首要问题就是如何团结民族党内部及执政联盟，平衡不同党派的利益诉求、凝聚共识，利用在国会中的绝对多数优势落实政策主张。

此外，本届大选中的局外人和新媒体效应值得注意。一方面，在民粹主义席卷全球的影响下，非建制派候选人走到台前，表现抢眼。前陆军司令马尼尼因批判养老金改革和对军事独裁时期侵犯人权官员的调查而遭撤职，此后创建公开市政党并代表该党参选。马尼尼的支持率在短短半年时间内快速上升，在非传统政党候选人中表现最佳。马尼尼强调改善治安、打击犯罪、增加就业等，主张修订教科书消除性别意识形态，在乌拉圭的农民、贫困人

① "Uruguay: Opposition coalition coalesces behind Lacalle Pou," *Latinnews Daily*, November 6, 2019.

② "Uruguay: Presidential run-off fails to deliver clear winner," *Latinnews Daily*, November 25, 2019.

群及军人中的人气较高。另一方面，此次选举被打上新媒体时代竞选的烙印，假新闻层出不穷。民族党领袖多次指责竞选活动中的不道德行径，如借可疑社交媒体账号肆意传播假新闻。

二　经济形势①

在不利的地区和国际经济环境影响下，2019 年，乌拉圭经济增长基本陷入停滞，全年 GDP 增长预期仅为 0.3%。2020 年，乌拉圭的经济发展仍将面临一定挑战。地区国家需求低迷尤其是邻国阿根廷经济不景气将给乌拉圭经济特别是旅游业带来不利影响。与此同时，乌拉圭史上规模最大的一笔投资——第三座造纸厂及其配套的港口、铁路、公路等基础设施动工，有望推动国家经济增长。在新型冠状病毒肺炎疫情的影响下，新政府降低财政赤字的目标将面临巨大压力，经济工作将重点围绕保就业、促增长展开。预计 2020 年乌拉圭经济将下降 4%。②

近年来，乌拉圭的财政赤字问题不断凸显。尽管政府采取了提高个人所得税、延迟增加教育预算等措施，截至 2019 年 9 月，财政赤字占 GDP 比重仍达 4.9%，比 2016 年同期上升 1.5 个百分点。总债务和净债务均增长，占 GDP 比重分别为 71% 和 35%。

在贸易商品价格上涨、肉类价格居高不下和本地货币贬值的推动下，2018 年 11 月至 2019 年 11 月，乌拉圭的通货膨胀率达 8.4%，略高于 7% 的目标值上限。阿根廷货币贬值对乌拉圭汇率造成一定压力。截至 2019 年 9 月，乌拉圭实际汇率同比贬值 4.0%，接近地区和全球水平。

贸易方面，在大豆、牛肉、浓缩饮料和小麦的出口带动下，2019 年 1 月至 10 月乌拉圭出口额同比增长 1.4%，而活牛、木材、纤维、大米和生皮对出口造成一定负面影响。2019 年，乌拉圭信息技术领域出口呈上升趋势。

---

① 如无特别说明，“经济形势”部分的数据均来自 CEPAL，*Balance Preliminar de las Economías de América Latina y el Caribe*，Naciones Unidas，Santiago，2019。

② “In brief: Uruguay cautiously optimistic on economic recovery,” *Latinnews Daily*, May 22, 2020.

表 2 2017～2019 年乌拉圭主要经济指标

项目	2017	2018	2019[a]
年增长率(%)			
GDP	2.6	1.6	0.3
人均 GDP	2.2	1.2	-0.1
消费者物价指数	6.6	8.0	8.3[b]
平均实际工资	2.9	0.1	1.8[c]
货币供应量(M1)	13.1	5.5	7.3[c]
实际有效汇率[d]	-5.7	-2.9	0.9[c]
贸易条件[e]	-0.4	-4.8	0.5
年均值(%)			
城市失业率	7.9	8.3	8.9
中央政府财政余额/GDP	-3.0	-2.1	-2.1
名义存款利率[f]	4.6	4.7	4.4[g]
名义贷款利率[h]	15.4	14.2	13.5[g]
百万美元			
商品和服务出口额	16078	16397	16257
商品和服务进口额	12428	13116	12387
经常账户余额	419	76	623
资本和金融账户余额[i]	2030	-484	-1418
国际收支余额	2449	-408	-795

注：a. 初步预算值；b. 截至 10 月数据；c. 截至 9 月数据；d. 负值表示货币实际升值；e. 为 2019 年初步概览统计；f. 为 30～61 天的本地货币存款利率；g. 截至 7 月数据；h. 为 30 天至 1 年的企业贷款；i. 包含误差和遗漏的部分。

资料来源：CEPAL，*Balance Preliminar de las Economías de América Latina y el Caribe*，Naciones Unidas，Santiago，2019。

三 社会形势

乌拉圭长期以来被视为拉美最安全的国家之一，但公共安全形势恶化成为 2019 年困扰乌拉圭的社会痼疾。同时，示威游行和劳工问题也是政府面临的棘手挑战。

根据乌拉圭内政部相关报告，全国暴力抢劫和凶杀事件持续上升。2018

年，全国共发生29904起暴力抢劫事件，同比增长54%，平均每天发生82起；发生凶杀事件414起，同比增长46%，创历史最高纪录。乌拉圭的凶杀率达到11.8起/每10万名居民，远超智利（3.6起）和阿根廷（5.2起）。[①] 2019年5月，欧洲刑警组织和美国缉毒局开展联合调查行动，成功拦截毒品走私分子并缴获从乌拉圭发出的603千克可卡因[②]。8月，德国汉堡海关宣布截获从乌拉圭经汉堡运往比利时的4.5吨可卡因[③]。乌拉圭逐渐成为国际贩毒组织销往欧洲市场的重要集散地。

2019年，在不利的内外经济形势的双重压力下，乌拉圭农业生产者多次组织抗议活动，呼吁政府加大对农业部门的投入，要求提供更多政策支持以扭转当前国家农业竞争力下降的局面。针对基础设施、教育、治安状况的示威游行也时有发生。

以政府偏袒工会为由，乌拉圭商界于2009年就本国三方（政府、商业领袖、工会）集体工资谈判系统上诉国际劳工组织。2019年，国际劳工组织最终决定将乌拉圭列入黑名单，理由是其一直未兑现国际劳工组织提出的改革要求。乌拉圭成为少数因过度保护劳工被列入黑名单的国家。

劳动力市场整体仍呈现下降趋势。2019年，乌拉圭失业率预计升至9%。2018年9月至2019年9月，乌拉圭的实际工资上涨2.0%。

四　外交形势

2019年，围绕地区热点委内瑞拉，乌拉圭坚持一贯立场，通过双边和多边途径积极寻求解决方案。乌拉圭与地区国家关系有所加强，南方共同市场与欧盟的自贸谈判取得进展，对华关系进一步深化。随着右翼新政府上台，乌拉圭外交将出现调整。

---

① "Uruguay: FA re-election prospects hit by mounting insecurity," *Latinnews Daily*, March 26, 2019.

② "Large drug seizures trouble Uruguay," *Latin AmericanSecurity & Strategic Review*, October 2019.

③ "Uruguay: Historic drug seizure puts pressure on authorities," *Latinnews Daily*, August 5, 2019.

在委内瑞拉问题上，巴斯克斯政府继续维护马杜罗政府。乌拉圭和玻利维亚两个南美国家出席了马杜罗的就职仪式。双边层面，乌拉圭和阿根廷、墨西哥等国政府发表联合声明，呼吁通过对话协商，以自由、民主、可信的选举解决委内瑞拉问题。多边层面，乌拉圭一方面坚持维护马杜罗政权，拒绝承认瓜伊多。面对利马集团否认马杜罗政权合法性并支持瓜伊多为唯一"合法总统"，乌拉圭与利马集团拉开距离，并缺席在智利举行的南美进步论坛（Prosul）峰会。乌拉圭退出美洲国家组织第49届年会，抗议该组织秘书处接受瓜伊多代表委内瑞拉出席年会。在《美洲国家间互助条约》签署国投票通过对委内瑞拉危机启动互助条约的决议后，乌拉圭决定退出该条约。另一方面，乌拉圭和墨西哥共同提议设立蒙得维的亚机制并多次举行会议，与玻利维亚、加勒比共同体倡导为委内瑞拉问题寻求和平对话的出路。同时，乌拉圭还积极参与欧盟创建的委内瑞拉问题国际联络小组行动，推动解决委内瑞拉问题。

2019年，乌拉圭以经济议题为首要关切，不断拓展与地区国家关系。南方共同市场对外开放取得重大突破。在乌拉圭和其他南方共同市场成员国的积极努力下，2019年6月底，南方共同市场和欧盟宣布已就签署双边自贸协议达成一致，为长达20年的艰难谈判画下句点。协定将涵盖政府采购、贸易便利化、卫生检验检疫、知识产权等领域，有望增加南方共同市场成员国的肉类、糖和乙醇等产品对欧盟的出口。尽管协议待相关国家议会批准后方能生效，但在全球经贸环境恶化的背景下，南方共同市场和欧盟完成自贸谈判对外释放出支持开放和自由贸易的积极信号。与此同时，乌拉圭继续推动与南方共同市场其他成员国的双边关系。乌拉圭外长尼恩（Rodolfo Nin Novoa）访问巴西、阿根廷和巴拉圭，就贸易和人员流动便利化、南方共同市场改革及同欧盟的自贸谈判、地区热点问题等交换意见。此外，2019年4月和11月，乌拉圭外长先后访问智利、墨西哥。乌拉圭外长与智利外长就深化双边关系交换意见，并签署关于南极和领事合作的协定，与墨西哥外长就加强航空联通、签署领事合作谅解备忘录展开讨论。

对华方面，2019年8月22日，由乌拉圭工业、能源及矿业部牵头开展的“乌拉圭周在中国”系列活动在深圳举行。乌拉圭代表团向深圳企业介绍了乌拉圭的投资环境和产业优势，并与华为签署了战略合作谅解备忘录，双方将深化在5G、工业数字化和通信技术培训等领域的合作。11 月，乌拉圭牧农渔业部长贝内奇在出席进博会期间会见中国海关总署署长，双方签署乌拉圭蜂蜜、马肉输华议定书。

2019 年 12 月，乌拉圭新总统拉卡列表示，新政府的外交政策将以乌拉圭国家利益为先，不以意识形态选边站队。乌拉圭将积极参与多边贸易协定谈判，推动南方共同市场的改革；将摆脱广泛阵线以意识形态划线的外交政策，同巴西、阿根廷保持良好关系；坚定反对马杜罗政权，将退出蒙得维的亚机制，支持利马集团在委内瑞拉问题上的立场，将进一步密切与利马集团及太平洋联盟的关系。

（杨志敏　审读）

Y.20
巴拉圭：外资吸引成效显著

李　慧*

摘　要： 2019年，巴拉圭与巴西的伊泰普水电站协议引发政坛动荡，右翼红党总统马里奥·阿布多·贝尼特斯险被弹劾，执政地位受到削弱。2019年，受干旱、水灾等不利气候因素影响，巴拉圭经济增幅受到较大影响，但是巴拉圭致力于发展制造业的外国投资吸引战略初显成效，受多国企业青睐。2020年，新型冠状病毒肺炎疫情的暴发将给巴拉圭2020年的经济增速带来负面影响。对外关系上，巴拉圭与美国特朗普政府往来密切。同时，巴拉圭多部门将推动与中国的双边贸易往来视为首要任务。

关键词： 巴拉圭　结构性改革　外国投资　美巴关系

一　政治形势

巴拉圭右翼红党总统马里奥·阿布多·贝尼特斯（Mario Abdo Benítez）于2018年8月上台执政。任期第二年，阿布多仍将大量的政治资本用于维持议会联盟和获取本党内部的支持。2020年，阿布多政府以吸引投资和简化新创建业务为目的的结构性改革计划可能在国会面临巨大的阻力，其中包括简

* 李慧，中国社会科学院拉丁美洲研究所区域合作研究室助理研究员，墨西哥研究中心副秘书长。

化公司法、房地产担保改革和破产法。在2018年的立法选举中，红党保留了大多数州长和众议院的席位，但未能在参议院（45个席位）获得多数，只获得了17个席位，反对党派的中间派真正激进自由党（Partido Liberal Radical Autentico，PLRA）拥有13个席位，左翼瓜苏阵线（Frente Guasú）拥有6个席位。

由于巴拉圭与巴西就伊泰普水电站签署了一项有争议的能源协议，2019年8月初，阿布多和副总统雨果·贝拉克斯（Hugo Velázquez）受到弹劾。该协议将抬高当地电价，增加对巴西的付款，巴拉圭社会表示强烈抗议，引发了严重政治危机，导致多位政要辞职，包括外交大臣路易斯·卡斯蒂廖尼（Luis Castiglioni）、巴拉圭驻巴西大使雨果·萨吉耶·卡瓦列罗（Hugo Saguier Caballero）、国家电力管理局负责人佩德罗·费雷拉（Pedro Ferreira）和伊泰普公司（大坝运营商）的巴拉圭负责人何塞·阿尔德雷特（José Alderete）。阿布多避免了弹劾，主要是因为得到了前总统奥拉西奥·卡特斯（Horacio Cartes）派系在国会的支持，这将使权力平衡偏向该派系，给阿布多带来较大执政风险，并可能使其面临压力，允许卡特斯在参议院担任普通议席。这将使政府在面对腐败和国会内部斗争的不确定性时更为脆弱。

阿布多将创造就业、医疗、基础设施、税收改革和教育作为政府施政的优先领域。但是，在其执政第一年这些领域鲜有进展。在接下来的任期内，阿布多政府的公共政策不会有很大变化。由于缺乏明确的政府计划，阿布多将继续专注于维护稳定和通过巩固传统结盟来维持红党的执政地位。

二　经济形势[①]

近10年来，巴拉圭不仅是拉丁美洲经济增长最快的经济体之一，也是

① 除特别说明，本部分数据来自CEPAL，*Balance Preliminar de las economías de America Latina y el Caribe 2019*，Naciones Unidas，Santiago，2019，https：//www.cepal.org/es/publicaciones/42651 - balance - preliminar - economias - america - latina - caribe - 2019，accessed January 9，2020。

对外开放度最高的国家之一。2009～2018 年，巴拉圭年均增长率为 4.4%。[①] 2019 年，不利的气候因素对经济增长影响较大。目前，巴拉圭的对外开放措施已初显成效。巴拉圭经济发展高度依赖农业，对外开放措施的目标是发展以工业配套设施为主的制造业，实现国家经济多元化。此外，巴拉圭拥有充足的年轻劳动力，税率低，能源廉价（与巴西合营的伊泰普水电站生产的电力），可以向拉美企业提供一个有吸引力的制造业基地。[②]阿布多上台后，继续实施对外开放战略，加强与外部世界的联系。

然而，新型冠状病毒肺炎疫情（以下简称“新冠疫情”）的暴发势必会削弱巴拉圭 2020 年的增长，私人消费是受影响最严重的部分。尽管目前仍预计 2020 年巴拉圭的经济将保持正增长，但仍存在很大的下行风险，其中的负面因素主要是不利的气候条件，以及巴拉圭与邻国巴西经贸往来可能受到疫情的影响。巴西由于对疫情控制不利，经济可能受到严重冲击。

（一）经济增长受到不利的气候因素影响

2019 年巴拉圭经济受到气候因素的负面影响，估计增长率仅为 0.2%。第一季度无论是农业生产还是发电量都受到干旱天气的影响，随后几场大雨又引发了水灾，畜牧业和建筑业受到了冲击，进而间接地影响了其他经济部门，包括制造业、贸易和交通运输业。同时，阿根廷和巴西的货币贬值影响了巴拉圭边境旅游和贸易。为了减少气候因素对经济的冲击，寻找经济政策的替代方案，2019 年巴拉圭政府组建了一支经济团队，通过优先公共投资来促进经济增长。同时，巴拉圭政府采取了扩张的货币政策和控制汇率等措施。

2018 年的财政赤字占 GDP 的 1.2%，处于《财政责任法》限定的范围

---

① “La economía de Paraguay está cada vez más expuesta al entorno global,” Banco Bilbao Vizcaya Argentaria, https://www.bbva.com/es/py/la-economia-de-paraguay-esta-cada-vez-mas-expuesta-al-entorno-global/, accessed February 8, 2020.

② Thierry Ogier, “Paraguay to becom a new ‘little China’ of South America, say ministers,” Global Markets, Octorber 6, 2018, https://www.globalcapital.com/article/zvnth49tqv5w/paraguay-to-become-a-new-39little-china39-of-south-america-say-ministers, accessed February 8, 2020.

内（占GDP的1.5%）。2019年经济活力下降主要体现在收入增长减缓、总支出增加，支出增加主要是因为支付债务利息、商品和服务的使用、社会福利支出。2019年5月，巴拉圭推出了国家税收系统现代化和简化法草案，扩大了税基。部分财政赤字通过发放债券来解决。2019年第7次发放了5亿美元的国家主权债券，以公共债务占GDP的22.1%收尾。2020年预计将发放同等金额的债券。

巴拉圭从2011年开始实行通货膨胀目标制。从2017年以来，目标设定为4%（允许2%左右的差值）。2019年10月，年均通货膨胀率为2.4%，处于目标设定范围内。这主要是因为本国货币瓜拉尼兑美元贬值使一些食品（牛肉、家禽、猪肉和水果）、石油衍生品及耐用品的价格下降。在2019年前9个月，瓜拉尼兑美元贬值了约1.7%。

表1　2017～2019年巴拉圭主要经济指数

类别	2017年	2018年	2019年[a]
年际变化率(%)			
GDP	5.0	3.7	0.2
人均GDP	3.7	2.4	-1.0
消费者物价指数	4.5	3.2	2.4
实际平均工资	0.3	0.9	1.3
货币(M1)	14.2	10.1	3.4
实际有效汇率	2.6	-5.4	1.2
百万美元			
商品和服务出口	14334	14765	13656
商品和服务进口	12735	14197	13384
经常账户盈余	1214	9	-201
资本和金融账户盈余	-337	-192	-13

注：a. 2019年数据为预估数值，其中消费者物价指数为2019年10月数据；实际平均工资依据1月至6月数据计算得出；货币（M1）和实际有效汇率为9月数据。

资料来源：CEPAL，*Balance Preliminar de las economías de America Latina y el Caribe 2019*，Naciones Unidas，Santiago，2019，https：//www.cepal.org/es/publicaciones/42651 - balance - preliminar - economias - america - latina - caribe - 2019，accessed January 9，2020。

由于对外国直接投资估算的调整，巴拉圭央行对一些外贸统计进行了复查。2017 年的经常账户余额为 121450 万美元（约占 GDP 的 3.1%），与之前的数值相似，2018 年降为 860 万美元。截至 2019 年 10 月，出口下降了 15.4%，进口下降了 6.3%，央行预计年度赤字占 GDP 的 1.1%，主要是因为大豆、谷物和电力出口的下降。

第一季度和第二季度，由于农业、畜牧业和电力行业的衰退，巴拉圭经济活动持续疲软，分别下降 2.1% 和 3.0%。正常时期，大豆出口占农渔业产品的 25%，但是 2019 年的干旱气候使大豆产量下降，与此同时，国际价格有所下跌。稻米、玉米、木薯、芝麻等农产品产量的增加抵消了部分大豆的减产。畜牧业产量的下降主要是洪水、火灾及出口市场竞争加剧造成的。为了支持这些部门，中央银行针对部门债务的再融资制定了专门政策。其他机构，如国家开发银行和美洲开发银行向生产商增加了信贷。此外，受巴拉那河下游水域流量减少影响，水利部门减少了大坝的水源。这些影响间接传播到其他经济部门，如制造业（饮料、烟草和食用油产量下降）、贸易和运输业。此外，受 2019 年 4 月开始的大量降水影响，建筑行业缺乏活力，从而影响了金属和非金属矿产品的产量。唯一增长的部门是服务业，得益于家庭、金融中介、电信和房地产服务方面政府服务的良好表现。从支出角度来看，GDP 的低增长与总资本和净出口的下降有关。2019 年下半年，经济活力小幅度增加。

2019 年劳动力市场受到经济活力低迷的负面影响。根据连续家庭永久调查（EPHC），前三个季度，巴拉圭平均失业率为 6.9%。预计 2020 年，随着农业生产恢复、公共工程和能源生产增加，经济增长将恢复至 3%。但经济增长受制于外部因素，如基本商品的价格波动和贸易伙伴国家的经济形势。

（二）外资吸引政策成效显著

巴拉圭已被很多国家视为南美投资的避风港。巴拉圭因实行低税收政策、极具吸引力的出口加工制度，以及劳动力成本低廉，吸引了大量外国投资①，同时还成为投资者将产品出口至其他市场的跳板以及南美河道运输业的领导者。第一，低税率优势。巴拉圭的增值税、企业利润税和个人所得税的税率均为 10%。第二，政府实施优惠政策。巴拉圭针对出口加工产业给予特别优惠。对于在巴拉圭境内合法设立的工厂通过保税加工方式生产出口用的产品和服务，政府仅对销售发票金额或产品增值部分征收 1% 的税收。同时，对进口原材料、零部件和工具等免收关税。第三，有竞争力的能源价格和劳动力成本。伊泰普水电站为巴拉圭带来了充足的电力资源，并且电价比南美其他国家低 70% 以上。劳动力方面，巴拉圭拥有南美洲最年轻的人口，35 岁以下的人口占 66%，并且人均劳动成本较低。第四，巴拉圭河道运输在南美地区领先。巴拉圭拥有全球第三大河道运输船队，有近 4000 艘驳船。相比之下，巴西只有不到 300 艘，阿根廷不到 100 艘。政府重视港口建设与船运公司投资。在南方共同市场区域内，巴拉圭河道运输量每年超过 3000 万吨，运输的货物包括邻国使用的燃料或出口的铁矿石等。

近年来，巴拉圭吸引了来自阿根廷、智利的投资。2019 年 9 月，巴西最大的生物燃料生产商之一 ECB 集团宣布将投资 8 亿美元在比耶塔市（Villeta）建造一家可再生生物燃料生产工厂，预计每天生产 2 万桶军用和民用再生柴油与再生煤油。此外，智利企业家对巴拉圭的投资兴趣日渐提高，成为巴拉圭第五大外国直接投资来源国，投资总额超过 4.3 亿美元。②

三　社会形势

巴拉圭社会问题较为突出，主要体现在贫困、失业和犯罪方面。巴

① “10 motivos para invertir en Paraguay,” Embajada de Paraguay en Quito, http://www.embajadadeparaguay.ec/index.php/invierta-en-paraguay/10-motivos-para-invertir-en-paraguay, accessed January 9, 2020.

② María José Tapia, “El Atractivo de Paraguay que está conquistando a los inversionistas chilenos,” La Tercera, Octorber 7, 2019, https://www.latercera.com/pulso/noticia/atractivo-guarani-cautiva-los-chilenos/850175/, accessed January 10, 2020.

拉圭长期以来是拉美地区贫富差距悬殊最大的国家之一，但是近年来，随着经济持续平稳增长，贫困率下降较快，贫困人口平均每年减少4.5%。2003～2018年，贫困人口总数下降了27%，约为110万人。2017年，全国贫困率为21.6%。[①] 在贫困人口收入方面，40%最贫困的人口收入提高较快，2003～2017年收入增加了4.2%。贫困人口主要集中在农村，农村贫困人口占总贫困人口的48.8%，极端贫困人口占30.8%。巴拉圭的减贫成效在拉丁美洲国家中是较为突出的，减贫率高于地区平均水平。2014～2018年，拉美地区基尼系数下降幅度较大的国家有4个，其中玻利维亚、萨尔瓦多和巴拉圭降低了7%，哥伦比亚降低2%。[②]

巴拉圭人口结构年轻化。总人口为687万人，其中61.58%的人口居住在城市，约423万人；38.42%的人口居住在农村地区，约264万人。老龄化指数较低，30岁以下人口占总人口的57.64%，65岁及以上的老年人只占总人口的6.19%。男性和女性人口之比为50.40∶49.60。[③]

就业方面，2017年巴拉圭的劳动参与率为63.09%。城市地区为63.93%，高于农村地区的61.69%。男性就业率为75.24%，女性就业率为50.91%。失业率为5.20%。2019年，不利的气候因素导致经济增长减缓，对劳动人口就业产生了一定程度的负面影响。

---

① CEPAL, *Panorama Social de America Latina 2019*, Naciones Unidas, Santiago, 2019, p. 34, https://repositorio.cepal.org/bitstream/handle/11362/44969/5/S1901133_es.pdf, accessed February 10, 2020.

② Fernando Masi, Gustavo Setrini, Cynthia González, Lucas Arce, Belén Servin, *Comercio y Pobreza en el Paraguay: el Caso de Una Cadena de Valor*, Naciones Unidas, Santiago, 2010, http://www.cadep.org.py/2010/11/comercio-y-pobreza-en-el-paraguay-el-caso-de-una-cadena-de-valor-agroindustrial/, accessed February 10, 2020.

③ "Principales Indicadores de Empleo. EPH/2017. Encuesta Permanente de Hogares," Dirección General de Estadística, Encuestas y Censos, http://www.dgeec.gov.py/Publicaciones/Biblioteca/empleo-2017/Boletin_Empleo_2017.pdf, accessed January 10, 2020.

表 2　2015～2018 年巴拉圭贫困率和极端贫困率

单位：%

年份	贫困	极端贫困
2015	23.4	7.3
2016	24.0	7.9
2017	21.6	6.0
2018	19.5	6.5

资料来源：CEPAL，*Panorama Social de America Latina 2019*，Naciones Unidas，Santiago，2019，https：//repositorio. cepal. org/bitstream/handle/11362/44969/5/S1901133 _ es. pdf，accessed February 10，2020。

四　外交形势

（一）地区和多边关系态势平稳

2019 年 12 月 5 日，第 55 届南方共同市场（以下简称“南共市”）首脑会议在巴西举行，巴拉圭担任 2020 年上半年的轮值主席国。阿布多总统宣布，在巴拉圭担任轮值主席国期间将继续执行巴西达成的各项计划、协议和倡议，深入推进区域一体化进程。并将优先发展以下四大领域：执行南共市结构趋同基金（Fondo para la Convergencia Estrutural de Mercosur）；推动数字议程和电子商务发展；加强建立更具包容性的区域贸易工具，重点推动中小微企业发展；促进女性和青年经济赋权。此前，南共市与欧盟达成的自贸协定将给巴拉圭产业带来大量发展机遇，巴拉圭的农业、制造业和服务业将迎来大规模投资。

南共市内的双边关系层面。2019 年 10 月 25 日，巴拉圭与阿根廷政府签署了两国汽车自由贸易协定。5 月，巴拉圭与巴西签署了伊泰普水电站能源采购双边协议，该协议在巴拉圭国内引发了激烈的辩论，导致政坛震荡。8 月 1 日，两国签署了一份新文件，废除了 5 月签署的协议，并商定两国技术部门将重新举行谈判会议，商讨巴西国家电力公司和巴拉圭国家电力管理局 2019～2022 年的能源采购计划。

巴拉圭对玻利维亚莫拉莱斯事件的态度较为中立。2019 年 10 月 20 日，玻利维亚举行大选，官方计票结果显示莫拉莱斯在首轮总统选举中获胜，但反对派质疑大选计票涉嫌舞弊。美洲国家组织 11 月 10 日公布报告称建议玻利维亚废除大选结果。莫拉莱斯迫于各方压力，宣布辞去总统职务。随后，墨西哥政府表示愿意为其提供政治庇护。巴拉圭总统表示，因为莫拉莱斯是提交辞职，所以玻利维亚没有发生政变。巴拉圭外交部长表示："如果莫拉莱斯向巴拉圭提出政治庇护要求，我们也会接待他。"

（二）积极拓展双边关系

巴美往来密切。2019 年 12 月 11 日至 16 日，阿布多总统率团赴美国访问。13 日，阿布多与特朗普在白宫举行会晤，就加强两国关系、推进经贸投资、国防安全议题等达成共识。首先，双方一致同意，将继续在《贸易和投资框架协定》内开展合作，美国增加对巴拉圭投资，促进双边贸易发展。特朗普表示美国财政部技术援助办公室将与巴拉圭财政部和巴拉圭央行开展合作，协助巴拉圭政府加强财政管理与构建健全的金融市场。此外，特朗普还指出，在巴拉圭保障食品安全与动物健康后，美国有望向巴拉圭开放肉类市场准入。根据双方发布的联合声明，美国将于 2020 年和 2021 年在巴拉圭举行两次特种部队联合军事演习，其中美国南方司令部将于 2021 年在巴拉圭举行一次应对南美危机的联合军演。此外，美国将为巴拉圭军事教育与培训提供资金。此外，两国总统还表示，将支持南美地区民主，支持委内瑞拉反对派领导胡安·瓜伊多（Juan Guaido）和玻利维亚临时总统珍妮娜·阿涅斯（Jeanine Áñez）举行自由、公正的选举。最后，美国国际开发金融公司将分别与美洲开发银行等开展合作，为巴拉圭西奈山医疗中心（Centro Médico Jerovia Monte Sinaí）提供优惠贷款与技术协助。[①]

① "Declaración Conjunta del Presidente Donald J. Trump e el Presidente Mario Abdo Benítez," Embajada de los Estados Unidos en Paraguay, 13 de diciembre de 2019, https://py.usembassy.gov/es/declaracion-conjunta-del-presidente-donald-j-trump-y-el-presidente-mario-abdo-benitez/, accessed January 10, 2020.

此外，2019 年 9 月，巴拉圭国家海关总署与美国国际开发署签署了包括打击走私、促进贸易便利化和增加海关收入等内容的谅解备忘录。同月，伊万卡·特朗普（Ivanka Trump）率团对巴拉圭进行正式访问，此行的目的是推动美国政府发起的“妇女全球发展与繁荣倡议”，促进巴拉圭女性全面发展与经济赋权。

巴拉圭与俄罗斯、西班牙等国开展合作。巴拉圭与俄罗斯签署海关合作协议。合作协议涉及促进海关信息交流、深化双边贸易合作、打击走私行为等。俄罗斯是巴拉圭的主要出口市场，也是巴拉圭肉类的第二大出口市场，对俄罗斯肉类出口占其出口总额比重的 28%，仅次于智利。2018 年，巴拉圭对俄罗斯出口达 5 亿美元。[①] 2019 年 10 月西班牙国际合作发展署计划在未来 5 年内在巴拉圭投资 1.42 亿欧元，促进巴拉圭供水系统、卫生基础设施、残疾人赋权、教育、少年刑事司法等领域的发展。[②]

巴拉圭多部门将推动中巴双边贸易往来视为首要任务。巴拉圭与中国尚未建交。目前，中国是巴拉圭最大进口来源国，进口商品主要包括手机、杀虫剂等。巴西和美国分别为其第二大和第三大进口来源国，巴拉圭主要从巴西进口汽车和渔具，而从美国进口燃料、麦芽啤酒和数据处理器。近年来，巴拉圭农业和畜牧业对华出口产品的意愿较为强烈。农业方面，大豆是巴拉圭主要的出口商品，每年可供出口的大豆约为 600 万吨，而中国是全球最重要的大豆进口市场。肉类协会主席科尔尼·鲍尔斯（Korni Pauls）认为“进

---

① “Se firmó el Acuerdo sobre Cooperación y Asistencia Mutua en Asuntos Aduaneros,” Embajada de la Federación de Rusia en la República del Paraguay, 11 de diciembre de 2019, https://paraguay.mid.ru/web/par/-/se-firmo-el-acuerdo-sobre-cooperacion-y-asistencia-mutua-en-asuntos-aduaneros?inheritRedirect=true&redirect=%2Fweb%2Fpar, accessed February 10, 2020.

② “Agencia española invertirá 142 millones de euros en el país,” La Nación, 14 de Octubre de 2019, https://www.lanacion.com.py/negocios/2019/10/14/agencia-espanola-invertira-142-millones-de-euros-en-el-pais/, accessed February 10, 2020.

入大陆市场是巴拉圭肉类行业的首要任务”。① 2019 年 11 月，巴拉圭肉类和大豆生产协会向巴拉圭外交部正式提交了在中国设立贸易办事处的申请。此外，面对国内生产和商业部门的不断施压，巴拉圭政府试图通过南共市与中国建立贸易联系。2019 年 8 月，作为一个民间组织，拉丁美洲“一带一路”促进会巴拉圭代表处在北京成立。

（杨志敏　审读）

① “Hablan de que China Continental sigue estando en la mira de Paraguay,” La Nación, 26 de Septiembre de 2019, https: //www. lanacion. com. py/negocios/2019/09/26/el – mercado – chino – es – prioridad – para – la – industria – carnica/, accessed January 10, 2020.

Y.21

哥斯达黎加：经济活力不足，改革压力加大

楼　宇*

摘　要： 2019 年，在卡洛斯·阿尔瓦拉多总统任期第 2 年，跨党派合作取得较大进展，推动财税改革的落实，但经济活力不足导致改革遭遇各方阻力。处于执政中期的公民行动党将重点考虑实施拉动经济和就业成长的经济政策，包括降低利率、积极引进外资以及推动基础设施建设领域的公私合作等。2020 年，哥斯达黎加或将迎来加入经济合作与发展组织的利好消息，与中国的经贸关系将在"一带一路"框架下持续深入。

关键词： 哥斯达黎加　财税改革　跨党派合作　治安形势

一　政治形势

2019 年是卡洛斯·阿尔瓦拉多（Carlos Alvarado）总统 4 年任期的第 2 年，他仍面临着充满挑战的政治局面。一方面，立法机构内部政党力量分散；另一方面，经济乏力引发民众对财税改革不满，示威游行此起彼伏。

（一）跨党派合作取得进展

卡洛斯·阿尔瓦拉多尽管赢得了总统大选，但其所属的公民行动党在立

---

* 楼宇，中国社会科学院拉丁美洲研究所社会文化研究室助理研究员，主要研究方向为拉美文化及中拉人文交流史等。

法大会57个议席中仅占10席，比前总统索利斯执政时期还少2席。民族解放党在立法大会中占据17席，数量最多，基督教社会团结党占9席，包括民族重建党在内的其他4个党派分享了12个席位，另有9席为独立议员。①

政党碎片化是哥斯达黎加的政治常态，历届政府都试图通过推动跨党派合作提高政府的执政能力。有鉴于此，卡洛斯·阿尔瓦拉多总统上任之初就提出了“团结政府”（Gobierno de unidad）政策，以求最大限度地取得跨党派共识，推动势在必行的改革。2019年5月，在立法大会主席改选前夕，公民行动党、民族解放党和民族重建党签署了多党协议，并制定了共同议程。三党共在立法大会中占据33个席位，这为新任立法大会主席卡洛斯·里卡多·贝纳维德斯（Carlos Ricardo Benavides）开展工作提供了相对较好的条件。此外，基督教社会团结党虽然是立法大会内最大的反对党，但对包括财税改革议程在内的多项经济政策持支持态度。可以说，跨党派合作在卡洛斯·阿尔瓦拉多任期的第2年取得了较大进展，这对改革政策的制定和执行都有着积极的意义。值得注意的是，随着2020年2月地方政府选举临近，各党派之间将加大政治角力，这或将加大立法陷入僵局的风险。

（二）财税改革取得突破，社会风险凸显

卡洛斯·阿尔瓦拉多领导下的新政府通过跨党派合作成功推进了财税改革。截至2019年7月，2018年通过的《加强公共财政法草案》（Ley de Fortalecimiento de las Finanzas Públicas）实现了从营业税到增值税的过渡，调整了征税对象的范围和税率，扩大了税基。在支出方面，明确了高级别公职人员的工资限额并控制其额外收入的增长幅度。然而，这种对公职人员收入的改革以及对国家机构的组织变革引起了既得利益群体的较大反弹和抵制。一些国家机构不愿遵守新的财政规则，公共部门的工会也领导了多起抗

① 《哥斯达黎加国家概况》，最近更新时间：2020年5月，中华人民共和国外交部网站，https://www.fmprc.gov.cn/web/gjhdq_676201/gj_676203/bmz_679954/1206_680228/1206x0_680230/，最后访问日期：2020年1月2日。

议活动。2018 年底，公共部门的工人就开展了 3 个月的抗议活动。[①] 2019 年 10 月，负责监督 2018 年税制改革实施的财政部长罗西奥·阿吉拉尔（Rocío Aguilar）辞职，凸显政府在精简财政支出方面受到巨大的压力。民众对政府整顿财政的承诺表示怀疑，认为自己成了财税改革的主要牺牲者。在经济疲软和失业率上升的大背景下，反政府情绪不断滋长，罢工和示威活动也蔓延到非公部门。[②]

面对日趋紧张的社会政治环境，卡洛斯·阿尔瓦拉多总统不得不继续寻求落实改革措施的办法。未来立法机关将继续讨论备受争议的关于精简政府机构和削减公共部门福利的政策。同时，为了限制抗议活动特别是公共部门的抗议活动，预计立法机关也将试图通过旨在规范罢工行动的法案。然而，这些改革方案的制定和落实将是一个复杂的过程。对于政府而言，缓解改革阻力的方法在于平衡各方在改革进程中的利弊得失。促进经济增长和恢复经济活力将是实现政治稳定的重要因素。

二　经济形势[③]

据联合国拉美经委会估计，2019 年哥斯达黎加的经济增速将显著放缓，实际经济增长率估计为 1.8%，低于 2018 年的 2.6%。就外部环境而言，世界经济和国际贸易不振影响了哥斯达黎加主要农产品的国际价格；内部的不利因素则主要体现在消费者和投资者的信心不足。

---

① "Protestas contra reforma fiscal en Costa Rica cumplen 11 semanas," Telesur, 19 Noviembre 2018, https://www.telesurtv.net/news/huelga-general-trabajadores-costa-rica-reforma-fiscal--20181119-0027.html, accessed January 2, 2020.

② "Protestas de camioneros, estudiantes y sindicatos antes de reforma fiscal en Costa Rica," El Universal, 28 de Junio de 2019, https://www.eluniversal.com/internacional/44150/protestas-de-camioneros-estudiantes-y-sindicatos-antes-de-reforma-fiscal-en-costa-rica, accessed January 2, 2020.

③ 除特殊标明外，本节所引数据均来源于 CEPAL, *Balance preliminar de las economías de América Latina y el Caribe*, Naciones Unidas, Santiago, 2019。

（一）经济活力不足，亟须积极的经济复苏计划

根据哥斯达黎加月度经济活动指数（IMAE），2019 年第一季度国内经济活动同比增长 2.2%，第二季度急剧下降至 0.6%，第三季度出现复苏。2019 年前 3 个季度的年均经济增长率为 1.4%，低于 2018 年同期的 3.4%。在需求方面，消费者和投资者对经济形势信心不足，2019 年上半年消费增长仅为 1.6%，国内总投资萎缩 2.8%。从行业来看，农业和畜牧业受恶劣天气影响萎缩了 3.4%；建筑业受新增商业建筑和住宅建设减少的影响下滑了 7.5%。与此相反，在自由贸易区的推动下，制造业增长了 1.7%；信息通信业（5.5%）和金融业（4.6%）表现良好；服务业继续增长，虽然增长率低于前几年，但 2019 年上半年服务出口增长 2.8%，实现服务贸易盈余 27.53 亿美元。进口大幅放缓，经常账户赤字约占国内生产总值的 2.4%，比 2018 年下降 0.7 个百分点。外国直接投资流入弥补了经常账户赤字，2019 年 1 月至 6 月，外国直接投资达 11.35 亿美元，高于 2018 年上半年的 9.19 亿美元。7 月实施的新增值税和其他税收调整导致 2019 年第三季度物价上涨，但这些压力被疲软的国内需求所抵消。2019 年的年度通货膨胀率将控制在哥斯达黎加央行的目标范围内，与 2018 年的 2.02% 接近。在利息支出增加的背景下，财政赤字将占国内生产总值的 6.2%，比 2018 年高 0.2 个百分点。

（二）财政收入增加，外部融资支撑公共债务

《加强公共财政法草案》的主要内容已于 2019 年 7 月 1 日生效。尽管争议不断，但该法案的实施在短期内取得显著成效。截至 2019 年 10 月，哥斯达黎加中央政府的财政收入实际同比增长 9.5%，彻底扭转了 2018 年政府收入下降的趋势。预计到 2019 年末中央政府的收入将占国内生产总值的 13.6% 左右。财政支出方面，2019 年 1 月至 10 月，中央政府总支出同比增长 10%，而去年同期仅为 3.5%。一方面，债务利息支付迅速增加是主要原因，仅此一项就占中央政府收入总额的 30.6%；另一方面，公务

员薪酬支出略微增长 1.4%（2018 年同期为 2.2%）。如不算债务利息支付，政府主要赤字将从 2018 年占国内生产总值的 2.4% 降至 2019 年的 2.1%。政府赤字持续增加进一步推高了政府债务。2019 年 9 月，中央政府债务占国内生产总值的 55.3%，比 2018 年 12 月高 1.7 个百分点。鉴于国内债券市场饱和，哥斯达黎加政府求助于国际市场以满足政府融资需求。2019 年 11 月，经立法大会授权，哥斯达黎加政府在国际市场发行 15 亿美元债券。预计哥斯达黎加政府将寻求发行更多的国际债券。根据 2019 年初提出的 60 亿美元外债融资计划，未来对外融资的金额或将高达 45 亿美元。①

（三）货币政策放松，利率下行

由于经济活动放缓，加上高失业率和低通胀压力，哥斯达黎加中央银行在 2019 年采取了扩张性的货币政策。基准利率在 2019 年前 11 个月经历了 6 次下调，从 5.25% 降至 3.25%。此外，2019 年 5 月，哥斯达黎加央行还将本币存款和债务的法定最低准备金率降低了 3 个百分点。尽管利率下降，但经济主体对市场的信心仍然不足。截至 2019 年 10 月，哥斯达黎加国内银行信贷的年均增长率仅为 2.1%。货币政策的传导效果并不明显。

哥斯达黎加金融体系的高度美元化（超过 40% 的信贷和存款以美元计价），本轮货币扩张周期将受到科朗兑美元的汇率影响。尽管哥斯达黎加央行没有设置目标汇率，但在科朗大幅贬值的情况下，央行仍将进行干预并提前采取货币紧缩措施。截至 2019 年 11 月，科朗兑美元的汇率为 563 科朗兑 1 美元，比 2018 年末的名义汇率上升了 7.6 个百分点。哥斯达黎加的国际储备总额为 77.05 亿美元，为哥斯达黎加央行提供了一定的回旋余地。经济

① "Costa Rica celebra confianza de mercados tras colocar \$1500 millones," El Economista, 14 de Noviembre de 2019, https://www.eleconomista.net/economia/Costa-Rica-celebra-confianza-de-mercados-tras-colocar-1500-millones-20191114-0025.html, accessed January 10, 2020.

学人预测，如果美联储继续实施扩张性货币政策，2020年哥斯达黎加央行可能将其基准利率再降低50个基点。[①]

三　社会形势

2019年，哥斯达黎加的绝对贫困率有所下降，但基尼系数与2018年持平，收入不平等现象仍然严重，失业率也再创近年来新高。在经济低迷的背景下，财税改革成为社会冲突新的引爆点，治安状况依旧严峻，凶杀率居高不下。

（一）贫困率有所下降，收入差距仍较大

哥斯达黎加国家统计及人口普查局（INEC）2019年10月发布的全国家庭调查数据指出，以家庭人均月收入为贫困划分标准，2019年城市与农村的贫困线分别为112317科朗与86353科朗。城市家庭人均月收入低于50618科朗或农村家庭人均月收入低于42117科朗属于极端贫困家庭。数据显示，2019年哥斯达黎加贫困家庭比例基本与2018年持平，为21%，共有335895户。极端贫困家庭比例则由2018年的6.3%降至5.8%，共有93542户。根据另一个综合了教育、住房、医疗、社保和工作的多维度贫困（IPM）概念，2019年哥斯达黎加的贫困发生率已降至历史最低点。与此同时，收入分化情况并未得到显著改善。20%的最富裕家庭占据50.5%的总收入，户均收入为最贫穷家庭的12倍。2019年哥斯达黎加的基尼系数为0.514，与2018年一致。[②]

（二）失业率持续攀升

截至2019年第三季度，哥斯达黎加共有劳动人口244万人，占总人口

---

① EIU, *Country Report*: *Cost Rica*, December 2019, p. 6.

② "Encuesta Nacional de Hogares 2019," Instituto Nacional de Estadística y Censos, Julio 2019, http://www.inec.go.cr/sites/default/files/documetos-biblioteca-virtual/reenaho2019.pdf, accessed January 3, 2020.

的61.8%。失业率整体呈上升趋势。根据哥斯达黎加国家统计及人口普查局的调查，第一季度失业率高达11.3%，第二季度攀升至11.9%，第三季度小幅回落至11.4%，预计年底失业率或再创近年内新高。在第三季度27.8万失业人口中，男性失业人口为12.5万人，女性失业人口为15.3万人。男性失业率为8.7%，女性失业率高达15.4%，这一方面凸显了就业中男女性别比例不平等问题，另一方面反映出女性劳动参与度日益提升。除登记失业人口外，哥斯达黎加第三季度尚有近25万名未充分就业人口（每周工作时间少于40小时的就业人员），占就业人口的比重为11.6%。另外，第三季度在非正规部门就业的人口比例达46.3%，约为97万人。值得一提的是，从2018年第三季度到2019年第三季度，个别公共服务部门的就业人数增加较多，部分抵消了工商业增长乏力对劳动力市场的负面影响。其中，在社会服务、医疗保健和教育及行政部门工作的人数比2018年同期增加了约60000人。[①]

（三）治安形势恶化阻碍社会发展

根据哥斯达黎加司法调查局（OIJ）2019年12月发布的一份报告，截至当时哥斯达黎加共发生502起凶杀案，比去年同期减少了31起。[②] 尽管从绝对值上看，凶杀案数量已连续两年降低，但鉴于哥斯达黎加人口总数较小，按世界卫生组织认定的标准，其治安情况仍被认定为暴力猖獗。究其原因，除经济低迷、失业率上升带来的社会不稳定因素外，还包括公共治安投入不足、设施老化及技术手段过时等原因。财税改革引起的罢工游行活动也对2019年哥斯达黎加的社会治安造成了负面影响。治安恶化在某种程度上已严重阻碍了哥斯达黎加的社会发展。根据INCAE商学院发布的报告，哥

① "Encuesta Continua de Empleo al Tercer Trimestre de 2019," Instituto Nacional de Estadística y Censos, http://www.inec.cr/sites/default/files/documetos-biblioteca-virtual/reeceiiit2019.pdf, accessed January 7, 2020.

② Bárbara Marín, "Tasa de homicidios para 2019 será igual de alta que el año anterior," Teletica, 20 de Noviembre de 2019, https://teletica.com/242563_tasa-de-homicidios-para-2019-sera-igual-de-alta-que-el-ano-anterior, accessed January 12, 2020.

斯达黎加的社会发展指数在过去6年间没有任何进步，其中治安分项的指数从2014年的69.93下滑至2019年的66.20。治安形势恶化成为哥斯达黎加社会发展停滞的重要原因。[①]

四 外交形势

哥斯达黎加政府加入经济合作与发展组织的计划在2019年继续稳步推进。截至2019年11月21日，共有17个经合组织委员会肯定了哥斯达黎加政府的社会经济政策。[②] 如一切顺利，哥斯达黎加有望在2020年成为经合组织的正式成员。与此相对，卡洛斯·阿尔瓦拉多总统明确反对哥斯达黎加成为太平洋联盟（Alianza del Pacífico）的正式成员，认为此举会损害哥斯达黎加农业部门的利益。同时，邻国尼加拉瓜持续的政治危机导致流入哥斯达黎加的难民和移民增加，双边关系紧张，在一定程度上阻碍了跨区域贸易。尽管如此，但没有迹象表明哥斯达黎加将奉行全面的地方保护主义政策。哥斯达黎加政府将在独立自主的原则上积极寻求双边和多边贸易协定。在不依托太平洋联盟的基础上，哥斯达黎加政府积极加深与亚洲各国的贸易和投资联系。2019年3月，哥斯达黎加成为中美州第2个与韩国政府签署自由贸易协定的国家。[③] 该协定于2019年11月1日生效，预计将主要促进农产品出口、投资和合作。此前，哥斯达黎加已与中国和新加坡签署了双边自由贸易协定。

---

① "Inseguridad impide a Costa Rica avanzar en índice de desarrollo," La Nación, 19 de Septiembre de 2019, https://www.nacion.com/data/inseguridad-impide-a-costa-rica-avanzar-en-indice/TAFL64ZXH5AXRC3JLVZ4OKABRM/story/, accessed January 12, 2020.

② "Costa Rica gets approval of OECD investment committee," The Costa Rica Star, November 21, 2019, https://news.co.cr/costa-rica-gets-approval-of-oecd-investment-committee/80708/, accessed January 5, 2020.

③ "Costa Rica firma TLC con Corea del Sur y abre oportunidades al sector agro", Presidencia de la República de Costa Rica, 18 de Marzo de 2019, https://presidencia.go.cr/comunicados/2019/03/costa-rica-firma-tlc-con-corea-del-sur-y-abre-oportunidades-al-sector-agro/, accessed January 5, 2020.

2018 年 9 月，哥斯达黎加加入“一带一路”倡议为加深中哥两国经贸关系提供了新的契机。贸易方面，根据哥斯达黎加贸促局（Procomer）的数据，2016～2018 年哥斯达黎加对华出口额从 4600 万美元增至 1.94 亿美元。2019 年 1 月至 8 月，哥斯达黎加对华牛肉出口额已达 2570 万美元，超过其 2018 年全年出口额，占哥斯达黎加牛肉出口总额的 46%。中国超过美国（占 29%）成为哥斯达黎加牛肉的第一大出口市场。[①] 随着中国内需扩大，哥斯达黎加优质农产品对华出口将迎来新的高潮。但若要将机会转变为现实，仍需哥斯达黎加大力改善其基础设施条件。根据 2019 年全球竞争力指数，在全球 141 个参评国家和地区中，哥斯达黎加公路联通性排名第 103 位、公路质量排名第 117 位。[②] 秉承互联互通精神的“一带一路”倡议为中哥两国在基础设施领域的合作提供了重要框架。其中，由中国港湾工程有限公司实施的 32 号公路改扩建项目不仅是哥斯达黎加近年来重要的道路基础设施项目，也是中哥建交以来最大的合作项目。

2020 年，新型冠状病毒肺炎疫情给哥斯达黎加的经济和社会带来诸多不确定性。据联合国拉美经委会估计，2020 年哥斯达黎加的经济增长速度将明显放缓，实际经济增长率估计为 -3.5%。[③] 哥斯达黎加政府将面临巨大的挑战。

（郭存海　审读）

---

① “Anuario estadístico,” Procomer, https://procomer.com/es/red/anuario_estadistico3, accessed January 15, 2020.

② Klaus Schwab, World Economic Forum, eds., *The Global Competitiveness Report 2019*, World Economic Forum, 2019, http://www3.weforum.org/docs/WEF_TheGlobalCompetitivenessReport2019.pdf, accessed January 12, 2020.

③ “América Latina y el Caribe: proyecciones de crecimiento 2020,” CEPAL, Abril de 2020, https://www.cepal.org/sites/default/files/pr/files/tabla_prensa_proyecciones_pib-2020-esp.pdf, accessed May 28, 2020.

Y.22
尼加拉瓜：持续动荡，经济衰退

李　菡*

摘　要： 2019年，尼加拉瓜陷入持续的社会政治危机，奥尔特加政府的合法性受到严重挑战，但其执政地位未受影响。受国内社会政治危机的持续影响，尼加拉瓜的经济增长率继续下滑，成为拉丁美洲和加勒比地区连续两年经济衰退的三个国家之一。尼加拉瓜政府宣布修正税法和实施社会保障改革法，以增加收入、减少支出，应对危机。在社会领域，尼加拉瓜在降低性别不平等方面成果显著。尼加拉瓜与美洲玻利瓦尔联盟及中美洲一体化体系的关系继续深化，与美国的关系恶化，与俄罗斯的双边合作加强。

关键词： 尼加拉瓜　政治危机　经济衰退　性别平等

一　政治形势

2019年，尼加拉瓜陷入持续的社会政治危机，奥尔特加政府的合法性受到严重挑战。2018年4月，因反对政府实施的社保改革，尼加拉瓜爆发大学生、私人部门、天主教会、农民等社会团体共同参与的抗议活动，其主要领导组织是“公民联盟”（Alianza Civica）。抗议活动爆发初期，政府强力镇压，逮捕了上百名抗议人士。虽然奥尔特加总统最终撤回了改革法案，

* 李菡，中国社会科学院拉丁美洲研究所助理研究员，主要研究领域为拉美政治。

但是民众对奥尔特加政府产生不满并要求其下台。随着双方冲突不断升级，持续一年多的抗议浪潮演变为尼加拉瓜自20世纪80年代以来最严重的政治危机。

奥尔特加政府与抗议组织两次谈判未果，反政府浪潮至今尚未平息。双方曾于2018年5月展开全国对话，因为双方分歧较大，加上政府的镇压行为，对话中止。“公民联盟”与“社会运动联盟”等抗议组织组成统一阵线——“全国蓝白联盟”（Unidad Nacional Azul y Blanco），一致反对奥尔特加总统及其夫人罗萨里奥·穆里略（Rosario Murillo）副总统继续执政，呼吁提前举行选举。2019年2月，奥尔特加政府与反对力量启动第二轮谈判。双方就保障公民权利和释放政治犯达成框架协议，但在选举改革和公正两个议题上未取得进展。5月20日，反对派表示如果政府不释放政治犯将退出谈判。此后，政府释放了几乎所有剩余的政治犯。双方在恢复政治犯人身自由方面存在分歧，谈判再次停滞。“公民联盟”要求7月31日重启谈判。然而，奥尔特加宣布结束对话，并强调他会执政至2021年下一届大选。

奥尔特加政府虽遭受国内外谴责，但奥尔特加的执政地位未受影响。在国内，尼加拉瓜天主教会曾试图调解危机，对奥尔特加侵犯人权表示不满。此外，尼加拉瓜企业界表示，如果奥尔特加不能和平对话解决危机，他们将在下一届总统选举中为反对派候选人提供资金。在国际上，美国特使、欧洲议会代表相继访问尼加拉瓜，要求尼加拉瓜政府释放政治犯并恢复对话。6月，在美洲国家组织大会上，西方大国呼吁奥尔特加重启谈判，要求尼加拉瓜政府允许国际人权监察员入驻本国。如果奥尔特加拒绝，美洲国家组织则根据《民主宪章》取消尼加拉瓜在组织中的职权。12月19日，欧洲议会通过决议要求奥尔特加政府释放政治犯、举行公开和透明的选举，停止暴力镇压及侵害人权等行为。面对国内外的施压，一方面，奥尔特加拒绝人权组织进入尼加拉瓜，并且召回尼加拉瓜驻美洲国家组织大使。同时，他谴责美国和教会，认为这是一场由国内外反动势力相互勾结策划的政变。另一方面，他与副总统穆里略掌控了警察和军队以及其他重要的公共机构。然而，一旦政治经济条件恶化，政治体制内部会出现较大的分裂，奥尔特加可能会考虑做出一定的妥协。

执政党桑解阵仍保持第一大党地位，反对党势力薄弱。桑解阵在本届议会控制 71 个席位，形成超过 2/3 多数的席位优势。制宪自由党是最大的反对党，拥有 14 个席位，另一个反对党独立自由党仅有 2 个席位。此外，执政党桑解阵在市政选举中也占有绝对优势。2019 年 3 月 3 日，尼加拉瓜加勒比海沿岸的两个自治区举行选举，共选出 90 名议员。桑解阵获得 61.11% 的选票，印第安人政党“大地母亲之子”和制宪自由党分别获得 16.89% 和 12.67% 的选票。

二 经济形势[①]

受 2018 年国内社会政治冲突的持续影响，2019 年，尼加拉瓜经济进一步萎缩，GDP 增长率为 -5.3%，比 2018 年（-3.8%）降低了 1.5 个百分点。尼加拉瓜的经济连续两年衰退。根据拉美经委会预测，2020 年尼加拉瓜的经济增长率为 -1.4%。

为稳定宏观经济，尼加拉瓜政府实施紧缩性财政政策和货币政策。2019 年前 9 个月，政府征收的所得税和选择性消费税大幅增加，中央政府总收入占 GDP 的比重为 18.8%，较 2018 年上升 2 个百分点。由于尼加拉瓜政府实行税收改革和严格控制公共支出，中央政府的总支出与 2018 年持平，占 GDP 的比重为 19.4%。中央政府赤字下降，占 GDP 的比重约为 0.5%，比 2018 年减少 2.1 个百分点。2019 年，尼加拉瓜的通胀率从 2018 年的 3.9% 上升至 6.5%。在货币政策方面，2019 年 9 月，央行修改爬行钉住汇率的框架，将贬值 5% 的目标降为 3%。

从经济部门来看，尼加拉瓜的社会政治危机对其国内经济活动造成一定影响，主要涉及建筑业、商业、旅游业。2019 年前 3 个月，尼加拉瓜的旅

---

① 除特别说明外，“经济形势”部分的数据均引自 CEPAL, *Balance Preliminar de las Economías de América Latina y el Caribe 2019*, Naciones Unidas, Santiago, 2019。

游收入比 2018 年同期下降 56%。2019 年前 2 个月，尼加拉瓜酒店餐饮业、建筑业和商业的收入分别下降 24.7%、18.7% 和 16.3%。[①] 2019 年，受经济萎缩影响，私人消费降至 -5%，占 GDP 的比重约为 70%。2019 年，尼加拉瓜的公开失业率超过 5.2%，向社会保障机构缴纳社保的人数减少 5%。最低工资水平与 2018 年持平。自 2018 年 4 月尼加拉瓜发生社会政治危机以来，受美国制裁的影响，尼加拉瓜获得的国际贷款急剧减少。

在对外部门方面，2019 年，尼加拉瓜进口减少和出口略增，经常账户实现盈余，占 GDP 的比重为 5.9%，比 2018 年高 5.1 个百分点。在进口方面，尼加拉瓜国内需求减少，资本货和中间商品的进口量下降 8%。在出口方面，尼加拉瓜四大出口产品是咖啡、牛肉、糖和黄金，主要出口对象是美国、中美洲、委内瑞拉和加拿大。2019 年 1～9 月，咖啡和黄金出口值分别约为 4.17 亿美元和 3.59 亿美元，比 2018 年分别增加约 0.24 亿美元和 0.72 亿美元；牛肉出口值为 3.61 亿美元，与 2018 年持平；受国际价格大幅下跌影响，蔗糖出口值约为 1.47 亿美元。

2019，尼加拉瓜中央政府公共债务在连续增长两年后出现下降，公共债务占 GDP 的比重为 37.6%，比 2018 年下降 0.2 个百分点。2019 年上半年，尼加拉瓜公共外债增加，达到 60.57 亿美元，比 2018 年增加 1.8%，占公共债务的比重为 87.1%。侨汇是尼加拉瓜外汇收入的主要来源之一。2019 年上半年，尼加拉瓜的侨汇收入为 7.97 亿美元，占 GDP 的比重约为 13%，比 2018 年同期增长 1.6 个百分点。2019 年 9 月，尼加拉瓜的国际储备为 20.62 亿美元，略低于 2018 年的 20.8 亿美元。

为了维持财政稳定和增加政府收入，尼加拉瓜政府于 2019 年 2 月公布第 987 号法令，宣布修正税法生效，重点包括：提高最低公司所得税税率，大型纳税人（年营业收入超过 1.6 亿尼加拉瓜科尔多瓦）的公司所得税税率由 1% 增至 3%，主要纳税人（年营业收入超过 0.6 亿尼加拉瓜科尔多瓦）

---

① "Índice Mensual de Actividad Económica (Abril 2020)," Banco Cental de Nicaragua, Julio de 2019, https://www.bcn.gob.ni/publicaciones/periodicidad/mensual/imae/informe.pdf, accessed December 20, 2019.

的公司所得税税率由1%增至2%，其余纳税人保持1%；个人所得税方面，董事会的报酬预扣率从12.5%增至25%；选择性消费税方面，饮料税率自9%逐年提高至15%等。尼加拉瓜私人企业最高委员会对实施新税法表示不满，认为税负增加严重影响企业的生产和运营，在经济萧条的情况下，对企业界而言是雪上加霜。

2020年新型冠状病毒肺炎疫情暴发对尼加拉瓜经济造成严重冲击。农产品出口价格下跌，经济收益减少；因外部需求剧减，自贸区生产锐减，企业大量裁员；入境旅游陷入停滞，侨汇收入减少。因为经济活动大幅减少，尽管尼加拉瓜政府没有实行限制性隔离措施，但是只有约45%的人仍正常上班。联合国拉美经委会对尼加拉瓜的经济预测大幅下调，预计2020年经济增长率为-6.5%。

三　社会形势

2019年，奥尔特加政府优先关注医疗、教育和公共投资部门。根据尼加拉瓜《2019年国家预算报告》，政府共向医疗和教育部门投入35%的预算。在医疗领域，政府主要致力于改善医疗设施、扩大医疗覆盖面、提高医务人员的薪水等。在教育领域，120万名儿童将获得免费教育和学校营养餐，改善1200所学校的硬件设施。此外，政府向公共部门支出30%的预算，用于项目建设、创造就业和提高公共服务质量。

受经济衰退影响，2019年2月，尼加拉瓜政府宣布实施社会保障改革法，以便减轻政府的财政负担。主要改革内容是从2019年2月1日起提高雇主、雇员及政府分摊社会保险的比例，雇主的分摊比例从19%增至21.5%或22.5%，雇员的分摊比例从6.25%增至7%。[①] 尼加拉瓜政府修改了退休给付制度，降低基本退休金给付率及最高退休金给付率，以减少退休

① "Ortega impone reformas al INSS que desangraron Nicaragua," Confidencial, 1 de Febrero de 2019, https://confidencial.com.ni/ortega-impone-reformas-al-inss-que-desangraron-nicaragua/, accessed December 20, 2019.

金支出。尼加拉瓜私人企业最高委员会和尼加拉瓜美洲贸易处表示，社会保障改革没有为目前的社会政治危机提供任何解决方案。

尼加拉瓜政府与国际组织开展合作，实施减贫战略。2014～2016 年，尼加拉瓜贫困率从 29.6% 下降至 24.9%，极端贫困率从 8.3% 下降至 6.9%。2016～2019 年，尼加拉瓜贫困率出现反弹，上扬幅度超过 3 个百分点。[①] 为此，尼加拉瓜与世界银行国际开发署合作，实施《2018～2022 尼加拉瓜联盟战略》。该战略的目标包括：投资人力资本，特别是对弱势群体的投资；促进私人投资，创造就业机会；优化公共部门结构，提高灾害风险和经济危机管理能力。主要计划包括：扩大学前教育、小学和中学教育的覆盖面，提高教育质量；提高母婴健康率；扩大饮用水和卫生服务的覆盖面。此外，该战略还涉及土地利用优化、可再生能源、基础设施所有权，提高生产率，出口多样化和贸易便利化。

尼加拉瓜在降低性别不平等方面成果显著。根据世界经济论坛 2020 年公布的《全球性别差距报告》，尼加拉瓜得分为 80.4，排名全球第 5 位，居拉美之首。拉美地区的平均得分为 72.2。[②] 2006～2020 年，尼加拉瓜的全球性别差异指数排名从第 62 位跃居第 5 位。在具体指标方面，尼加拉瓜女性在受教育程度、健康和生存、政治赋权三大指标上的性别差距缩小。自 2013 年以来，尼加拉瓜的部长级女性官员比例超过 50%。在经济机会指标上，尼加拉瓜的性别差距较大，约为 67.1%，排名全球第 81 位。这主要归因于女性在劳动力市场的参与率较低、与男性的薪酬差距较大。尼加拉瓜的女性和男性参与劳动力市场的比例分别为 53.9% 和 86%，薪酬差距为 45%。

---

① “Nicaragua：panorama general,” El Banco Mundial en Nicaragua, Última Actualización, June 8, 2020, https：//www. bancomundial. org/es/country/nicaragua/overview, accessed December 20, 2019.

② World Economic Forum, *Global Gender Gap Report 2020*, World Economic Forum, 2019, https：//www. weforum. org/reports/gender - gap - 2020 - report - 100 - years - pay - equality, accessed December 20, 2019.

四 外交形势

尼加拉瓜加强与地区组织的关系。2019 年 11 月，美洲玻利瓦尔联盟政治委员会会议在尼加拉瓜首都马那瓜召开。2019 年 12 月 14 日，奥尔特加赴古巴哈瓦那参加第 17 届美洲玻利瓦尔联盟峰会，庆祝美洲玻利瓦尔联盟成立十五周年。在会上，奥尔特加总统强调卡斯特罗和查韦斯留下的遗产及其拉美一体化精神，并表示美洲玻利瓦尔联盟会继续走下去。在中美洲，自尼加拉瓜陷入社会政治危机以来，中美洲经济一体化银行为尼加拉瓜持续提供援助贷款，共计 4 亿美元，为尼加拉瓜减轻危机产生的不利影响。2019 年 6 月，尼加拉瓜向洪都拉斯申请加入北三角中美洲关税联盟。目前，该联盟的成员国有危地马拉、洪都拉斯和萨尔瓦多。

尼加拉瓜与美国的关系恶化。2018 年 12 月，美国国会通过更新的《尼加拉瓜投资条件法》（Nicaraguan Investment Conditionality Act），授权美国政府制裁尼加拉瓜。美国要求多边机构、美洲国家组织的成员暂停向尼加拉瓜提供贷款。2019 年 4 月 17 日，特朗普政府宣布对尼加拉瓜的 Albanisa 公司（委内瑞拉和尼加拉瓜国有石油公司组建的合资企业）、企业银行 Bancorp、奥尔特加总统之子劳雷亚诺·奥尔特加（Laureano Ortega）以及奥尔特加总统的妻子罗萨里奥·穆里洛副总统实行制裁。美国冻结了 Bancorp 银行及奥尔特加之子所拥有的全部美国资产，并禁止美国国民同他们有商务往来。2019 年 12 月 13 日，美国对奥尔特加的大儿子拉斐尔·奥尔特加（Rafael Ortega）和尼加拉瓜石油分销公司、天然气分销公司和私人保险分销公司，以及 15 名高层官员实施制裁。奥尔特加总统谴责美国对尼加拉瓜、古巴和委内瑞拉的“分配制裁”，破坏尼加拉瓜经济。在美国宣布对尼加拉瓜企业实施制裁之后，奥尔特加总统立即将石油公司国有化。

尼加拉瓜与哥斯达黎加的关系紧张。2019 年 8 月，尼加拉瓜军队进入哥斯达黎加领土，造成 1 人伤亡和 5 人被捕，再次引发两国边境争端。奥尔特加总统控诉哥斯达黎加滥用武力。哥斯达黎加外长指责尼加拉瓜军队入侵哥斯达黎加，严重侵犯了其领土完整和国家主权，要求尼加拉瓜做出解释。尼加拉瓜抗议活动爆发1年多以来，超过5万名尼加拉瓜人涌入哥斯达黎加寻求庇护。哥斯达黎加和联合国难民署签订合作协议，将这些流亡人士纳入社会保障系统。2019年12月，哥斯达黎加总统卡洛斯·阿尔瓦拉多（Carlos Alvarado）促请尼加拉瓜举行自由选举、恢复民主和保证人权。

尼加拉瓜与俄罗斯的双边合作密切。自奥尔特加执政以来，尼加拉瓜与俄罗斯不断加强合作，尤其在安全和科技领域。2019年7月，在尼加拉瓜庆祝桑地诺革命胜利40周年之际，俄罗斯总统普京表示，尼加拉瓜政府与人民可以一直依靠俄罗斯，实现国家发展和捍卫主权。2019年12月13日，尼加拉瓜外长蒙卡达（Denis Ronaldo Moncada）访问俄罗斯，庆祝两国建立外交关系75周年。俄罗斯外长拉夫罗夫（Serguéi Lavrov）指出，巩固与尼加拉瓜的战略联盟是俄罗斯在拉美地区外交政策的首要目标之一。两国加强在经贸和科技领域的合作。俄罗斯与尼加拉瓜正商讨有关和平利用原子能的项目，俄罗斯国家原子能公司（Rosatom）将参与其中。

（杨建民　审读）

Y.23
洪都拉斯：政治碎片化与经贸关系多元化

韩　晗*

摘　要： 2019年，洪都拉斯执政党面临来自党内外的多重挑战。洪都拉斯国会接受了部分联合国提出的选举政策调整建议。2019年，洪都拉斯连续第六年实现经济增长，但增速进一步放缓；腐败、毒品及凶杀率仍是其三大社会顽疾。未来，随着返洪移民规模的进一步扩大，如何应对侨汇收入萎缩及引导移民群体融入本国社会将考验政府的综合治理能力。加强同美国的经贸与安全合作、提高国家在中美洲的地区影响力是洪都拉斯本届政府的两大外交重心。同时，洪都拉斯积极借助多边组织增进与区内外国家的联系。

关键词： 洪都拉斯　政治碎片化　经济增速　移民问题

一　政治形势

洪都拉斯现任总统为中右翼国民党主席胡安·奥兰多·埃尔南德斯（Juan Orlando Hernández），任期为2018～2022年。这是埃尔南德斯总统的第二个任期。根据洪都拉斯宪法规定，总统任期为一届，不能连任。埃尔南

* 韩晗，中国社会科学院拉丁美洲研究所区域合作研究室助理研究员，古巴研究中心秘书长，主要研究领域为拉美区域合作、法律问题等。

德斯通过最高法院对宪法条文的突破性裁决，获得了再次参选的权利。最终，埃尔南德斯以微弱优势连选连任，但反对派拒绝承认选举结果。洪都拉斯政局一度陷入混乱，引发社会冲突。2018 年，联合国介入调解，洪都拉斯局势有所缓和。虽然合宪性风波以及大选结果争议暂告一段落，但国会党派间的政治嫌隙难平，政治碎片化日趋明显。

（一）总统面临多重执政压力

2019 年，当选总统合宪性争议及连任风波趋于缓和，埃尔南德斯总统连任第二年面临诸多新旧执政压力，四重挑战考验其执政能力。第一，当前洪都拉斯社会动荡，埃尔南德斯政府遭到反对党抨击。第二，执政党内部也就毒品运输与社会问题对本届政府表示不满。第三，2017 年末以来，对埃尔南德斯总统连选连任合法性的质疑仍在继续。第四，政府高层财富聚集以及腐败受到诟病，埃尔南德斯第二个任期的政治稳定性堪忧。此外，埃尔南德斯总统近亲涉毒问题导致其公共形象受损，执政风险继续攀升。

（二）执政党仍占据国会多数席位

在执政党内部，埃尔南德斯政府的执政能力和个人威信也受到一定质疑。政府的政治决定获得的认可度降低，反对派联盟甚至希望通过总统不信任案来弹劾总统。尽管国民党议员仍效忠于总统，但部分党员对埃尔南德斯总统颇有微词。执政党内部的不确定性进一步增加，反对的声音仍在继续。

尽管存在诸多执政挑战，埃尔南德斯政府的执政实力仍不容小觑。在国会中，国民党拥有 128 个席位中的 61 席。① 此外，执政党还保有来自少数派祖国联盟的关键 4 席支持。执政党勉强获得了国会的多数席位，这有助于避免政府提案陷入立法僵局，客观上有助于埃尔南德斯政府完成政策议程。洪都拉斯本届政府希望通过刺激经济增长、实施一系列社会计划稳定民众支持率。

① EIU，*Country Report：Honduras 4th Quarter of 2019.*

（三）政治碎片化趋势加剧

虽然选举制度进行了部分改革，但仍需要进行深入的结构性改革。为了弥补政治裂痕，2019 年 1 月，洪都拉斯国会批准了由联合国提出的改革建议，建立国家选举委员会和选举法院，重组国家选举注册办公室。联合国还提出了增加第二轮总统选举和明确连任规定等更深层次的结构改革建议，但争议较大而未获国会批准。

国民党在今后有望继续保持对洪都拉斯政局的主导地位，非传统政党有可能增加政局的不确定性。埃尔南德斯总统已明确表示未来不会寻求第三次连任。目前，反对派关系混乱且内斗不断，未能撼动国民党的政治影响力。下次总统选举和立法选举将于 2021 年 11 月举行。事实上，2015 年最高法院关于允许总统连任的裁决并不完全符合宪法中对总统任期的限制。2019 年，执政党向国会提交了一项法案，提出将两个任期的连任限制定义为两个连续的任期。执政党未掌握国会 2/3 的绝对多数席位，选举改革议案获得通过的可能性较小。毫无疑问，洪都拉斯政局的碎片化日趋明显。

2020 年，新型冠状病毒肺炎疫情（以下简称“疫情”）对洪都拉斯的社会经济影响巨大，为维持社会稳定，总统通过军队为民众发放食品和生活必需品。反对派也难以聚集力量抗衡执政党，无意要求提前举行大选，非传统政党仍有可能撼动执政党地位。洪都拉斯的社会治理难度将进一步加大。

二　经济形势[①]

2019 年，尽管洪都拉斯的经济增速继续放缓，但仍实现了六连增。财政政策相对稳定是洪都拉斯实现经济增长的关键因素。洪都拉斯政府坚持刺激经济、改善营商环境、吸引外国投资的政策。为实现经济的长期性、生产

---

① 除特别注明外，本部分数据均来自 CEPAL，*Balance Preliminar de las Economías de América Latina y el Caribe 2019*，Naciones Unidas，Santiago，2019。

性增长，本届政府着力实施3项改革，即公共支出透明、改革财政结构、加强监管。同时，洪都拉斯积极通过国际多边组织促进对外贸易的多元化发展。

（一）经济增速放缓

2019年，洪都拉斯第一季度的国内生产总值同比增长2.3%。在供给方面，社区、社会和个人服务领域表现良好（增长3.4%），金融中介服务增长8.0%，房地产和商业活动等增长3.3%。在需求方面，增长主要由消费驱动，2019年洪都拉斯的消费增长2.9%。联合国拉美经委会估计，2019年洪都拉斯经济增长率为2.9%，略低于2018年3.7%的水平。增速下降主要有两方面原因：一是政府公共投资减少，二是商品（尤其是咖啡）出口净值下降以及农产品出口规模收缩。

2019年，洪都拉斯的经常账户赤字明显下降，约占GDP的3.8%（2018年为5.3%），主要得益于家庭侨汇收入增长以及进口额降低。中央政府年度财政赤字约占GDP的2.4%（2018年为2.1%），整体支出收缩，弥补了收入的大幅下降。

2019年前8个月，中央政府收入较去年同期下降了6%，主要是因为按实际价格计算的税收收入减少了2.9%。同时，非税收收入减少了22.5%。税收收入的减少主要是因为实施了新的减税政策。2018年，洪都拉斯宣布将取消公司净收入中的一类所得税。自2019财政年度起，年度纯收入超过3亿伦皮拉的公司，无须缴纳1.5%的收入附加税。此外，2019年4月，洪都拉斯调整了电力价格，旨在减少公共融资的财政压力。2019年1~8月，中央政府支出按实际价格计算同比增长1.2%，主要是因为资本支出比2018年同期增长了6.5%。

洪都拉斯的债务水平小幅提高。2019年第二季度，中央政府债务约占GDP的47.2%，比2018年同期增长了0.2%，外债约占GDP的28.3%，国内债务约占GDP的18.9%。国内债务比2018年12月增长了3.1%，本息偿还约占中央政府总收入的15.6%，与2018年（17.2%）相比有所下降。截至2019年6月，中央政府公共外债总额上涨至69.56亿美元，同期偿还了

3.55亿美元。2020年，受疫情防控影响，洪都拉斯经济活跃度大幅下降。政府社会支出增加，进一步增加了公共部门实际支出。收入水平的下降也将进一步加大经济改革的难度。

（二）货币政策保持稳定

洪都拉斯中央银行继续保持货币政策稳定，汇率波动不大。2019年前11个月中央银行维持5.75%的货币政策利率不变。为进一步刺激信贷、提振经济，洪都拉斯下调了实际贷款利率，并进一步降低了储蓄存款利率。至2019年9月，金融体系的有效实际贷款利率为12.3%，与2018年的12.9%相比，小幅下调。存款利率为0.4%，比2018年的1.0%下调了0.6个百分点。截至2019年7月，银行系统向私营部门提供的以本国货币计的实际贷款和贴现年均增长7.9%（2018年同期为10.9%）。2019年第三季度的平均名义汇率为1美元兑换24.64伦皮拉，名义汇率贬值1.4%。截至2019年10月19日，洪都拉斯的国际储备净余额为50.71亿美元，比2018年同期增长9.9%，相当于5个月的进口总额。

洪都拉斯通货膨胀水平基本达到央行预期，通货膨胀率小幅上升。至2019年10月，年度通货膨胀率为4.4%，符合央行的预期目标范围，保持在3.0%~5.0%。住房、水、电、气和其他燃料的价格上涨幅度最大，约上涨了6.8%，私人教育服务价格上涨了6.4%，私人卫生服务价格上涨了5.5%。预计洪都拉斯2019年的通货膨胀率为4.5%，比2018年（4.22%）上升了0.28个百分点，主要是因为电力能源价格的上涨。

（三）对外贸易部门出现双降

在2019年前8个月，洪都拉斯商品进出口双双回落。其中，出口额同比下降了2.8%，进口额同比下降了3.7%。主要有两个原因导致出口额下降，即国际价格下跌和本地产量下降。全年的干旱天气对洪都拉斯农业生产造成负面影响，咖啡和香蕉等农业经济作物的发货量同比分别下降了15.9%和11.0%。洪都拉斯多领域的进口规模下降，三个部门的降幅较大。

2019 年前 8 个月，消费品进口额下降 5.5%，资本货物进口额下降 5.4%，原材料和中间产品进口额下降 1.8%。

受美国因素影响，2019 年洪都拉斯的外国直接投资规模萎缩。上半年洪都拉斯的外国直接投资净流入量为 2.5 亿美元，比 2018 年同期减少了 39.3%。美国调整了其财政政策，美国对洪都拉斯外国直接投资规模缩水，许多美国公司因为政策调整选择将其资金撤回国内。与 2018 年相比，2019 年洪都拉斯的贸易条件下降了 3.1%。

据拉美经委会预测，2020 年，洪都拉斯主要贸易伙伴美国的贸易需求下降，洪都拉斯的 GDP 预计增长 2.9%，主要影响因素为侨汇、贸易和投资流量。洪都拉斯主要产品咖啡的出口将受到气候条件和本地产量下降的影响。尽管咖啡产量将继续下降，估计国际咖啡价格在 2019 年底至 2020 年初将迎来上涨。洪都拉斯仍需要不断改善国家营商环境。《福布斯》（*Forbes*）杂志发布《2019 年最适合经商的国家和地区》排名，分析了 161 个国家和地区的相关情况。其中，在拉丁美洲和加勒比地区，最适合经商的国家为智利，世界排名为第 33 位，而洪都拉斯居第 120 位。[①] 此外，为遵守《财政责任法》规定，洪都拉斯非金融公共部门和中央政府的赤字占 GDP 的比重将有所下降。鉴于进口放缓、家庭汇款规模存在不确定性以及出口额下降，经常账户赤字预计占 GDP 的 4.0%。在需求降低的情况下，通货膨胀率在 2020 年底预计达到 4%，位于央行的目标区间。考虑到疫情对洪都拉斯社会经济的冲击，其实际经济增长将会大幅缩水。

三　社会形势[②]

高犯罪率和贫困依旧是困扰洪都拉斯政府的主要社会问题。洪都拉斯是

① "Best Countries for Business," Forbes, https://www.forbes.com/best-countries-for-business/list/#tab: overall_ search: honduras, accessed January 14, 2020.

② 除特别注明外，本部分数据均来自"Plan Estratégico de Gobierno 2018-2022: Avanzando con Paso Firme," http://www.scgg.gob.hn/sites/default/files/2019-01/Plan%20Estratégico%20de%20Gobierno%202018-2022%20%28PR4%29_ 0.pdf, accessed January 14, 2020。

世界上最危险的国家之一。2018 年的凶杀率为十万分之四十（远高于地区平均水平十万分之二十三）。改革司法体系和加大执法力度等工作仍在推进。未来，洪都拉斯有效降低犯罪率仍任重道远，需要进一步提高制度能力并切实减少腐败。

洪都拉斯继续坚持对最低工资和工资上涨的管理，提出了按照公司规模和所在生产部门制定最低薪资水平的制度。2019 年，洪都拉斯最低月薪为 6440.66 ~ 11549.39 伦皮拉。2019 年，洪都拉斯制定了根据公司规模提高薪资的制度，于 2019 年 1 月 1 日开始执行。制度规定，拥有 1 ~ 50 名员工的公司应将最低月薪提高 4.77%；拥有 51 ~ 100 名员工的公司的工资增幅比例应达到 6.4%；拥有 151 名及以上员工的公司的工资增幅比例应达到 7.0%。

（一）政府减贫政策的收效甚微

洪都拉斯政府的减贫实效性仍待加强。2017 年，洪都拉斯的极端贫困率和家庭相对贫困率均高于地区平均水平，总贫困率居高不下。自 2000 年以来，洪都拉斯实现了一定的减贫、教育及医疗领域的社会进步，获得了联合国的认可，但仍是拉丁美洲和加勒比地区最贫困与社会不平等现象最为严重的国家。世界银行数据显示，根据 2010 年不变价格计算，2013 ~ 2017 年洪都拉斯人均 GDP 年均增长 2.1%，高于拉美地区（不包含古巴和委内瑞拉）平均水平（1.4%）但低于中低收入国家的平均增速（4%）。2017 年洪都拉斯的极端贫困率比 2013 年下降了 1.9 个百分点，但家庭相对贫困率比 2013 年上升了 1.7 个百分点。2013 ~ 2017 年，脱离极端贫困的人口基本都成为家庭相对贫困人口。因此，洪都拉斯 2017 年的总贫困率为 64.3%，与 2013 年（64.5%）基本持平。

2020 年，疫情严重影响了洪都拉斯的国民收入，政府提供的社会救助服务不能从根本上解决社会动荡加剧的问题。

（二）教育政策任务艰巨

在教育领域，洪都拉斯最大的问题是文盲率较高和人口平均受教育时间较短。近年来，洪都拉斯的文盲率有所下降，从 2013 年的 14.5% 下降到 2017 年的 11.8%，但城市和农村地区的扫盲成效差异较大。2017 年，洪都拉斯的城市文盲率仅为 6%，农村地区则超过 19%。也就是说，洪都拉斯 2/3 的文盲人口为农村人口。35 岁以下文盲人口占文盲总人口的 10%，60 岁以上文盲人口约为 30.2%。年轻文盲人口规模仍令人担忧，根据统计，洪都拉斯有 25.5 万名 15 ~29 岁年轻人口不会读写。2017 年洪都拉斯人口受教育平均时间为 7.7 年，比 2013 年增加了 0.2 年。未来，洪都拉斯政府面临的扫盲与普及初中级基础教育的工作仍很艰巨。

（三）公共卫生领域投入不足

洪都拉斯的公共卫生支出不仅低于拉美和加勒比地区的平均水平，而且低于同类别、同等收入国家。2013 年，洪都拉斯的公共医疗支出仅占 GDP 的 2.8%，2007 ~2013 年公共卫生服务年均支出占 GDP 的 3.4%，是所有中美洲国家中比例最低的国家。洪都拉斯的人口预期寿命提高，从 2013 年的 74.9 岁上升至 2017 年的 75.5 岁。洪都拉斯的社会基本医疗覆盖率达到 82%（2011 ~2012 年数据）①，其中 60% 接受卫生部医疗保障、12% 由洪都拉斯社会保障机构承担、10% 接受私人医疗服务。2020 年的疫情又一次凸显了洪都拉斯公共医疗系统的人力与药品匮乏、效率与腐败等多方面问题。脆弱的公共卫生体系，迫使这个移民国家选择在第一时间封锁国境，以避免发生灾难性后果。

四　外交形势

洪都拉斯外交的两大重心是进一步稳定与美国的关系、提高自身在中美洲地区的影响力。美国是洪都拉斯主要的贸易和投资伙伴国以及移民的最主要目的地。特朗普就任美国总统后，美洪关系的不确定性增加。

① *Proyecciones en base al Censo Nacional de Población y Vivienda 2013*, Instituto Nacional de Estadística, https://www.ine.gob.hn/V3/, accessed January 14, 2020.

（一）洪美关系不明朗

移民政策仍是洪都拉斯与美国关系的核心。2018 年 5 月，美国宣布取消 44000 名洪都拉斯在美移民的临时保护身份，这一决定将于 2021 年 1 月生效。2019 年初，美国总统以政府解决移民问题“不利”为由，提出削减对中美洲三国（萨尔瓦多、危地马拉和洪都拉斯）的援助。洪都拉斯本届政府对美外交的核心是强化与美国的经济和安全关系。经过努力，2019 年 9 月，洪都拉斯与美国签署了“安全第三国”协议，寻求共同减少中美洲赴美国移民问题的解决办法。[①] 同时，美国总统特朗普承诺将维持现有援助水平。未来，洪都拉斯的移民政策达到美国要求，将成为洪都拉斯获得美国持续性援助的重要前提。墨西哥的移民政策收紧，洪都拉斯的移民问题日趋复杂。中短期内，洪都拉斯的侨汇流入可能减少。同时，遣返者及被驱逐的海外归国移民人数将持续增加，可能引发洪都拉斯更多的社会融合问题。

（二）贸易导向的多边外交

在多边外交领域，为降低美国对洪都拉斯经贸的不利影响，洪都拉斯积极通过地区一体化组织、自由贸易协定和关税同盟等，加强与中美洲、欧洲、亚洲国家关系，力图实现贸易对象国的多元化。在地区层面，洪都拉斯希望借助中美洲一体化体系和多米尼加 - 中美洲自由贸易协定等中美洲经济多边框架，加强与区域内经济体的经贸关系。此外，洪都拉斯与危地马拉的关税同盟于 2018 年生效。据此，洪危两国约 80% 的商品实现自由流通。[②] 2018 年 8 月，萨尔瓦多成为该双边关税同盟成员，关税同盟成为多边协定。三国将进一步推动关税一体化进程。在与地区外部往来方面，中美洲一体化体系与欧盟之间的协议也将进一步促进洪都拉斯与欧盟之间的贸易联系。然

① Erik Ramirez, “Estados Unidos y Honduras firmaron un convenio de asilo,” Emisoras Unidas, 25 de septiember de 2019, https://emisorasunidas.com/2019/09/25/estados - unidos - y - honduras - firmaron - convenio/

② EIU, *Country Report: Honduras 4th Quarter of 2019*.

而，洪都拉斯总统选举引发社会动荡，欧盟对洪都拉斯的人权现状表示不满，这可能影响洪都拉斯与欧盟的经贸合作。洪都拉斯积极拉近与亚太经济体的联系。2019 年 10 月 1 日，韩国与中美洲国家间的自由贸易协定生效。[①]这将大大降低洪都拉斯出口韩国商品的市场售价，有助于洪都拉斯扩大对韩国的贸易出口。根据该自贸协定，包括瓜、海参、龙虾、蔬菜、糖、纺织品和成衣等在内的洪都拉斯产品在韩国市场上的价格将会显著降低。

区域合作的发展有助于洪都拉斯经贸关系的多元化，但不会撼动美国作为洪都拉斯主要贸易伙伴国的地位，美国仍是洪都拉斯外交战略的核心国家。

（杨志敏　审读）

① EIU，*Country Report*：*Honduras 4th Quarter of 2019*.

Y.24

萨尔瓦多：小党异军突起，新政府执政充满挑战

刘凡平*

摘　要： 2019年，萨尔瓦多举行总统大选，中右翼政党民族团结大联盟候选人纳伊布·布克尔当选。新政府的政策推行面临挑战。经济基本政策以创造稳定的商业贸易环境、吸引投资和促进贸易为主，侨汇收入依旧是萨尔瓦多促进经济增长的主要动力之一。打击黑帮和反腐是新政府的首要任务。新政府实施《领土控制计划》，萨尔瓦多凶杀率大幅下降；成立终止有罪不罚现象国际委员会，加强反腐措施。在外交领域，萨尔瓦多总统访华进一步加强了中萨关系；移民问题导致萨美关系紧张。

关键词： 萨尔瓦多　公共安全　移民问题　中萨关系

一　政治形势[①]

2019年6月，在大选中胜出的中右翼政党民族团结大联盟候选人纳伊布·阿曼多·布克尔·奥特斯（Nayib Armando Bukele Ortez）就任总统。民族团结大联盟在议会84个席位中仅占11席，布克尔总统推动的新政改革势

* 刘凡平，中国社会科学院拉丁美洲研究所助理研究员。

① 如无特别注明，本部分数据来自EIU，*Country Report*：*El Salvador 4th Quarter 2019*。

必遭遇阻碍。自就任以来，布克尔并未表现出与其他政党结盟的意向，这将大大加剧萨尔瓦多政治陷入僵局的风险。

萨尔瓦多民众普遍表现出对两大传统政党——左翼的法拉本多·马蒂民族解放阵线和右翼的民族主义共和联盟的不满，布克尔借此提高了他的影响力。盖洛普的一项民意调查显示，截至2019年9月，布克尔的支持率高达93%。有79%的受调查民众认为萨尔瓦多步入正轨，75%的民众认为布克尔会兑现竞选承诺。

布克尔的高支持率将为民族团结大联盟在2021年3月的议会选举中赢得更多席位。但是，鉴于可预期的经济放缓及社会安全形势的恶化，他的支持率也将下滑至60%～80%。根据总统不能连选连任的限制，民族团结大联盟将很难在议会中取得绝对多数席位。

可以预见的是，萨尔瓦多传统政党与异军突起的小政党间的冲突开启，结果尚无定论。自20世纪90年代以来，萨尔瓦多政权一直被两大传统党派掌控。两党在意识形态上的分歧不断激化，但全部陷入了贪腐丑闻。两党也都无法解决国家经济增长缓慢、犯罪率持续高涨和贫困等问题。年轻的布克尔让对旧政治极度失望的选民看到希望。布克尔与传统政治家的不同，例如，他在公共场合穿着牛仔裤和皮夹克参加竞选、更喜欢使用新媒体，他在很大程度上拒绝意识形态而倾向于运用科技。

执政之初，新政府在政策推行上的困境已经初现。布克尔和民族团结大联盟提出一项法案草案，将建设新议会总部的3200万美元资金的一半用于修建公立学校。这是新政府向民众释放的一个积极信号，即学校等公共设施更为重要。但是该计划犯了严重错误。这笔钱实际上是中美洲经济一体化银行（Banco Centroamencano de Integracion Economica，BCIE）尚未发放的贷款。该银行迅速表示，单方面改变贷款目的完全是“不适当的”。国家议会议长诺曼·基亚诺（Norman Quijano）提出，由于地震，对于2000多名在那里工作的人来说，议会总部建筑是不安全的，劳工部也已发布命令，要求在60天内撤离该建筑物。基亚诺提出，布克尔可在6月就任时将分配给总统府的资金用于资助学校建设。

在议会选举前，社会安全和反腐是新政府的首要任务。为保持高支持率，布克尔很可能会与占据37个议会席位的反对党民族主义共和联盟在一定程度上开展合作。双方在打击犯罪团伙和腐败以及布克尔提出的改善商业环境和促进经济多元化等“利商”政策和财政改革上达成一致。

受新型冠状病毒肺炎疫情（以下简称“疫情”）的影响，2020年，萨尔瓦多政府的各项新政制定和改革将推迟，但社会安全问题会得到缓解。

二　经济形势[①]

2019年，萨尔瓦多侨汇、出口和公共部门投资增长缓慢，经济增长率为2.2%，略低于2018年的2.5%，通货膨胀率将达到0.4%。萨尔瓦多的养老金债务压力越来越大，2019年，包括养老金在内的非金融公共部门的财政赤字占国内生产总值的比重上升至3.1%，高于2018年的2.7%。由于国际石油价格下跌，萨尔瓦多2019年的国际收支经常账户赤字占国内生产总值的4.5%，低于2018年的4.8%。然而，受疫情对贸易、旅行、汇款收入和就业的影响，2020年萨尔瓦多经济预计萎缩2.7%。同时，在油价下跌和疫情的双重打击下，萨尔瓦多的国内消费需求也将下降。

2019年，萨尔瓦多新政府的基本政策以创造稳定的商业贸易环境、吸引投资和促进贸易为主。新政府的财政政策基本维持不变，仍在《财政责任法》的框架内实施。

截至2019年9月，萨尔瓦多非金融公共部门的实际收入是45.54亿美元，年增长率为0.4%，低于2018年的3.4%；税收收入增长1.0%，低于2018年的6.0%，其中所得税增长2.9%、增值税增长1.3%。税收负担预计将达到国内生产总值的18.2%。主要原因是经济活动减少，宪法法庭免除了金融业务的税收，以及2018年为激励其他部门提高收入所实行的免税

① 如无特别注明，本部分数据来自CEPAL，*Balance Preliminar de las Economías de América Latina y el Caribe 2019*，Naciones Unidas，Santiago，2019。

措施。

2019 年 1 ~9 月，萨尔瓦多非金融公共部门的中长期外债为 142.41 亿美元，占国内生产总值的 53.1%。如果将养老金信托基金的余额包括在内，债务总额达到 194.05 亿美元，占国内生产总值的 72.3%，而截至 2018 年 12 月底，这一数字为 69.4%。国库券作为满足临时现金需求的短期金融工具，截至 2019 年 6 月的余额为 8533.04 亿美元，比 2018 年 12 月增加 4.5%。

截至 2019 年 9 月，萨尔瓦多生产部门贷款余额总计 142.99 亿美元，年增长率为 5.4%。其中建筑业尤为突出，占比达 40.2%，运输业占比为 8.6%，消费占比为 5.8%。

2019 年 8 月，中美洲国家与韩国签订自由贸易协定，该协定于 2020 年初生效。2019 年 10 月底，关税同盟第二轮磋商会议结束，中美洲各国间的贸易进一步扩大，物流业发展将更加便利。此外，新的《中美洲统一关税税则》（Código Aduanero Único Centroamericano，CAUCA）的制定和《中美洲单一报关单》（la Declaración Única Centroamericana，DUCA－T）的简化在加快边境贸易方面也取得了进展。

出口方面，受全球价格下跌的影响，2019 年 1 月至 9 月，萨尔瓦多出口总额为 45.4 亿美元，仅增长 0.5%。蔗糖和咖啡等传统出口产品的出口额下降 4.1%，蔗糖出口（6.4%）和咖啡出口（0.7%）均所萎缩，电子芯片等加工业产品出口（31.1%）和服装（14.4%）的出口也大幅度减少，总体下降了 1.8%。萨尔瓦多对美国的出口额占总出口额的 42.1%，同比下降 4.5 个百分点，但向中美洲国家出口增长 6.3%。

2019 年前 3 个季度，萨尔瓦多的进口总额为 90.14 亿美元，同比增长 2.2%。消费品（7.1%）和非耐用品（7.3%）的进口增长突出，加工业产品进口增长 2.2%。石油支出为 11.22 亿美元，同比下降 8.7%，主要原因是国际石油价格下跌，其中液化气进口额下降 45.7%、柴油进口额下降 13.5%、汽油进口额下降 11.9%。贸易逆差为 44.74 亿美元，年增速为 3.9%。

2019 年上半年，萨尔瓦多国际收支经常账户赤字达 2.66 亿美元，比 2018 年同期减少 1.572 亿美元。受美国税制改革影响，外商直接投资额为

4.36亿美元，比2018年同期下降13.4%。投资额最高的部门包括通信（1.6亿美元）、电力（1.16亿美元）和制造业（1.08亿美元）。截至2019年10月底，萨尔瓦多的侨汇收入总额为46.42亿美元，比2018年同期增加2.01亿美元。

2019年上半年，萨尔瓦多经济增长2.2%，与2018年同期2.9%相比，增速有所放缓。其中，建筑业增长率为8.7%，电力增长率为7.3%，金融和保险业增长率为5.5%，制造业仅增长0.9%。在支出方面，固定资产投资增长4.2%，低于2018年的5.2%；消费增长3%，高于2018年的2%。截至8月，在建筑业和商业的推动下，经济活动量指数（IVAE）的年增长率为2.4%。

2018年1~10月，萨尔瓦多通货膨胀率为0.9%，低于2018年同期的1.5%。这主要是因为住宿、电力和天然气（4.7%）、运输（2.8%）以及服装和鞋类（1.5%）价格下降。截至7月，萨尔瓦多正规部门就业人数增加了4589人，增长率为0.5%，公共部门的就业增长率（1.2%）高于私营部门（0.4%）；平均工资实际增长1.0%。

据联合国拉美经委会估计，到2020年，萨尔瓦多经济将在公共投资和私人投资以及个人消费的推动下增长2.3%。中央储备银行标准委员会计划废除要求银行准备金占银行流动资产的3.0%的规定，以便释放约4亿美元用于生产部门。由于石油的年均价格将保持相对稳定，通货膨胀率将保持在0.5%左右。政府养老金账户赤字估计将占国内生产总值的3.1%。在咖啡价格下降和国际贸易活力减弱的情况下，经常账户赤字将为4.5%。

三　社会形势①

2019年，萨尔瓦多的社会安全有所改善。2019年初以来，萨尔瓦多的凶杀率持续下降。这也是布克尔的支持率较高的主要原因。凶杀率下降在短

① 如无特别注明，本部分数据来自EIU，*Country Report*: *El Salvador 4th Quarter 2019*。

期内可以提高新政府的声望，增强消费者和投资企业的信心，也为新政府提供了推进改革的政治资本。

2019 年 1～8 月，萨尔瓦多共发生 1861 起凶杀案，比 2018 年同期的 2689 起下降了 31%；凶杀率从 2018 年同期的十万分之五十一降至十万分之二十九。2019 年 6 月，布克尔执政后，凶杀率更是大幅下降。萨尔瓦多警方的数据显示，2019 年 6～8 月萨尔瓦多共发生 516 起凶杀案，即平均每天 5.7 起，这比 2018 年同期的 871 起减少了 41%。

纳伊布·布克尔对萨尔瓦多社会安全的评估较为乐观。在 2019 年 2 月胜选当晚的致辞中，他提出萨尔瓦多已经“进入战后时期”，应该着眼于未来而不是过去。然而，内战是萨尔瓦多沉重的过去，内战的遗留问题仍然影响着整个萨尔瓦多社会。尽管 2016 年萨尔瓦多废除了 1993 年大赦法，但许多战争罪仍在调查。因此，萨尔瓦多真正“翻开新的一页”仍需要数年时间，甚至如今的高犯罪率也可以追溯到内战时期。

布克尔政府拒绝与帮派势力就和平进行谈判。为应对帮派暴力，布克尔就任后启动了耗资 3100 万美元的《领土控制计划》（Plan de Control Territorial，以下简称“计划”）。计划采取软硬结合的方法打击街头帮派，最终目的是在 3～4 年内消除帮派暴力，其资金主要用于增强警察和军事力量，驱逐和削弱帮派势力。布克尔承诺在上任后的 100 天内大幅降低凶杀率。在计划执行的前 2 个月，政府采取“硬”措施镇压街头帮派，逮捕 5000 多人；监狱系统也进入紧急状态，禁止访客进入，并断开监狱内部与外界的通信网络，封锁了 28 所监狱。计划的第二阶段将执行“软”措施，包括制订社区计划，帮助贫困青年。凶杀率下降后，政府解除了监狱的紧急状态等“硬”措施。

部分民众和社会团体对 2019 年凶杀率数据的可信度提出质疑，因为政府数据排除了帮派与警察等国家安全机构发生冲突所导致的死亡率。经济学人智库认为，布克尔政府很难持续降低凶杀率，因为上届政府也曾实施打击黑帮的“非常措施”，但只能在短期内打击黑帮势力，无法根除。另外，虽然布克尔为《领土控制计划》争取到初期的资金支持，但是后续资金的追加很难得到议会的支持。他提出国家财政增加 11.2% 的公共安全支出，这也将是2020年他所面临的预算谈判方面的挑战。

2019年10月，布克尔总统宣布成立萨尔瓦多终止有罪不罚现象国际委员会（以下简称“委员会”），旨在反腐，这也是布克尔的竞选承诺之一。委员会尚未正式运行，很多政策有待制定和细化。委员会由联合国和美洲国家组织合作发起，与萨尔瓦多包括国家警察和总检察署在内的行政司法机构建立合作机制。但是，委员会的管辖权有限，仅适用于行政部门中的非司法机构。为使该委员会具有更大的合法性和自治权，布克尔已要求联合国参与该委员会的运行。但是，联合国还无法提供技术以外的支持，也不能参与刑事调查，除非新政府与议会就委员会的运作达成广泛政治共识。此外，委员会只通过总统实施政令，很可能在政府换届后被撤销。

终止有罪不罚现象国际委员会的建立虽然得到包括反对党民族主义共和联盟在内的政党的支持，但是在扩大委员会权力方面，新政府将面临议会的强烈反对，并很难达成共识，因此委员会对布克尔加强国家机构管理的贡献有待观察。

四　外交形势①

2019年，萨尔瓦多的外交政策仍是优先保持与中美洲国家和美国的关系。对于布克尔总统来说，保持与美国的良好关系很重要。美国是萨尔瓦多的主要贸易和投资伙伴，170万名萨尔瓦多人在美国生活和工作，侨汇是该国经济的主要支柱。布克尔执政后面临的外交挑战是移民和美国援助问题。萨尔瓦多移民在美国享受的临时保护地位计划会于2020年1月结束，超过20万名在美国的萨尔瓦多人会受到影响。美国总统唐纳德·特朗普曾呼吁终止对萨尔瓦多的援助，随后言论有所缓和，并在2019年6月宣布继续提供援助，但金额削减一半。2019年9月20日，萨美双方就中美洲难民问题签署了一项移民协议。协议规定在美国寻求庇护的中美洲非法移民北上美国

① 如无特别注明，本部分数据来自EIU，*Country Report：El Salvador 4th Quarter 2019*。

途中如果经过萨尔瓦多，应在萨尔瓦多寻求庇护，而不是美国。

2018 年 8 月 21 日，萨尔瓦多同中国建交。建交以来，两国在各领域交流日益密切，经贸合作持续扩展，相互了解不断加深。2019 年 12 月 1 日至 6 日，布克尔总统访华。布克尔此行对于促进两国关系意义重大。两国领导人对建交第一年取得的成就给予积极评价，表示将加强合作，并共同发表了《中华人民共和国和萨尔瓦多共和国联合声明》。双方签署了涵盖农业、贸易、投资、旅游、经济技术合作、体育等领域的 9 项合作文件。布克尔总统访华期间，双方还签署了新建现代化的国家图书馆、伊洛潘戈湖供水、沿海城市供排水 3 个项目立项换文；双方同意尽快完成所需流程，以尽早启动大型现代化国家体育场、“冲浪城市”旅游发展中心基础设施改扩建、拉利伯塔德码头改扩建和休闲旅游区建设项目；相关项目拟在中国无偿援萨框架下建设；双方将密切配合，尽快启动上述 6 个项目建设，以便在未来 5 年内建成并投入用。① 萨尔瓦多与中国在许多领域建立了伙伴关系和开展合作，重视与中国建交所带来的机会和发展。

2019 年，萨尔瓦多与委内瑞拉、尼加拉瓜、洪都拉斯等国家的关系紧张。自 2019 年 6 月就任总统以来，布克尔支持美国干预部分拉美国家政权，质疑委内瑞拉、尼加拉瓜和洪都拉斯三国政府的合法性，并且未邀请三国领导人出席他的就职仪式。2019 年 11 月 2 日，萨尔瓦多政府公开宣布拒绝承认委内瑞拉马杜罗政府的合法性，并做出驱逐委内瑞拉外交人员的决定；而委内瑞拉则实施同等报复，要求加拉加斯的萨尔瓦多外交人员离境。

（郭存海　审读）

① 《中华人民共和国和萨尔瓦多共和国联合声明》，新华网，2019 年 12 月 3 日，http：//www. xinhuanet. com/politics/2019 - 12/03/c_ 1125304052. htm。

Y.25

危地马拉：新政府的四大挑战

谭道明*

摘　要： 2019年，危地马拉举行了总统选举，贾马特当选总统。新政府面临发展经济、治理腐败、打击暴力犯罪以及修改与美国的移民协议四项重要挑战。受私人消费推动，2019年危地马拉中央政府总收入、进出口总额均有所增长，全国失业率小幅下降，经济保持缓慢增长。作为右翼政府，贾马特政府继续保持与美国的盟友关系，与委内瑞拉政府断交。

关键词： 危地马拉　总统选举　反腐败　移民协议

一　政治与社会形势

2019年6月，危地马拉举行总统选举。第一轮选举中，有19名候选人参与角逐，改变危地马拉前进党候选人亚力杭德罗·贾马特与全国希望联盟候选人桑德拉·托雷斯脱颖而出，进入第二轮角逐。2019年8月11日，危地马拉举行第二轮总统选举，亚力杭德罗·贾马特以57.95%的选票击败桑德拉·托雷斯，当选新一届总统。

贾马特的从政履历并不亮眼，此番当选有很大运气成分。贾马特先从医，后经商，再从政。在就任总统之前，他的唯一一份公职是在2006年被

* 谭道明，中国社会科学院拉丁美洲研究所马克思主义理论与拉美政治研究室副研究员，阿根廷研究中心副秘书长，主要研究领域为拉美政治制度比较研究和拉美政治思想史研究。

任命为危地马拉监狱管理局局长。贾马特曾 3 次参选总统、2 次参选首都危地马拉城市长。2019 年贾马特第 4 次参选总统并成功胜出得益于 4 位有实力的候选人被禁止参选。最大的竞争对手苏维·里奥斯是右翼民粹主义政党价值党推出的候选人，但因其父亲是前军事独裁者埃夫兰·里奥斯·蒙特而被依法剥夺参选资格。民意支持率曾排名第 2 位的特尔玛·阿尔达纳是种子运动党的总统候选人，因受到挪用公款、税务欺诈等指控而被禁止参选。国家变革联盟的候选人马里奥·埃斯特拉达被指控向毒贩索取竞选资金、试图雇凶谋杀对手，于 2019 年 4 月在美国东南部城市迈阿密被逮捕，其总统候选人资格随即被最高选举法院取消。力量党候选人毛里西奥·拉德福特也因受到腐败调查而失去参选资格。与贾马特在第二轮竞争的托雷斯曾被检察机关指控涉嫌做伪证、非法筹集竞选资金等不法行为，但最高法院最终拒绝剥夺她的选举资格。

2019 年危地马拉的总统选举是对 2016 年修改的选举法的首次重大考验。根据 2015 年的一份报告，危地马拉各政党有大约一半的政治献金是非法的，其中 25% 来自富有的精英和企业、25% 来自犯罪组织、50% 来自国家承包商。① 这表明各类犯罪组织和特殊利益集团对危地马拉政治体制的渗透十分严重。2016 年，在民间力量的推动下，危地马拉国会对选举法进行改革。新的选举法加强了对政治献金的限制，要求政党接受的所有私人政治献金都必须在最高选举法院登记，提高选举过程的透明度。根据新选举法，参加 2019 年大选的每个政党的广告经费最高不得超过 380 万美元，该限额只有 2015 年大选宣传费用的一半；正式竞选时间缩短到 90 日，在选举日前两天必须停止有偿选战活动。

贾马特希望自己的当选能为危地马拉人民带来希望。根据危地马拉宪法，他于 2020 年 1 月 14 日正式就职，将执政到 2024 年。贾马特的执政面

① Adriana Beltrán, Adeline Hite, "Corruption in the Guatemalan Political System and the 2019 Elections," The Washington Office on Latin America, June 12, 2019, https://www.wola.org/analysis/corruption-in-the-guatemalan-political-system-and-the-2019-elections/, accessed January 30, 2020.

临四大严峻挑战。

第一大挑战是发展经济。经济问题是解决危地马拉严重的政治和社会问题的总钥匙。在竞选期间，贾马特提出建立工作和投资的“经济之墙”，以国内的经济发展遏制本国向美国的非法移民。作为右翼总统，他倾向于采取亲市场的经济政策，吸引外国投资，增加对外出口，与私营部门合作创造更多就业机会，进而解决危地马拉的贫困问题。贾马特总统提出在西部高地修建公路，增加政府对该地区的投资，减少移民。新政府还与美国国际发展金融公司签署了一项谅解备忘录。该公司未来 3 年内在危地马拉进行 10 亿美元的私营部门投资。有危地马拉分析家认为，贾马特的当选代表私营部门精英重新掌权，不会给危地马拉带来实质性改变。

第二大挑战是治理腐败。危地马拉深受腐败和有组织犯罪困扰。近年来，危地马拉的法治建设取得重要成就，在反腐败立法方面也取得很好的成效。危地马拉的反腐体制在拉美地区非常特殊，采取危地马拉检察院与联合国终止有罪不罚现象国际委员会协同合作的模式。2018 年 11 月，危地马拉检察院与联合国终止有罪不罚现象国际委员会已经打击了 60 个犯罪网络，打赢了 310 宗腐败案件，涉及官商 600 多人。[①] 2019 年的一项民意调查显示，联合国终止有罪不罚现象国际委员会得到了危地马拉 70% 以上公民的支持，远超过其各政府机构和总统。[②]

前任总统莫拉莱斯与终止有罪不罚现象国际委员会的关系曾十分紧张，引发总统与反腐机构之间的激烈对抗，对危地马拉的法治和反腐败工作造成了严重的破坏。与莫拉莱斯一样，贾马特对终止有罪不罚现象国际委员会也持批评态度。他认为终止有罪不罚现象国际委员会反腐败工作的成效并不明

---

① 李慕然：《腐败疑云笼罩危地马拉总统选举》，中央纪委国家监委驻司法部纪检监察组网站，2019 年 6 月 3 日，http://www.moj.gov.cn/news/content/2019-06/03/441_236429.html，2020 年 1 月 30 日。

② Adriana Beltrán, Adeline Hite, "Corruption in the Guatemalan Political System and the 2019 Elections," The Washington Office on Latin America, June 12, 2019, https://www.wola.org/analysis/corruption-in-the-guatemalan-political-system-and-the-2019-elections/, accessed January 30, 2020.

显，腐败还有加剧的趋势。同时，贾马特认为一个主权国家不应该将反腐败权力交给一个国际机构，这是对危地马拉主权不可接受的侵犯。他计划设立一个危地马拉全国反腐败委员会来取代终止有罪不罚现象国际委员会，由总统办公室领导。但是，关于这个新委员会的组成和职权，目前还没有公布。很多人怀疑新政府并不能做到自我监督，新的反腐败委员会可能会流于形式。

第三个挑战是打击暴力犯罪问题。暴力问题是危地马拉的痼疾。近10年来，危地马拉的凶杀率持续下降，但整体社会形势并不乐观，暴力犯罪依然猖獗。

贾马特主张重点治乱。首先，他希望推动危地马拉恢复死刑，以此震慑帮派团伙和暴力分子，维护社会秩序。其次，他鼓励警察在必要时敢于对犯罪嫌疑人开枪，承诺新政府会保护使公民免于犯罪侵害的警察。但危地马拉有法外处决传统，警察在打击暴力犯罪的同时，可能严重侵犯普通公民的基本权利。再次，他将推动一项立法，将街头黑帮团伙定性为恐怖组织，将黑帮分子定性为恐怖分子，从而更有利于审判这些犯罪组织和个人。最后，他任命前军队指挥官担任内政部长，负责民警、移民和监狱等问题。此举遭到危地马拉人权倡议者的反对，他们指出“这是回到黑暗时代的标志”，很快就会构建出新的“内部敌人”。[①]

第四个挑战与同美国签署的“安全第三国”协议有关。特朗普曾威胁对危地马拉实施经济制裁，莫拉莱斯政府被迫在2019年7月底与美国签署相关移民协议，使危地马拉成为阻挡中美洲国家移民北上美国的“缓冲带”。根据该协议，取道危地马拉前往墨西哥、美国的洪都拉斯和萨尔瓦多移民必须先向危地马拉申请庇护。作为“补偿”，美国政府可以放行部分危地马拉移民赴美。贾马特在竞选期间就批评这个协议有损危地马拉的利益。其一，这份协议的合法性存在疑问。根据宪法规定，政府无权签署此类协议，必须获得国会许可。其二，这份协议没有考虑到危地马拉的安全问题。

① Sandra Cuffe, “Guatemala's new president is more of the same, experts say,” The World from PRX, January 20, 2020, https://www.pri.org/stories/2020-01-20/guatemalas-new-president-more-same-experts-say, accessed February 1, 2020.

危地马拉是全球凶杀率最高的国家之一，洪都拉斯和萨尔瓦多的移民滞留在危地马拉可能造成严重的人身安全问题。其三，危地马拉经济困难，为本国公民提供基本生活保障犹有不足，如何接纳他国滞留境内的众多移民。

目前来看，贾马特不会寻求完全废除这份“安全第三国”协议。他希望能够与特朗普政府进行开诚布公的磋商，寻求修改协议的一些条款，希望能更有利于危地马拉。

总之，贾马特提出了雄心勃勃的改革议程。他宣布要在上述四大关键领域推进制定58部法律，争取在就任后的18月内讨论和通过。与此同时，他还打造了一支专业化的官僚团队。比如，他任命危地马拉农工商及金融协会协调委员会（CACIF）的前负责人出任经济部长。但是，由于危地马拉政治机构的疲弱、政党体制的碎片化、公民对民主政治和政府的不信任，贾马特很难完全落实其主张。更重要的是，国会共有19个政党，执政党前进党在国会160个议席中仅有17个席位，全国希望联盟是国会第一大党，拥有52个议席，国家变革联盟有12个席位，价值党有9席，国家融合阵线党和国家福利党各有8个席位，种子运动党有7个席位，全民党和愿景与价值党各有7个席位，人道主义党和承诺革新秩序党各有6个席位，另有其他8个政党合计占21个席位。面对如此碎片化的国会，构建一个稳固的执政联盟并不容易。

二　经济形势[①]

危地马拉2019年的经济增长率达到3.3%，高于2018年的3.1%，成为拉丁美洲地区3个经济保持增长的国家之一。增长的主要驱动力是私人消费，投资也起到了一定作用，特别是公共投资的作用明显。

2019年前9个月，危地马拉的直接税收入增长2.0%、非税收入增长

① 如无特别注明，“经济形势”部分的全部数据均来自CEPAL，*Balance Preliminar de las Economías de América Latina y el Caribe 2019*，Naciones Unidas，Santiago，2019。

8.7%、资本收入增长27.4%，尽管间接税收入有所下降（1.0%），但中央政府的总收入还是增长了1.1%（按实际汇率计算）。2019年，危地马拉对外出口额约114亿美元，比2018年增长2%。① 成衣是危地马拉出口量最大的商品，其他重要出口商品还有香蕉、蔗糖、咖啡和小豆蔻。危地马拉最大出口对象为美国，其他重要出口对象还有巴拿马等中美洲国家以及欧元区、墨西哥等国家和地区。2019年，危地马拉进口额增长1.1%，达到约199亿美元。进口额增加的主要原因是非耐用消费商品和工业资本的进口增加。美国仍是危地马拉2019年最大进口来源国，其他重要进口来源地还有中美洲国家和欧元区。

2019年前10个月，在美国劳动力市场的推动下，危地马拉的家庭汇款增长了13.8%，2018年同期则为11.9%。主要来自美国和墨西哥的外国直接投资在2019年上半年达到5.36亿美元，高于2018年同期的5.12亿美元。在汇款增加和信贷改善的推动下，危地马拉的私人消费增长了4.2%。2019年10月，危地马拉消费者物价指数的年际变化为2.2%，而2018年同期为4.3%。主要是食品尤其是蔬菜、面包和谷类等门类价格的下降。

2019年9月，危地马拉的外部公共债务总额占GDP的比重为11.0%，2018年9月的占比为10.5%；内部公共债务总额占GDP的比重为13.8%，2018年9月的占比为13.7%。2019年，危地马拉中央银行的货币政策仍以宽松为导向。2019前11个月利率保持不变，为2.75%。2019年前9个月，对私营部门的银行信贷年均增长6.1%，与2018年同期的6.0%持平，但低于2012~2015年的12.2%。2019年10月，外汇净储备达146.31亿美元（相当于8个月的进口额），比2018年高出18.75亿美元。

最新一轮的《全国就业和收入调查》显示，2018年12月，危地马拉全国失业率为2.0%，而2017年同期为2.1%；女性的失业率（2.7%）高于男性的失业率（1.6%）。2019年，经济增长的改善有利于小幅降低失业率。

---

① 张喜敬：《危地马拉2019年对外出口增加》，中国国际贸易促进委员会，http://www.ccpit.org/Contents/Channel_4115/2020/0220/1241954/content_1241954，最后访问日期：2020年2月10日。

2019年，危地马拉的通胀率预计为3.0%。2019年，危地马拉的最低工资没有提高，农业和非农业部门的每日最低名义工资仍为90.16格查尔（约合11.7美元），出口加工部门的最低工资仍为82.46格查尔（约合10.7美元）。因此，最低工资的购买力相应缩水3%。

受新型冠状病毒肺炎疫情影响，危地马拉2020年的GDP预计增长-2%。全球经济在疫情之后将复苏，2021年危地马拉的经济增长率将反弹到5.5%。[①] 2020年，危地马拉的财政赤字预计占GDP的2.4%，通货膨胀率约为1.8%，失业率约为2%。

三 外交形势

贾马特政府将延续前任莫拉莱斯政府的对美政策，继续扮演美国在中美洲重要盟友的角色。贾马特的经济发展计划依赖美国国际发展金融公司的资金支持。对于“安全第三国”协议，面对特朗普政府的经济制裁威胁，贾马特选择修改协议而不是废除协议。预计新政府将与特朗普政府举行新的谈判，就协议修改进行磋商。

作为具有右翼色彩的政府，贾马特就任伊始做出的第一个重要外交决定就是宣布与委内瑞拉马杜罗政府断交。2020年1月16日，贾马特在首都危地马拉城会见美洲国家组织秘书长路易斯·阿尔马格罗，在讨论委内瑞拉局势问题后，决定断绝与委内瑞拉政府的关系。2019年10月，候任总统贾马特曾试图进入委内瑞拉，但被委内瑞拉政府以没有合法证件为由拒绝入境。

近年来，危地马拉与中国的经贸往来日益密切。[②] 危地马拉银行数据显示，2019年1月，危地马拉来自中国的进口总额接近2.17亿美元，同比增长14.3%，中国为危地马拉第二大进口来源国。危地马拉从中国进口最多

---

① “The economic context of Guatemala,” Nordea, https://www.nordeatrade.com/en/explore-new-market/guatemala/economical-context, accessed May 28, 2020.

② 中危进出口数据来自《中危两国经贸合作恰逢其时》，《中国贸易报》2019年11月12日，第A8版。

的产品为电子器械和元件，总额达 1970 万美元；其次是纺织品和化工产品，分别为 1922 万美元和 1818 万美元。2019 年 1 月，危地马拉对华出口总额达 878.1 万美元，同比增长 25%，其中钢铁出口所占份额最高，达 794.2 万美元。2019 年 9 月，北京世界园艺博览会举办“危地马拉国家日”活动。2019 年 11 月，中国国际贸易促进委员会与危地马拉相关机构在危地马拉首都危地马拉城举办了中国－危地马拉经贸合作与发展论坛。

（杨建民　审读）

Y.26
巴拿马：科尔蒂索当选总统，面临多重挑战

王　帅*

摘　要： 在2019年5月总统大选中，民主革命党候选人劳伦蒂诺·科尔蒂索获胜。新总统上任后面临政治改革、经济政策调整、外交平衡等一系列挑战。政治上，科尔蒂索总统致力于提高政府透明度、积极推动宪法改革。经济上，受全球经贸形势的不利影响，巴拿马各经济部门缺乏活力，新政府开源节流，积极解决财政亏空问题，同时努力保持社会形势稳定。对外关系上，新政府在处理同区域外大国的关系时采取了更为谨慎的政策，同时积极开展多元外交。

关键词： 巴拿马　总统大选　政治改革　财政赤字　外交平衡

一　政治形势

2019年5月5日，巴拿马中左翼政党民主革命党候选人劳伦蒂诺·科尔蒂索（Laurentino Cortizo）当选新一届总统。有分析认为，本次大选是一次就政治腐败的“全民公投”。① 科尔蒂索就任后，面临反腐败和宪法改革等多重执政考验。

---

* 王帅，中国社会科学院拉丁美洲研究所助理研究员。

① EIU, “Cortizo takes presidency in tighter than expected race,” *Country Report*: *Panama*, June 2019, p. 20.

（一）民主革命党赢得2019年总统选举

本次总统竞选主要在三大政党——民主革命党、民主变革党和巴拿马主义党之间展开。巴拿马第一大党民主革命党候选人劳伦蒂诺·科尔蒂索最终以33.2%的得票率当选，但仅高于其主要竞争对手、民主变革党候选人罗慕洛·鲁克斯（Rómulo Roux）2个百分点。[①] 事实上，在大选前的多次民调中，科尔蒂索的支持率一直遥遥领先。

民主革命党在10年之后重掌政权主要得益于自身强大的基层影响力、深得民意的竞选宣言、其他两大政党的内耗以及独立候选人分散了部分选票。首先，民主革命党是巴拿马的传统大党，选民基础扎实，影响力大。在连续两届大选失利后，民主革命党为本届总统选举做了充足的准备。

其次，科尔蒂索的竞选纲领思路清晰、目标明确，深得民心。基于民众对当前政治腐败的愤怒——这也正是前任政府饱受诟病的主要问题之一，科尔蒂索提出了旨在加强腐败治理和提高政府透明度的执政思路，简称“四个支柱和一个主角”的政策方针，[②] 即以教育为政府政策的“主角”，以建立“诚实的好政府”与“没有腐败的守法政府”、发展“提供就业机会的竞争性经济”以及“消除贫困和不平等”为“四个支柱”。

最后，其他两大政党内耗严重，凝聚力不强。巴拿马主义党候选人何塞·布兰东（José Blandón）受本党执政时期业绩不佳如经济增速放缓、治腐不力和本党实力相对较弱等因素的影响，未能实现连任。而科尔蒂索最大的竞争对手、民主变革党候选人罗慕洛·鲁克斯受腐败和党内斗争影响，在党内“另立门户”，与原领导人马蒂内利（Ricardo Martinelli）势力划分界限，导致未能形成合力。值得一提的是，政治“局外人”、独立候选人里卡

① EIU, “Cortizo takes presidency in tighter than expected race,” *Country Report*: *Panama*, June 2019, p. 20.

② “PRD scents victory,” *Latin American Weekly Report*, April, 17, 2019, p. 14.

多·隆巴纳（Ricardo Lombana）获得了19.2%的选票[①]，超过巴拿马主义党候选人布兰东，居第3位。这是巴拿马自恢复民主体制以来独立候选人取得的最好成绩。

（二）新总统推动一系列改革

劳伦蒂诺·科尔蒂索总统于2019年7月1日宣誓就职。为区别于往届总统、摆脱民众对政府维护执政党领导权力的刻板印象，新总统科尔蒂索任命的18位内阁成员仅有3位来自民主革命党[②]。与此同时，议会选举结束后，议员构成也经历了“大洗牌”，有约50位议员寻求连任，但仅有1/3获得成功。[③] 目前，执政联盟在议会的席位占据绝对多数，达40席，其中民主革命党占35席，民族主义共和自由运动党占5席。这意味着新总统在立法机关将拥有重要话语权，新政府在推行改革时也将占据主动。另外，民主变革党在议会中占18席，巴拿马主义党占8席，独立人士占5席[④]。

除刺激经济、加强社会安全保障等议题外，科尔蒂索的竞选承诺主要还包括治理腐败、提高政府透明度、推行宪法改革等。2019年8月，新总统刚刚就任不久，便向议会提交了两项法案，即改革公共采购法以及为建立公私合营框架立法。前者旨在提高公共支出的效率和透明度，后者针对目前缺失的公私合营法规。公私合营范式的缺失导致公共和私营部门在分析市场和价格、调研及反馈渠道上各行其是，影响透明度。根据这项立法，所有公私合营项目均须公开招标，并且地方政府须至少持有公私合营项目25%的股份。此外，政府还希望借此带动更多私人投资，减轻公共财政压力，以及吸引外国直接投资。新政府在议会占据优势，在推动一些提案获得通过时明显

① EIU, "Cortizo takes presidency in tighter than expected race," *Country Report: Panama*, June 2019, p. 20.

② EIU, "Cortizo announces cabinet," *Country Report: Panama*, June 2019, p. 22.

③ EIU, "Qualified endorsement for Cortizo points to challenges ahead," *Country Report: Panama*, June 2019, p. 25.

④ EIU, "Qualified endorsement for Cortizo points to challenges ahead," *Country Report: Panama*, June 2019, p. 24.

比上届政府顺利。

宪法改革是科尔蒂索总统上任后面临的重要考验。宪法改革的最初动议于1972年提出。而后，包括刚刚卸任的前总统巴雷拉都意图推行改革而未能实现。科尔蒂索总统一上台便积极推动宪法改革，现已批准了40条改革草案提交议会。这40条提案由企业家、劳工和公民社会团体组成的公私咨询机构“国家发展协作委员会”草拟，总统希望在两个连续立法机关年度、以简单多数获得议会讨论批准，并提交全民公决。此次宪法改革的主要目标是进一步加强三权分立、增强司法自主权、建立针对公共部门的问责制。宪法改革动摇了议员的部分特权，如议员任职不得超过两个任期、授予总检察长起诉法官和议员的权力等，改革的进程在争议和总统施压下缓慢前行，不排除改革进程最后超出总统预期或改革内容未能完全实现的可能性。新型冠状病毒肺炎疫情（以下简称“疫情”）在巴拿马发生后，尽管各政党表现出前所未有的团结共同抗疫，科尔蒂索总统的应对举措也获得反对党的支持，但原本由新政府积极推动的政治改革进程也被迫暂停，特别是宪法改革在科尔蒂索任内实现的可能性进一步降低。①

二　经济与社会形势②

根据联合国拉美经委会的报告，2019年巴拿马经济增长率为3.5%，不仅低于预期，而且为近5年来最低。这主要是受全球经贸形势低迷的影响以及巴拿马国内主要经济部门普遍缺乏活力。2019年7月以来，新政府为推动经济增长、降低财政赤字进行了一系列政策调整。

（一）2019年巴拿马经济增长继续放缓

较低的经济增长率和低于预期的税收收入对巴拿马财政总收入的影响

---

① EIU, “Government explores lifting coronavirus quarantine,” *Country Report*: *Panama*, May 2020, p. 20.

② 除特殊标明外，本部分的数据均来自CEPAL, *Balance Preliminar de las Economías de América Latina y el Caribe 2019*, Naciones Unidas, Santiago, 2019。

较大。截至2019年9月，巴拿马非金融公共部门赤字达到24.54亿美元，占国内生产总值的3.6%，同比增长0.2%，其中总收入实际减少3.3%、总支出实际减少0.1%。截至9月，中央政府的税收收入实际下降3.3%，非税收收入实际减少了13.4%，其中直接税收入下降明显，间接税收入也出现下降。预计全年税收收入仅占国内生产总值的8.4%①，比2018年减少9.44亿美元，降幅达15%②。较低的税收收入不仅说明巴拿马的税制结构存在问题，也从侧面反映出巴拿马当年较低的经济增长率。非金融公共部门的支出保持稳定，经常账户支出实际增长6.9%，约合4.68亿美元；资本支出实际下降16.8%，约合5.41亿美元。同期，公共债务额占国内生产总值的41.5%，同比上升了2.7个百分点。

巴拿马大多数经济部门缺乏活力。首先，作为巴拿马经济重要支柱的金融业尽管继续保持增长，但活力不足。截至2019年8月，地方国有银行对私营部门的贷款总计543.07亿美元，年均名义增长2.7%；抵押贷款和个人消费贷款增幅尚可，增长率分别为5%和5.8%；工业和金融保险业的增长下滑，仅分别增长3.3%和1.8%。其次，对外贸易额有所下降。截至2019年8月，对外出口额下降了15.5%，主要是因为科隆自贸区转口贸易大幅收缩了16.5%；进口额下降了5.7%，主要是因为科隆自贸区采购额大幅缩水了13.6%。最后，服务业也出现消极迹象。受商业、旅游业和航空运输业拖累，服务业收入略有减少。由于居民出国旅游消费和商业服务增加，服务进口增长了4.7%。部分领域保持了增速发展。巴拿马运河通航量及收入比2018财年有显著上升，分别上涨3.1%和5.9%③；家政服务业、农林牧业和采矿业同期分别增长了9.1%、5.5%和4.6%，但这些行业在巴

① EIU, "Cortizo moves quickly to invigorate agricultural sector," *Country Report*: *Panama*, August 2019, p. 28.

② EIU, "Legislature approves austere 2020 budget," *Country Report*: *Panama*, December 2019, p. 24.

③ "Principales Indicadores Económicos Mensuales – 2019," Instituto Nacional de Estadística y Censo, http: //www. inec. gob. pa/avance/Default2. aspx? ID_ CIFRAS = 40&ID_ CATEGORIA = 1&ID_ IDIOMA = 1.

拿马经济中均属于小部门，合计对国内生产总值的贡献率不足 8%。此外，运输、仓储和通信业也保持了一定活力，增速达 4.8%，但与 2018 年 6.9% 的增速相比有所下滑。

（二）新政府的经济政策调整

科尔蒂索总统上任伊始便面临上届政府遗留的财政亏空问题。此外，2018 年以来巴拿马经济增速持续放缓，收不抵支，新政府在财政收入和支出两方面实施了激发有潜力经济部门的活力和审慎的紧缩财政政策。

全球贸易增速减弱抑制了巴拿马的经济活动，给巴拿马财政收入带来消极影响。受全球经济下行压力的冲击，科隆自贸区的进口额、再出口额、贸易额等均出现了不同程度的减少。受贸易摩擦影响，美国和中国减少了对运河的使用导致其通行费收入减少。原本可支撑经济加速增长的“巴拿马铜”铜矿项目（全面投入生产后，预计每年将给巴拿马带来超过 20 亿美元的铜出口收益），因环保、人权等非政府组织及世居民族的反对，其发展前景仍不明朗。财政收入传统上依赖的经济部门均丧失动力，巴拿马政府开始挖掘其他经济部门的增长潜力，以刺激经济快速发展，增加财政收入。

曾任农业部长的中左翼总统科尔蒂索，首先将目光转向了农业和畜牧业。他宣布将逐步取消自 2014 年 7 月起实施的一揽子基本食品价格管控，以促进国内粮食生产、减少食品进口。他还解散了被认为加剧国内对进口食品依赖的巴拿马食品安全局（AUPSA）。此外，政府加大了对农民的财政支持，以刺激对国产食品的消费、积极推动食品出口。其次，新政府还重视加快旅游业的发展。例如，积极开展和航空公司及旅行社的合作，注重国家旅游的对外宣传推广，以提高来巴游客数量；计划取消对博彩业征税，以吸引游客前往当地赌场和酒店。最后，2019 年巴拿马财政部先后 3 次发行主权债券筹集资金。第一次为 7 年期价值 10 亿美元的主权债券①；科尔蒂索政府上台后，先是发行了两只总计价值 20 亿美元的新主权债券，其中一只为

---

① EIU, “Sovereign issues bond ahead of May election,” *Country Report*: *Panama*, May 2019, p. 24.

10 年期12.5 亿美元债券、另一只为40 年期7.5 亿美元债券，这也是巴拿马在国际资本市场发起的迄今最大的一笔融资[①]；而后，巴拿马又发行了两只总计价值13 亿美元的债券，其中一只为10 年期3 亿美元债券，另一只为34年期10 亿美元债券[②]。除此之外，为增加税收，科尔蒂索总统还签署了一项纳税“大赦”法案，对2019 年10 月至2020 年2 月缴纳逾期税款的个人及企业免除惩罚性利息和罚款，以此激励税款缴纳。

在财政支出方面，科尔蒂索政府采取了紧缩方针，设法缩减政府开支。例如，新政府暂停了一系列耗资近10 亿美元的公共投资计划，事实上公共基础设施投资在2019 年进展缓慢。新政府还在计划的经常性支出中省出4.95 亿美元，以支付上届政府对公共工程的欠款。[③] 此外，政府提交议会的2020 年预算草案更是首次将预算金额下调至233 亿美元，比2019 年预算支出减少3.5 亿美元，其中主要是削减了资本支出。2020 年预算中有52%将用于支付当前开支，33%用于公共投资，另有15%用于偿还公共债务。[④] 然而，负责任的财政管理可能有利于缩小赤字，但也将限制政府促进经济增长的能力。2019 年10 月，议会通过了新的《社会和财政责任法》修正案，再次上调了非金融公共部门的赤字上限，将2019 年赤字上限由占国内生产总值的2%上调至3.5%，2020 年上限由占国内生产总值的1.75%上调至2.75%[⑤]。这一修正案将帮助政府采取更有力的财政刺激措施，应对经济增长减速带来的经济和社会挑战。

2019 年巴拿马社会形势基本保持稳定。与居民生活息息相关的消费者物价指数下降，截至10 月，同比降幅达0.7%，降幅较大的领域有运输、

---

① EIU, “Government issues US $2bn in sovereign bonds,” *Country Report: Panama*, August 2019, p. 22.

② EIU, “Sovereign raises US $1.3bn in bond reopening,” *Country Report: Panama*, December 2019, p. 27.

③ EIU, “Fiscal position under pressure,” *Country Report: Panama*, August 2019, p. 29.

④ EIU, “Executive submits 2020 budget to Congress,” *Country Report: Panama*, October 2019, p. 26.

⑤ EIU, “Legislature approves changes to fiscal responsibility law,” *Country Report: Panama*, November 2019, p. 25.

通信和生活用品。这主要是因为经济增长放缓、经济部门活力减弱。失业率有所上升，达到7.1%。政府调整了最低工资标准，全国最低工资平均上涨3.3%，为近年来最低涨幅。[①] 目前，巴拿马的社会不平等在中美洲地区处于较高水平，而政府对社会领域的投入低于地区平均水平。而当前糟糕的财政状况可能进一步限制新政府对公共领域的投资计划，2020年的政府预算已计划缩减对公立大学的投入。

然而，疫情打乱了巴拿马正常的经济、社会运行。巴拿马的疫情发展较快，已成为中美洲地区疫情较为严重的国家之一。2020年4月，国际货币基金组织曾向巴拿马政府提供了总值5.15亿美元的紧急贷款[②]。此次疫情可能会严重打击巴拿马经济，其经济增长可能陷入衰退[③]。巴拿马国内方面，餐饮业、旅游业和航空运输业首当其冲受到影响，失业率情况进一步恶化。疫情可能会打压消费者和企业的信心，抑制国内消费和私人投资。国际方面，全球经济衰退和金融市场动荡将抑制巴拿马经济部门的活动、影响巴拿马政府的主要收入来源。巴拿马经济增长的主要驱动力——运输、仓储和金融部门遭受打击，如巴拿马运河通航量、离岸金融均遭受不利影响。此外，出口贸易及科隆自由区的转口贸易也将遭遇重创。

三 外交形势

2019年巴拿马总体外交环境微妙复杂，政府谨慎发展同大国的关系，同时积极开展多元外交，寻求外交平衡。

巴拿马新政府在发展与域外大国关系时更为谨慎。面对中美贸易摩擦，巴拿马新政府采取了更为谨慎的对外政策。一方面，科尔蒂索政府放慢与中国的合作脚步。2019年4月，中巴两国政府完成了双边自贸协定第5轮谈

---

① EIU, "Government displays caution over minimum wage adjustment," *Event*, January 7, 2020.

② EIU, "IMF extends emergency financing to Panama," *Country Report*: *Panama*, May 2020, p. 24.

③ EIU, "Government takes steps to combat coronavirus outbreak," *Country Report*: *Panama*, April 2020, p. 25.

判。然而，科尔蒂索政府上任后倾向于执行“部分范围”的自贸协定，例如加强商贸联系、促进巴拿马农牧产品出口中国，而非寻求全面的自由贸易。目前，巴拿马牛肉已开始向中国出口。巴拿马新政府在处理同美国的关系时，首先肯定了与美国保持长期战略联盟的重要性，希望继续维持与美国紧密的安全合作，共同应对移民问题；但科尔蒂索总统也谴责美国政府没有足够重视中美洲。科尔蒂索政府还拒绝了与美国签订“安全第三国”协议。

在此背景下，科尔蒂索政府寻求多元外交，努力发展同区域内周边国家的关系，以满足本国经济多元化发展的需要。2019 年 10 月和 11 月，科尔蒂索总统相继出访墨西哥和哥伦比亚。墨巴两国总统就双边贸易、投资、安全合作和边境管控问题进行会谈，其中发展自由贸易、促进农产品出口、加强对电信领域的投资成为双方会谈的重点。在与哥伦比亚总统的会谈中，双方都避免探讨两国间长期存在的贸易争端，而专注于争议较小的议题，如安全、移民、投资和贸易。特别是双方讨论了农业合作、两国电网互联以及旅游和文化合作。

（郭存海　审读）

Y.27

多米尼加：经济亮点依旧，政局尘埃落定

史沛然*

摘　要： 2019年，多米尼加确定了主要总统竞选人，但也造成了执政党的内部分裂，为来年的地方和总统选举带来变数。最终，反对党候选人赢得总统大选，其代表的革命党也取代执政多年的解放党成为国会多数党。经济方面，多米尼加为拉美地区经济增长速度最快的国家之一，财政赤字、外汇储备、汇率和通货膨胀率均维持稳定。社会方面，巴西奥德布雷希特公司行贿案进入司法程序，多名政治人物被起诉，国内对政府腐败的不满持续上升。外交层面，多米尼加与海地在非法入境问题上的争端加剧，并要求委内瑞拉公民提供签证方可入境。

关键词： 多米尼加　总统选举　经济增长　腐败案

一　政治形势

2019年，多米尼加的政治热点主要围绕2020年选举展开。2020年多米尼加将进行地方选举、总统选举和立法机构选举。随着大选将近，多米尼加国内的政治气氛不断高涨，执政党内部的对立局势加剧。前总统莱昂内尔·

* 史沛然，中国社会科学院拉丁美洲研究所助理研究员，研究领域为计量经济学。

费尔南德斯（Leonel Fernández）退出多米尼加解放党进一步加剧了多米尼加的政治动荡。

（一）执政党因总统候选人问题出现分裂，反对党提名确定

2020 年总统大选竞争将在执政党多米尼加解放党（以下简称“解放党”）和最大的反对党现代革命党（以下简称“革命党”）之间展开。革命党选出的总统候选人为路易斯·阿比纳德（Luis Abinader），这是他自 2016 年以来第二次参选。解放党方面，现任总统达尼洛·梅迪纳（Danilo Medina）已明确表示不会寻求修改宪法以再次参选。在党内初选中，曾任公共工程和传播部长的贡萨洛·卡斯蒂略（Gonzalo Castillo）以 48.7% 对 47.3% 战胜前任总统莱昂内尔·费尔南德斯，成为解放党总统候选人。① 初选失利后，费尔南德斯以“选举欺诈”为由，带领 27 名党员退出解放党，并在选举法庭注册，成为总统候选人，但是费尔南德斯已经在解放党党内初选中落败。费尔南德斯曾上诉至宪法法院，要求裁定他的参选是否合宪，最终，宪法法院认可了他的选举人资格。②

费尔南德斯退出解放党，其总统候选人身份获得了多米尼加国内一些反对派小党的支持，这使解放党在国会失去了有效多数，包括 2020 年预算法案在内的一系列相对中性的法案出现拉锯局面。此外，他在总统竞选活动上的一系列举措也为 2020 年的总统选举带来新的变数。其中最突出的一点是解放党内部出现分裂，由于费尔南德斯拥有相当广泛的支持者，革命党候选人阿比纳德在总统民调中屡次领先，最终取得了总统选举的胜利。

① “Dominican-Primary Challenged Story,” The Associated Press, October 9, 2019, https://apnews.com/4b3cc19df55149a28c00e61402d582b5, accessed January 2, 2020.

② “Leonel ante nuevo año que definirá su futuro político,” Diario Libre, https://www.diariolibre.com/actualidad/leonel-ante-nuevo-ano-que-definira-su-futuro-politico-CB16177467, accessed January 2, 2020.

（二）2020年选举使用电子投票器，人工辅助验票

多米尼加中央选举委员会宣布，2020 年选举将使用电子投票器，但为了杜绝潜在的舞弊，在使用电子投票器的投票点同时进行人工验票。[①]

在选举中使用电子投票器这一决定获得了商业部门和公民社会组织的普遍支持，然而在政界则褒贬不一。费尔南德斯认为电子投票器容易遭受攻击并产生虚假、失实的结果，但是中央选举委员会否认了这一说法。

根据规定，在地方选举与总统和立法机构选举中，凡是选举席位超过 12 个的选区都将使用电子投票器。中央选举委员会的这一决定使多米尼加境内使用电子投票器和传统投票方式的选区的比例变成6∶4，首都圣多明哥以使用电子投票器的方式进行选举。新冠疫情暴发后，弃选率创下历史新高，但阿比纳德以 53% 的压倒性优势获得总统选举的胜利。卡斯蒂略和费尔南德斯则分别赢得了 37% 和 8. 8% 的选票。

二　经济形势[②]

在拉美各国经济增长率较低的 2019 年，多米尼加的宏观经济指标继续处于区域前列。年度经济增长率预期达到 4. 8%，远远高于地区平均水平（0. 1%）。消费者物价指数表现良好，通货膨胀水平维持在低位。国际贸易方面，货物和服务贸易出口额均温和增长，但经常账户赤字则上升到近三年来的最高值。

（一）宏观经济发展水平突出

近年来，多米尼加的经济表现持续优于拉美地区的平均水平。2019 年，联合国拉美经委会预计多米尼加的 GDP 增长率为 4. 8%，低于 2018 年的

---

① EIU, *Country Report*: *Dominican Republic 2019*, p. 20.

② 如无特别说明，本节数据均引自 ECLAC, *Preliminary Overview of the Economies of Latin America and the Caribbean*, United Nations, Santiago, 2019。

7.0%，但显著高于地区平均增长水平；人均 GDP 增长率为 3.7%，低于 2018 年的 5.8%，但高于拉美地区 -0.9% 的平均水平，领先地区多数国家。截至 2019 年 11 月，多米尼加的年通货膨胀率为 3.23%，高于 2018 年的 2.37%，但仍维持在 4.0%（±1%）的通胀目标区间内。[①]

在对外部门方面，2019 年多米尼加的国际收支余额由 2018 年的 8.35 亿美元降至 -1.35 亿美元，国际储备也由上年的 76.28 亿美元下降至 74.92 亿美元。国际收支与国际储备下降的主要原因是拉美地区整体经济增长前景黯淡，拖累了投资者对区域内国家的经济发展信心。

在财政方面，中央政府的财政赤字占 GDP 的 2.2%，比 2018 年的 1.9% 略有上升，与 2017 年的水平持平。2019 年，预计多米尼加总外债存量为 358.13 亿美元，同比上升 5.63%，占 GDP 的比重为 40.47%，与 2018 年的 39.61% 水平相近。此外，多米尼加的财政收入和税收收入在 GDP 中的占比继续温和增长，这都表明政府在增加税收收入和改善支出效率方面取得了一定成效。此外，为了更好地应对新冠疫情，多米尼加政府推行了经济刺激方案。但整体而言，在多米尼加的新冠疫情稳定之后，政府或将收紧财政政策并努力降低财政赤字的规模。[②]

在货币政策方面，多米尼加中央银行在年内三次降息。6 月底，基准利率由 5.50% 下降至 5.00%；多米尼加中央银行在 7 月和 8 月先后宣布降息 250 个基点，并宣布 4.50% 的基准利率将维持到 2019 年 12 月。这 3 次降息中，仅有 7 月的降息与美联储的降息决定同期，其余两次均早于美联储的降息决议，但整体而言，多米尼加的降息举措还是对年内美元降息周期的回应。2019 年多米尼加实际有效汇率指数为 116.6，多米尼加比索兑美元汇率和兑欧元汇率平均为 53.02∶1 和 59.12∶1，同比均出现了贬值，与近年来拉美主要国家货币兑美元持续贬值的趋势一致。

① Banco Central de la República Dominicana, https://www.bancentral.gov.do/, accessed January 2, 2020.

② EIU, *Country Report: Dominican Republic 2020*, p. 2.

表1 多米尼加主要经济指标（2017～2019年）

经济指标	2017	2018	2019(估值)
GDP增长率(%)	4.7	7.0	4.8
人均GDP增长率(%)	3.5	5.8	3.7
固定资本形成总额增长率(%)	24.5	26.0	26.5
货物出口(百万美元)	10135	10908	11235
货物进口(百万美元)	17734	20209	20613
服务出口(百万美元)	8857	9284	9614
服务进口(百万美元)	3307	3399	3636
货物和服务余额(百万美元)	-2050	-3416	-3400
收入差额(百万美元)	-3794	-3845	-4300
经常转移余额(百万美元)	5711	6101	6467
经常账户余额(百万美元)	-133	-1160	-1233
资本及金融账户余额(百万美元)	861	1994	1098
国际收支余额(百万美元)	728	835	-135
国际储备变化(百万美元)	-728	-835	135
净外国直接投资(百万美元)	3571	2535	—
外债总额(百万美元)	19124	21860	—
国际债券发行总额(百万美元)	2017	3118	2500
国际储备(百万美元)	6781	7628	7492
实际有效汇率指数(2005年=100)	114.2	117	116.6
财政余额占GDP比重(%)	-2.2	-1.9	-2.2
财政收入占GDP比重(%)	14.2	14.2	14.5
税收收入占GDP比重(%)	13.2	13.2	13.6
财政支出占GDP比重(%)	16.4	16.2	16.7
公共债务占GDP比重(%)	36.1	36.8	38.7

资料来源：ECLAC, *Preliminary Overview of the Economies of Latin America and the Caribbean*, United Nations, Santiago, 2019。

（二）国际贸易增长，对华出口增幅突出

2019年，预计多米尼加货物贸易出口额为112.35亿美元，比2018年增长3.0%；服务贸易出口96.14亿美元，比2018年增长3.55%。预计多米尼加货物贸易和服务贸易的进口额分别为206.13亿美元和36.36亿美元，分别同比增长2.0%和7.0%。多米尼加的货物贸易常年处于贸易逆差地位，2019年逆差额为93.78亿美元，比2018年增加0.8%，而服务贸易的顺差额则预计由2018年的

58.85 亿美元增长至 2019 年的 59.78 亿美元。近年来多米尼加经常项目赤字持续上升，2019 年预计将达到 12.33 亿美元，为近 3 年来的最高峰。

联合国拉美经委会预计 2019 年多米尼加的出口价格增长 1.6%，出口量增长 1.8%。其中，农产品和矿产品对出口的贡献最大，出口额预计分别增长 10% 和 5%。农产品方面，香蕉和鳄梨增长幅度最大，而镍矿和黄金则是增长幅度最大的矿产品。在多米尼加的自由贸易区，烟草和电子产品实现出口增长，而医疗设备则出现了出口衰退。[①]

2018 年 5 月，多米尼加正式与中国建交。2019 年，多米尼加对华货物出口总额同比增长 187.6%，货物进口总额也增长了 5.8%；多米尼加对欧盟和美国等传统贸易伙伴的货物出口也有所增长，但对其他亚太国家和拉美地区的货物进出口均出现了下降。

表 2　主要贸易对象货物贸易进出口额增长情况

单位：%

贸易对象	年份	出口	进口
欧盟	2018	18.2	24.7
	2019	14.5	3.1
美国	2018	12.2	13.9
	2019	6.6	-3.1
中国	2018	8.1	17.2
	2019	187.6	5.8
其他亚太国家	2018	15.6	12.7
	2019	-13.9	-3.3
拉美	2018	12.8	4.9
	2019	-6.0	-0.2

注：2019 年数据为估值。

资料来源：ECLAC, *International Trade Outlook for Latin America and the Caribbean 2019*, United Nations, Santiago, 2019。

① ECLAC, *International Trade Outlook for Latin America and the Caribbean 2019*, United Nations, Santiago, 2019, p. 74.

三　社会形势

安全和腐败是长期困扰多米尼加的社会问题。2019 年，多米尼加国内最引人关注的案件为巴西工程巨头奥德布雷希特公司（Odebrecht S. A.）行贿案。案件涉及金额巨大，有多名党派人士被正式起诉，对 2020 年的选举造成一定影响。

（一）奥德布雷希特公司行贿案对大选造成一定影响

2016 年底，奥德布雷希特公司向美国法院承认，向多米尼加政府和私营部门相关人员支付了超过 9200 万美元的贿赂以获得卡塔利娜角（Punta Catalina）火电站的工程承包合同。2019 年，多米尼加法院对该案件做出宣判，要求奥德布雷希特公司在未来 8 年支付 1.84 亿美元的补偿金。此外，多米尼加法院还正式起诉了包括前参议员、前公共工程部长在内的 6 名嫌疑人。2019 年底，多米尼加最高法院宣布，除了即将参与 2020 年立法机构选举的参议员汤米·加兰（Tommy Galán）的案件将在最高法院审理，其他 5 人的案件将在下级法院审理。

奥德布雷希特行贿案虽然发生在解放党任内，但被起诉的人员中也包括多米尼加主要的反对党革命党和人民力量党（La Fuerza del Pueblo）成员。因此，案件的最终宣判将拖延至 2020 年大选之后。

（二）腐败问题突出，民众评议不断下调

多米尼加是拉美地区腐败问题较为突出的一个国家。根据透明国际（Transparency International）公布的腐败感知指数，多米尼加 2018 年的排名为第 129 位，虽然比 2017 年的第 135 位稍有改善，但在参与排名的拉美地区 30 国中，仅排名第 22 位。① 透明国际的另一份调查显示，在受访的 1.7 万名拉美地区民众中，超过半数的人认为本国的腐败程度在

① "2018 Corruption Perceptions Index", Transparency International, https://www.transparency.org/cpi2018, accessed January 2, 2020.

加剧而政府作为不够，在政府腐败问题上，多米尼加的得分仅高于委内瑞拉，居拉美地区第 2 位。① 2018 ~ 2019 年的美洲晴雨表（Barometer Survey of the Americas）调查结果显示，87% 的多米尼加民众认为，超过 50% 的多米尼加政客涉及腐败。② 因此，无论 2020 年大选的结果如何，获胜的一方都需要回应民众对国内腐败的关切，将清除腐败列为其施政重点。

（三）劳动力市场改善，城市失业率略有回升

2019 年，多米尼加劳动参与率和就业率均达到 3 年来的最高值（以 1 ~ 9 月数据计算）。但城市失业率略有回升，2019 年第一季度的城市失业率达到 6.1%。整体而言，多米尼加的劳动力市场的表现在不断好转。政府近年来大力推动基础设施建设，将旅游业作为核心产业，这些政策对改善国内就业有着积极的正面引导作用。

表 3　多米尼加劳动参与率、失业率和就业率变化

单位：%

项目	2017	2018	2019
劳动参与率	62.2	63.6	65.0[a]
城市失业率	5.5	5.7	6.1[b]
就业率	58.7	60.00	61.0[a]

注：a. 为截至 9 月数据；b. 为截至 3 月数据。

四　外交形势

2019 年，多米尼加在外交领域继续保持稳健的风格。多米尼加与邻国

① “Dominican Republic Govt., LatAm's 2nd Most Corrupt,” Dominican Today, September 23, 2019, https://dominicantoday.com/dr/local/2019/09/23/dominican-republic-govt-latams-2nd-most-corrupt/, accessed January 2, 2020.

② “Survey: 87% of Dominican politicians are corrupt,” Dominican Today, November 22, 2019, https://dominicantoday.com/dr/local/2019/11/22/survey-87-of-dominican-politicians-are-corrupt/, accessed January 2, 2020.

海地的关系转冷，限制委内瑞拉公民入境。

美国依然是多米尼加最重要的外交盟友。尽管美国与拉美国家的外交关系在近年来普遍受到美国政府的批评，但《美国－多米尼加－中美洲自由贸易协定》（DR－CAFTA）是区域内为数不多的尚未受到美国总统唐纳德·特朗普相关“不公平”指责的自贸协定。

2019年，多米尼加与海地的关系日益紧张。在海地移民进入多米尼加的议题上，两国的争端加剧。在多米尼加驱逐海地移民的行为升级后，海地提高了对多米尼加的关税。2019年12月，公民与社会前线主席以赛亚斯·拉莫斯（Isaías Ramos）公开表示，应在两国边境线设置围墙，防止海地公民非法入境。①

委内瑞拉的难民危机也对多米尼加的边境管理提出了挑战。多米尼加境内的委内瑞拉公民超过3万名，2019年12月，多米尼加外交部宣布，委内瑞拉公民进入多米尼加将需要相关签证。继厄瓜多尔、智利和秘鲁之后，多米尼加成为第4个要求委内瑞拉公民入境提供签证的拉美国家。②

展望2020年，地方和中央政府选举依然是多米尼加最重要的政治事件，也势必对未来的经济、民生和外交政策产生影响。自1996年以来，解放党已经在多米尼加执政超过20年，深厚的政治基础使其在国内具有广泛的群众基础，但由于新冠疫情和前总统费尔南德斯退党所引起的解放党内部分裂，最终革命党候选人阿比纳德赢得了总统选举。革命党在议会获得的多数席位也使未来5年多米尼加的政治格局更为明朗。同时，尽管多米尼加的经济发展水平在拉美地区名列前茅，但2020年若想在新冠疫情的影响下继续“独善其身”，还需要更为谨慎地面对黯淡的地区经济发展前景和动荡的全球经济趋势所带来的不确定性。2020年，受疫情影响，

① “Civic Group Demands A Fence along Entire 388KM Haiti Border,” Dominican Today, December 20, 2019, https://dominicantoday.com/dr/local/2019/12/20/group－demands－a－fence－along－entire－388km－haiti－border/, accessed January 2, 2020.

② Beyza Binnur Dönmez, “Dominican Republic requires visa for Venezuelans,” Anadolu Agency, December 16, 2019, https://www.aa.com.tr/en/americas/dominican－republic－requires－visa－for－venezuelans/1675317, accessed January 2, 2020.

多米尼加的经济和社会活动在不同程度上停滞。第三产业是多米尼加经济发展的重要构成部分，其旅游服务业与美国和欧洲等疫情高发国家和地区联系紧密，因此，多米尼加在2020年的经济发展难免受到疫情发展的后续影响。

（岳云霞　审读）

Y.28

海地：政局愈加动荡，前景堪忧

刘天来*

摘　要： 2019年海地的政治局势动荡，内阁一年内更换了两次，莫伊兹总统的民众支持率日益下降，议会选举被迫推迟。2019年海地的经济呈疲软态势，税收收入下降，通货膨胀严重，经济获得改善的前景堪忧。海地社会动荡不安全，示威抗议频发。海地与邻国多米尼加的关系依旧紧张，与美国关系保持良好的状况，与中国的关系有向好的态势。

关键词： 海地　政治局势　经济发展　社会抗议　外交关系

一　政治形势[①]

2019年，海地政局仍动荡不安。2019年是莫伊兹（Jovenel Moïse）总统执政的第3年，其主要执政方向是团结国内支离破碎的各种政治力量、稳定民众情绪以及保持自己的总统职位。

2019年2月，海地爆发了严重的示威抗议活动，抗议政府治理国家不力，经济萎靡不振，通货膨胀严重，腐败调查滞后，特别是持续的燃料短缺和电力配给计划。抗议活动持续了10多天，造成伤亡，政府、学校等关闭，

---

* 刘天来，中国社会科学院拉丁美洲研究所助理研究员，主要研究方向为拉美政治与法治、金砖国家司法协助。

① 除特别注明，本部分数据引自EIU，*Country Report：Haiti 2019－2020*。

公共服务停摆。

抗议迅速升级，要求莫伊兹总统下台。对此，莫伊兹总统发表讲话，明确不会在2022年任期结束前提前下台，并敦促抗议者的领导人参与全国对话，同时警告持续的抗议活动可能会引发全国安全危机。莫伊兹总统的讲话并未平息抗议活动，抗议者指出莫伊兹并未提出任何具体的解决方案。随后，莫伊兹总统承诺将采取9项措施，包括进一步减少不必要的公共开支并将节省出来的资金用于加强基本公共服务、与私营部门谈判以提高最低工资标准、任命新的反腐败部门负责人并承诺增加调查“加勒比石油”（PetroCaribe）贪污案的检察官和法官的资源、允许社会更多地参与国有企业的运作等。

同时，莫伊兹总统敦促内阁总理让·亨利·塞昂（Jean Henry Céant）辞职，以期通过任命新总理来重塑政治环境，回应民众对政府治理国家不力的指责，安抚希冀更换政府以改变政策的人。但是塞昂拒绝辞职。2018年7月，时任总理拉丰唐（Jack Guy Lafontant）因社会抗议活动被迫辞职，塞昂与莫伊兹分属不同党派，作为非政治任命在2018年8月获得提名并就任内阁总理。2019年3月18日，海地众议院以93票赞成、6票反对、3票弃权通过了对塞昂领导的政府的不信任投票。但参议院当时未决定何时表决，塞昂仍然拒绝辞职。2019年3月21日，莫伊兹总统任命文化和传播部长让·米歇尔·拉潘（Jean Michel Lapin）为新任内阁总理，塞昂于同一天提交辞职信。

拉潘为莫伊兹三年任期内的第三任内阁总理。拉潘内阁在议会受到了反对派的阻挠，4次对新内阁的投票都受到反对派的反对。反对派占据议会场地，声称不支持任何莫伊兹提名的政府，并呼吁莫伊兹辞职。尽管拉潘内阁最后在议会获得通过，但受制于海地政局和体制，特别是受到议会的强力制约，新内阁不太可能对既有政策和政府施政带来多少改变。海地议会分崩离析，政党高度分散，政府难以在议会获得多数票的支持，这极大地掣肘了政府的施政。政府反复更替也不利于对国家的有效管理和施政的连续性。

正是上述多数消极原因极大地制约了拉潘内阁的施政，新政府能做出的改变极为有限，导致此前与莫伊兹保持一致的众议院迫使拉潘辞去总理职务。2018 年 7 月下旬，莫伊兹任命了其任期内的第四任内阁总理——米歇尔（Fritz William Michel），但是目前尚未得到议会的批准。没有内阁，政府就无法提出 2019 ~2020 年度的预算方案，而没有新的预算方案，海地政府将连续两年在 2017 ~2018 年度预算方案下运作，因为 2018 ~2019 年度也没有预算方案。无法调整预算方案，将更加束缚政府的自由裁量权和治理。比如，海地与国际货币基金组织最近到期的 2.29 亿美元的为期 3 年的贷款协议需要重新谈判，但是没有预算方案，谈判无法进行。

2019 年 6 月，反对派明确要求莫伊兹在 6 月 9 日之前辞去总统职位，否则将在全国开展无限期的抗议活动。海地审计机关和司法机关也向国会提交了一份关于莫伊兹涉嫌腐败的报告。此后，民众和反对派要求莫伊兹辞职的呼声越来越高，莫伊兹的一些支持者也纷纷倒戈。

2019 年 8 月，海地政局动荡加剧，总统莫伊兹的地位日益弱化，海地的政治局势进入了新的危机阶段。8 月 7 日，众议院反对派议员正式发布报告，指控莫伊兹参与了“加勒比石油”基金的贪腐案，涉嫌挪用资金，要求众议院启动总统弹劾程序。反对派议员威胁将拒绝参加任何立法活动，加上民众对莫伊兹的反对情绪，众议院议长加里·博多（Gary Bodeau）同意启动总统弹劾程序。但因弹劾听证会的分歧过多，议长暂停了立法会议。

对莫伊兹的弹劾获得成功的可能性不高，因为需要同时获得参众两院 2/3 多数票支持。在众议院，莫伊兹所属政党及联盟占据了微弱多数，反对派的人数只达到了发起弹劾的要求。在参议院莫伊兹所属政党及联盟也占据了微弱多数。但是，莫伊兹在民众和议会中都不受欢迎，这无疑弱化了其地位，莫伊兹能否完成任期也不可预测。

海地议会的中期选举依据法律应该在 2019 年 10 月举行，参议院和众议院各 1/3 的议席将改选。但是政局持续动荡、危机加剧，议会选举被推迟，并且没有确定的选举时间表。2020 年，如果仍然没能举行选举，将引起宪法上的危机；如果能及时举行选举，鉴于民众对莫伊兹执政的不满，极有可能选出更多的反建制的候选人，那么海地朝野将更加支离破碎。

目前，莫伊兹总统仍然得到军方和美国的支持，其所属政党及联盟在参众两院也占据多数席位。但是，如果抗议持续下去而政府仍然没有有效的应对措施，莫伊兹能否完成任期值得怀疑。新型冠状病毒肺炎的暴发也对海地政局产生了影响，部分政治纠纷被压制、掩盖。因此，海地局势也面临更多的不确定性。

二 经济形势①

2018 年海地经济的消极态势持续到 2019 年。根据拉丁美洲和加勒比经济委员会的估计，2019 年海地的经济增长率为 0.8%，比 2018 年下降了 0.7 个百分点。海地的主要宏观经济指标也呈现出消极态势，如通货膨胀率高企（以两位数增长）、财政赤字恶化（约占 GDP 的 7%）等。但是，经常账户赤字减少（从占 GDP 的 -3.9% 降至 -1.2%）。原因在于海地在海外有大量侨民，来自国外的汇款降低了经常账户恶化的风险。国外汇款约占海地 2019 年实际 GDP 的 39%，而国外汇款使海地每年的二次收入盈余占 GDP 比重将近 45%，这有助于抵消大部分贸易逆差，同时支持了私人消费。

2019 年，由于直接税收（20%）和间接税收（14%）的损失以及关税收入的减少（25%），估计海地总税收实际下降 18%。海地尝试减少公共支出，缓解税收收入的疲软，但财政失衡依然严峻，公共支出的结构相当不灵活，公共部门职员的薪酬和昂贵的能源补贴占据近一半的公共支出总额。而纷乱的朝局、动荡的社会形势、恶劣的商业环境等严重限制了海地政府增加财政收入的努力。

海地政府一直在努力实施财政改革，逐步取消各种政府财政补贴（特别是能源补贴），加强对医疗、教育等领域的公共投资，但是受到各方的强

① 除特别注明，本部分数据引自 ECLAC，*Preliminary Overview of the Economies of Latin America and the Caribbean*，United Nations，Santiago，2019；EIU，*Country Report：Haiti 2019 - 2020*。

烈反对。同时，海地政府试图采取各种措施吸引国内外私人投资，例如，推出“单一投资窗口”（Single Window of Investment）在线投资平台，以减少投资过程中的官僚主义，但是这些措施难以给积弊多年的商业环境带来实质性改善。由于高政治风险、对投资者的保护不足以及合同执行不力，投资者信心仍然疲弱。

2019 年 9 月，海地古德兑美元的年度贬值率为 34%，月平均贬值率为 2.5%。其中，2019 年 2 月（5.2%）和 6 月（4.7%）的贬值率最高。2018 年年底古德兑美元的汇率为 77.2∶1，2019 年 4 月为 85.4∶1，6 月为 91.4∶1，8 月为 82.1∶1，10 月已达 95.6∶1。海地中央银行在抑制通货膨胀的同时，收紧利率。2019 年 5 月，海地的基准利率（91 天期中央银行债券）仍保持在 12% 的水平。2019 年 6 月，海地中央银行将 7 天期债券的利率从 6% 提高到 10%，将 28 天期债券的利率从 8% 提高到 14%，将 91 天期债券的利率从 12% 提高到 22%。不过，2019 年 11 月，海地中央银行将基准利率降低至 15%。

为抑制通货膨胀并遏制古德对美元的贬值，2019 年 6 月海地中央银行还宣布了其他措施，包括直接干预措施，如出售其外汇储备中的 1.5 亿美元等。海地中央银行美元的净销售额为 1.63 亿美元（2018 年为 8200 万美元），国际储备金净损失减少 3100 万美元。储备金的适度减少还在于海地获得了 1.39 亿美元捐款，捐款主要来自美洲开发银行（46%）和世界银行（39%）。

在信贷方面，按年计算（截至 7 月），海地名义国内净信贷增长了 29%，私人信贷增长了 22%，公共部门信贷增长了 54%。贷款违约率提高到 7%（2018 年为 2%），反映出海地银行系统信贷组合的恶化。

2019 年海地的商品进口下降了 3%，而出口增长了 15%。进口减少主要与国际油价下降相关，贸易逆差（31.24 亿美元）与 2018 年相比减少了 8%。出口回升则主要来自成衣加工，其出口额增长了 23%。

2019 年海地的公共债务总额为 21 亿美元，占 GDP 的 24%，与 2018 年相比没有多大变化。2019 年世界银行向海地提供了 1.62 亿美元贷款，为海地在自身资金极其薄弱的情况下提供了急需的资金。美国国际开发署（USAID）也启动了“海地投资”（Haiti Invest）项目。实际上，在2010年大地震之后，来自国际社会的大量债务减免，减轻了海地的公共财政压力。但是，近年来海地获得的优惠融资减少导致其公共债务负担加重。尽管仍有少量的债务减免，但海地公共债务占GDP的比例仍不断增长。

2020年初，新型冠状病毒肺炎（以下简称“新冠病毒”）暴发，海地公共支出大幅增长和财政收入剧烈减少，其财政失衡加剧。新冠病毒也导致海地的建筑业、纺织业、制造业以及作为海地经济支柱之一的旅游业等行业大面积陷入停顿乃至衰退。同时，海地原本较大程度上依赖的国际援助和民间捐助受新冠病毒的影响也变少甚至停止。受2019年长期干旱天气的影响，海地农业产量也大幅减少。总之，持续的政治动荡和腐败丑闻加剧了社会上的紧张局势，经济形势也不可避免地受到影响而恶化，加上新冠病毒的暴发，2020年海地的经济预计将陷入衰退。

三　社会形势[①]

2019年海地抗议活动频发，社会动荡不安。上半年和下半年都爆发了全国范围内的大规模抗议活动，还有大量小型抗议活动，抗议活动、示威活动贯穿2019年始终。

在就业方面，一些特定行业的就业有所增长。比如，出口加工业的就业增长了10.6%（从2018年8月的51669人增加到2019年8月的57153人）。但对于整个海地而言，就业、薪酬方面的形势是消极、负面的，特别是在严峻的经济形势下（根据2019年经济活动状况指标，海地第一产业、第二产业、第三产业有所萎缩）。旅游业受到地震破坏和社会形势的影响，游客总数减少了42%。农业部门因干旱天气的持续而陷入困境，大量农村人口涌入城市，给公共服务带来巨大的压力，现有的基础设施和住房存量难以满足

① 除特别注明，本部分数据引自EIU，*Country Repor：Haiti 2019 - 2020*。

不断增长的人口，加重了非法用工、就业不足和犯罪问题。就业形势或持续恶化且难见好转迹象。虽然 2019 年 11 月海地政府宣布提高最低工资标准，但是鉴于古德贬值快速且严重，涨薪难抵通胀。

持续的电力配给正在影响广大海地民众的生活。自 2018 年以来，海地不断地发生停电现象，影响了全国所有的个人和企业。因供电能力不足，海地实行电力配给，反映了海地政府的财务困境。因为海地政府长期拖欠电力供应商的款项，供应商以停电为回应。最新的估计表明，仅有 25% 的海地人能够获得可靠的电力供给，但人数可能会因供电能力的减弱而减少。海地政府财政能力有限，电网建设将是一个缓慢的进程。即便海地政府能够提供足够的电力，但海地公民的家庭购买力薄弱，加上薪酬基本停滞不前却面临严重的通货膨胀，电力市场也会很浅。如果政府提供补贴，则又面临能源补贴所带来的消极后果，电力问题得到解决的前景依然迷茫。

鉴于海地是非法贩运毒品的中转站，不稳定的安全局势将加剧海地社会的紧张局势。2017 年 10 月联合国海地稳定特派团撤出海地后，海地政府重建武装部队，并建立了新的边防警察队伍，以减少对国际的依赖。2019 年 10 月，联合国海地司法支助特派团撤离海地。联合国在海地仅留下一个政治特派团，即联合国驻海地综合办公室，而海地国内安全的治理则完全交给了海地的安全部队。虽然新冠病毒暴发使街头抗议减少，但是面对复杂的国际国内形势，海地的安全部队能否长期、独立地承担起保障国内安全、维持社会稳定的责任依然存在巨大的不确定性。

四　外交形势[①]

2019 年，海地与邻国多米尼加的关系依然紧张，而移民问题是两国纠纷的核心问题。

---

① 除特别注明，本部分数据引自 EIU，*Country Report*：*Haiti 2019 - 2020*；中国海地贸易发展办事处官网，http：//ht. chinacommercialoffice. org/chn/，最后访问日期：2019 年 12 月 28 日。

多米尼加的海地移民数量非常庞大，根据多米尼加政府最近一次人口普查，大约有847979名外国公民居住在多米尼加，占多米尼加人口总数的8.3%，其中89%是海地人或海地人后裔，包括277046名在多米尼加出生的无证移民。2013年多米尼加宪法法院的一份司法裁判剥夺了大量海地裔多米尼加公民身份，随后多米尼加政府依据该判决驱逐了一些海地移民。尽管多米尼加出台了《国家外国人归化法案》，规范多米尼加的移民问题，明确规定，法院判决不具有获得多米尼加公民身份资格的无证移民及其子女，可以授予其工作许可及涉及工作许可的相关身份。但是多米尼加社会反对海地移民的意见一直非常大，不免影响到多米尼加政府对移民问题的处理。其直接后果是《国家外国人归化法案》的适用率偏低，比如延期办理甚至拒绝寻求通过《国家外国人归化法案》获得相关许可和身份的申请，同时加强移民执法，大规模遣返和驱逐不具有合法身份的海地移民。2018年多米尼加政府加强了海地与多米尼加边境地区的军事存在。

多米尼加对海地移民的遣返，加剧了海地本已十分薄弱的社会公共服务的压力。作为回应，海地多次禁止进口多米尼加的商品，继而引起多米尼加的反击，如此恶性循环，双边关系愈加紧张。

2019年，海地与美国的关系延续2018年的趋势和重点，集中在经济和人道主义问题上的合作。美国国土安全部曾宣布在2020年1月终止向海地人签发临时保护身份（TPS）签证。2010年海地发生大地震后，约有5.9万名海地公民移居美国，这批人将首当其冲。但2019年11月1日，美国国土安全部宣布将美国海地移民的TPS签证有效期延长至2021年1月。虽然美国不太可能为美国的海地移民提供永久的移民身份解决方案，但是短期的措施也有益于海地与美国之间的双边关系。

海地与中国的关系日益密切。比如，中国曾参与联合国在海地的维和行动，一些中国企业在海地获得了重要的项目建设合同，中海经贸关系良好且稳步发展。2019年，海地与中国关系向好的趋势更加明显。中国海地贸易发展办事处王向阳代表表示，如果海地政府坚持“一个中国”原则，中国政府愿意同海地建立正常的国家关系，并加强与海地在政治、经贸、卫生、教育等多领域的合作。[①] 尽管海地受制于美国的外交政策，但鉴于海地的资金和财政状况，来自中国的资金将非常重要。加上中美洲的巴拿马、萨尔瓦多、多米尼加相继与中国建交，以及中国拥有帮助国际社会应对新冠病毒的经验、能力、资源等，海地与中国的关系面临向好的因素。

（杨建民　审读）

① "La Chine souhaite avoir des relations diplomatiques avec Haïti, mais fixe ses conditions," Le Nouvelliste, September 4, 2019, http://www.radiohaititropical.com/haiti-news/relations-diplomatiques-la-chine-souhaite-avoir-des-relations-diplomatiques-avec-haiti-mais-fixe-ses-conditions/;《驻海地商代处王向阳代表接受海地〈新闻人报〉记者采访》，中华人民共和国外交部网站，2019年9月6日，http://russiaembassy.fmprc.gov.cn/web/dszlsjt_673036/ds_673038/t1695419.shtml。

Y.29

加勒比地区*：多国即将大选，债务全面缩减

郭凌威**

摘　要： 2019年加勒比地区局势总体稳中向好。政治方面，多米尼克顺利完成选举，6个国家将于2020年陆续开启大选，政治形势总体较为稳定。经济方面，地区经济增速放缓，公共债务全面缩减，通胀率下降，营商环境全球排名虽持续下滑，但国际贸易多方面表现喜人。社会方面，虽然加勒比地区各国人类发展指数得分较高，但不平等问题仍较为突出；委内瑞拉移民涌入带来的风险隐患也不容忽视。外交方面，解决领土争议和打击毒品犯罪是地区重点外交事务，中国与加勒比国家的合作关系取得多项积极进展。

关键词： 加勒比地区　大选　公共债务　国际贸易

一　政治形势

2019年加勒比地区仅有多米尼克举行大选，政治形势总体稳定。2020

---

* 本报告对加勒比地区的界定参照拉美经委会总结的范围。根据联合国拉美经委会《拉丁美洲和加勒比经济初步总结》，加勒比地区包括13个国家，分别是安提瓜和巴布达、巴哈马、巴巴多斯、伯利兹、多米尼克、格林纳达、圭亚那、牙买加、圣基茨和尼维斯、圣卢西亚、圣文森特和格林纳丁斯、苏里南及特立尼达和多巴哥。

** 郭凌威，中国社会科学院拉丁美洲研究所助理研究员，主要研究方向为国际直接投资。

年该地区迎来大选年，将有6国举行大选，不过这些国家暂时未表现出过多的政治不确定性。

（一）2019年多米尼克顺利举行大选

多米尼克2019年12月6日举行大选，由罗斯福·斯凯里特（Roosevelt Skerrit）领导的工党（DLP）以54.42%的得票率获胜，连续第5届获选，这在多米尼克选举史上是前所未有的。议会的21个席位中，工党赢得18席，其余3席由联合工人党（UWP）获得。[①] 新一届政府于12月17日组成并宣誓就职。

（二）2020年加勒比地区有6个国家举行大选

2020年加勒比地区迎来大选年，有6个国家举行大选，按照预计大选时间排序分别是圭亚那（3月）、苏里南（5月）、圣基茨和尼维斯（6月5日）、特立尼达和多巴哥（9月）、伯利兹（11月）以及圣文森特和格林纳丁斯（12月）。

自2018年底对由民族统一党（APNU）及变革联盟党（AFC）组成的中左翼联盟政府发起不信任投票后，圭亚那大选时间经历几次反复，最终决定在2020年3月举行。中左翼联合政府推举现任总统格兰杰（Granger）为候选人，反对党人民进步党（PPP/C）的候选人为伊尔凡·阿里（Irfan Ali）。在2020年3月2日的大选中，双方势均力敌，格兰杰总统以微弱优势获胜连任，但反对党坚持认为选票结果存在争议，并提起诉讼。5月4日圭亚那选举委员会经审议后发布命令，于5月6日开始对2020年3月2日全国普选和地区选举的选票进行重新计票。[②] 经过漫长

① "Dominica General Election Results," Caribbean Elections, December 6, 2019, http://www.caribbeanelections.com/dm/elections/dm_results_2019.asp, accessed January 2, 2020.

② *Gazetted Order for National Recount*, GECOM, https://www.gecom.org.gy/assets/docs/Press_Releases/2020/Gazetted_Order_Recount_5May2020.pdf, accessed May 16, 2020.

的重新计票，人民进步党最终以50.7%的选票取得最终胜利，伊尔凡·阿里于8月2日正式上任，任期5年。[①]

苏里南居民不足60万人，却拥有众多党派（2015年大选有21个党派参选），总统不由选民直接选举产生，而是在议会中赢得2/3以上选票的候选人当选。在2020年5月25日举行的大选中，由昌德利卡波萨德·单多吉领导的最大的反对党进步改革党（VHP）胜出，打败了由前总统德西·鲍特瑟领导的国家民主党（NDP）。[②]

圣基茨和尼维斯于2020年6月5日举行了大选，竞争主要集中于由蒂莫西·哈里斯（Timothy Harris）领导的执政党联合政府与由丹吉尔·道格拉斯（Danzil Douglas）领导的反对党工党之间。最终蒂莫西·哈里斯获胜连任。

特立尼达和多巴哥执政党人民民族运动党（PNM）在议会中拥有稳固的多数席位，然而国家的高犯罪率、高失业率、腐败和经济低迷拉低其支持率。在2019年12月举行的地方选举中，反对党联合民族大会党（UNC）略占上风。不过，登记参加此次选举的选民参与率只有34.5%，很难反映出真实的民意取向，[③] 两党间的竞争很可能十分激烈。

伯利兹现任总理迪安·巴罗（Dean Barrow）已经连任3届，根据宪法规定不能再参加大选。2020年2月，巴罗总理领导的联合民主党（UDP）将重新选出党派领袖参加竞选。社会动荡、暴力频发、经济增长缓慢以及财政紧张虽在一定程度上影响了联合民主党的支持率，但其在议会中保持着绝对多数（19/31）的席位，还控制着6个市政府（共9个）。因此，联合民主党在2020年与反对党人民联合党（PUP）的竞争中仍处于优势地位。[④]

根据宪法规定，圣文森特和格林纳丁斯的大选时间是2021年3月，但

---

① EIU, *Country Report 4th Quarter 2020*: *Guyana*, October 2020.

② EIU, *Country Report 4th Quarter 2020*: *Suriname*, July 2020.

③ EIU, *Event-Main report*: *Trinidad and Tobago*, December 9, 2019.

④ EIU, *Country Report 4th Quarter 2019*: *Belize*, December 2019.

现任总理拉尔夫·冈萨维斯（Ralph Gonsalves）表示将在2020年底前完成选举。冈萨维斯是否参加竞选仍具有不确定性，此前他曾表示将在本届任期结束后辞职，最近几年也陆续将部分权力移交其子。然而，他并未真正兑现逐渐淡出政界的承诺，并且在大选前加紧整肃党派纪律作风。如果其所在的联合工党（ULP）在明年大选中获胜，冈萨维斯有可能连续24年担任总理。①

二　经济形势②

2019年，加勒比地区国家的经济增长速度放缓，公共债务全面缩减，通胀率连续两年下降，有利于实施扩张性货币政策，但财政政策空间因结构性问题仍然受限；营商环境全球排名持续下滑，改革措施效果不明显；地区贸易额增加，贸易条件有所改善，但区域内贸易额大幅减少。此外，加勒比地区国家在应对气候变化的贸易措施方面表现较为突出。

（一）地区经济增速放缓

2019年加勒比地区国家的经济增速放缓，预计为1.4%，比上年低1个百分点（见表1）。不过加勒比地区的经济增速仍高于拉丁美洲和加勒比地区整体水平。其中，预计7个国家可以实现增长率的上升，即巴巴多斯、多米尼克、圭亚那、圣基茨和尼维斯、圣卢西亚、圣文森特和格林纳丁斯、特立尼达和多巴哥，多米尼克的上升幅度最大，从2018年的4%上升至2019年的9%。其余6国的经济增速均出现不同程度的下滑。

① EIU, *Country Report 4th Quarter 2019*: *Organisation of Eastern Caribbean States*, December 2019.

② 除特别说明，本部分数据均引自ECLAC，*Preliminary Overview of the Economics of Latin America and the Caribbean*, United Nations, Santiago, 2019。

表1　加勒比地区国家主要经济指标（2017～2019年）

单位：%，百万美元

项目	2017年	2018年	2019年(估值)
年均变化率			
GDP	-0.1	1.3	1.4
人均GDP	-0.7	0.8	0.9
消费者物价指数[a]	3.7	3.0	2.5
期末存量			
外债总额	25657	25805	—
国际储备	16643	15748	14400
占GDP的比例			
财政收入[b]	25.8	27.0	27.2
税收收入[b]	21.0	21.6	21.8
财政支出[b]	28.5	28.2	28.3
公共债务	73.3	71.7	69.0

注：a. 为便于比较，2018年和2019年均为10月数据；b. 数据是除多米尼克外12个加勒比地区国家数据的算数平均值。

资料来源：ECLAC，*Preliminary Overview of the Economics of Latin America and the Caribbean*，United Nations，Santiago，2019。

（二）公共债务全面缩减，但财政政策空间仍受限

预计2019年加勒比地区初级财政盈余占GDP的比例与2018年持平，为1.6%；虽然总体财政收支仍为赤字，但占GDP的比例比2018年降低1个百分点，为1.1%。地区公共债务全面缩减，债务占GDP的比重从2017年的73.3%降至2018年的71.7%，2019年又降至69%，但仍然显著高于拉丁美洲和加勒比地区的平均水平（54.4%）。加勒比地区13个国家的负债率均有所下降，下降幅度较大的是格林纳达（从61.3%降至56.1%）、圭亚那（从47%降至43.3%）和牙买加（从102.9%降至97%）。但加勒比地区的财政政策空间仍十分有限，这主要是一系列结构性问题导致的，包括调动资源以促进发展的能力不足、再分配能力薄弱、公共产品和服务的供给存在短板以及逆周期操作的体制框架不完善等。财政政策很难满足地区经济

发展的需求，也难以缓解减少不平等的社会压力。总体来说，加勒比地区国家在维持财政稳定方面仍然任重道远。

（三）通胀率继续下降

截至 2019 年 10 月，加勒比地区的通胀率为 2.5%，比上年同期下降 0.5 个百分点，连续 2 年下降。地区内只有 4 个国家的通胀率上升，上升幅度较大的是巴巴多斯（从 0.2% 上升至 5.5%）以及圣基茨和尼维斯（从 -1.7% 上升至 -0.4%）；而通胀率下降超过 1.5 个百分点的国家有 3 个，分别是伯利兹（从 0.8% 降至 -0.7%）、圣卢西亚（从 2.5% 降至 0.6%）以及圣文森特和格林纳丁斯（从 2.3% 降至 0.9%）。通胀率的普遍下降为地区内国家实行扩张性的货币政策提供了空间。

（四）营商环境全球排名下滑

加勒比地区国家的营商环境全球排名一直较为靠后，且自 2017 年以来各国排名还出现普遍下滑（见表 2）。与拉丁美洲和加勒比地区的平均水平进行比较，加勒比国家中超过平均排名水平的仅有 5 个。从表 2 中可以看到，尽管大多数国家积极采取了正向的改革措施优化营商环境，但是效果并不十分理想。

表 2　2017～2019 年加勒比地区国家营商环境全球排名变化

国家	2019 年排名	2019 年分数	2019 年正/负向改革措施数	2018 年排名	2017 年排名	2017～2019 年排名变化
牙买加	71	69.7	2/0	75	70	↓1
圣卢西亚	93	63.7	—	93	91	↓2
特立尼达和多巴哥	105	61.3	1/0	105	102	↓3
多米尼克	111	60.5	—	103	98	↓13
安提瓜和巴布达	113	60.3	1/0	112	107	↓6
巴哈马	119	59.9	4/1	118	119	—
巴巴多斯	128	57.9	3/1	129	132	↑4

续表

国家	2019年排名	2019年分数	2019年正/负向改革措施数	2018年排名	2017年排名	2017～2019年排名变化
圣文森特和格林纳丁斯	130	57.1	1/0	130	129	↓1
圭亚那	134	55.5	0/1	134	126	↓8
伯利兹	135	55.5	2/0	125	121	↓14
圣基茨和尼维斯	139	54.6	1/0	140	134	↓5
格林纳达	146	53.4	1/0	147	142	↓4
苏里南	162	47.5	—	165	165	↑3
拉丁美洲和加勒比地区平均[a]	116	59.2	—	112	109	↓7

注：a. 除古巴外32个国家的算术平均值。

资料来源：World Bank，*Doing Business 2018*，*Doing Business 2019*，*Doing Business 2020*。

（五）贸易条件小幅改善，积极采取应对气候变化的贸易措施①

1. 贸易额提高、贸易条件改善，但区域内贸易额急剧减少

2019年，加勒比地区的货物贸易额预计增长2.4%。其中，出口额预计可实现约5%的增长。虽然2019年出口商品价格出现较明显的下滑（2.4%，主要是因为大宗商品价格下降），但是出口数量大幅提高7.4%（主要来自对美国出口的扩张），出口额增幅较明显，其中特立尼达和多巴哥、苏里南、牙买加以及圭亚那的出口增长最快。地区进口的变化趋势与出口类似，但变化幅度相对较小。贸易额的增加一方面反映出加勒比地区降低了对大宗商品贸易的依赖，另一方面也反映出加勒比地区增进了与美国的贸易关系。

2019年，加勒比地区的贸易条件小幅改善0.7%（不包括特立尼达和多巴哥），而同期拉丁美洲国家的贸易条件下降1.4%。② 能源产品价格的下降

① 除特别说明外，本部分数据均引自ECLAC，*International Trade Outlook for Latin America and the Caribbean*，United Nations，Santiago，2019。

② ECLAC，*Preliminary Overview of the Economics of Latin America and the Caribbean*，United Nations，Santiago，2019.

是导致大部分拉美国家贸易条件恶化的主要原因，但加勒比地区国家则因为进口篮子中能源产品的比重较大，反而实现了贸易条件的改善。

2019 年，预计加勒比地区区域内贸易将下降高达 18.5 个百分点。加勒比地区的出口贸易中 97.3% 为制成品（其中化学和药品占 54.3%，食品、饮料和烟草占 22.1%，机器及设备占 8.7%、汽车制造占 3.8%），而 2019 年除了食品、饮料和烟草外，其他制成品的出口均出现大幅下降。区域内贸易的大幅缩减与各国经济增长缓慢存在直接的关系。

2. 在应对气候变化的贸易措施方面表现较突出

与拉丁美洲和加勒比地区的总体水平以及世界的平均水平相比，在应对气候变化的“国家自主贡献”方面，加勒比地区采取的贸易措施表现较为突出（见表 3）。加勒比地区国家在新能源、市场机制和技术转让方面的贸易措施实施率均超过 50%，并且明显高于世界平均水平。安提瓜和巴布达、巴哈马、圭亚那、圣卢西亚、圣文森特和格林纳丁斯限制进口旧的或大排量的汽车，也限制进口高耗能的灯泡和家用电器；巴哈马、圭亚那、圣卢西亚、圣文森特和格林纳丁斯还积极降低减缓气候变化所需商品和服务的贸易壁垒。

三 社会形势

加勒比地区国家的人类发展指数总体相对较高，但不平等问题仍然较为突出。大量委内瑞拉移民的涌入加重了加勒比地区各国政府的压力，增加了社会风险。

（一）加勒比地区国家人类发展指数相对较高，但不平等问题仍不能忽视

根据联合国发布的《2019 年人类发展报告》，加勒比地区国家中，除圭亚那的人类发展指数排名处于中级水平之列，其他国家的人类发展指数排名均处于高水平等级之列。其中，排名最靠前的 3 个国家为巴巴多斯（第 56 位）、巴哈马（第 60 位）以及特立尼达和多巴哥（第 63 位），排名最靠后

表 3　加勒比地区国家应对气候变化在“国家自主贡献”方面采取的贸易措施

措施类型	安提瓜和巴布达	巴哈马	巴巴多斯	伯利兹	多米尼克	格林纳达	圭亚那	牙买加	圣基茨和尼维斯	圣卢西亚	圣文森特和格林纳丁斯	苏里南	特立尼达和多巴哥	加勒比地区	拉丁美洲和加勒比地区	世界
1. 减少对环境产品和服务的贸易壁垒		√					√			√	√			31%	15%	6%
2. 根据环境问题实施贸易监管	√	√			√					√				31%	18%	11%
3. 管理木材贸易							√							8%	3%	3%
4. 设定标准和标签	√	√				√	√			√	√			46%	27%	11%
5. 边境碳调整措施(BCAs)														0	3%	0.01%
6. 新能源	√	√	√	√	√	√	√	√	√	√	√	√	√	100%	91%	88%
7. 化石燃料补贴改革														0	0%	6%
8. 市场机制	√	√	√			√	√		√	√	√	√		69%	9%	11%
9. 技术转让	√	√	√	√				√	√	√	√	√		69%	76%	63%
10. 应对措施														0	3%	3%
11. 贸易互惠	√	√		√	√	√					√			46%	18%	6%

资料来源：ECLAC，*International Trade Outlook for Latin America and the Caribbean*，United Nations，Santiago，2019。

的圭亚那居第123位。[①] 人类发展指数高水平组的平均得分为0.75，加勒比13个国家中有7个国家在该平均分之上。但若将不平等问题纳入指标考察，巴巴多斯、苏里南、伯利兹的排名要分别下降10位、9位和8位，7个国家的不平等相关数据缺失，未能衡量排名变化。可以说加勒比地区内的不平等问题仍显著影响其人类发展。

（二）委内瑞拉移民加重各国负担，不利于社会稳定

2019年，委内瑞拉移民规模达到空前的规模，根据联合国难民署数据，截至2019年6月，共有400万名委内瑞拉人离开国家，占其总人口数的13%。[②] 美洲国家组织的数据显示，每名委内瑞拉难民获得的国际援助仅为100美元（叙利亚为每人5000美元），这意味着接收移民的政府承担了更多压力。对加勒比地区国家来说，大量的委内瑞拉移民（移民占特立尼达和多巴哥总人口的近3%）流入导致政府压力剧增。一方面，扩大公共服务以满足移民需求的能力有限；另一方面，短期内移民将不可避免地冲击各国的就业市场。此外，大多数加勒比地区国家的民意调查显示委内瑞拉移民大大提高了地区犯罪率。这些因素都将加大加勒比地区的社会风险。

四　外交形势

2019年，解决领土争议和打击毒品犯罪是加勒比地区国家的重点外交事务。中国与加勒比国家的合作进一步加深，与3国签署“一带一路”合作谅解备忘录、与2国签订经济技术合作协议。

（一）解决领土争端和打击犯罪是加勒比地区的重点外交事务

2019年，领土争端仍是加勒比地区多个国家与邻国的突出矛盾。伯利

① United Nation Development Programme, *Human Development Report 2019*, United Nation Development Programme, New York, 2019.

② EIU, *Country Report 4th Quarter 2019: Guyana*, December 2019.

兹和危地马拉之间存在长期的领土争端，伯利兹已经提起诉讼，将提交国际仲裁机构裁决。[①] 圭亚那与委内瑞拉的海域争议、与苏里南的边界争端使其与两国的双边关系仍处于紧张状态。5000 名委内瑞拉难民涌入圭亚那，加上圭亚那 2020 年即将开启石油生产，圭亚那外交的紧张局势可能会进一步加剧。[②] 巴哈马、伯利兹、牙买加、苏里南以及特立尼达和多巴哥均与美国或英国紧密合作，打击毒品走私和洗钱等犯罪活动。其中，打击毒品犯罪是影响巴哈马和美国关系的一个重要因素，巴哈马目前在美国的毒品生产和走私地名单上。[③]

（二）中国与加勒比地区国家的关系取得积极进展

中国与加勒比地区国家的关系不断升级。2019 年 2 月，中国和加勒比建交国外交部间第七次磋商在北京举行；[④] 10 月底，中国与加勒比地区国家共建“一带一路”合作会议在格林纳达首都圣乔治召开，会议通过了《中国与加勒比国家共建“一带一路”合作会议联合声明》。[⑤] 2019 年，中国与巴巴多斯先后签订“一带一路”合作谅解备忘录和经济技术合作协议，与牙买加、圭亚那签署了“一带一路”合作谅解备忘录，与多米尼克签订了经济技术合作协议[⑥]。此外，中国是巴哈马旅游业的重要投资来源，巴哈马遭受飓风袭击后，中国积极提供灾后支援，中巴关系也取得积极进展。

---

① EIU，*Country Report 4th Quarter 2019*：*Belize*，December 2019.

② EIU，*Country Report 4th Quarter 2019*：*Guyana*，December 2019.

③ EIU，*Country Report 4th Quarter 2019*：*Bahamas*，December 2019.

④ 《中国和加勒比建交国外交部间第七次磋商联合新闻公报》，《人民日报》2019 年 2 月 22 日，第 3 版。

⑤ 《中国与加勒比国家共建“一带一路”合作会议在格林纳达开幕》，新华网，2019 年 10 月 29 日，http：//www. xinhuanet. com/2019 - 10/29/c_ 1125166600. htm；《中国与加勒比国家共建“一带一路”合作会议联合声明》，中华人民共和国驻多米尼加国大使馆，2019 年 11 月 12 日，http：//dm. chineseembassy. org/chn/zjhz/t1715603. htm。

⑥ 《中国政府与多米尼克政府签署〈经济技术合作协议〉》，中华人民共和国驻多米尼克国大使馆经济商务处，2019 年 11 月 12 日，http：//dm. mofcom. gov. cn/article/jmxw/201911/20191102912511. shtml。

五　前景展望

政治形势方面，2020 年加勒比地区将有 6 国举行大选，但总体政治稳定性较高。结合政治传统、执政党能力和民意支持率状况进行判断，这些举行选举的国家中，大部分国家的现任领袖或执政党都能实现连任。即使有个别国家反对党赢得选举，其政策也能够保持较好的连续性。不过值得注意的是，圭亚那此次极具争议的选举结果加剧了现任执政党与主要由非洲人组成的前任执政党之间的摩擦，种族分歧的政治环境可能埋下不稳定的隐患。

经济形势方面，受到新型冠状病毒（COVID－19）肺炎疫情冲击，预计 2020 年加勒比地区 GDP 将萎缩 2.5%。[①]

社会形势方面，委内瑞拉难民引发的矛盾短期内或将持续，可能引发地区调整；而疫情的严峻形势也加大了政府维持社会稳定的压力。

外交形势方面，解决领土争端和打击犯罪成为加勒比地区国家长期的外交重点事务；尽管多方积极推进加勒比共同体的多边区域合作，但仍进展缓慢。

（岳云霞　审读）

① "Measuring the Impact of COVID－19 with A View to Reactivation," ECLAC, April 21, 2020, https://www.cepal.org/en/publications/45477－measuring－impact－covid－19－view－reactivation.

附录　统计资料

Appendix　Economic Statistics

Y.30 附表1～11

郑　猛*

附表 1　GDP 与人均 GDP 年均增长率（2010～2019）

单位：%

国家和地区	GDP 年均增长率										人均 GDP 年均增长率									
	2010	2011	2012	2013	2014	2015	2016	2017	2018	2019[a]	2010	2011	2012	2013	2014	2015	2016	2017	2018	2019[a]
拉美和加勒比地区[b]	6.2	4.5	2.8	2.9	1.2	-0.2	-1.0	1.2	1.0	0.1	5.0	3.3	1.6	1.7	0.1	-1.3	-2.1	0.2	0.0	-0.9
安提瓜和巴布达	-7.8	-2.0	3.4	-0.6	3.8	3.8	5.5	3.2	7.4	6.2	-8.9	-3.0	2.2	-1.7	2.7	2.7	4.4	2.2	6.3	4.6

* 郑猛，中国社会科学院拉丁美洲研究所助理研究员，主要研究领域为世界经济。本部分内容由郑猛整理。

续表

国家和地区	GDP 年均增长率										人均 GDP 年均增长率									
	2010	2011	2012	2013	2014	2015	2016	2017	2018	2019[a]	2010	2011	2012	2013	2014	2015	2016	2017	2018	2019[a]
阿根廷	10.1	6.0	-1.0	2.4	-2.5	2.7	-2.1	2.7	-2.5	-3.0	9.0	4.9	-2.1	1.3	-3.5	1.7	-3.0	1.7	-3.4	-3.9
巴哈马	1.5	0.6	0.0	-3.0	0.7	0.6	0.4	0.1	1.6	0.9	-0.1	-1.0	-1.5	-4.3	-0.6	-0.6	-0.7	-1.0	0.6	-0.1
巴巴多斯	-2.2	-0.8	-0.1	-1.4	-0.2	2.2	2.3	-0.2	-0.6	0.0	-2.6	-1.2	-0.4	-1.7	-0.5	1.9	2.0	-0.4	-0.8	-0.2
伯利兹	3.4	2.2	2.9	0.9	3.7	3.4	-0.6	1.4	3.0	2.1	0.9	-0.2	0.7	-1.4	1.5	1.3	-2.7	-0.7	0.9	0.1
玻利维亚	4.1	5.2	5.1	6.8	5.5	4.9	4.3	4.2	4.2	3.0	2.4	3.5	3.4	5.1	3.8	3.2	2.7	2.6	2.7	1.5
巴西	7.5	4.0	1.9	3.0	0.5	-3.5	-3.3	1.3	1.3	1.0	6.4	2.9	0.9	2.0	-0.4	-4.4	-4.1	0.3	0.5	0.3
智利	5.8	6.1	5.3	4.0	1.8	2.3	1.7	1.3	4.0	0.8	4.8	5.1	4.3	3.1	0.9	1.4	0.8	0.5	3.2	0.0
哥伦比亚	4.3	7.4	3.9	4.6	4.7	3.0	2.1	1.4	2.6	3.2	3.2	6.2	2.8	3.5	3.7	2.0	1.2	0.5	1.8	2.4
哥斯达黎加	5.0	4.3	4.8	2.3	3.5	3.6	4.2	3.4	2.7	1.8	3.6	3.0	3.6	1.1	2.4	2.6	3.2	2.4	1.8	0.9
古巴	2.4	2.8	3.0	2.8	1.0	4.4	0.5	1.8	2.2	0.5	2.3	2.7	2.8	2.6	0.9	4.3	0.5	1.8	2.3	0.6
多米尼克	0.7	-0.2	-1.1	-1.0	4.5	-2.7	2.8	-8.8	4.0	9.0	0.4	-0.6	-1.5	-1.5	4.0	-3.2	2.2	-9.3	3.5	8.5
多米尼加	8.3	3.1	2.7	4.9	7.1	6.9	6.7	4.7	7.0	4.8	6.9	1.8	1.4	3.6	5.8	5.7	5.4	3.5	5.8	3.7
厄瓜多尔	3.5	7.9	5.6	4.9	3.8	0.1	-1.2	2.4	1.4	-0.2	1.8	6.2	4.0	3.3	2.2	-1.4	-2.7	0.9	-0.1	-1.3
萨尔瓦多	2.1	3.8	2.8	2.2	1.7	2.4	2.5	2.3	2.5	2.2	1.7	3.4	2.4	1.8	1.3	2.0	2.1	1.9	2.1	1.8
格林纳达	-0.5	0.8	-1.2	2.4	7.3	6.5	3.7	4.4	4.1	3.3	-0.9	0.4	-1.5	1.9	6.9	6.1	3.3	3.9	3.6	2.8
危地马拉	2.9	4.2	3.0	3.7	4.2	4.1	3.1	2.8	3.1	3.3	0.6	1.9	0.8	1.5	2.1	2.1	1.1	0.9	1.3	1.5
圭亚那	4.1	5.2	5.3	5.0	3.9	3.1	3.4	2.2	4.1	4.5	4.0	4.8	4.7	4.3	3.2	2.4	2.7	1.6	3.5	3.9
海地	-5.5	5.5	2.9	4.2	2.8	1.2	1.5	1.2	1.5	-0.7	-6.9	4.0	1.4	2.8	1.4	-0.1	0.1	-0.1	0.2	-1.9
洪都拉斯	3.7	3.8	4.1	2.8	3.1	3.8	3.9	4.8	3.7	2.9	1.8	2.0	2.3	1.1	1.4	2.2	2.4	3.3	2.4	1.6

续表

国家和地区	GDP 年均增长率										人均 GDP 年均增长率									
	2010	2011	2012	2013	2014	2015	2016	2017	2018	2019[a]	2010	2011	2012	2013	2014	2015	2016	2017	2018	2019[a]
牙买加	-1.5	1.7	-0.6	0.5	0.7	0.9	1.4	1.0	1.7	1.7	-1.9	1.3	-1.0	0.1	0.3	0.6	1.0	0.7	1.4	1.4
墨西哥	5.1	3.7	3.6	1.4	2.8	3.3	2.9	2.1	2.0	0.0	3.5	2.2	2.2	0.0	1.4	1.9	1.6	0.8	0.7	-1.2
尼加拉瓜	4.4	6.3	6.5	4.9	4.8	4.8	4.6	4.7	-3.8	-5.3	3.1	5.0	5.2	3.7	3.6	3.6	3.4	3.6	-4.8	-6.3
巴拿马	5.8	11.3	9.8	9.6	5.1	5.7	5.0	5.3	3.7	3.5	4.0	9.5	8.0	5.2	3.4	4.1	3.3	3.7	2.1	2.0
巴拉圭	11.1	4.2	-0.5	8.4	4.9	3.1	4.3	5.0	3.7	0.2	9.7	2.8	-1.9	7.0	3.5	1.8	3.0	3.7	2.4	-1.0
秘鲁	8.3	6.3	6.1	5.9	2.4	3.3	4.0	2.5	4.0	2.3	7.0	4.9	4.7	4.4	1.0	1.9	2.7	1.3	2.7	1.1
圣基茨和尼维斯	1.5	3.2	-4.4	6.4	7.2	1.6	1.8	0.9	2.4	3.0	0.4	2.1	-5.5	5.3	6.1	0.6	0.9	0.0	1.5	2.1
圣卢西亚	0.3	4.1	-0.3	-2.0	0.0	0.3	3.9	3.3	1.5	2.0	-0.6	3.4	-0.9	-2.5	-0.4	-0.2	3.4	2.8	1.1	1.6
圣文森特和格林纳丁斯	-3.4	-0.4	1.4	1.8	1.2	1.3	1.9	1.0	2.2	2.5	-3.4	-0.4	1.4	1.8	1.2	1.2	1.7	0.8	1.9	2.2
苏里南	5.2	5.8	2.7	2.9	0.3	-3.4	-5.6	1.8	2.6	2.1	4.1	4.8	1.6	1.9	-0.7	-4.3	-6.4	0.9	1.7	1.2
特立尼达和多巴哥	3.3	-0.3	1.3	2.2	-0.9	1.8	-6.3	-2.3	-0.2	0.4	2.8	-0.8	0.8	1.7	-1.4	1.4	-6.6	-2.6	-0.5	0.2
乌拉圭	7.8	5.2	3.5	4.6	3.2	0.4	1.7	2.6	1.6	0.3	7.5	4.8	3.2	4.3	2.9	0.0	1.3	2.2	1.2	-0.1
委内瑞拉	-1.5	4.2	5.6	1.3	-3.9	-6.2	-17.0	-15.7	-19.6	-25.5	-2.9	2.7	4.2	0.0	-5.1	-7.4	-18.1	-16.7	-20.6	-26.3

注：a. 初步数据。b. 以 2010 年美元不变价格为基础核算。c. 估计值。

资料来源：ECLAC，*Preliminary Overview of the Economies of Latin America and the Caribbean 2019*，United Nations，Santiago，2020。

附表 2 拉美地区 GDP 与人均 GDP（2016~2018）

国家和地区	人均 GDP（美元，当前美元价格）				GDP（亿美元，当前美元价格）			
	2016	2017	2018	2018 年全球排名[a]	2016	2017	2018	2018 年全球排名[a]
拉美和加勒比地区	8377	9089	8683	—	52681.63	57715.75	55655.16	—
安提瓜和巴布达	15197.62	15383.42	16726.98	66	14.37	14.68	16.11	188
阿根廷	12814.34	14627.62	11687.60	78	5575.32	6426.96	5184.75	24
巴哈马	31588.92	31827.74	32218.12	40	119.38	121.50	124.25	142
巴巴多斯	16900.19	17392.02	17745.87	63	48.30	49.78	50.87	166
伯利兹	4818.40	4887.56	4884.74	122	17.75	18.37	18.71	184
玻利维亚	3076.66	3351.13	3548.59	139	339.41	375.09	402.88	95
巴西	8707.11	9880.98	8920.70	91	17950.85	20536.02	18686.13	9
智利	13748.09	15037.35	15923.36	69	2503.40	2777.47	2982.31	40
哥伦比亚	5870.78	6374.79	6649.64	105	2828.25	3117.90	3302.28	39
哥斯达黎加	11666.46	11752.54	12026.55	76	571.58	581.75	601.26	78
古巴	8060.80	8541.21	8821.82	92	913.7	968.51	1000.23	65
多米尼克	8070.32	7274.72	7691.35	97	5.75	5.20	5.5	202
多米尼加	6957.57	7230.15	7650.09	98	723.43	760.11	812.99	69
厄瓜多尔	6060.09	6213.50	6344.87	107	999.38	1042.96	1083.98	61
萨尔瓦多	3800.12	3902.24	4058.24	134	241.54	249.28	260.57	106
格林纳达	9628.35	10152.84	10485.91	83	10.62	11.26	11.69	194
危地马拉	4140.57	4470.58	4549.02	124	686.63	756.20	784.61	71

续表

国家和地区	人均 GDP(美元,当前美元价格)				GDP(亿美元,当前美元价格)			
	2016	2017	2018	2018 年全球排名[a]	2016	2017	2018	2018 年全球排名[a]
圭亚那	4455. 23	4586. 05	4900. 76	120	34. 37	35. 55	38. 18	169
海地	700. 90	775. 89	834. 95	190	75. 98	85. 21	92. 87	149
洪都拉斯	2342. 58	2449. 97	2500. 11	156	217. 18	231. 01	239. 70	111
牙买加	4843. 34	5069. 19	5354. 25	117	140. 76	148. 06	157. 14	127
墨西哥	8739. 16	9282. 37	9694. 85	87	10778. 30	11582. 29	12234. 01	15
尼加拉瓜	2107. 57	2168. 19	2028. 90	161	132. 86	138. 44	131. 18	137
巴拿马	14356. 32	15166. 12	15575. 08	71	579. 58	622. 83	650. 55	76
巴拉圭	5319. 43	5680. 58	5794. 58	114	360. 54	390. 09	403. 07	94
秘鲁	6205. 44	6701. 25	6947. 25	104	1919. 10	2107. 16	2222. 37	49
圣基茨和尼维斯	18811. 95	19155. 43	19275. 42	58	9. 71	9. 97	10. 11	197
圣文森特和格林纳丁斯	7075. 07	7212. 96	7361. 33	99	7. 74	7. 92	8. 11	201
圣卢西亚	9452. 06	10039. 73	10566. 05	82	17. 01	18. 17	19. 22	183
苏里南	5539. 14	5626. 72	6003. 72	111	31. 29	32. 10	34. 58	170
特立尼达和多巴哥	16177. 08	16238. 28	17130. 34	65	222. 84	224. 74	238. 084	113
乌拉圭	15387. 15	17322. 18	17278. 06	64	526. 87	595. 30	595. 96	80
委内瑞拉	9670. 78	8435. 66	7212. 16	101	2886. 84	2480. 29	2083. 38	52

注：a. 在来源数据库中的排名。

资料来源：“National Accounts-Analysis of Main Aggregates（AMA），” United Nations，http：//unstats. un. org/unsd/snaama/dnllist. asp。

附表3　国际收支（2017～2019）

分表1

单位：百万美元

国家和地区	货物出口额(FOB)			服务出口额			货物进口额(FOB)			服务进口额		
	2017	2018	2019[a]	2017	2018	2019[a]	2017	2018	2019[a]	2017	2018	2019[a]
拉美和加勒比地区	996651	1080973	—	165709	161884	—	962805	1061082	—	216219	214465	—
安提瓜和巴布达	37	38	40	953	1114	1157	494	604	616	477	511	529
阿根廷	58639	61638	65274	14752	14717	14275	64101	62505	48129	24901	23998	21363
巴哈马	570	—	—	2839	—	—	3108	—	—	1866	—	—
巴巴多斯	803	—	—	1297	—	—	1833	—	—	-233	—	—
伯利兹	458	451	—	581	626	—	846	896	—	241	231	—
玻利维亚	8105	8895	8539	1439	1464	1537	8621	9354	9542	3118	3153	2996
巴西	218069	239537	222769	34478	35440	34022	154109	186490	184625	72406	71174	69038
智利	68859	75452	70170	10195	10273	9862	61500	70783	67244	13590	14269	14555
哥伦比亚	39777	44440	42520	8461	9572	9668	44247	49583	51566	12438	13338	13605
哥斯达黎加	10808	11474	11852	8719	9122	9680	15150	15863	15546	3706	3801	4143
多米尼克	22	21	21	191	141	148	174	266	271	148	166	143
多米尼加	10135	10908	11235	8857	9284	9614	17734	20209	20613	3307	3399	3636
厄瓜多尔	19618	22123	22565	2191	2540	2625	19307	22366	22386	3294	3250	3380
萨尔瓦多	4667	4735	4735	2557	2798	2994	9512	10671	10991	1824	1997	2057
格林纳达	41	43	44	537	607	650	370	401	426	229	243	258
危地马拉	11100	11064	11064	2854	2888	2888	17110	18307	18271	3267	3525	3615
圭亚那	1437	1400	—	206	197	—	1427	2018	—	790	1019	—

续表

国家和地区	货物出口额(FOB)			服务出口额			货物进口额(FOB)			服务进口额		
	2017	2018	2019[a]	2017	2018	2019[a]	2017	2018	2019[a]	2017	2018	2019[a]
海地	992	1078	1241	566	701	450	3618	4484	4365	1072	1187	989
洪都拉斯	8647	8669	8608	1318	1323	1308	11333	12205	11961	1907	2129	2342
牙买加	1306	—	—	3523	—	—	5149	—	—	2363	—	—
墨西哥	409806	451054	462330	27643	28768	29343	420790	464850	462526	37511	37691	36937
尼加拉瓜	4143	4169	3981	1558	1343	1182	6549	5802	5245	1029	929	882
巴拿马	12470	13356	12421	13898	12923	12664	22291	23969	23250	4666	4819	5092
巴拉圭	13396	13819	12767	937	946	889	11524	12917	12142	1210	1280	1241
秘鲁	45422	49066	45681	7394	7365	8027	38722	41870	40823	8828	9897	10391
圣基茨和尼维斯	29	34	28	479	572	587	332	350	367	210	244	256
圣卢西亚	135	140	146	942	1077	1103	576	600	625	375	398	412
圣文森特和格林纳丁斯	44	40	41	250	276	291	291	311	334	137	140	144
苏里南	2028	2124	…	139	151	…	1293	1499	—	518	610	—
特立尼达和多巴哥	—	—	—	—	—	—	—	—	—	—	—	—
乌拉圭	11059	11536	11882	5019	4862	4375	8668	9107	8378	3759	4009	4009
委内瑞拉	34030	33677	22227	959	798	748	12023	12782	11504	7256	7056	7127

分表 2

单位：百万美元

国家和地区	贸易余额			收益余额			经常转移余额			经常项目余额		
	2017	2018	2019[a]	2017	2018	2019[a]	2017	2018	2019[a]	2017	2018	2019[a]
拉美和加勒比地区	-16665	-32686	—	-152010	-159948	—	81292	86832	—	-87383	-105801	—
安提瓜和巴布达	20	37	52	-100	-96	-102	-50	-54	-57	-130	-113	-106
阿根廷	-15611	-10149	10057	-16388	-18629	-20613	401	1300	1106	-31598	-27479	-9451
巴哈马	-1565	—	—	-360	—	—	-55	—	—	-1981	—	—
巴巴多斯	490	—	—	-242	—	—	-436	—	—	-189	—	—
伯利兹	-48	-50	—	-155	-181	—	72	76	—	-131	-155	—
玻利维亚	-2195	-2149	-2461	-1060	-1016	-1195	1385	1251	1196	-1871	-1914	-2461
巴西	26032	17313	3128	-43170	-39231	-47000	2123	-28	1947	-15015	-21946	-41925
智利	3965	673	-1766	-11379	-12241	-10000	1450	2411	1611	-5965	-9157	-10155
哥伦比亚	-8447	-8908	-12983	-8405	-11772	-10862	6611	7643	8407	-10241	-13037	-15438
哥斯达黎加	670	932	1844	-2890	-3262	-3500	503	463	496	-1717	-1866	-1160
多米尼克	-109	-269	-245	-12	1	2	54	43	36	-66	-225	-207
多米尼加	-2050	-3416	-3400	-3794	-3845	-4300	5711	6101	6467	-133	-1160	-1233
厄瓜多尔	-792	-974	-576	-2365	-2923	-2901	2665	2409	2639	-492	-1488	-838
萨尔瓦多	-4111	-5136	-5320	-1388	-1472	-1400	5034	5366	5546	-465	-1242	-1174
格林纳达	-20	5	10	-105	-111	-114	-10	-10	-11	-135	-116	-116
危地马拉	-6423	-7881	-7934	-1363	-1378	-1400	8975	9924	11016	1189	665	1681

续表

国家和地区	贸易余额			收益余额			经常转移余额			经常项目余额		
	2017	2018	2019[a]	2017	2018	2019[a]	2017	2018	2019[a]	2017	2018	2019[a]
圭亚那	-57	-1440	—	-83	-99	—	265	468	—	-391	-1072	—
海地	-3132	-3892	-3663	54	50	49	2832	3469	3512	-246	-373	-102
洪都拉斯	-3275	-4343	-4387	-1261	-1855	-1860	4493	4934	5427	-44	-1263	-820
牙买加	-2684	—	—	-421	—	—	2392	—	—	-713	—	—
墨西哥	-20852	-22720	-7789	-29376	-32161	-35000	30116	32885	36009	-20112	-21996	-6781
尼加拉瓜	-1878	-1219	-964	-364	-310	-360	-1567	1611	1709	-675	83	385
巴拿马	-590	-2510	-3256	-3043	-4213	-3814	-124	-70	-95	-3757	-6792	-7165
巴拉圭	1599	568	272	-1207	-1361	-1250	823	801	777	1214	9	-201
秘鲁	5266	4665	2494	-11523	-11814	-10800	3589	3556	3662	-2669	-3594	-4644
圣基茨和尼维斯	-34	11	-8	-50	-56	-55	-26	-28	-30	-110	-72	-94
圣文森特和格林纳丁斯	-133	-135	-145	-6	-8	-8	44	44	45	-95	-99	-108
圣卢西亚	125	219	212	-108	-124	-128	10	8	7	27	103	91
苏里南	355	167	—	-457	-459	—	100	103	—	-2	-189	—
特立尼达和多巴哥	—	—	—	—	—	—	—	—	—	—	—	—
乌拉圭	3650	3281	3870	-3423	-3412	-3449	192	206	202	419	76	623
委内瑞拉	15686	14635	4345	-7567	-7973	-7733	587	1951	2146	8706	8613	-1242

分表 3

单位：百万美元

国家和地区	资本和金融项目余额[b]			国际收支余额			储备资产变化[c]			其他融资项目		
	2017	2018	2019[a]	2017	2018	2019[a]	2017	2018	2019[a]	2017	2018	2019[a]
拉美和加勒比地区	106399	91402	—	19016	-14432	—	-18945	14427	—	534	28572	—
安提瓜和巴布达	112	129	136	-18	15	30	16	-15	-30	0	0	0
阿根廷	46154	10426	-13082	14556	-17052	-22533	-14556	17052	22533	0	28329	—
巴哈马	2485	—	—	504	—	—	-504	—	—	0	—	—
巴巴多斯	52	—	—	-137	—	—	137	—	—	—	—	—
伯利兹	64	138	—	-67	-17	—	67	17	—	0	—	—
玻利维亚	1638	685	-189	-232	-1230	-2650	232	1230	2650	0	—	—
巴西	20107	24874	28925	5093	2928	-13000	-5093	-2928	13000	0	—	—
智利	3215	10554	8306	-2750	1397	-1849	2750	-1397	1849	0	—	—
哥伦比亚	10786	14224	19911	545	1187	4473	-545	-1187	-4473	0	—	—
哥斯达黎加	1298	2256	1432	-419	390	272	419	-390	-272	0	—	—
多米尼克	56	196	185	-10	-29	-21	10	21	14	0	0	0
多米尼加	861	1994	1098	728	835	-135	-728	-835	135	3	14	—
厄瓜多尔	-1367	1396	2496	-1859	-92	1658	1859	92	-1658	51	317	—
萨尔瓦多	773	1244	2341	308	2	1166	-308	-2	-1166	0	—	—
格林纳达	115	141	141	-20	24	26	9	-35	-39	0	—	—
危地马拉	1377	292	79	2566	957	1760	-2566	-957	-1760	0	—	—

续表

国家和地区	资本和金融项目余额[b]			国际收支余额			储备资产变化[c]			其他融资项目		
	2017	2018	2019[a]	2017	2018	2019[a]	2017	2018	2019[a]	2017	2018	2019[a]
圭亚那	378	1016	—	-13	-56	—	13	56	—	—	—	—
海地	273	322	-73	27	-51	-175	-27	51	175	175	84	—
洪都拉斯	928	1309	1028	885	46	208	-885	-46	-208	-1	4	—
牙买加	1197	—	—	484	0	0	-468	—	—	-16	—	—
墨西哥	15347	22479	16491	-4765	483	9710	4765	-483	-9710	0	—	—
尼加拉瓜	975	-596	-404	300	-513	-18	-300	513	18	0	—	—
巴拿马	2465	6337	8170	-1293	-455	1005	1293	455	-1005	322	-177	—
巴拉圭	-337	-192	-13	877	-183	-213	-877	183	213	0	—	—
秘鲁	4297	-36	13964	1629	-3629	9320	-1629	3629	9320	0	—	—
圣基茨和尼维斯	151	69	113	42	-3	19	-44	2	-21	0	0	0
圣文森特和格林纳丁斯	85	87	119	-10	-13	11	10	12	-11	—	—	—
圣卢西亚	58	-123	-112	85	-20	-21	-15	36	-7	0	0	0
苏里南	23	322	—	21	101	—	-21	-101	—	0	—	—
特立尼达和多巴哥	—	—	—	—	—	—	—	—	—	—	—	—
乌拉圭	2030	-484	-1418	2449	-408	-795	-2449	408	795	0	—	—
委内瑞拉	-9196	-7658	385	-490	955	-857	490	-955	857	—	—	—

注：a. 估计值。b. 包含错误和遗漏。c. 负号表示储备资产增加。

资料来源：ECLAC, *Preliminary Overview of the Economies of Latin America and the Caribbean 2018*, United Nations, Santiago, 2020。

附表 4　外国直接投资净额（2010～2019）[a]

单位：百万美元

国家和地区	2010	2011	2012	2013	2014	2015	2016	2017	2018	2019[b]
拉美和加勒比地区	107763	148893	159339	150475	137369	131756	126390	118881	131632	—
安提瓜和巴布达	97	65	133	95	40	100	59	159	165	154
阿根廷	10368	9352	14269	8932	3145	10884	1474	10361	10071	
巴哈马	872	667	526	382	251	76	74	595	—	—
巴巴多斯	329	83	565	-62	—	—	—	—	—	—
伯利兹	95	95	193	92	138	59	31	25	95	—
玻利维亚	672	859	1060	1750	690	556	246	633	405	—
巴西	55627	86360	90485	59568	67107	57200	59601	47545	62121	—
智利	6599	3898	9736	10937	10936	5125	5141	680	4134	—
哥伦比亚	947	6227	15646	8558	12270	7506	9330	10147	6413	—
哥斯达黎加	1589	2328	1803	2401	2818	2541	2127	2583	2183	—
多米尼克	43	35	59	23	16	23	40	24	13	33
多米尼加	2024	2277	3142	1991	2209	2205	2407	3571	2535	—
厄瓜多尔	166	646	567	727	772	1323	769	619	1410	—
萨尔瓦多	-226	218	466	179	306	396	348	889	840	—
格林纳达	60	43	31	113	97	134	97	139	152	123
危地马拉	782	1009	1205	1262	1282	1104	1068	1001	785	—
圭亚那	198	247	278	201	238	117	137	327	1180	—

续表

国家和地区	2010	2011	2012	2013	2014	2015	2016	2017	2018	2019[b]
海地	178	119	156	162	99	106	105	375	105	—
洪都拉斯	971	1012	851	992	1315	952	900	1003	890	—
牙买加	169	144	411	631	584	921	564	857	—	—
墨西哥	12857	12302	-1003	33591	25059	25259	30418	29593	26701	—
尼加拉瓜	475	929	704	665	790	905	833	707	284	—
巴拿马	2363	2956	3254	3612	4130	3966	4652	4314	5104	—
巴拉圭	462	581	697	245	412	308	425	526	481	—
秘鲁	8018	7340	11867	9334	2823	8125	5583	6360	6469	—
圣基茨和尼维斯	116	110	108	136	151	134	120	38	94	90
圣文森特和格林纳丁斯	97	86	115	160	118	111	87	143	96	97
圣卢西亚	121	81	74	92	56	130	135	48	16	48
苏里南	-248	218	166	186	-283	101	173	154	-253	—
特立尼达和多巴哥	549	-13	-2080	-1197	689	205	153	—	—	—
乌拉圭	2349	2511	2175	2792	2512	815	-735	-2236	-1107	—
委内瑞拉	-918	6110	1679	1928	-3401	370	27	-2302	225	—

注：a. 流入一国的外国直接投资减去该国居民的对外直接投资，包括再投资收益。b. 初步数据。

资料来源：ECLAC, *Preliminary Overview of the Economies of Latin America and the Caribbean 2019*, United Nations, Santiago, 2020。

附表 5　外债总额（2010 ~ 2018）[a]

单位：百万美元

国家和地区	类型	2010	2011	2012	2013	2014	2015	2016	2017	2018[a]
拉美和加勒比地区[b]		1214859	1362211	1509879	1644095	1823003	1848313	1918689	2021510	2097079
安提瓜和巴布达	公共	432	473	443	577	560	573	562	584	637
阿根廷	总额	144653	156300	156478	155489	158742	167412	181170	234549	227921
巴哈马	公共	9[illegible]6	1045	1465	1616	2095	2176	2373	3234	3172
巴巴多斯	公共	1366	1385	1322	1434	1462	1462	1443	1413	1485
伯利兹	公共	1021	1032	1029	1083	1127	1177	1203	1256	1267
玻利维亚	总额	6050	6553	6954	8078	8842	9796	10703	12687	12382
巴西	总额	452780	516030	570831	621439	712655	665101	676647	667103	665777
智利	总额	86570	100973	122668	136351	152135	160904	166974	181513	184440
哥伦比亚	总额	64792	75622	78784	92073	101404	111927	120414	124481	132025
哥斯达黎加	总额	9527	11286	15381	19629	21671	24030	25565	27159	28655
多米尼克	公共	232	242	263	275	287	285	270	267	253
多米尼加	公共	11057	12761	13888	16132	17280	16928	18170	19124	21860
厄瓜多尔	总额	13914	15210	15913	18744	24115	27813	34181	40397	44296
萨尔瓦多	总额	11399	11858	13353	14035	14800	15217	16376	16474	16661
格林纳达	公共	528	585	537	618	634	613	602	535	561
危地马拉	总额	12026	14021	15339	17826	20031	20885	21651	23153	22574
圭亚那	公共	1043	1206	1358	1246	1216	1143	1162	1248	1322

续表

国家和地区	类型	2010	2011	2012	2013	2014	2015	2016	2017	2018[a]
海地	公共	353	727	1126	1503	1875	1993	2019	2107	2124
洪都拉斯	总额	3785	4208	4861	6709	7184	7456	7499	8600	9019
牙买加	公共	8390	8626	8256	8310	8659	10314	10244	10103	9937
墨西哥	总额	194766	210535	225267	258752	285412	296396	314200	333392	342020
尼加拉瓜	公共	7286	8126	8957	9677	10132	10543	11028	11516	11667
巴拿马	公共	10439	10858	10782	12231	14352	15648	16689	18390	20575
巴拉圭	总额	3713	3970	4563	4780	5839	6197	6540	7585	8288
秘鲁	总额	43674	47977	59376	60823	69215	73274	74645	76499	77787
圣基茨和尼维斯	公共	296	389	345	345	284	214	199	156	149
圣文森特和格林纳丁斯	公共	313	328	329	354	387	399	477	387	387
圣卢西亚	公共	393	464	481	485	526	509	529	598	597
苏里南	公共	334	601	707	878	942	1156	1870	2046	2060
特立尼达和多巴哥	公共	2032	2191	1934	2474	2473	2489	3454	3831	3978
乌拉圭	总额	18425	18345	36104	37767	40898	43311	39970	41157	419994
委内瑞拉	总额	102354	118285	130785	132362	135767	150976	14985	149967	151209

注：a. 初步数据。b. 包括 IMF 债务。

资料来源：ECLAC，*Preliminary Overview of the Economies of Latin America and the Caribbean 2019*，United Nations，Santiago，2020。

附表 6　消费者物价指数年度变化率（2010 ~ 2019）

单位：%

国家和地区	2010	2011	2012	2013	2014	2015	2016	2017	2018	2019[a]
拉美和加勒比地区[b]	4.5	4.9	4.0	4.1	4.4	5.7	4.2	3.6	3.2	2.4
安提瓜和巴布达	2.9	4.0	1.3	1.1	1.3	0.9	-1.1	2.4	1.7	1.3[g]
阿根廷[c]	10.9	9.5	10.3	10.9	23.9	27.5	38.5	25.0	47.1	49.7
巴哈马	1.4	3.2	0.7	0.8	0.2	2.0	0.8	1.8	2.0	2.9[g]
巴巴多斯	6.5	9.5	2.4	1.1	2.3	-2.3	3.8	6.6	0.6	5.5[e]
伯利兹	0.0	2.6	0.8	1.6	-0.2	-0.6	1.1	1.0	-0.1	-0.7[e]
玻利维亚	7.2	6.9	4.5	6.5	5.2	3.0	4.0	2.7	1.5	2.5
巴西	5.9	6.5	5.8	5.9	6.4	10.7	6.3	2.9	3.7	2.5
智利	3.0	4.4	1.5	2.8	4.8	4.4	2.7	2.3	2.6	2.7
哥伦比亚	3.2	3.7	2.4	1.9	3.7	6.8	5.7	4.1	3.1	3.9
哥斯达黎加	5.8	4.7	4.5	3.7	5.1	-0.8	0.8	2.6	2.0	2.1
古巴[d]	1.5	1.3	2.0	0.0	2.1	2.4	-3.0	0.6	2.4	0.8[e]
多米尼克	2.3	1.3	3.4	-0.4	0.5	-0.7	0.7	-1.5	2.8	1.6[f]
多米尼加	6.3	7.8	3.9	3.9	1.6	2.3	1.7	4.2	1.2	2.5
厄瓜多尔	3.3	5.4	4.2	2.7	3.7	3.4	1.1	-0.2	0.3	0.5
萨尔瓦多	2.1	5.1	0.8	0.8	0.5	1.0	-0.9	2.0	0.4	-0.9
格林纳达	4.2	3.5	1.8	-1.2	-0.6	1.1	0.9	0.5	1.4	0.3[g]
危地马拉	5.4	6.2	3.4	4.4	2.9	3.1	4.2	5.7	2.3	2.2

续表

国家和地区	2010	2011	2012	2013	2014	2015	2016	2017	2018	2019[a]
圭亚那	4.5	3.3	3.4	0.9	1.2	-1.8	1.4	1.5	1.6	2.3[f]
海地	6.2	8.3	7.6	3.4	6.4	12.5	14.3	13.3	16.5[f]	19.5[e]
洪都拉斯	6.5	5.6	5.4	4.9	5.8	2.4	3.3	4.7	4.2	4.1
牙买加	11.7	6.0	8.0	9.7	6.2	3.7	1.7	5.2	2.4	3.4[f]
墨西哥	4.4	3.8	3.6	4.0	4.1	2.1	3.4	6.8	4.8	3.0
尼加拉瓜	9.1	8.6	7.1	5.4	6.4	2.9	3.1	5.8	3.4	6.1[e]
巴拿马	4.9	6.3	4.6	3.7	1.0	0.3	1.5	0.5	0.2	-0.7
巴拉圭	7.2	4.9	4.0	3.7	4.2	3.1	3.9	4.5	3.2	2.4
秘鲁	2.1	4.7	2.6	2.9	3.2	4.4	3.2	1.4	2.2	1.9
圣基茨和尼维斯	4.3	2.0	0.5	0.6	-0.5	-2.4	0.0	0.8	-0.8	-0.4[g]
圣文森特和格林纳丁斯	0.9	4.7	1.0	0.0	0.1	-2.1	1.0	3.0	1.4	0.9[g]
圣卢西亚	4.2	4.8	5.0	-0.7	3.7	-2.6	-2.8	2.0	1.6	0.6[g]
苏里南	10.3	15.3	4.4	0.6	3.9	25.2	49.2	9.3	5.4	4,2
特立尼达和多巴哥	13.4	5.3	7.2	5.6	8.5	1.5	3.1	1.3	1.0	1.1[f]
乌拉圭	6.9	8.6	7.5	8.5	8.3	9.4	8.1	6.6	8.0	8.3
委内瑞拉[e]	27.2	27.6	20.1	56.2	68.5	180.9	274.4	862.6	130060.2	39113.8[f]

注：a. 截至2019年10月的消费者物价指数年度变化率。b. 加权平均，不包括阿根廷、委内瑞拉和海地。c. 从2017年开始与大布宜诺斯艾利斯的数据进行合并，以便进行年度比较。d. 本国货币市场。e. 截至2019年8月的消费者物价指数年度变化率。f. 截至2019年6月的消费者物价指数年度变化率。g. 截至2019年6月的消费者物价指数年度变化率。

资料来源：ECLAC, *Preliminary Overview of the Economies of Latin America and the Caribbean 2019*, United Nations, Santiago, 2020。

附表7　公开失业率（年度平均失业率）（2010～2019）[a]

单位：%

国家和地区	类型	2010	2011	2012	2013	2014	2015	2016	2017	2018	2019[b]
拉美和加勒比地区[c]		6.9	6.4	6.4	6.3	6.1	6.6	7.9	8.2	8.0	8.2
阿根廷	城市	7.7	7.2	7.2	7.1	7.3	6.5[d]	8.5[e]	8.4	9.2	10.4[f]
巴哈马[g]	全国	—	15.9	14.4	15.8	14.8	13.4	12.2	10.0	10.04	9.5[h]
伯利兹[g]	全国	12.5	—	15.3	13.2	11.6	10.1	9.5	9.3	9.4	9.1
巴巴多斯[g]	全国	10.8	11.2	11.6	11.6	12.3	11.3	9.7	10.0	10.1[g]	11.0[f]
玻利维亚[i]	全国	—	2.7	2.3	2.9	2.3	3.5	3.5	3.6	3.5	—
巴西[j]	全国	—	6.7	7.3	7.1	6.8	8.5	11.5	12.7	12.3	12.0
智利	全国	8.2	7.1	6.4	5.9	6.4	6.2	6.5	6.7	7.0	7.5
哥伦比亚[g]	全国	11.8	10.8	10.4	9.6	9.1	8.9	9.2	9.4	9.7	10.6
哥伦比亚[k]	全国	11.0	10.1	9.7	9.0	8.5	8.3	8.6	8.8	9.1	10.0
哥斯达黎加[j]	全国	7.3	7.7	10.1	9.3	9.6	9.6	9.5	9.1	10.3	11.5[d]
古巴	全国	2.5	3.2	3.5	3.3	2.7	2.5	2.0	1.7	1.7	—
多米尼加[l]	全国	5.0	5.8	6.5	7.1	6.4	7.3	7.1	5.5	5.7	6.1[f]
厄瓜多尔[g]	全国	5.5	4.6	4.1	4.0	4.3	4.3	5.4	4.4	4.1	4.7
厄瓜多尔[k]	全国	4.0	3.4	3.2	3.0	3.4	3.6	4.5	3.8	3.5	4.1
萨尔瓦多	全国	7.0	6.6	6.1	5.9	7.0	7.0	7.0	7.0	6.3	—
危地马拉	全国	—	4.1	2.9	3.1	2.9	2.6	2.7	2.5	2.4	2.6[h]
洪都拉斯	全国	3.9	4.3	3.6	3.9	5.3	7.3	7.4	6.7	5.7	5.7

续表

国家和地区	类型	2010	2011	2012	2013	2014	2015	2016	2017	2018	2019[b]
牙买加[g]	全国	12.4	12.6	13.9	15.2	13.7	13.5	13.2	11.7	9.1	7.9[d]
牙买加[k]	全国	8.0	8.4	9.3	10.3	9.5	9.8	9.0	7.7	5.6	5.1[d]
墨西哥	全国	5.3	5.2	4.9	4.9	4.8	4.3	3.9	3.4	3.3	3.6
尼加拉瓜	全国	7.8	5.9	5.	5.8	6.6	5.9	4.5	3.7	5.4	—
巴拿马[g]	全国	6.5	4.5	4.1	4.1	4.8	5.1	5.5	6.1	6.0	7.1[m]
巴拿马[k]	全国	4.8	3.0	3.1	3.2	3.5	3.9	4.4	4.9	4.9	5.8[m]
巴拉圭[n]	全国	5.7	5.5	4.6	5.0	6.0	5.4	6.0	6.1	6.2	6.9[d]
秘鲁	全国	4.1	4.0	3.7	4.0	3.7	3.5	4.2	4.1	3.9	4.2[d]
特立尼达和多巴哥[g]	全国	5.9	5.1	5.0	3.6	3.3	3.5	4.0	4.8	3.8[f]	—
乌拉圭	城镇	6.9	6.3	6.5	6.5	6.6	7.5	7.8	7.9	8.3	8.9
委内瑞拉[g]	全国	8.7	8.3	8.1	7.8	7.2	7.0	7.3	7.2	—	—

注：a. 失业人口占经济活动人口的百分比。b. 根据1~9月的数据估计。c. 因信息缺失和统计方法差异与变化进行加权平均调整，各国统计范围和对工作年龄人口的定义有所不同，故表中各国数据不具可比性。d. 第一至第三季度平均值。e. 第二至第四季度平均值。f. 上半年数据。g. 包括隐性失业。h. 5月数据。i. 2016年后的数据采用新的计量方法，与前期数据不具可比性。j. 2012年后的数据采用新的计量方法，与前期数据不具可比性。k. 不包括隐形失业，包括调整后的经济活动人口数量。l. 2015年后的数据采用新的计量方法，与前期数据不具可比性。m. 截至8月数据。n. 2017年后的数据采用新的计量方法，与前期数据不具可比性。

资料来源：ECLAC，*Preliminary Overview of the Economies of Latin America and the Caribbean 2019*，United Nations，Santiago，2020。

附表 8　拉美 18 个国家的收入集中度指数[a]

国家	年份	基尼系数[b]	泰尔指数[c]	阿特金森指数[c]			50%中位数以下收入比例
				(=0.5)	(=1.0)	(=1.5)	
阿根廷[d]	2002	0.498	0.405	0.178	0.321	0.444	25.8
	2008	0.413	0.292	0.134	0.250	0.357	13.8
	2012	0.389	0.258	0.120	0.226	0.325	13.9
	2014	0.391	0.264	0.121	0.224	0.317	12.8
	2017	0.388	0.263	0.121	0.225	0.324	13.6
	2018	0.396	0.286	0.127	0.233	0.329	13.3
玻利维亚	2002	0.612	0.732	0.313	0.550	0.738	29.2
	2008	0.513	0.493	0.219	0.401	0.566	24.2
	2012	0.474	0.394	0.187	0.363	0.538	23.8
	2014	0.471	0.403	0.185	0.350	0.507	22.7
	2017	0.461	0.372	0.177	0.346	0.518	23.6
	2018	0.438	0.333	0.159	0.309	0.459	21.6
巴西	2002	0.570	0.650	0.262	0.432	0.548	21.7
	2008	0.536	0.574	0.234	0.394	0.510	21.1
	2012	0.523	0.555	0.223	0.377	0.492	21.5
	2014	0.514	0.526	0.217	0.370	0.486	21.6
	2017[e]	0.539	0.570	0.235	0.400	0.524	22.9
	2018[e]	0.540	0.582	0.239	0.405	0.530	23.0
智利	2003	0.507	0.514	0.211	0.359	0.478	18.7
	2009	0.478	0.453	0.188	0.323	0.434	15.8
	2011	0.469	0.430	0.181	0.313	0.419	15.1
	2013	0.466	0.424	0.178	0.306	0.408	14.2
	2015	0.453	0.408	0.170	0.293	0.392	14.1
	2017	0.454	0.417	0.172	0.295	0.394	14.1
哥伦比亚	2002[f]	0.567	0.663	0.266	0.447	0.586	23.5
	2008[f]	0.572	0.652	0.268	0.456	0.600	25.1
	2012	0.539	0.573	0.240	0.414	0.553	23.3
	2014	0.540	0.577	0.240	0.412	0.547	23.0
	2017	0.511	0.515	0.216	0.375	0.504	21.5
	2018	0.520	0.537	0.224	0.386	0.516	21.8
哥斯达黎加	2002	0.497	0.462	0.198	0.349	0.475	20.0
	2008	0.491	0.461	0.195	0.339	0.451	18.7
	2012	0.502	0.450	0.200	0.359	0.493	21.4
	2014	0.498	0.440	0.197	0.356	0.488	21.1
	2017	0.496	0.445	0.197	0.351	0.478	20.1
	2018	0.493	0.430	0.193	0.348	0.478	20.5

续表

国家	年份	基尼系数[b]	泰尔指数[c]	阿特金森指数[c]			50%中位数以下收入比例
				(=0.5)	(=1.0)	(=1.5)	
多米尼加	2002	0.498	0.461	0.197	0.342	0.453	20.5
	2008	0.489	0.452	0.193	0.335	0.445	20.0
	2012	0.469	0.412	0.179	0.316	0.425	17.9
	2014	0.449	0.351	0.160	0.293	0.404	18.3
	2017[g]	0.441	0.379	0.158	0.274	0.368	15.6
	2018[g]	0.444	0.335	0.146	0.259	0.351	15.4
厄瓜多尔	2001	0.538	0.643	0.244	0.395	0.502	18.1
	2008	0.496	0.461	0.196	0.340	0.452	18.9
	2012	0.468	0.405	0.174	0.308	0.419	19.2
	2014	0.449	0.391	0.165	0.288	0.387	16.5
	2017	0.444	0.370	0.161	0.287	0.394	17.6
	2018	0.454	0.386	0.167	0.296	0.401	17.8
萨尔瓦多	2001	0.514	0.481	0.209	0.371	0.503	23.3
	2009	0.478	0.428	0.186	0.327	0.440	19.9
	2012	0.438	0.367	0.158	0.281	0.382	17.4
	2014	0.434	0.340	0.151	0.273	0.373	17.6
	2017	0.399	0.295	0.131	0.239	0.332	16.2
	2018	0.405	0.289	0.132	0.244	0.340	16.9
危地马拉	2000	0.636	0.883	0.341	0.558	0.714	27.0
	2006	0.558	0.608	0.253	0.432	0.567	25.5
	2014	0.535	0.664	0.248	0.407	0.533	22.2
洪都拉斯	2001	0.532	0.526	0.226	0.392	0.519	23.2
	2009	0.502	0.480	0.204	0.353	0.467	21.3
	2012	0.552	0.689	0.257	0.416	0.539	20.6
	2014	0.481	0.428	0.185	0.325	0.435	19.0
	2016	0.480	0.424	0.187	0.336	0.462	20.9
	2018	0.481	0.427	0.187	0.334	0.457	21.0
墨西哥	2002	0.506	0.489	0.209	0.362	0.476	20.7
	2008	0.513	0.535	0.219	0.376	0.498	20.8
	2012	0.499	0.499	0.207	0.359	0.486	19.9
	2014	0.502	0.511	0.209	0.357	0.475	19.1
	2016	0.504	0.473	0.195	0.335	0.446	17.7
尼加拉瓜	2001	0.568	0.536	0.231	0.408	0.561	22.5
	2009	0.463	0.400	0.175	0.314	0.440	19.9
	2014	0.495	0.511	0.207	0.355	0.476	19.9

续表

国家	年份	基尼系数[b]	泰尔指数[c]	阿特金森指数[c]			50%中位数以下收入比例
				(=0.5)	(=1.0)	(=1.5)	
巴拿马	2002	0.572	0.622	0.270	0.472	0.623	27.3
	2008	0.528	0.518	0.229	0.410	0.553	24.9
	2011	0.528	0.520	0.228	0.404	0.543	25.0
	2014	0.509	0.470	0.212	0.386	0.531	24.3
	2017	0.508	0.480	0.212	0.382	0.523	24.8
	2018	0.498	0.459	0.204	0.371	0.511	24.4
巴拉圭	2002	0.584	0.646	0.259	0.439	0.584	24.7
	2008	0.516	0.564	0.224	0.377	0.494	21.1
	2012	0.489	0.438	0.192	0.344	0.472	23.4
	2014	0.522	0.542	0.219	0.372	0.493	21.5
	2017	0.503	0.500	0.202	0.341	0.447	19.4
	2018	0.474	0.421	0.183	0.324	0.437	20.1
秘鲁	2002	0.544	0.610	0.248	0.422	0.560	24.4
	2008	0.495	0.450	0.201	0.364	0.500	24.7
	2012	0.457	0.383	0.173	0.318	0.445	22.3
	2014	0.446	0.369	0.165	0.303	0.424	21.5
	2017	0.448	0.368	0.165	0.303	0.422	20.9
	2018	0.439	0.345	0.157	0.290	0.406	20.0
乌拉圭	2002[d]	0.474	0.393	0.177	0.322	0.448	21.1
	2008	0.453	0.382	0.166	0.295	0.397	18.7
	2012	0.391	0.262	0.122	0.228	0.320	16.5
	2014	0.392	0.271	0.124	0.229	0.319	16.3
	2017	0.390	0.272	0.123	0.225	0.311	15.8
	2018	0.391	0.269	0.123	0.225	0.312	15.6
委内瑞拉	2002	0.418	0.317	0.140	0.253	0.355	13.7
	2008	0.379	0.248	0.114	0.212	0.298	13.9
	2012	0.384	0.260	0.118	0.218	0.308	15.3
	2014	0.378	0.242	0.112	0.210	0.300	14.8

注：a. 根据全国人口的人均收入的分配计算得出。b. 包括没有收入的人口。c. 为了降低最高及最低数值的影响，泰尔指数和阿特金森指数不包括人均收入接近0和排名前3位数据。d. 城市汇总。e. 从2016年开始，全国家庭调查（PNAD Contfnua）的数据与前几年的数据不具有可比性。f. 2010年之前的数据与之后几年的数据不具有可比性。g. 2016年的数据是根据2016年由美国国家统计和地理研究所（INEGI）编制的一项国家家庭收入和支出社会状况调查结果通过统计模型计算而得，旨在提高2016年与2008～2014年调查结果的可比性。

资料来源：ECLAC, *Social Panorama of Latin America 2019*, United Nations, Santiago, 2020。

附表 9　拉美 15 个国家的贫困和赤贫率（2015～2018）[a]

单位：%

国家	拉美经委会估计									
	贫困					赤贫				
	2015	2016	2017	2018	2018 年较 2017 年变化	2015	2016	2017	2018	2018 年较 2017 年变化
阿根廷[b]	—	21.5	18.7	24.4	5.6	—	2.9	2.8	3.6	0.8
玻利维亚	34.7	—	35.2	33.2	-1.9	14.6	—	16.4	14.7	-1.7
巴西[c]	18.8	19.8	20.3	19.4	-0.9	4.0	5.0	5.5	5.4	-0.1
智利	13.7	—	10.7	—	—	1.8	—	1.4	—	—
哥伦比亚	30.6	30.9	29.8	29.9	0.1	11.3	12.0	10.9	10.8	-0.2
哥斯达黎加	17.4	16.5	15.4	16.2	0.8	4.6	4.2	3.3	4.0	0.7
多米尼加	29.7	27.3	25.0	22.0	-3.0	9.2	7.2	6.4	5.0	-1.5
厄瓜多尔	23.9	24.3	23.6	24.2	0.5	7.0	7.5	7.0	6.5	-0.5
萨尔瓦多	42.6	40.5	37.8	34.5	-3.3	10.4	10.7	8.3	7.6	-0.8
洪都拉斯	55.2	53.2	—	55.8	—	19.0	18.8	—	19.4	—
墨西哥[e]	—	43.7	—	41.5	-2.3	—	11.7	—	10.6	-1.0
巴拿马	17.9	17.0	16.7	14.5	-2.2	8.0	8.5	7.6	6.2	-1.4
巴拉圭	23.4	24.0	21.6	19.5	-2.1	7.3	7.9	6.0	6.5	0.5
秘鲁	19.0	19.1	18.9	16.8	-2.1	5.4	5.2	5.0	3.7	-1.3
乌拉圭	4.2	3.5	2.7	2.9	0.3	0.2	0.2	0.1	0.1	0.0

国家	各国的官方估计									
	贫困					赤贫				
	2015	2016	2017	2018	2018 年较 2017 年变化	2015	2016	2017	2018	2018 年较 2017 年变化
阿根廷[b]	—	30.3	25.7	32.0	6.3	—	6.1	4.8	6.7	1.9
玻利维亚	38.6	39.5	36.4	—	—	16.8	18.3	17.1	15.2	-1.9
巴西[c]	23.7	25.5	26.0	25.3	-0.7	4.9	5.8	6.4	6.5	0.1
智利	11.7	—	8.6	—	—	3.5	—	2.3	—	—

续表

国家	各国的官方估计									
	贫困					赤贫				
	2015	2016	2017	2018	2018年较2017年变化	2015	2016	2017	2018	2018年较2017年变化
哥伦比亚	27.8	28.0	26.9	27.0	0.1	7.9	8.5	7.4	7.2	-0.2
哥斯达黎加[f]	21.7	20.5	20.0	21.1	1.1	7.2	6.3	5.7	6.3	0.6
多米尼加[d]	30.8	28.9	25.6	22.8	-2.8	6.3	6.0	3.8	2.9	-0.9
厄瓜多尔	23.3	22.9	21.5	23.2	1.7	8.5	8.7	7.9	8.4	0.5
萨尔瓦多[f]	34.9	32.7	29.2	26.3	-2.9	8.1	7.9	6.2	5.7	-0.5
洪都拉斯[f]	63.8	60.9	64.3	61.9	2.4	40.0	38.4	40.7	38.7	-2.0
墨西哥[e]	—	50.6	—	48.8	-1.8	—	17.5	—	16.8	-0.7
巴拿马	23	22.1	20.7	—	—	10.2	9.9	9.8	—	—
巴拉圭	26.6	28.9	26.4	24.2	-2.2	5.4	5.7	4.4	4.8	0.4
秘鲁	21.8	20.7	21.7	20.5	-1.2	4.1	3.8	3.8	2.8	01.0
乌拉圭	9.7	9.4	7.9	8.1	-0.2	0.3	0.2	0.1	0.1	0.0

注：a. 拉美经委会从2015年起提供贫困估计数的国家。b. 拉美经委会的估计是每年第四季度数据。官方的估计是每年的下半年数据。c. 从2016年起，拉美经委会的估计数指的是永久性全国住户调查，与前几年的估计数无法比较。报告的官方数据参考了巴西地理与统计研究所（IBGE）基于世界银行数据对低、中、高收入国家的预测。d. 拉美经委会的数字是根据全国劳动力调查得出，指的是2015年以前每年9月的数据。从2016年开始，数据基于每年连续的全国劳动力调查。e. 官方的贫困衡量是多维的，国家社会发展政策评价委员会公布的估计数（CONEVAL）用作非官方的国家参考，即“低于最低福利门槛的人口”（用于衡量“极度贫穷”）和“低于福利门槛的人口”（用于代替“全面贫穷”）。f. 官方估计数据指家庭占比。

资料来源：ECLAC，*Social Panorama of Latin America 2019*，United Nations，Santiago，2020。

附表 10　中拉贸易统计（2015～2019）

单位：百万美元

国家和地区	2015			2016			2017		
	进出口额	出口额	进口额	进出口额	出口额	进口额	进出口额	出口额	进口额
全球	3953032.72	2273468.22	1679564.50	3685557.41	2097631.19	1587926.22	4105217	2263329	1841888
拉丁美洲	235893.25	132096.61	103796.64	217007.36	113936.14	103071.23	257848.86	130826.48	127022.38
安提瓜和巴布达	53.08	53.07	0.01	133.49	133.45	0.04	45.23	45.22	0.01
阿根廷	14522.58	8805.11	5717.48	12321.8	7203.7	5118.1	13808.92	9067.15	4741.77
阿鲁巴岛	48.28	48.28	0.01	25.67	25.29	0.38	24.30	24.29	0.01
巴哈马	1609.74	1585.37	24.37	411.16	359.56	51.6	299.49	278.49	21.01
巴巴多斯	84.03	65.20	18.83	91.07	72.43	18.64	132.57	107.8	24.77
伯利兹	80.28	78.50	1.79	90.93	89.99	0.94	87.64	87.23	0.41
玻利维亚	1012.67	568.85	443.83	936.64	610.55	326.09	1083.6	729.02	354.58
博内尔	0.35	0.35	0.00	0.67	0.67	0	1.12	1.12	0
巴西	71501.58	27412.23	44089.36	67834.32	21979.27	45855.05	87542.4	28957.14	58585.26
开曼群岛	60.95	60.94	0.00	169.12	169.11	0.02	256.98	256.97	0.01
智利	31729.29	13290.32	18438.96	31411.71	12806.74	18604.96	35394.97	14413.44	20981.53
哥伦比亚	11125.93	7580.79	3545.14	9300.75	6756.12	2544.63	11304.11	7440.06	3864.05
多米尼克	31.41	30.76	0.65	34.75	33.77	0.99	49.83	49.13	0.70
哥斯达黎加	2156.64	1330.68	825.96	2192.71	1495.3	697.41	2286.69	1495.06	791.63
古巴	2216.38	1886.37	330.00	2056.86	1783.11	273.75	1758.9	1360.91	397.99

续表

国家和地区	2015			2016			2017		
	进出口额	出口额	进口额	进出口额	出口额	进口额	进出口额	出口额	进口额
库腊索岛	27.75	27.61	0.14	23.15	23.15	0.003	29.69	29.69	0.01
多米尼加	1765.44	1557.43	208.01	1697.47	1567.21	130.26	1871.55	1703.88	167.67
厄瓜多尔	4129.87	2391.42	1238.45	3197.95	2258.03	939.92	4085.86	2962.72	1123.15
法属圭亚那	14.44	14.44	0.01	13.18	13.14	0.05	16.05	15.84	0.21
格林纳达	9.94	9.93	0.01	7.35	7.34	0.01	10.71	10.7	0.01
瓜德罗普岛	33.17	33.16	0.00	33.59	33.58	0.01	37.55	37.54	0.01
危地马拉	2253.77	2052.66	201.10	1955.67	1855.61	100.07	2065.84	1959.03	106.8
圭亚那	208.32	158.95	49.37	206.62	178.36	28.26	227	188.62	38.38
海地	444.69	434.22	10.47	460.42	454.03	6.39	540.12	532.52	7.61
洪都拉斯	889.28	853.79	35.49	748.52	720.67	27.85	868.83	844.9	23.03
牙买加	656.68	625.37	31.31	521.87	506.14	15.73	564.69	516.72	47.97
马提尼克岛	24.56	24.55	0.01	23.66	23.64	0.02	27.22	27.16	0.06
墨西哥	43819.27	33791.76	10027.52	42692.16	32367.42	10324.74	47673.35	35899.75	11773.6
蒙特塞拉特岛	0.50	0.49	0.01	0.35	0.34	0.01	0.27	0.22	0.05
尼加拉瓜	700.98	666.25	34.73	642.1	624.21	17.89	552.5	624.15	28.36
巴拿马	8834.10	8518.88	315.21	6381.74	6344.09	37.65	6690.52	6628.49	62.04
巴拉圭	1309.75	1267.97	41.78	1192.09	1169.71	22.38	1593.78	1560.76	33.02

续表

国家和地区	2015			2016			2017		
	进出口额	出口额	进口额	进出口额	出口额	进口额	进出口额	出口额	进口额
秘鲁	14304. 89	6354. 97	7949. 92	15482. 37	5991. 56	9490. 81	20152. 76	6957. 81	13194. 95
波多黎各	1649. 33	765. 35	883. 98	1271. 15	596. 16	674. 99	1093. 94	597. 82	496. 12
萨巴	0. 08	0. 08	0. 00	0. 06	0. 06	0	0. 01	0. 01	0. 00
圣卢西亚	18. 36	18. 29	0. 07	16. 99	16. 95	0. 04	15. 97	15. 92	0. 06
圣马丁岛	12. 69	12. 69	0. 00	6. 82	6. 82	0	9. 55	9. 55	0. 00
圣文森特和格林纳丁斯	37. 17	37. 12	0. 05	17. 54	17. 48	0. 06	42. 24	41. 79	0. 44
萨尔瓦多	780. 45	726. 69	53. 76	818. 16	772. 33	45. 83	888. 87	772. 51	116. 37
苏里南	250. 05	199. 21	50. 85	166. 03	136. 73	29. 29	203. 78	177. 55	26. 23
特立尼达和多巴哥	517. 52	478. 31	39. 21	521. 3	346. 36	174. 94	612. 22	429. 88	182. 35
特克斯和凯科斯群岛	0. 75	0. 75	0. 00	0. 91	0. 91	0	2. 72	2. 71	0. 00
乌拉圭	4371. 11	1960. 57	2410. 54	3721. 36	1773. 25	1948. 1	4802. 64	2152. 25	2650. 39
委内瑞拉	12093. 49	5315. 77	6777. 71	8082. 36	2519. 54	5562. 82	8921. 46	1746. 56	7174. 91
英属维尔京群岛	424. 19	424. 18	0. 01	37. 14	37. 13	0. 01	11. 95	11. 84	0. 11
圣基茨和尼维斯	11. 19	10. 85	0. 34	4. 65	4. 2	0. 44	9. 39	8. 69	0. 70. . .
圣皮埃尔和密克隆	0. 12	0. 12	0. 00	0. 01	0. 01	0	0. 07	0. 04	0. 03
荷属安地列斯群岛	63. 84	63. 68	0. 16	49. 47	49. 37	0. 1	44. 31	44. 26	0. 05
其他	2. 39	2. 32	0. 07	1. 56	1. 56	0	4. 54	1. 47	3. 07

续表

国家和地区	2018			2019		
	进出口额	出口额	进口额	进出口额	出口额	进口额
全球	4623040	2487400	2135640	4576126	2499029	2077097
拉丁美洲	307402.78	148790.99	158611.79	317320.64	151925.75	165394.89
安提瓜和巴布达	55.48	55.43	0.05	72.01	71.94	0.07
阿根廷	11939.28	8418.29	3520.99	14274.88	6884.02	7390.85
阿鲁巴岛	32.40	32.37	0.03	39.05	39.00	0.05
巴哈马	492.85	479.97	12.88	434.06	355.47	78.59
巴巴多斯	158.02	136.74	21.28	176.41	156.14	20.26
伯利兹	92.53	92.28	0.25	116.84	116.69	0.15
玻利维亚	1167.03	836.16	330.87	1176.02	854.14	321.88
博内尔	0.64	0.64	0.00	0.01	0.01	0.00
巴西	111180.83	33668.78	77512.05	115341.70	35543.90	79797.80
开曼群岛	101.32	101.18	0.14	38.39	38.31	0.08
智利	42749.52	15875.57	26873.94	40939.99	14705.90	26234.10
哥伦比亚	14603.89	8718.38	5885.50	15597.39	9232.82	6364.58
多米尼克	34.62	34.50	0.12			
哥斯达黎加	2440.12	1662.75	777.37	2245.47	1522.92	722.56
古巴	1555.62	1075.64	479.99	1283.56	790.93	492.63

续表

国家和地区	2018			2019		
	进出口额	出口额	进口额	进出口额	出口额	进口额
库腊索岛	41.08	41.06	0.02	41.80	41.80	0.01
多米尼加	2288.96	2108.43	180.53	2844.39	2390.42	453.96
厄瓜多尔	5711.40	3718.18	1993.22	7251.84	3631.87	3619.97
法属圭亚那	14.00	13.86	0.14	11.37	11.37	0.00
格林纳达	13.15	13.15	0.00	14.59	14.59	0.00
瓜德罗普岛	42.62	42.61	0.01	46.17	46.16	0.01
危地马拉	2419.68	2333.22	86.46	2597.25	2399.66	197.59
圭亚那	265.12	222.03	43.08	318.82	272.83	45.99
海地	623.39	615.89	7.5	565.33	560.84	4.49
洪都拉斯	1036.09	987.73	48.35	972.26	940.48	31.78
牙买加	659.57	583.29	76.28	700.31	670.73	29.58
马提尼克岛	22.31	22.29	0.02	26.89	26.65	0.25
墨西哥	58057.07	44014.51	14042.56	60713.00	46375.69	14337.31
蒙特塞拉特岛	0.34	0.34	0.00	0.42	0.42	0.00
尼加拉瓜	579.73	473.99	105.74	547.63	502.08	45.55
巴拿马	7020.8	6939.05	81.75	8387.09	7941.90	445.19
巴拉圭	1711.25	1671.05	40.2	1447.28	1430.93	16.35

续表

国家和地区	2018			2019		
	进出口额	出口额	进口额	进出口额	出口额	进口额
秘鲁	23109.91	8066.45	15043.47	23697.70	8513.53	15184.16
波多黎各	1776.09	882.99	893.11	1554.93	658.95	895.97
萨巴	0.01	0.01	0.00	0.01	0.01	0.00
圣卢西亚	18.92	18.86	0.06	21.75	21.56	0.19
圣马丁岛	13.21	13.21	0.00	6.59	6.58	0.01
圣文森特和格林纳丁斯	37.19	36.96	0.23	21.29	21.29	0.00
萨尔瓦多	1091.62	927.19	164.43	1114.59	1001.28	113.31
苏里南	267.89	214.86	53.03	288.04	234.53	53.51
特立尼达和多巴哥	732.50	347.06	385.44	1032.67	363.50	669.17
特克斯和凯科斯群岛	3.01	3.01	0.00	3.03	3.03	0.01
乌拉圭	4620.39	2064.88	2555.50	4916.73	1949.01	2967.71
委内瑞拉	8539.66	1145.84	7393.82	6398.21	1539.90	4858.31
英属维尔京群岛	36.84	36.82	0.02	10.89	10.39	0.50
圣基茨和尼维斯	12.56	11.54	1.02	—	—	—
圣皮埃尔和密克隆	0.02	0.02	0.00	0.07	0.01	0.06
荷属安地列斯群岛	28.76	28.64	0.12	17.17	17.16	0.01
其他	3.31	3.28	0.03	14.75	14.41	0.34

资料来源：2015~2018 年数据来自 2016~2019 年的《中国统计年鉴》；2019 年数据来自海关总署。

附表 11　中拉外国直接投资统计（2014～2018）

单位：万美元

分表 1　拉美对华直接投资

国家和地区	2014	2015	2016	2017	2018
全球	11758620	11956156	12626555	12600142	13103500
拉丁美洲	820687	771545	913768	1221618	636273
安提瓜和巴布达	—	400	—	—	—
阿根廷	52	305	—	3	—
巴哈马	8192	8412	14895	4271	0
巴巴多斯	16096	7074	3911	17902	4103
伯利兹	4204	2208	3180	1988	931
玻利维亚	22	—	—	64	—
巴西	2304	2811	5084	4667	4228
开曼群岛	177825	125509	144446	515133	217690
智利	2094	625	526	300	516
哥伦比亚	38	—	12	6	5
哥斯达黎加	—	—	—	—	—
古巴	—	—	—	761	—
多米尼克	100	60	—	—	—
多米尼加	...	—	—	—	—
厄瓜多尔	2	—	—	—	—
格林纳达	—	—	—	—	—
危地马拉	—	3	—	—	—
洪都拉斯	—	—	—	—	—
牙买加	—	—	—	—	—
墨西哥	1580	319	731	74	1204
巴拿马	3539	600	2064	2427	2137
巴拉圭	—	—	—	—	—
秘鲁	—	39	28	1	—
萨尔瓦多	—	—	—	—	—
苏里南	—	—	—	—	—
特克斯和凯科斯群岛	40	17	—	—	—
乌拉圭	158	215	12	—	4087
委内瑞拉	66	45	6	3	2
英属维尔京群岛	615858	—	738778	673957	399076
圣基茨和尼维斯	95	50	52	35	—
圣文森特和格林纳丁斯	111	—	18	15	—
拉美其他国家(地区)	256	—	25	7	—

资料来源：国家统计局。

分表 2　中国对拉美直接投资流量与存量

国家和地区	FDI 流量(净值)				
	2014 年	2015 年	2016 年	2017 年	2018 年
全球	12311986	14566715	19614943	15828830	14303731
拉丁美洲	1054739	1261036	2722705	1407659	1460847
安提瓜和巴布达	—	—	40	—	36
阿根廷	26992	20832	18152	21479	14113
巴哈马	—	—	658	24	280
巴巴多斯	-167	-28	1441	1610	256
伯利兹	35	—	—	—	—
玻利维亚	2453	3432	5538	-2628	3755
巴西	73000	-6328	12477	42627	42772
开曼群岛	419172	1021303	1352283	-660596	547312
智利	1629	685	21696	9963	16806
哥伦比亚	18310	370	-284	1372	-8101
哥斯达黎加	-19	384	136	1024	1521
古巴	-2222	4243	974	-650	3323
多米尼克	—	—	—	—	—
多米尼加	—	—	—	—	—
厄瓜多尔	13781	11811	7789	-13110	3268
格林纳达	—	—	10	11	57
危地马拉	63	—	—	—	—
圭亚那	408	-389	651	2251	2859
洪都拉斯	—		2771	—	4906
牙买加	11132	—	4927	8246	15621
墨西哥	14057	-628	21184	17133	37845
尼加拉瓜	101	55	101	1	13
巴拿马	481	2382	3783	5774	12724
巴拉圭	—	—	—	—	84
秘鲁	4507	-17776	6737	9826	8481
萨尔瓦多	—	—	—	—	—
圣卢西亚	—	15	75	329	—
圣文森特和格林纳丁斯	332	303	-253	337	122
苏里南	-1690	2009	343	5253	-173
特立尼达和多巴哥	3625	915	210	1240	1517
乌拉圭	108	3615	4927	-1422	3573
委内瑞拉	11608	28830	-9986	27448	32807
英属维尔京群岛	457043	184900	1228849	1930117	714978

续表

国家和地区	FDI 存量				
	2014 年	2015 年	2016 年	2017 年	2018 年
全球	88264242	109786459	135739045	180903652	198226585
拉丁美洲	10611113	12631893	20715257	38689230	40677193
安提瓜和巴布达[a]	630	630	670	670	580
阿根廷[a]	179152	194892	194366	153954	158297
巴哈马	60	60	16060	16063	16469
巴巴多斯[a]	330	289	8772	11730	20073
伯利兹	70	70	70	—	—
玻利维亚[a]	13217	31746	37068	41349	35150
巴西[a]	283289	225712	296251	320554	381245
开曼群岛[a]	4423672	6240048	10420893	24968219	922371
智利[a]	19583	20464	40362	52757	61370
哥伦比亚	54730	55443	36245	35787	28410
哥斯达黎加	398	782	820	2602	4267
古巴	6255	12062	13150	11500	14911
多米尼克	315	315	315	315	315
多米尼加	101	101	101	1	1
厄瓜多尔[a]	94460	105635	118012	103244	124052
格林纳达[a]	2367	2367	2377	2507	2389
危地马拉	99	99	112	74	74
圭亚那[a]	24757	25601	25668	11069	19886
洪都拉斯	—	—	2771	116	5022
牙买加[a]	18837	22568	83919	111412	118740
墨西哥[a]	54121	52476	57860	89802	110688
尼加拉瓜	318	367	467	314	327
巴拿马	20493	22815	26885	35878	50611
巴拉圭[a]	4791	4791	4791	4606	84
秘鲁	90798	70549	75978	83943	94150
萨尔瓦多	1	1	1	1	—
圣卢西亚	—	15	144	473	473
圣文森特和格林纳丁斯	3900	4204	3952	4288	4374
苏里南[a]	9393	11352	12508	16439	9940
特立尼达和多巴哥	102531	60463	60666	62177	63709
乌拉圭	21081	18273	22559	19868	27120
委内瑞拉	249323	280029	27141	320725	350123
英属维尔京群岛[a]	4932041	5167214	8876589	12206075	13049678

注：a. 表示该国家（地区）2018 年末存量数据中包含对历史数据进行的调整。

资料来源：中华人民共和国商务部、中国国家统计局、国家外汇管理局：《2018 年度中国对外直接投资统计公报》，中国统计出版社，2019。

Abstract

Annual Report on Latin America and the Caribbean (2019 – 2020) aims at systematically analyzing the changes in economic growth, political ecology, social environment and international relations in Latin America and the Caribbean over the past year, and summarizes some new issues and trends faced in the major LAC countries' development. Furthermore, this *Report* also reviews the progress in China-LAC cooperation and the new challenges it faces.

In 2019, the economic performance in LAC was sluggish. Regional economic growth almost stagnated due to a combination of slowing world economic growth, global trade tensions, and intraregional political instability and social protests. Although the regional inflation remained low and the trend towards "dual deficits" trend has eased, high public debt, increased currency volatility and the accumulation of social risks have added to economic uncertainty. The economic performance of the countries in the region was heterogeneous, depending on how they dealt with the external exposures and responded to domestic issues.

In general, the regional political landscape presents the trend of "left" and "right" advancing and retreating, but the right wing still held the dominant power in regional politics. On the whole, the traditional political parties continued to decline and new political powers started to rise. At the current stage, a leading political force that can build consensus and guide the direction of development was still absent. Large-scale protests in Ecuador, Chile, Colombia, Bolivia and other countries have seriously undermined political stability due to the economic downturn and people's concerns about economic expectations, as well as distrust of the governments and traditional politicians.

In the area of social development, the main challenges for the region were the further deterioration of social indicators, the risk of retrogression of social development and the increase of instable factors in society. The increasing number of poor people, the continuous expansion of the scale of unemployment, the slowing of the improvement of income inequality, the test of the middle income class in the face of economic downturn, the lack of national governance ability and the slackness in the pursuit of people's livelihood all contributed to the spread of social crisis to some extent. Immigration is a growing regional issue. The varying degrees of xenophobia have emerged in various countries within the region.

As a whole, the pattern of international relations in Latin America shows the tendency of division and reorganization, and the positions taken by regional political leaders make the Latin American countries form a significant divergence of the diplomatic positions, The geopolitical landscape in Latin America, especially in South America, is reversing. Major countries in the region have undergone significant adjustments in their foreign policies . Regional ideologies are diverse and even polarized. Moreover, a new and divergent mix of regional cooperation agendas has emerged. The United States continues to increase its involvement in Latin American affairs, and the game between great powers in the region presents the trend of escalation. The relationship between China and Latin America and the Caribbean has stabilized in the face of changes. In terms of the bilateral trade, new country-specific characteristics started to present, and the diversity of economic and trade cooperation has become more prominent.

Looking ahead to 2020, the political, economic, social and international relations in Latin American countries will remain marked with fragility and uncertainty. The economic recovery in Latin America lacks momentum, the external factors would be difficult to make substantial improvement in the short term. The COVID – 19 is likely to further exacerbate the economic downturn in Latin America, and the extent of the downturn depends on the international spread of the COVID – 19, the prevention and control of the COVID – 19 in various countries. In 2020, the elections in Peru and Bolivia, the referendums in Chile, and the political situations in Venezuela and Cuba under U. S. sanctions should be of concern.

Keywords: Latin America and the Caribbean; Economic Downturn; Political Instability; Social Conflict; Diplomatic Polarization

Contents

Ⅰ Main Report

Abstract: In 2019, economic growth in Latin America and the Caribbean (LAC) continued to slow down, which is accompanied by the rebounded poverty rate and the spread social movements. UNECLAC estimates that the period between 2014 and 2020 will be the slowest growth period in the region in the past 40 years. Aiming at the comprehensive situation, difficulties and potential risks faced by LAC in 2019, this report interprets it from a global and historical perspective. It attempts to analyze the effectiveness of recent regional policies to make judgments on regional tendencies. According to the report, LAC's "resonated" with the global political, economic, and social situation in 2019. However, its economic "overshoot" relative to other parts of the world. Thus the decline has accelerated, which has increased its marginalization dilemma and the regional social turbulence. LAC's situation has deep structural causes. After the development of this century, its economic dependence on the outside world has increased, and its political vulnerability has increased. Its structural challenges have been increased. In response to the current predicament, LAC countries have adjusted their economic and social policies, and launched a number of reform measures in 2019. However, LAC's reforms are constrained by fiscal and monetary policy space, and their short-term effectiveness is limited. In the context of the frequent occurrence of "black swans" around the world in 2020, LAC's reforms face multiple internal and external constraints. Its annual economic growth continues to be optimistic. The uncertainty of the political and social situation will continue.

Keywords: Latin America and the Caribbean; Outward Dependence; Restructure; Political Fragility; Social Unrest

Ⅱ Sub-Report

Y.2 Political Situation in Latin America 2019 –2020: Multi-Political Participation Impacts the Political Landscape

Yang Jianmin / 028

Abstract: In 2019, eight countries in Latin America held general or parliamentary elections, seven countries completed the normal change of regime, Bolivia's President Evo Morales was forced to resign and go into exile after being accused of "electoral fraud". Large-scale protests have broken out in Ecuador, Chile, Colombia and Bolivia, as a result of the economic downturn and public's concern about economic expectations and distrust of government and traditional politicians. Peru has been in a constitutional crisis over President Bizcara's anti-corruption efforts to dissolve parliament and remove the president. In the above-mentioned mess in 2019, students, workers, indigenous organizations, military, police, courts and other political actors are involved, a serious impact on the political situation in Latin American countries. In the regional political landscape, both the left and right have a mutual decline and advance, the situation between the left and the right continues, but the right-wing still holds the dominant power of regional politics.

Keywords: Latin America; Election; Social Protest; Political Participation

Abstract: In 2019, under the influence of slowdown of world economic growth, repeated global trade tensions and the combination of regional political instability and social protests, Latin America and the Caribbean (LAC) economic growth has almost stagnated. Although regional inflation remained in low level and extent of double deficits had eased, some risks such as high public debt, increased currency volatility and social conflicts had increased economic uncertainty. For the subregion, growth in Central America was better than in the Caribbean and South America. And the growth rate varied across the countries in the region due to different external impact mechanisms and domestic reaction capacities. Influenced by relaunching of loose monetary policy in major developed countries, LAC countries still have had policy incentives to stimulate aggregate demand. The sudden outbreak of the COVID -19 pandemic in 2020 has caused serious impact on Latin America, and the economy in the region is expected to decline sharply. Looking forward to the post - COVID - 19 era, Latin America will face new changes in domestic production, foreign trade and regional integration, and further promoting structural reform is the fundamental guarantee to meet these challenges.

Keywords: Latin America and the Caribbean; Trade Protectionist; Economic Growth; Structural Reform

Abstract: In 2019, under the background of economic downturn, the social situation in Latin America showed three characteristics. First, social indicators further deteriorated, and social development faced the risk of retrogression. Increasing poverty is one of the major challenges that Latin American countries are facing. There is a strong uncertainty about the sustainability of poverty reduction in some countries. The employment was still difficult to be improved. Unemployment, underemployment and informal employment increased. In the case of increasing financial pressure, most of Latin American countries had insufficient social spending. Second, social conflicts intensified and social protests broke out in many countries. There are many reasons for social instability and prominent social contradictions in Latin America, such as the stagnation of economic development, the change of social stratum structure, the lack of governance capacity and the untimely response to people's livelihood demands. Third, the problem of migration is getting more and more serious and has become a regional issue. No matter the Northern Triangle region of Central America or Venezuela, domestic factors are the most important reasons for large-scale migration. The biggest obstacle facing Central American immigrants is the tightening of US immigration policy. However, the influx of Venezuelan immigrants makes the existing problems in the surrounding countries, such as the insufficient of public facilities, the shortage of medical and educational resources, the difficulty of employment, the shortage of housing, and the deterioration of public security, even more prominent. Many countries have shown the rise of xenophobia.

Keywords: Latin America; Social Protest; Poverty; Employment; Immigration

Abstract: Changes in the economic, political, and social fields will reshape Latin American Foreign Relations, the region needs to cope with multiple impacts brought by external systemic adjustment and multiple challenges brought by internal changes at the same time. The geopolitical pattern in Latin America, especially in South America, is being reversed, major adjustments have been made to the foreign policies of regional powers, the regional ideology is diverse and even polarized, which intensifies the confrontation between the left and right governments, and has an impact on regional solidarity, leading to increased geopolitical risks and a new differentiated combination of regional cooperation agendas. The United States has continued to increase its involvement in Latin American affairs, it has frequently pressed immigration and trade issues under the "U. S. Priority" strategy, and has stepped up the efforts of the right-wing government to suppress the left-wing government and stepped up its rejection of major powers outside the region. Latin American countries are facing more pressure on autonomous diplomacy. With the promotion of cross regional cooperation, economy and trade remain important concerns. China-Latin America relations have stabilized in a changing situation and are showing a new trend of development, the new country-specific differences emerge in China-Latin America trade, diversity and institutionalization of economic and trade cooperation have been further improved. In 2020, we need to pay attention to the impact of the COVID −19 pandemic, the political situation of some countries, and the US general election on the international relations in Latin America.

Keywords: Latin America; International Relations; Geopolitics; US-Latin America Relations; Sino-Latin American Relations

Ⅲ Special Report

Abstract: Latin America witnessed a region-wide political turmoil throughout the year of 2019, caused by social conflicts or political crisis in a number of regional countries. It is closely related to deeply rooted institutional weakness in those countries. Their democratic institutions are resulted from the democratization initiated in the late 1970s and featured by conservativeness and elitism. Nowadays regional democracies are mainly categorized as low intensity democracy due to a variety of institutional deficiencies. The combination of presidentialism and the fragmentation of political parties is viewed as a major factor impairing governability. Political parties are blamed for failing to correspond to political demands of the emerging middle class. Against the background of economic depression and social discontent, institutional weakness is an especially notable challenge confronting regional countries.

Keywords: Political Turmoil; Political Institution; State Governance; Representation of Political Parties; Latin America

Abstract: The world is undergoing changes unseen in a century and many Latin American and the Caribbean countries in 2019 experienced chaos, as well as the concessive social protests. Years of stagnant economic growth, high unemployment, rising poverty and volatile exchange rates are the economic triggers for the region's turmoil. While the world economy is facing a prolonged period of stagnation and the economic development of Latin American and the Caribbean countries lacks external sources of growth, structural problems are erupting, mainly manifested in insufficient capital accumulation and low productivity. Once again, it is up to governments to find the right development model and build capacity. As COVID - 19 spreading across the world, Latin America and the Caribbean could not be immune and has been hit severely. As fiscal and monetary policies are ineffective and the space is limited, Latin American and the Caribbean countries must implement structural reforms to restructure their economies, change their development models and improve their ability to withstand the cyclical changes in the external environment.

Keywords: Economic Growth; Economic Policy; Structural Reform; Latin America and the Caribbean

Y. 8 The Politica Tension and Disorder in Latin America from the International Relationship Perspective

Sun Hongbo / 116

Abstract: In recent years, Latin America has experienced a complex, fragile and volatile political period. In 2019, there were many large scale of social protest movement, in the majority of countries in this region, demonstrating the deep and sharp political economic and social contradictions within individual countries. Without any doubt, external factors played a crucial role in these fierce social protests. In general, Latin America is still a political stable region with the solid democratic system. At the current stage, the political disorder in some countries is just regarded as a temporary phenomenon. It is reasonable to judge that Latin America will continue explore its political and economic development model.

Keywords: Latin America; International Relationship; America; Monroe Doctrine

Ⅳ National and Regional Report

Y. 9 Brazil: Obvious Policy Adjustment, Awkward Diplomatic Situation

Zhou Zhiwei / 129

Abstract: In 2019, the policy adjustments of Bolsonaro government were obvious. Politically, President Bolsonaro's withdrawal from the Social Liberal Party, will probably bring new uncertainty to the Brazilian party system, and political polarization is likely to continue in short term. Economically, many reform agendas have been launched, especially the approval of pension reform and the implementation of privatization, which will alleviate Brazil's current fiscal crisis, and will provide furtherly more space for economic recovery. In the social dimension, the Bolsonaro government's policies on public security and education are controversial. At the same time, the poverty problem has also been aggravated, due to the economic stagnation in recent years, however, the dissatisfaction of the society is comparatively controllable. At the diplomatic level, Bolsonaro's ideological preference is reflected obviously from practices, and the policy linkage with the United States has been strengthened. Nevertheless, the Sino-Brazilian cooperation still maintains a good trend, and China's importance to Brazil, is reflected at several dimensions.

Keywords: Brazil; Political Polarization; Economic Recovery; Amazon Fire; Strategic Partnership Dialogue

Y. 10 Mexico: A Regional Power with a Complex Internal and External Situation

Yang Zhimin / 147

Abstract: In 2019, President López Obrador secured dominance over Mexico's political institutions because of being supported by majorities in both houses of Congress. Although he remains very popular with voters, but questions has been raised to his strong position of governability. Mexico's economic growth stalled in the year; public security, crime and corruption remain serious concerns in the social field; Mexico actively participated in both regional and global governance though facing the severe internal and external situation; the uncertainty of US's policy towards Mexico is a challenge to Obrador's government but he cannot afford to ignore the bilateral relationship with the US, Mexico's dominant trade and investment partner; Mexico Bolivia Relations were very tense because of the shelter provided to Morales by Mexico.

Keywords: Mexico; Economic Growth; USMCA; CELAC; Mexico-US Relation

Abstract: In 2019, with Alberto Fernández elected as president, the left-wing party in Argentina regained power after a lapse of 4 years, but the the president-elect will face extremely difficulties in the future. Whether the debt negotiations with the IMF or various dilemmas in economic governance, will be the serious challenges for the new government. Argentina's economy continued to decline in 2019. The Macri government had to abandon "market-oriented reforms", strengthened its intervention in macroeconomy, restarted the methods used in the period of the former left-wing government, such as freezing prices, controlling foreign exchange, intervention in foreign exchange market, and increasing export taxes, but it was still difficult to stop the economy falling and the inflation rising. Under the impact of fiscal austerity and inflation, dissatisfaction among the people in Argentina was increasing. The Macri government issued a series of social policies to appease the people and win voters. However, the impacts of the economic recession on ordinary people, especially the middle-lower classes, was still very large. The change of foreign policy of the new government of Argentina will not only affect the integration in Latin America, but also change the relations between Argentina and Europe, USA and some Latin American countries.

Keywords: Argentina; Presidential Election; Left-wing; Economic Recession; Debt Repayment

Abstract: In 2019, the new Constitution was passed through referendum and came into force. The new leading structure composed of the President, the Prime Minister, the National People's Assembly and the Council of Ministers was elected according to the new Constitution. Due to the increasingly rigid policy of the United States, the deteriorating situation in Venezuela and other factors, the economic growth slowed down markedly. The importation substitution, the exportation expansion and the foreign investment attraction will be the key factors for sustainable development. The Cuban government pays attention to investments to satisfy the people's needs, but the shortage of commodity and low income level still affect social stability, and the problem of population aging remains preoccupant. The relation with the United States tends to be tense, the relation with the traditional friend countries maintains well and deepens, and the relation with the EU and Japan advances steadily.

Keywords: Cuba; New Constitution; Economic Slowdown; Cuba-US Relations

Y. 13 Venezuela: Political Conflicts Escalate

Wang Peng / 190

Abstract: President Nicolás Maduro started his second presidential term in 2019. He was strongly challenged by Juan Guaidó, Chairman of the National Assembly, who declared himself "interim president" in January 2019. The country witnessed intensified confrontation and conflicts between the Maduro government and the opposition. Venezuela saw its GDP shrink for the sixth consecutive year in 2019 and was under heavy pressure from hyperinflation. Crude oil outputs in the country continued to decline and the crude oil production was impaired by the US economic embargo. There was a rising outflow of Venezuelans in 2019 as a result of worsening economic and social conditions. In the field of Venezuela's external relations, isolation and sanctions imposed by the United States and a part of EU and Latin American countries were major challenges confronting the Maduro government.

Keywords: Venezuela; Economic Embargo; Emigration

Y. 14 Chile: Chain Effect of Social Unrest Highlights Institutional Vulnerability

Lu Siheng / 198

Abstract: In 2019, Chile's political scene is dominated by the start of constitutional reform process, which aims to lay the institutional conditions for the implementation of further governance reform. Regard to the economy, under the double pressure of global trade contraction and domestic social crisis, the main economic activities slow down and the macroeconomic performance tends to deteriorate, as well as the stimulus package issued by the government led to the significant expansion of public spending. In social terms, the nationwide protests in October had a serious chain effects on the political, economic and social ecology of the whole country, highlighting its long-term structural dilemma, especially the uneven distribution of resources, social exclusion and social stratification. In addition, due to the unfavorable domestic situation, Chile, as the host country, announced the cancellation of the APEC summit and the UN Climate Change Conference.

Keywords: Chile; Social Protests; Institutional Vulnerability; Constitutional Reform

Y. 15 Colombia: Duke Administration Faces Greater Challenges

Abstract: In 2019, Colombia held local elections; The ruling party, the Democratic Central Party, and other traditional parties were suffered severe defeats. It is expected that the contradictions between the central government and local governments will increase, which will further affect the Duke government's ruling prospects, future policy trends, and Colombia's political map. The economic situation of Colombia was recovering steadily in 2019 with the reduction of the central fiscal deficit and the inflation rate under control, but the employment situation worsened. In 2019, Colombia's social situation was getting more severe. People's dissatisfaction with the government was increasing while the peace process made little progress, and the social security situation was likely to deteriorate. In 2019, Colombia's relations with the United States, Venezuela and China deserved attention.

Keywords: Colombia; Local Elections; Economic Recovery; Social Protests

Abstract: In 2019, the political situation in Peru was turbulent, conflict between government and congress deepened, Vizcarra announced that the congress had been dissolved, the new congress seemed more fragmented. The economic growth slowed down, the fiscal deficit had been reduced, and the central bank of Peru had cut interest rate twice during the year, which resulted in credit growth, but the macro fundamentals had a good performance. In the social aspect, the poverty rate declined, but the labor market situation deteriorated slightly, and social instability factors still existed. In terms of diplomacy, Peru signed the Memorandum of Understanding "the Belt and Road" Initiative with China. Besides, Peru had actively contributed for regional integration.

Keywords: Peru; The Congress Election; Reduction of Interest; Regional Integration

Abstract: In 2019, Bolivia's overall situation is full of chaos and uncertainties; The presidential and parliamentary elections in October have changed Bolivia's political landscape considerably. MAS, the ruling party, no longer holds a two-thirds majority in both houses of Congress, but just holds a simple majority. President Morales was forced to resign in 2019. Bolivia's basic economic situation in 2019 is not as good as that in 2018. GDP growth rate has slowed down. The political crisis and social unrest triggered by the elections have been on the rise and affecting sustained economic growth and social stability. And Jeanine Áñez tries to focus its foreign policy on building international support and recognition for its government which means a shift away from traditional Morales allies (such as Cuba and Venezuela), while strengthening relations with the US.

Keywords: Election; President Resignation; Interim Government; Social Unrest; Foreign Policy

Y. 18 Ecuador: Multiple Challenges Test Government's Governability

Fang Xufei / 239

Abstract: Ecuador's political landscape is highly fragmented, which impeded the planned structural reforms. Economic austerity policies have sparked massive social protests and riots. In 2019, Ecuador's economy was in recession. The government hoped that the loan agreement with IMF and other multilateral financial institutions would contribute to advance economic structural reforms and revitalize the economy. In the field of foreign relations, the Moreno administration develops the pro-Western foreign policy stance, building closer diplomatic and economic co-operation with the US. At the same time President Moreno advocate plural diplomacy links in order to get rid of the dependence on oil and achieve economic diversification.

Keywords: Ecuador; Social Protest; Economic Recession; Structural Reform

Y. 19 Uruguay: Opposition Opened a New Political Landscape

He Luyang / 250

Abstract: In 2019, Uruguay's most competitive general election in history came to an end. The PN's candidate Lacalle won with a slight advantage after two rounds of voting, ending the FA's 15 consecutive years in power. Economic growth almost stagnated as fiscal deficits and inflation problems became more worrying. Public security issues remained to be resolved. Diplomatically,

Uruguay adhered to its stance on the Venezuelan issue, while continuously strengthened relations with regional countries and China.

Keywords: Uruguay; Election; Public Security; Foreign Policy

Abstract: In 2019, the agreement of Itaipu Hydropower Station between Paraguay and Brazil triggered political turmoil, the right-wing President from Partido Colorado was almost impeached, which made his ruling position weakened. In 2019, affected by adverse climatic factors as drought and floods, the economic growth has been greatly affected, meanwhile Paragay's foreign investment attraction strategy, with the objective to develop its manufacturing industry is favored by multinational companies, and obtained good results in 2019. However, the epidemic of COVID −19 is bound to have an negative impact on the economic growth rate of 2020. In terms of foreign relationship, Paraguay has close contacts with the Trump administration of the United States. Besides, varies sectors consider the promotion of bilateral trade relation with China as a top priority.

Keywords: Paraguay; Structural Reform; Foreign Investment; US-Paraguay Relations

Abstract: In the second year of Carlos Alvarado's presidency, fiscal and tax reforms began to be implemented, but the economic vitality was obviously insufficient, resulting in social resistance to the reforms. In the mid-term, the

Citizens' Action Party, in addition to continuing to promote reform through cross-party cooperation, will focus on economic policies that can stimulate economic and employment growth, including lowering interest rates, actively introducing foreign investment, and promoting public-private cooperation in infrastructure construction. Looking ahead to 2020, Costa Rica may hopefully join the OECD, and its economic and trade relations with China will continue to deepen under the "Belt and Road" framework.

Keywords: Costa Rica; Tax Reform; Economic Recession; Cross-party Consensus; Public Security Situation

Abstract: In 2019, the social and political crisis continues in Nicaragua and the legitimacy of the Ortega administration has faced increasing challenges, but it is highly possible for him to remain in power. Nicaragua's economy ended 2019 with a negative growth rate due to the ongoing social and political unrest and it is one of the three economies that has experienced two consecutive years in a recession. Because of the economic contraction, the government implemented the tax reform and the social security reform law in order to increase revenue and reduce expenditures. Nicaragua has made the most progress in closing the gender gap. Nicaragua's foreign policy focused on deepening diplomatic ties with the Bolivarian Alliance, Central American Integration System and Russia; Its relationship with the US has worsened.

Keywords: Nicaragua; Political Crisis; Economic Recession; Gender Equality

Abstract: In 2019, the ruling party of Honduras faces multiple challenges from both inside and outside the Party. The parliament partly accepted the election policy adjustment recommended by the United Nations. Honduras has a six year consecutive economic growth, but the growth rate has slowed down. Corruption, drugs and homicide rates are still the three major social diseases. In the future, with the further expansion of the scale of repatriation migrants, how to deal with the shrinking income of remittances and guide the social integration of immigrant groups will test the governance capabilities. Strengthen economic and trade cooperation with the United States, and enhance the regional influence of the country in Central America Strength is the two major diplomatic focuses of the government. At the same time, Honduras actively uses multilateral organizations to enhance ties with countries in and outside the region.

Keywords: Honduras; Political Fragmentation; Economic Growth; Immigration

Abstract: In 2019, Nayib Bukele, presidential candidate of the centre-right Gran Alianza por la Unidad Nacional, won in the general election of El Salvador. Bukele's government is facing policy challenges. Economic growth is still slow, and the economic policies center on the creation of a stable atmosphere of business and trade, introduce investment and promote trade, and remittance income still played one of the main important factors to the economic growth. Fighting against gangsters and anti-corruption are on the priority agenda of the new government. In the social area, the murder rate declines, Bukele's new public security plan, known as the Plan de Control Territorial is implemented. The International Commission against Impunity in El Salvador is founded for anti-corruption. In the diplomatic field, the President Nayib Bukele visited China, which promoted the bilateral relations between China and El Salvador. The immigration issues had negative impacts on the prospects between the US and El Salvador.

Keywords: El Salvador; Public Security; Immigration; Sino-Salvadorian Relations

Y. 25 Guatemala: The New Government Faces Four Crucial Challenges *Tan Daoming* / 304

Abstract: Guatemala held the presidential election in 2019, and Alejandro Giammattei was elected as new president. The new government would face four crucial challenges like economic development, widespread corruption, violent crimes and the immigration agreement with the United States. Driven by private consumption, the gross revenue and total imports and exports of Guatemala central government increased in 2019. The unemployment rate around the country dropped slightly, and the economy continued in a slow growth. As a right government, the Giammattei Government maintained its alliance with the United States, and broke off its diplomatic relations with the Venezuela government.

Keywords: Guatemala; Presidential Election; Anti-corruption; Immigration Agreement

Y. 26 Panama: Cortizo Elected as President, Faces Multiple Challenges *Wang Shuai* / 312

Abstract: In the general election of May 2019, Laurentino Cortizo, presidential candidate of the Democratic Revolutionary Party won. The new president faces the governing challenges, such as political reforms, economic adjustments and diplomatic diversification. Politically, President Cortizo is committed to increasing governance transparency to fight against corruption and actively promoting constitutional reforms. Economically, the adverse effects of the global economic and trade situation made most economic sectors less dynamic. The new president has made efforts to increase revenue, reduce expenditures, and actively manage fiscal deficits. It brought out social stability. In terms of foreign relations, the new government has adopted a more cautious foreign policy in handling relations with extraregional powers while has actively seeked diversified diplomacy too.

Keywords: Panama; Presidential Election; Political Reform; Fiscal Deficit; Diplomatic Balance

Abstract: In 2019, Dominican Republic decided its main presidential candidates, however it also caused internal divisions in the ruling party PLD, bringing uncertainties to local and presidential elections in the coming year. As a result, candidate from the opposition party PRM won the election and the PRM also became the majority party in the Congress. Economically, Dominican Republic remains to be one of the fastest growing economies in LAC. The fiscal deficit, foreign exchange reserves, exchange rate and inflation rate also remain stable. In social aspect, the Odebrecht bribery case has entered judicial process, and several politicians have been charged. Domestic dissatisfaction with government corruption has continued to rise. At the diplomatic level, disputes with Haiti on illegal immigration have intensified, and Venezuela citizens have been officially asked for a visa before entering.

Keywords: Dominican Republic; Presidential Election; Economic Growth; Bribery Case

Y. 28 Haiti: Political Situation Becomes More Turbulent, and Development Prospects are Worrying *Liu Tianlai* / 331

Abstract: In 2019, the political situation in Haiti was turbulent; The cabinet was replaced twice a year. Popular support was declining and parliamentary elections were forced to be postponed. The economy is weak, tax revenues are falling, and inflation is severe, the prospects for Haitian economy to improve are worrying. Social unrest is unsafe, demonstrations and protests are carried out throughout 2019, and the situation is grim. Relations with neighbouring Dominica remain tense, relations with the United States remain in good condition, and relations with China are in a better situation.

Keywords: Haiti; Political Situation; Economic Growth; Social Protest; Diplomatic Situation

Y. 29 The Caribbean: General Election Boom is Coming, Public Debt Continues to Trend Down *Guo Lingwei* / 340

Abstract: In 2019, Caribbean region as a whole maintained stability and have achieved several progress. In political respect, Dominica completed election successfully. Six countries will hold general elections in 2020, though the political situations are generally stable. On the economic front, regional economic growth rate is slowing down, public debt is shrinking across the board, inflation is falling in two consecutive years. Continued declines have been witnessed in the global rankings of ease of doing business. But international trade performed well on a number of aspects. When it comes to social situation, the Human Development Index of countries in this region tend to be high, but inequality is still prominent. The hidden risks brought by the influx of immigrants from Venezuela cannot be ignored. In terms of international relations, territorial disputes and the fight against drug-trafficking are key diplomatic issues, while China's cooperative relations with Caribbean countries have made several positive progress.

Keywords: The Caribbean; General Elections; Public Debt; International Trade

V Appendix Economic Statistics

皮书

智库报告的主要形式
同一主题智库报告的聚合

皮书定义

皮书是对中国与世界发展状况和热点问题进行年度监测，以专业的角度、专家的视野和实证研究方法，针对某一领域或区域现状与发展态势展开分析和预测，具备前沿性、原创性、实证性、连续性、时效性等特点的公开出版物，由一系列权威研究报告组成。

皮书作者

皮书系列报告作者以国内外一流研究机构、知名高校等重点智库的研究人员为主，多为相关领域一流专家学者，他们的观点代表了当下学界对中国与世界的现实和未来最高水平的解读与分析。截至 2020 年，皮书研创机构有近千家，报告作者累计超过 7 万人。

皮书荣誉

皮书系列已成为社会科学文献出版社的著名图书品牌和中国社会科学院的知名学术品牌。2016 年皮书系列正式列入“十三五”国家重点出版规划项目；2013~2020 年，重点皮书列入中国社会科学院承担的国家哲学社会科学创新工程项目。

中国皮书网

（网址：www.pishu.cn）

发布皮书研创资讯，传播皮书精彩内容
引领皮书出版潮流，打造皮书服务平台

栏目设置

◆ **关于皮书**

何谓皮书、皮书分类、皮书大事记、
皮书荣誉、皮书出版第一人、皮书编辑部

◆ **最新资讯**

通知公告、新闻动态、媒体聚焦、
网站专题、视频直播、下载专区

◆ **皮书研创**

皮书规范、皮书选题、皮书出版、
皮书研究、研创团队

◆ **皮书评奖评价**

指标体系、皮书评价、皮书评奖

◆ **互动专区**

皮书说、社科数托邦、皮书微博、留言板

所获荣誉

◆ 2008 年、2011 年、2014 年，中国皮书网均在全国新闻出版业网站荣誉评选中获得“最具商业价值网站”称号；

◆ 2012 年，获得“出版业网站百强”称号。

网库合一

2014年，中国皮书网与皮书数据库端口合一，实现资源共享。

S 基本子库 UB DATABASE

中国社会发展数据库（下设 12 个子库）

整合国内外中国社会发展研究成果，汇聚独家统计数据、深度分析报告，涉及社会、人口、政治、教育、法律等 12 个领域，为了解中国社会发展动态、跟踪社会核心热点、分析社会发展趋势提供一站式资源搜索和数据服务。

中国经济发展数据库（下设 12 个子库）

围绕国内外中国经济发展主题研究报告、学术资讯、基础数据等资料构建，内容涵盖宏观经济、农业经济、工业经济、产业经济等 12 个重点经济领域，为实时掌控经济运行态势、把握经济发展规律、洞察经济形势、进行经济决策提供参考和依据。

中国行业发展数据库（下设 17 个子库）

以中国国民经济行业分类为依据，覆盖金融业、旅游、医疗卫生、交通运输、能源矿产等 100 多个行业，跟踪分析国民经济相关行业市场运行状况和政策导向，汇集行业发展前沿资讯，为投资、从业及各种经济决策提供理论基础和实践指导。

中国区域发展数据库（下设 6 个子库）

对中国特定区域内的经济、社会、文化等领域现状与发展情况进行深度分析和预测，研究层级至县及县以下行政区，涉及地区、区域经济体、城市、农村等不同维度，为地方经济社会宏观态势研究、发展经验研究、案例分析提供数据服务。

中国文化传媒数据库（下设 18 个子库）

汇聚文化传媒领域专家观点、热点资讯，梳理国内外中国文化发展相关学术研究成果、一手统计数据，涵盖文化产业、新闻传播、电影娱乐、文学艺术、群众文化等 18 个重点研究领域。为文化传媒研究提供相关数据、研究报告和综合分析服务。

世界经济与国际关系数据库（下设 6 个子库）

立足“皮书系列”世界经济、国际关系相关学术资源，整合世界经济、国际政治、世界文化与科技、全球性问题、国际组织与国际法、区域研究 6 大领域研究成果，为世界经济与国际关系研究提供全方位数据分析，为决策和形势研判提供参考。

法律声明